本书受惠州学院中国史重点（特色）学科建设经费资助

传统与现代的冲突与调适

柳亚子文化人格研究

陈友乔 著

The Research on
Liu Yazi' Cultural Personality

The Conflicts and
Adaptation Between Tradition and
Modernity

中国社会科学出版社

图书在版编目（CIP）数据

传统与现代的冲突与调适：柳亚子文化人格研究 / 陈友乔著. —北京：中国社会科学出版社，2020.7
ISBN 978-7-5203-6535-2

Ⅰ.①传… Ⅱ.①陈… Ⅲ.①柳亚子（1887-1958）—人物研究 Ⅳ.①K825.6

中国版本图书馆CIP数据核字（2020）第087087号

出 版 人	赵剑英
责任编辑	宋燕鹏
责任校对	冯英爽
责任印制	李寡寡

出　　版	中国社会科学出版社
社　　址	北京鼓楼西大街甲158号
邮　　编	100720
网　　址	http://www.csspw.cn
发 行 部	010-84083685
门 市 部	010-84029450
经　　销	新华书店及其他书店
印　　刷	北京明恒达印务有限公司
装　　订	廊坊市广阳区广增装订厂
版　　次	2020年7月第1版
印　　次	2020年7月第1次印刷
开　　本	710×1000 1/16
印　　张	17.75
字　　数	280千字
定　　价	98.00元

凡购买中国社会科学出版社图书，如有质量问题请与本社营销中心联系调换
电话：010-84083683
版权所有　侵权必究

目　录

引　言 ·· 1

第一章　柳亚子文化人格的生成 ······································ 6
　第一节　文化与人格 ··· 7
　　一　文化对人格的模塑 ··· 7
　　二　人格是文化的积淀 ··· 10
　第二节　文化人格的生成机制 ·· 11
　　一　文化心理 ··· 12
　　二　社会家庭 ··· 13
　　三　社会实践 ··· 16
　　四　主体选择 ··· 17
　第三节　柳亚子文化人格的生成 ····································· 19
　　一　地域文化传统 ·· 20
　　二　家庭环境 ··· 23
　　三　学校教育 ··· 26
　　四　社会实践 ··· 29
　　五　主体选择 ··· 34

第二章　柳亚子文化人格的传统底色 ································ 39
　第一节　忧患意识 ·· 40

- 1 -

一　柳亚子忧患意识形成的原因 …… 41
　　二　柳亚子忧患意识的内容 …… 45
　　三　柳亚子忧患意识的特点 …… 54
第二节　出仕情结 …… 58
　　一　"文学不过结三千年之旧局，而政治则足以自开生面" …… 59
　　二　"我是中国第一流的政治家" …… 62
　　三　"人是政治的动物，不能脱离政治而生存" …… 66
　　四　"亚子颇天真，十足名士气" …… 73
　　五　"书生谋国究何成" …… 78
第三节　士道之尊 …… 83
　　一　自觉的被养意识 …… 85
　　二　以道抗势 …… 89
　　三　士道持守的限度 …… 93
第四节　崇尚气节 …… 98
　　一　表彰节烈 …… 101
　　二　严究失节 …… 105
　　三　砥砺成德 …… 113
第五节　名士风流 …… 117
　　一　雅人深致 …… 117
　　二　狂放不羁 …… 136
　　三　慕义率真 …… 147

第三章　柳亚子文化人格的现代新质 …… 165

第一节　政治趋新 …… 166
　　一　不断追逐时代社会思潮 …… 166
　　二　民主共和理想的坚定守望者 …… 177
第二节　道德趋新 …… 192
　　一　平等观念 …… 192

目录

  二　国家精神 ……………………………………………… 206
  三　国民性改造思想 …………………………………… 211
 第三节　文化趋新 ………………………………………… 217
  一　"文学是善于变化的东西" ……………………… 218
  二　"复古等于不通" ………………………………… 227
 第四节　法律趋新 ………………………………………… 234
  一　对现代西方法律知识的一知半解 ……………… 234
  二　一定程度的法律维权意识 ……………………… 236

第四章　传统与现代张力的消解 ……………………………… 238
 第一节　传统与现代政治张力的消解 …………………… 239
  一　对现代政治的传统解读 ………………………… 239
  二　对现代政治的传统应对 ………………………… 242
 第二节　传统道德与现代道德张力的消解 ……………… 246
  一　新人新道德 ……………………………………… 246
  二　旧人旧道德 ……………………………………… 251
 第三节　传统文化与现代文化张力的消解 ……………… 253
  一　"旧囊新酒" ……………………………………… 254
  二　对传统文化的扬弃 ……………………………… 255
 第四节　传统法律与现代法律张力的消解 ……………… 257
  一　法律审判其名，道德审判其实 ………………… 258
  二　法律弹性其名，传统人治其实 ………………… 260

结　语 …………………………………………………………… 262

参考文献 ………………………………………………………… 268

引 言

"文化—人格"研究是20世纪20年代以来从文化人类学和人格心理学的接壤处开拓出的一个方兴未艾的研究领域，国内外研究者在这一方面的探究日渐深入。周晓红在《人格：文化的积淀》一书的序言中指出："说这是文化人类学的一个亚领域，或说是文化人类学家所作的社会心理学尝试，似乎更接近事实。"对于该学科的研究对象或者说主题，巴尔诺是这样界定的："作为人种学和心理学之间的桥梁，文化与人格这一研究领域所关注的主题是某一社会的文化是如何对在该文化中成长的个人予以影响的。"[1] 严格意义上的文化—人格研究肇端于19世纪中后期，大体而言，可以分为三个阶段：初创期（19世纪70年代末—20世纪20年代初）、发展期（20世纪20年代中后期至40年代）、繁荣期（20世纪50年代到现在）。20世纪90年代至今，文化—人格研究呈现出跨学科、多层次、宽厚理论整合的研究态势，在跨文化水平、文化间水平和文化内水平展开多层次研究，取得一些突破性进展。就国内研究而言，尚属起步阶段，多隐含在人格研究之中，缺少专门研究；主要有两个趋势，一是多学科的介入推动了人格理论的研究蓬勃开展，二是探索在文化与民族的特性意义上的人格分析。[2]

关于文化，无论中西方，都有不同的界定。文化人类学家克鲁伯和克拉克洪的《文化概念的批判性评注与定义》中，列举了160多种不同学科

---

[1] ［美］V. 巴尔诺：《人格：文化的积淀》，周晓虹译，辽宁人民出版社1989年版，第2页。

[2] 蒋京川：《文化与人格研究：历史、现状与未来趋向》，《国外社会科学》2005年第5期；杨秀莲：《文化与人格关系研究的若干问题》，《教育研究》2006年第12期。

研究者所使用的关于文化的定义。①文化是一个宏大的概念，它指人类社会发展过程中创造的所有物质文化和精神文化之和。广义的文化即人化，它反映的是历史发展过程中人类的物质和精神力量所达到的程度和方式，依据其领域的不同，可以分为物质文化、制度文化和精神文化等。狭义的文化是指以社会意识形态为主要内容的观念体系，是宗教、政治、道德、艺术、哲学等意识形态所构成的领域，它是精神文化的组成部分。②

"人格"一词在心理学、法学、社会学、伦理学、哲学等学科领域被广泛使用。尽管各学科对人格的界说具有多歧性，但都强调人格是对人的规定性；没有格，就不成其为人。不宁唯是，中国文化中的人格概念与西方的人格概念、理论是有区别的。西方学者对人格的界定是认知、情感和行为的稳定统一，比如，Derlega认为，人格是作用于个体稳定的思想、情感和行为的持久的内在特征系统。③中国文化中虽没有关于人格的相关理论，但具有丰富的人格思想。在中国文化的语境中，人格更多的是强调人的道德品质以及权利和尊严等方面。比如，黄希庭认为，人格是个体在行为上的内部倾向，它表现为个体适应环境时的能力、情绪、需要、动机、兴趣、态度、价值观、气质、性格和体质等方面的整合，是具有动力一致性和连续性的自我，是个体在社会化过程中形成的给人以特色的身心组织。④

人格与文化密不可分。文化是人格形成的土壤，人格则是文化的投射。文化对个体人格进行模塑：生活于某一特定文化中的个体具有人格的一致性；不同的文化模式形成不同的人格类型。人格体现了特定文化的积淀，个体把从环境中获得的文化内在地固化于人格结构和心理机制的深层。文化人格是强调文化在人格形成中的影响和制约关系。所谓文化人格，"是特定个人在特定群体或民族文化中通过社会化过程形成的独享的、相对稳定的心理特质和行为特质的动态复合结构"，"是个人对特定文化内化

---

① 叶舒宪：《文学与人类学：知识全球化时代的文学研究》，社会科学文献出版社2003年版，第166页。
② 陈红：《人格与文化》，安徽教育出版社2009年版，第5页。
③ Derlega V.J., *Personality Contemporary Theory and Research*，转引自陈红《人格与文化》，安徽教育出版社2009年版，第8页。
④ 黄希庭：《人格心理学》，浙江教育出版社2002年版，第8页。

的结果"。①

　　知识分子文化人格的形成，受到文化心理、学校家庭、社会实践、主体选择等诸多文化单元的影响与制约，是特定社会文化环境下的产物。对于现代知识分子而言，他们"脚踩两只船"，其文化心理结构中不仅有传统文化的积淀，而且接受了现代文化。在他们身上呈现出"传统文化自我"和"现代文化自我"的对峙，这是转型时代一道独特的文化景观。

　　作为南社领袖、著名的国民党左派，柳亚子也经历了传统社会向现代社会的转型。就文化的接受而言，新旧杂糅：他前期接受的是传统文化，后期接受的是现代西方文化。这两种文化在他身上形成巨大的张力：一方面，他以激进姿态追随时代潮流；另一方面，他被过于沉重的传统包袱拖住了。因而，柳亚子在前行的路上跟跟跄跄，步子大而重心不稳。由于对进化论的服膺和对被天演淘汰的忧惧，柳亚子对现代文化的接受是出于理智而不是情感，与这种被动的接受相伴随的是对现代文化的不求甚解。这种对现代文化理智上的接受与情感上的排拒，使得柳亚子往往有一些不合时宜的言行。其实，这正是传统与现代张力的表征。在传统社会向现代社会转型时期的知识分子中，柳亚子文化人格具有典型性与代表性。

　　一方面，柳亚子具有浓郁的传统名士气质。在他身上既有自宋代儒士、文人分野之后文人纵诞的一面，又有儒家士大夫追求外王理想、讲求个人名节的一面。由于强大的历史惯性，他的这种滞后于社会存在的名士特质基本上未曾中断地得以保存②；即使在社会、政治发生天翻地覆的变化之后，他还为人们上演了一幕幕名士风流的活剧。③由于社会制度、教育体制、生活方式等方面的变迁，再也不可能出现严格意义上的名士了。因此，从对名士传统濡染之深、持守之坚、表现之鲜明三个维度来综合衡量，没有一个人能超过他。

　　另一方面，柳亚子始终追随时代潮流，趋新求变。柳亚子坚守传统，

---

① 欧阳仑：《中国人的性格》，陕西人民教育出版社1988年版，第183页。
② 这种近乎原生态的名士特质得以保存，大致有两个方面原因：一是客观方面，他的生活环境使得他一直未被体制规约，人格未被扁平化；二是主观方面，出于强烈的精英意识和自觉的主体选择，他始终坚持其名士身份。
③ 抵达北平后，柳亚子将南社雅集的大本营也搬到了这里。在颐和园和昆明湖，他照样泛舟联句，狂歌痛饮。

但在进化论的驱迫下不得不变,甚至不惜以"今日之我"挑战"昨日之我"。柳亚子曾评价章太炎:"太炎先生赋性近保守,故其接纳新思潮较迟。顾一经顿悟,则勇猛精进,有非常人所可及者。"①殊不知,这毋宁是柳亚子的夫子自道。新文化运动兴起后,柳亚子一度持反对的态度,并及于主张文学革命的胡适。"胡适自命新人,……又彼倡文学革命,文学革命非不可倡,而彼之所言,殊不了了。所做白话诗,直是笑话。"他视胡适等人倡导的文学革命为"非驴非马之闹剧"。②经历了一段时间的对立和迷惘之后,柳亚子来了一个一百八十度的转弯。"我觉得用文言文发表新思想,很感困难,恍然于新工具的必要,我便完全加入新文化运动了。"并不惜同那些"抱着十八世纪遗老式的头脑,反对新文化"的南社旧友"分家"。③针对有人以"诋人倦学,不务高深"为由反对新文化运动,柳亚子将胡适纳入同一战壕:"仆意适之辈对于所谓国学,其程度至少在林纾之上,而主张语体文之仆,其文言文之程度,至少亦尚在足下之上也。仆谓主张语体者,非不务高深;而保守文言者,乃以聱牙佶屈之辞,掩其沟犹迂腐之见,是所谓艰深文浅陋耳。"④柳亚子在进化论的轨道上奋起直追,引胡适为同调,赞同无后主义,"我是主张无后主义,表同情于胡适之博士的"⑤。

在近现代史上,柳亚子可谓是一个"不可无一,不能有二"的绝版人物。柳亚子文化人格的形成,是地域文化传统、家庭环境、人生经历、主体选择等多方面的因素所致,它在社会政治文化层面对现代知识分子的文化选择和人格模式产生深刻的影响。透视柳亚子文化人格的结构及其生成和变化的内在原因,对于认识知识分子的历史地位、作用及命运,强化知识分子的人文精神、历史担当、家国情怀,推动中国传统文化的现代化转型,具有重要的意义和价值。

---

① 柳亚子:《羿楼日札》,中国革命博物馆、上海人民出版社编:《磨剑室文录》下,上海人民出版社1993年版,第1269页。
② 柳亚子:《与杨杏佛论文学书》,中国革命博物馆、上海人民出版社编:《磨剑室文录》下,上海人民出版社1993年版,第450页。
③ 柳无忌编:《南社纪略》,上海人民出版社1983年版,第102页。
④ 柳亚子:《答某君书》,中国革命博物馆、上海人民出版社编:《磨剑室文录》上,上海人民出版社1993年版,第760页。
⑤ 柳亚子:《对于啸岑、华昇结婚时茶话会上各人演说的批评》,中国革命博物馆、上海人民出版社编:《磨剑室文录》上,上海人民出版社1993年版,第749页。

引 言

柳亚子的文化人格是在社会文化中产生的。运用文化—人格理论作为分析工具，从地域文化传统、家庭环境、人生经历、主体选择四个维度探究其文化人格的形成。本书以此为切入点，将柳亚子文化人格的形成置于具体的历史语境中进行考察，这是本书的开端。柳亚子在传统文化中濡染既深且久，中国传统文化是其文化人格一翼，具体包括忧患意识、出仕情结、士道之尊、崇尚气节、名士风流等内容，这是本书的第二个重要组成部分。柳亚子生活的时代，进化论一度获得了至高无上的权威。柳亚子按照进化原则接受现代西方文化，这构成其文化人格中的另一翼。关于柳亚子的趋新求变，分别从政治、道德、文化、法律四个层面展开，构成本书的第三个重要组成部分。在柳亚子文化人格结构中，传统与现代之间的张力，在政治、道德、文化、法律等方面都有鲜明的体现。为了消解张力，柳亚子一方面从总体上否定传统文化，另一方面给予传统文化以一席之地。这是本书第四个重要组成部分。

柳亚子是一个人杰，始终追随时代潮流前进，没有成为时代的落伍者。柳亚子本质属于传统社会，他身上旧有的文化价值系统与传统社会契合无间。当柳亚子穿着古旧的衣装走进了现代社会，旧有的文化价值与新的文化价值产生碰撞，使他成了"两截人"。柳亚子身上"传统文化自我"与"现代文化自我"对峙的难以自洽，丝毫不能掩盖他的真诚：他拥抱"德先生""赛先生"，希望中国走上富强之途，这是真诚的；对于传统文化的不忍弃绝，也是真诚的。柳亚子的种种不合时宜的言行，正是传统与现代张力的表征。的确，柳亚子不懂得也未处理好传统与现代之间的关系，但这不是我们嘲笑他的理由，因为这是我们站在巨人肩膀上的"后见之明"。柳亚子负重前行的身影给我们以启示：在进行现代化时如何进行文化选择，实现传统文化的现代转化？这一巨大的时代课题，值得我们深思之。

第一章　柳亚子文化人格的生成

荣格说过："人格是文化要求其成员所承担的角色。"这是强调文化对个体人格的规范作用。关于人格的研究，有诸多视角，包括经济、政治、宗教、法律、哲学、文化等，其中文化是重要的一个方面。随着文化与人格研究的深入，把这两者结合起来进行研究，已是学界互共识，并成为一个新的研究领域。V.巴尔诺指出："作为人种学和心理学之间的桥梁，文化与人格这一研究领域所关注的主题是某一社会的文化是如何对在该文化中成长的个人予以影响的。"①并且，这种研究视角、方法可以凸显文化对人格生成的作用和影响："文化人类学家的研究把文化与人格连在一起，并且作为主要的研究路径本身就突出了人格的文化内涵，这种倾向使得他们对文化与人格之间的关系上能够作出深刻的说明。"②个体人格的生成，不仅是特定文化对个体塑造的过程，而且是个体主动选择的过程。一方面，社会文化作为一个超强的文化场规定了生活于其中的个体人格的基本方向；另一方面，个体接受社会文化的规范，形成了自己价值原则、文化精神，并据此对具体的人格模式、途径进行选择。也就是说，个体人格的形成，是文化与人格的双向选择："一方面，是社会文化对个体人格的选择。""另一方面，个人也根据新的文化背景的要求，重新选择自己的理想人格目标和人格的发展道路。"③就柳亚子而言，由于特定的客观环境，加上强烈的主体选择，形成了柳亚子特有的文化人格。

---

① [美] V.巴尔诺：《人格：文化的积淀》，周晓红译，辽宁人民出版社1989年版，第2页。
② 徐强：《人格与社会》，南京师范大学出版社2004年版，第201页。
③ 武斌：《现代中国人——从过去走向未来》，辽宁人民出版社1991年版，第326页。

第一节 文化与人格

人化即文化。一方面，人是文化的创造者，创造了形态各异的文化——形成个体人格生成的母体；另一方面，人又被文化所创造，这具体表现在文化对个体人格的塑造。文化是人格生成的土壤，人格是文化的投射，或者说是文化的积淀，个体人格生成以后，必定带有特定文化的DNA。因之，文化与人格之间有着不可割裂的血肉联系。

一 文化对人格的模塑

人格不是横空出世的，它有其形成的场域——文化。"人不仅是可以塑造的，而且是通过文化来塑造的。而由于人的塑造最根本的是在于人格的塑造，因而对人的文化塑造最终就落脚于对人格的塑造。人们接受文化教育，决不仅仅是知识的增进、理智的健全，而且是对个人人格塑造的过程。"[①]文化对于人格的塑造，个体是难以抗拒的。对于生活在一定文化中的人，他必须接受该文化系统的洗礼，成为其中的一员，这不仅是任何人必须接受的一件礼物，而且也是其生存、发展所必需。如兰德曼指出的，"个体首先不得不汲取对他起作用的文化传统。他首先必须攀登他降生于其间的文化的高峰"[②]。人的社会性是通过文化来表现的，没有文化的填充，社会性就是一具空壳。林顿强调，"人类环境由一群有组织的个人构成，即社会；这一群体以特定的生活方式为特征，即文化"[③]。

文化对人格的模塑表现在，不同的文化模式对生活于其中的个体的心理特征、行为方式、价值取向产生深远影响，进而形成不同的人格类型。司马云杰认为，"个人生活在一定的文化模式中，他的感知能力和理解能力，他的价值思维方式和选择方式，他的价值标准和价值原则，不可能不受文化模

[①] 徐强：《人格与社会》，南京师范大学出版社2004年版，第223页。
[②] [德]米夏埃尔·兰德曼：《哲学人类学》，张乐天译，上海译文出版社1988年版，第228页。
[③] [美]拉尔夫·林顿：《人格的文化背景》，于闽梅、陈学晶译，广西师范大学出版社2007年版，第14页。

式的控制，很难逃脱文化模式普遍价值观念的束缚"①。在《文化模式》一书中，本尼迪克特叙述了两种文化类型的印第安人的精神气质和行为方式：她将西南部的普韦布洛印第安人的文化归之为"日神型"文化，而将西北海岸印第安人的文化归之为"酒神型"文化；由于不同的文化模式，形成他们不同的人格特征。②

  文化对人格的模塑最为显著的特征在于，生活于某一特定文化中的个体具有人格的一致性。V.巴尔诺认为，"必须承认，人格是不易改变且具有一致性的某种东西"③。林顿、卡丁纳和杜波依丝学派认为，在相同的文化背景下成长的个体，具有相似的人格；反之，则否。卡丁纳提出"基本人格结构"的概念：它是指"生活于某一特定社会中的每一个个人都共同具有的有效的适应工具"④。卡丁纳的人格一致性，是以强调儿童早期共同经验为前提。林顿提出基本人格类（Basis personality Type）概念，"这个综合结构的存在，提供给社会成员共同的理解方式和价值观，并且使社会成员对相关的价值情感作出一致情感反应成为可能"⑤。他还强调，一定文化背景下社会成员的人格特征大体相似，而且来自儿童的早期经验："无论哪一社会的基本人格类型，都是该社会的大多数成员所共同分享的一种人格构型，而这是他们具有的共同的早期经验的结果。"⑥而杜波依丝则是在通过对印度尼西亚的阿罗人进行研究并获取实测资料的基础上提出"众数人格结构"概念，来代替"基本人格结构"一词。在她看来，这些资料虽然有很大的变异性，"但是，这些变异的范围是在一共同的基线上测得的。在这样一条基线上，资料将会显示出构成一特定社会的众数人格的中心趋

---

  ① 司马云杰：《文化价值论》，人民出版社1988年版，第84页。
  ② ［美］露丝·本尼迪克特：《文化模式》，王炜译，生活·读书·新知三联书店1988年版，第234页。
  ③ ［美］V.巴尔诺：《人格：文化的积淀》，周晓虹译，辽宁人民出版社1989年版，第19页。
  ④ ［美］卡丁纳：《个人和其社会——原始社会组织的心理动力学》，［美］V.巴尔诺《人格：文化的积淀》，周晓虹译，辽宁人民出版社1989年版，第194页。
  ⑤ ［美］拉尔夫·林顿：《人格的文化背景》，于闽梅、陈学晶译，广西师范大学出版社2007年版，第102页。
  ⑥ ［美］V.巴尔诺：《人格：文化的积淀》，周晓虹译，辽宁人民出版社1989年版，第195页。

势"①。弗洛姆认为，生活于同一文化中的大多数成员，基于共同的生活方式和基本经验，拥有共同的特征，即"社会性格"："它们是一个团体的绝大多数人的性格结构的基本核心，是作为这一团体共有的生活方式和基本实践活动的结果而发展起来的。"②总之，无论是林顿、卡丁纳和杜波依丝学派的"基本人格结构""基本人格类型""众数人格结构"，还是弗洛姆的"社会性格"，都是强调同一文化对人格的塑造，形成了个体基本相似的众趋人格。

人格的一致性，并不排除人格的差异性。V.巴尔诺指出，就某一个体而言，其人格会随着时间、情境的变化而变化。"肯定人格具有一致性的特征，并不等于否认人格可能存在内在的冲突和不一致性。"但是，个体人格的一致性更具有根本性的意义："扮演不同的角色并没有否定人格的根本一致性。"③林顿、卡丁纳和杜波依丝学派认为，基于儿童早期经验的人格具有一致性，但并不否认其差异性："即使一社会的所有儿童都有相同的早期经验，他们也不必以同样的方式对此作出反应。儿童出生时在体质上存在差异，在出生次序上也有不同。"当然，这些差异性较之一致性而言，只能是一个很次要的方面："而那些赞同基本人格研究的人，似乎认为这些差异因素都是微不足道的。"④林顿也强调一致性具有压倒性优势："尽管不同的人的反应拥有无数微妙的差别，甚至同一个人在不同的时候反应都不一样，但是社会上大多数人在一个特定的境遇下反应多半还是一致的。"⑤在这一点上，弗洛姆更显其卓识与洞见。他也承认个体人格的差异性，但在他看来，社会性格是同一文化中所有成员人格的内核，尽管有的成员的人格会有所偏离，但这不过是同中之异而已。"虽然一个人的性格结构在总体上总是具有'差异性'，但这些由出生和生活经历（它们是

---

① [美] V.巴尔诺：《人格：文化的积淀》，周晓虹译，辽宁人民出版社1989年版，第200—201页。
② [德] 埃里希·弗洛姆：《逃避自由》，陈学明译，工人出版社1987年版，第358页。
③ [美] V.巴尔诺：《人格：文化的积淀》，周晓虹译，辽宁人民出版社1989年版，第15页。
④ 同上书，第195页。
⑤ [美] 拉尔夫·林顿：《人格的文化背景》，于闽梅、陈学晶译，广西师范大学出版社2007年版，第20页。

人人不一样的)的偶然因素所造成的'差异性',也是在社会性格的基点上的'差异性'。"①

二 人格是文化的积淀

文化与人格的关系表现在,个体把从环境中获得的文化内在地固化于人格结构和心理机制的深层。荣格认为:"一切文化最后都沉淀为人格。"②个体接受生活于其中的文化,并将该文化精神和价值观念定型化,内化于文化心理的深层。因此,个体必须按照文化的要求自觉地进行角色定位。"个人要想成为某一社会群体中的角色,就必须按照一定的角色地位、规范及价值意识成长,然后才能成为一个共享群体文化的成员,才能充当群体中的某种角色。"③比如,在延安时期的战时军事共产主义文化情境之下,整洁、朴素、自然成了共同的美学原则,内化为每个延安人的信念。吴伯箫在《记一辆纺车》中真诚而自豪地说:"那个时候,人们对一身灰布制服,一件本色的粗布毛线衣,或者自己打的一副手套,一双草鞋,都有感情。衣服旧了,破了,也'敝帚自珍',不舍得丢弃,总是脏了洗洗,破了补补,洗一水又一水,穿一年又一年。衣服只要整齐干净,越朴素穿着越随心。西装革履,华丽的服饰,只有在演剧的时候作演员的服装,平时不要说穿,就是看看也觉得碍眼,隔路。美的概念里是更健康的内容,那就是整洁,朴素,自然。"④这一文化观念不仅是他律,而且成了自律,并形之于个体人格,上至党中央主席、总司令,下到学校学生、普通战士,概莫能外。1939年6月,中华基督教青年会全国协会派江文汉等人访问延安。江文汉有过一段尴尬经历。在一个晚会上,坐在毛泽东身边的一个15岁的鲁艺女学生用熟练的意识形态话语与毛泽东交流。她发现了衣着太"洋化"的江文汉,有些不高兴,不太礼貌地问:"你住过窑洞吗?你吃过小米饭吗?你穿过草鞋吗?"⑤这个

---

① [德]埃里希·弗洛姆:《逃避自由》,陈学明译,工人出版社1987年版,第358页。
② 余秋雨:《贫困的原因要在文化中找》(http://news.xinhuanet.com/book// 2003–2004/content_815444.htm.2003)。
③ 司马云杰:《文化价值论》,人民出版社1988年版,第113页。
④ 刘白羽、涂怀章主编:《红船扬帆·献给中国共产党成立八十周年抒情散文选》,长江文艺出版社2001年版,第128页。
⑤ 江文汉:《参拜延安圣地》,朱鸿沼编选:《众说纷纭话延安》,广东人民出版社2001年版,第346页。

小女孩已经被延安文化所化，以延安人自居，形成一种特有的延安式思维方式。在她看来，不符合"延安标准"的人与物都是异类，只有延安人才是真正"典型的中国人"。

文化与人格的关系还表现在，文化情境对人格产生深远的影响。具体言之，内化的文化成为个体理解、接受、回应周围文化事件的一个背景。当个体处于特定的文化情境之中时，它所提供的资源会对个体人格和行为发生作用和影响。所谓文化情境，它指"围绕着个体人的有意义的特殊的文化世界，也是现实的可经验的世界"[1]。换言之，由于内化的文化的强度干预，人们的心理特征和行为方式往往会超越生理的自然本性。比如，社会对两性有不同的角色要求，女孩子要文静温柔，男孩子要勇敢英武。这些都非从性别的生理方面提出来的，而是社会文化在其中起作用。按照荣格原型理论，两性身上各自存在着阿尼玛与阿尼姆斯人格原型，阿尼玛原型为男性心中的女性意象（女性潜倾），阿尼姆斯（男性潜倾）则为女性心中的男性意象。荣格认为："在男人的潜意识中，女性形象是一种典型性或原型性的。正因为如此，我会称她为'阿尼玛'。与此对应，女人潜意识中的男性形象，我就称之为'阿尼姆斯'了。"[2] 但是，社会文化对性别角色进行规范，要求男性只能表现风云气，女性则只能表现儿女情，男性的女性潜倾、女性的男性潜倾人为地被压抑了。比如，社会生活中的"娘娘腔"和"假小子"，就被视为"正常"男孩、女孩中的"异类"，在家庭、学校、社会等环境中，会受到不同程度的歧视。

第二节　文化人格的生成机制

所谓文化人格的生成机制，是指个体文化人格形成和发展所依赖的因素。一般说来，随着知识和生活经验的改变，个体文化人格也随之发生变化。那么，有哪些因素对个体文化人格的生成、发展发生作用和影响？大致而言，不外乎两个方面，一是客观的文化情境，二是主观的自我选择。

---

[1] 司马云杰：《文化价值论》，人民出版社1988年版，第156页。
[2] ［瑞士］荣格：《荣格自传》，高鸣译，江西人民出版社2014年版，第164页。

"人格形成的过程似乎主要是一种经验整合，经验又是从个人与环境的互动获得。"①而文化情境是一个较为宽泛的概念，又可以细分为文化心理、社会环境、家庭环境等单元。因此，文化人格的生成机制包括文化心理、社会环境、社会实践、主体选择等因素。形成个体人格的这些因素并不是孤立的，而是相互联系、相互促进的，它们可以在同一时刻发生，并或多或少地彼此影响，从而形成各异的个体人格。许倬云指出："虽然我们以为我们的行为完全出之于自己的意愿，实际上我们的行为里，有很大的成分是来自我们的教育、社会的信条、我们的理想；往往包括了我们的家庭环境，与父母兄弟姊妹之间的关系，而各有不同的影响，总结才成为我们自身。"②

一 文化心理

文化心理即文化行为模式，它"是指人在一定的语境中具有的对一定的文化刺激所做出的该文化所规定的反应，即特定文化中的人内在固有的对刺激的解释和以此为基础表现出的行为模式或方式"③。换言之，它是生活在一定的文化背景之中的人们经过长期积淀形成的普遍而稳定的心理态势和价值取向。"它是民族历史地形成的生存条件的内化和民族观念形态的文化在社会中的人的心理中的凝结、积淀，是由共同的民族文化背景所塑造、陶冶而成的。""它超出了阶级阶层的界限，表现出一个国家或民族的共同思维定式，构成了这一民族、国家区别于其他民族、国家的鲜明特征。"④正因如此，民族文化心理规范了个体人格的基本形态、结构，并对其文化人格的生成、发展产生最为深刻的影响。

文化心理的层次结构可以分为三层：一是表层，文化心理的表层对应文化的器物层或物质文化层面，是文化成员在日常生活中显露或明显表现出来的那一文化心理部分，实际上主要是行为层面；二是中层，文化心理

---

① ［美］拉尔夫·林顿：《人格的文化背景》，于闽梅、陈学晶译，广西师范大学出版社2007年版，第114页。
② 许倬云：《历史分光镜》，上海文艺出版社1998年版，第16页。
③ 李炳全：《文化心理学》，上海教育出版社2007年版，第104页。
④ 陈正夫：《陈正夫自选集》，鹭江出版社2006年版，第640页。

的中层对应文化的制度层面，即制度文化；三是深层，文化心理的深层对应文化的精神层面即精神文化。① 任何一个民族或国家都有其特定的文化心理，并形成与之相应的心理结构。不同的民族文化心理，陶铸出各异的人格特征。作为文化心理深层的精神文化，是文化的主体和内核，它对一个民族的精神风貌和性格气质起规范作用。"文化心理是指浮现在社会文化表面的某种意向、时尚或趣味，包含在经济、政治、道德、文学、艺术、宗教、哲学等诸方面的观念因素以及由'原始—古代积淀层'（或曰'文化基因'）所制约的人生态度、情感方式、思维模式、致思途径和价值尺度。"② 不同的文化类型有着不同的文化心理，表现出各异的精神气质，如法国人的浪漫、德国人的思辨、英国人的冒险、西班牙人的热情、美国人的幽默。有人讲过这样一则笑话，一头雄象和一头雌象相爱了。对此，各国的反应大不一样：法国人诗兴大发，赞美大象的恋爱是何等优美和浪漫；德国人则着手从解剖学的角度研究大象恋爱与生理结构的联系，并在聚会上发表论文；英国人则马上派出探险队，考察世界各地的大象生态，编纂有关象的百科辞典；西班牙人则欢呼雀跃，为大象的恋爱而狂欢祝贺；美国人则付诸一笑，一边喝啤酒，一边在想，这或许是在开玩笑吧。③ 关于这一点，人类学家早就给予了充分的关注。本尼迪克特指出："不管这个社会的风俗有多怪癖，生长在这个社会的所有个体中总有极大一部分人是按那个社会所指定的行为方式来行动的。"④ 也就是说，文化人格具有鲜明的民族性和社会性。个体文化人格由根文化所规约，它必定要打上特定文化的烙印；不同的文化人格特征由不同的民族文化心理所决定，它是所属民族的精神文化最为鲜明的表征。

二 社会家庭

文化人格的形成，是先天和后天共同作用的结果。先天的气质，通常

---

① 李炳全：《文化心理学》，上海教育出版社2007年版，第216—224页。
② 杨启光：《文化哲学导论》，暨南大学出版社1999年版，第120页。
③ 赵曙明主编：《东西方文化与企业管理》，中国人事出版社1995年版，第28页。
④ ［美］本尼迪克特：《文化模式》，王炜译，生活·读书·新知三联书店1988年版，第234页。

表现为一种生物遗传；后天的社会性，体现文化对人的塑造；而在这两者之中，社会对人格的影响尤巨。个体必须首先生活在社会之中，他才能成其为人。个体心理学家阿德勒指出："没有任何个人不是以群体成员的身份出现的。"①而且，人一出生就被社会性的天罗地网所笼罩："一个刚刚出生的婴儿，虽然他对社会还未有什么体验，但其存在则早已是以他的父母（社会成员）的存在为前提的了。没有这一层社会抚养关系，婴儿就别想生存下去。"②因此，社会家庭对人格形成具有重要作用，它包括遗传、家庭、学校等因素。

遗传是影响人格的重要一维。人格的形成、发展是先天遗传和后天文化环境交互作用的产物："理论上讲，与性格相对应的人格一部分来自于父母的遗传，一部分则是受环境影响而形成的。"③虽然后天文化环境较之先天遗传更为重要，但遗传无疑也是一个不容忽视的因素。它具体表现在遗传通过人的智力、气质等方面对人格形成发生作用和影响。弗洛姆认为，个体人格之所以千差万别，取决于三个变量：父母之间人格差异、儿童成长的特定社会环境不同、儿童体质的不同。前两者可归为一类，即社会环境，父母、儿童所处的社会环境；后者可归为遗传因素。"这些差别部分是由于抚育孩子成长的父母之间的人格不同，以及孩子成长之特定的社会环境——物质和精神的——不同。但这也是由于每个人的体质不同，尤其是他们的气质不同。"遗传因素究竟对人格形成、发展产生何种影响？弗洛姆认为，人格的形成取决于个体在气质和体质方面的社会体验的影响；由于体质的不同，个体往往以不同的方式体验相同的环境，而对于个体而言，所面临的环境不可能完全相同："从遗传学角度来说，个人性格的形成取决于他在气质和体质方面之生活体验的影响，这些体验包括个人体验和文化体验。对两个人来说，环境绝不会是完全相同的，因为体质的不同，使他们或多或少总会以不同的方式体验相同的环境。"④遗传影响人格形成、

---

① [美]马斯洛等：《人的潜能和价值》，林方译，华夏出版社1987年版，第45页。
② 袁贵仁：《人的哲学》，工人出版社1988年版，第44页。
③ [日]大原健士郎：《失魂家族：家庭心理疾病》，卢冬丽译，文汇出版社2004年版，第19页。
④ [德]埃里希·弗洛姆：《为自己的人》，孙依依译，生活·读书·新知三联书店1988年版，第72—73页。

发展的方向和难易。换言之，遗传对个体人格形成提供了某种可能性，而文化环境提供了某种现实性；而这种现实性是建立在可能性基础之上的，没有可能性，就没有现实性。总之，由于"遗传作用于人格的中介"①，进而对人格形成发展产生较大影响。

家庭是影响人格形成、发展的重要文化环境。家庭是社会的基本单元。在家庭中，由于其他成员是更大范围群体的一员，因此，家庭是个体与社会的中介。坎托指出："经由家庭的社会化，个体不但获得了自己家庭群体的特性，而且也获得了民族和种族共同体的各种特性。"家庭环境是社会文化对个体人格模塑的一个中间驿站，个体通过家庭与社会的接触，最主要的是通过家庭成员施加的影响来完成社会化的。"某个家庭里的成员同时也是更大范围群体的成员，他们在家中所保持的常规与更大团体的常规相同，他们所作出的各种反应刺激了家里的年幼的成员，使之具有更大范围群体的文化素质的特征。"②而众多的家庭成员中，影响之巨者，无过于父母，他们是儿童成长的第一导师，把得之于社会的经验、知识、观念，借助于传统传给下一代。弗洛姆强调，父母的品格对儿童性格的形成具有举足轻重的作用和影响，他们按照社会文化的要求来塑造孩子的品格，从而使他们具有"社会品格"："儿童的性格模式是在其父母的影响下形成并发展的。父母和他们培养孩子的方式又是由他们所处的文化的社会结构决定的。一般的家庭是社会的'精神培养处'，通过使自己适应家庭，儿童养成了性格，在日后的社会生活中，这种性格能使他适应他所必须完成的工作。"③父母是社会精神的代言人，他们通过家庭从而对儿童的人格形成、发展发生影响。"他们通过自己的身份，即作为社会精神的代表，把我们所谓的心理气氛和社会精神传递给儿童。因此，可以把家庭视为社会的心理代理人。"④

学校教育也是影响人格形成、发展的重要因素。较之家庭，学校是一

---

① 郭永玉：《人格心理学：人性及其差异的研究》，中国社会科学出版社2005年版，第125—126页。
② [美]J. R. 坎托：《文化心理学》，王亚南等译，云南人民出版社1991年版，第255页。
③ [德]埃里希·弗洛姆：《为自己的人》，孙依依译，生活·读书·新知三联书店1988年版，第72页。
④ [德]埃里希·弗洛姆：《逃避自由》，陈学明译，工人出版社1987年版，第369页。

个目的更为直接、计划更为系统的文化场所。弗洛姆认为，教育方式是形成人格的一种机制，对于个体人格的塑造，虽非决定性的，但起着重要作用。"虽然教育方式并不是某种特定的社会性格的致因，但是，它们都是促使性格形成的一种机制。"弗洛姆还认为，教育的功能在于使个体人格向社会性格方向靠拢；使被教育者接受社会化。"教育的社会功能是促使个人具有将来在社会中起作用的功能，即是使个人的性格向社会性格方向靠拢，使个人的欲求符合他所扮演的社会角色的需要。"也就是说，"教育方法是被用来使个人长成所要求的那个样子的一种机制"[1]。坎托也强调，学校教育对个体人格的影响在于，它使儿童人格趋同："故此，在这种文化背景之下，儿童主要获得了各种知识反应，也就是说，他具备了在某一特定的学校上学的所有人共同的种种理性见解。"[2] 就个体的成长而言，一般要接受小学、中学、大学等教育阶段，接触各种教育元素，其中教师这种教育元素对个体人格的形成发展的影响较大。就教师而言，他们是社会各种规范、意义、价值的直接灌输者，其人格特征、行为方式，直接对学生产生导向性作用，其影响效度甚至是终身的。中国历来就有尊师重道的传统，就教师而言，他们不仅是"传道、授业、解惑"的"经师"，更是对学生的人格进行塑造的"人师"。[3]

三 社会实践

社会实践是影响个体人格的一个重要因素。按照人格的本质，它是实践的产物。实践不仅是人格生成的途径，而且是人格检验的标准。一般说来，个体的人格状况，总是通过人的道德实践深刻而完整地表现出来。王晓明强调人文精神的实践品格："如果把终极关怀理解为对终极价值的内心需要，以及由此去把握终极价值的不懈的努力，那么我们讲的人文精神，就正是同这关怀所体现，和实践不可分割，甚至可以说，它就是这种实践

---

[1] ［德］埃里希·弗洛姆：《逃避自由》，陈学明译，工人出版社1987年版，第368页。
[2] ［美］J. R. 坎托：《文化心理学》，王亚南等译，云南人民出版社1991年版，第256页。
[3] "经师""人师"之称，见于梁启超对顾炎武的评价："我生平最敬慕亭林先生的为人，……他不仅是经师，而且是人师。"参见梁启超《中国近三百年学术史》，东方出版社1996年版，第62页。

的自觉性。"① 人格实践对于个体人格生成的影响，主要包括两个方面：第一，个体人格的实践有其客观制约性。个体人格实践的每一个层次都受到客观性的制约，也就是说，这是一个自由与必然的问题。认识、掌握了客观规律性即必然性，那么，对于个体而言，就是获得了自由；但是，自由的获得不是一劳永逸的，它永远只能处于人类的无限追求之中。要获得自由，必须以把握规律性为前提，否则，就是徒劳之举。比如，西楚霸王项羽，虽然力拔山兮气盖世，但他却不能将自己从坐着的凳子上举起来。第二，个体人格思想到个体人格之间的距离，必须经由实践来完成。人格不仅仅存留于人们的主观意识层面，它必须是一种现实层面的落实。也就是说，人格绝不仅仅是我们应当怎样，而且意谓我们是怎样；从应然到实然，必须借助实践的津梁。个体人格思想并不就是现实的个体人格，它们之间还是有相当的距离，必须由实践来完成。一般说来，个体人格思想会影响个体人格；但是，这两者并不能相提并论。比如，在五四新文化运动期间，涌现出一大批的"娜拉"，他们猛烈地抨击旧文化，提倡"德先生"和"赛先生"，要求个体人格独立。这批"娜拉"包括鲁迅、周作人、胡适、郭沫若等人，他们具有深刻而系统的人格独立思想，但是，他们中间除了鲁迅之外，其余的"娜拉"在一度出走之后，要么堕落，要么走了回来。他们的人格思想表达与现实人格之间不一致，存在着一定的脱节；而鲁迅则不然，言说者鲁迅和行动者鲁迅、"个体人格思想"的表达和人格之间具有高度统一性。如有的研究者指出的："他提倡的是'深沉的韧性的战斗'。这个主张一直贯穿到他后半生，接近左翼道路后，也没有改变。"② 总之，人格实践要受到自然客体、社会客体等方面的制约，总是不断地从必然世界走向自由世界。

四　主体选择

人格的形成受诸多因素的制约，除了客观的文化情境之外，还有受主

---

① 王晓明：《人文精神：是否可能与如何可能》，《人文精神寻思录》，文汇出版社1996年版，第29页。

② 张春田：《从娜拉出走到中国改造——兼及鲁迅与"启蒙"话语之关系》，《文艺理论与批评》2008年第2期。

观的主体选择。文化情境对人格发生作用，必须借助选择这一中介来完成。"因为具有选择能力是人的本质性的体现，也是人与动物的区别之一。选择实际上是一种判断、决策和组织能力，即决断。"① 个体人格的形成离不开主体的选择。弗洛姆指出，由于社会性格的不同以及每个个体体质气质的不同，因此，不仅不同文化模式中的个体人格特征各不相同，即便是同一文化模式中的个体人格特征也是不同的。这种个体人格的差异性，包含着主体的自由选择，即社会品格通过个人自身的体质、气质、理想、信念，并通过个人的选择而转化为个体的品格和人格。处在一定的社会关系中的个人，具有选择的自由。历史的发展道路具有多种可能，并不是唯一的，历史主体可以根据现实条件作出有益于自身发展的道路选择。个体所作的选择，并不是任意的，不受限制的。主体选择要受前提条件、选择能力等方面的制约。因之，人格的形成也不是随心所欲的。"人的存在是个体选择的前提条件和直接动因。人格的样态超不出他所处其中的可能的范围。"② 由于心理状态、文化背景、生活经验等方面的差异性，即便在同一文化模式下的个体，他们在面临相同的文化情境时也难作出齐一的选择，更何况他们所处的"环境绝不会是相同的"，③ 这就使得个体人格呈现出纷繁复杂的面貌。比如，顾炎武和黄宗羲都是儒家传统的核心成员，坚守着内圣外王、"三不朽"、夷夏之防等儒家核心价值理念，使得顾、黄二人具有共同的"社会性格"。如钱穆所说："比观梨洲、亭林两人，早年皆身入社会，名列党籍，一似也。皆承家学，擅诗文，注意当朝典章人物，二似也。中年皆出入军旅，献身故国，志切兴复，三似也。及以屯遭艰险之余生，毕志撰述，著书成学，皆在五十以后，四似也。"但二人人格还有相当的不同，"惟梨洲近于狂而亭林近于狷，为二人性格之不同。梨洲终于里门，晚年足迹不越浙江两岸，而亭林则为东西南北之人"。何以如此？钱穆指出，两人的性格差异是诸多因素的合力所致，包括个体的气质、体质、成长环境、人生经历等方面："一老于南，一老于北，为二人环境之不同。而学术之异，亦若由此而判。

---

① 郑荣双、严全治：《试论人格形成的选择机制》，《河南师范大学学报》1998年第2期。
② 同上。
③ ［德］埃里希·弗洛姆：《为自己的人》，孙依依译，生活·读书·新知三联书店1988年版，第72页。

是虽以豪杰命世之姿,其早年之性习,与夫入世后之熏染,皆足以范围其意趣学问于不自觉之间,有如此矣。"①但是,还有非常重要的一点钱穆没有指出来,那就是主体选择。以顾炎武为例,他喜欢出游,不喜讲学,他从早年的诗酒流连、美人香草,来了一个脱胎换骨,法古用夏、实学经世,成了一个"重质实而务博古"的沉潜厚重的学者。虽然国变、家变的环境相激有以促成②,但是,他个人的主体选择是不容忽视的。为什么同样是身遭国变,顾炎武的总角之交兼学侣归庄依然"尚辞藻而贵通今",而顾炎武则变为"重质实而务博古"?③因此,不着眼于主体选择,其解释就很难说得通。

第三节 柳亚子文化人格的生成

人格与文化有着不可割裂的内在关联:一方面,文化是人格生成的土壤。"个体首先不得不汲取对他起作用的文化传统。他首先必须攀登他降生于其间的文化的高峰。"④另一方面,人格是文化的投射。"个人要想成为某一社会群体中的角色,就必须按照一定的角色地位、规范及价值意识成长,然后才能成为一个共享群体文化的成员,才能充当群体中的某种角色。"⑤一般说来,对个体人格的生成、发展发生作用和影响的因素大致有两个方面:一是客观的文化情境⑥,二是主观的自我选择。"人格形成的过程似乎主要是一种经验整合,经验又是从个人与环境的互动获得。"⑦而文化情境是一个较为宽泛的概念,又可以细分为社会家庭、文化心理等单元。就柳亚子

---

① 钱穆:《中国近三百年学术史》上,中华书局 1986 年版,第 152—153 页。
② 归庄致信顾炎武,"使兄不遇讼,不避仇,不破家,则一江南富人之有文才者耳,岂能身涉万里,名满天下哉!"参见归庄《与顾宁人书》,《归庄集》,上海古籍出版社 2010 年版,第 339 页。
③ 钱穆:《中国近三百年学术史》上,中华书局 1986 年版,第 152 页。
④ [德]米夏埃尔·兰德曼:《哲学人类学》,张乐天译,上海译文出版社 1988 年版,第 228 页。
⑤ 司马云杰:《文化价值论》,人民出版社 1988 年版,第 113 页。
⑥ 司马云杰认为,文化情境是指"围绕着个体人的有意义的特殊的文化世界,也是现实的可经验的世界"。参见司马云杰《文化价值论》,人民出版社 1988 年版,第 156 页。
⑦ [美]拉尔夫·林顿:《人格的文化背景》,于闽梅、陈学晶译,广西师范大学出版社 2007 年版,第 114 页。

而言，由于地域文化传统、家庭环境、学校教育、社会实践等文化单元的机缘凑泊，加上强烈的主体选择，形成了他特有的人格特质。

一 地域文化传统

地理是历史展开的舞台，是知人论世不可或缺的一个方面。"地理是历史的舞台，历史即地理的骨相，读历史如忽略地理，便失去其许多精彩的真实意义。"① 考察地域文化传统对柳亚子人格生成的影响，其胞衣之地吴江，乃至苏州、江南都应纳入研究视野。

自三国孙吴以降，经过长期的开发，南方经济后来居上，到唐末、北宋末分别完成经济中心、文化中心的南移，中经南宋、蒙元而至明清，江南经济、文化的优势得到进一步加强。李伯重指出，"江南是明清中国科举应试教育最发达的地区，科举功名之盛，甲于天下；但同时也是中国经济最发达的地区和出科技人才最多的地区"②。明清江南是全国的经济、文化中心，而苏州则是江南的中心。在苏州府各邑中，吴江经济遥遥领先。即以吴江盛泽镇为例，其地以出产丝绸业闻名："凡邑中所产，皆聚于盛泽镇，天下衣被皆赖之，富商大贾数千里辇万金来买者，摩肩连袂，如一都会焉。"③ 吴江发达的经济、文化催生了繁荣的声伎业。晚明名士、名妓联袂演绎了一幕幕江左风流的活剧。陈寅恪亦论及此："吴江盛泽诸名姬，所以可比美于金陵秦淮者，殆由地方丝织品之经济性，亦更因当日党社名流之政治性，两者有以相互助成之。"④

吴江向为出产名士的风雅之地，有"见秋风起而思莼鲈"的魏晋名士张翰、挟妓泛舟分湖的元代名士陆行直、满门风雅的吴江叶氏文学家族的领军人物叶绍袁等，尤其值得一提的是，吴江是几社、复社活动的中心区域，复社的第一次大会就在吴江尹山举行，孙孟朴、吴扶九等吴江名士均为复

---

① 王恢：《中国历史地理·编著大意》，转引自曾大兴《中国历代文学家之地理分布》，湖北教育出版社 1995 年版，第 1 页。
② 李伯重：《八股之外：明清江南的教育及其对经济的影响》，《清史研究》2004 年第 1 期。
③ 乾隆《吴江县志》，《中国地方志集成·江苏府县志辑》，江苏古籍出版社 1990 年影印本，第 382 页。
④ 陈寅恪：《柳如是别传》，上海古籍出版社 1980 年版，第 329—330 页。

社眉目。江南厚重的历史文化资源，无疑可以沾溉后世。陈平原谈及晚明陈继儒一类名士，由于清廷的文化专制，加之顾炎武等人基于亡国之痛而进行严厉抨击，以致风雅中辍，直至晚清方再度"复活"："中间一隔就是两百多年，到了晚清以后，又是这块地方，又是这一批文人起来了。"[①]

地域文化传统使柳亚子的名士特质沦肌浃髓，尤其是几复名士的流风余韵，更是他手摹心追的对象。柳亚子曾与陈去病、高旭等人在清季党禁松动和社团活动空前活跃的背景下，以民族革命为旗帜，追踪几复风流，发起革命文学团体——南社。在成立南社之前，陈去病进行了预演，发起了"隐然是南社的楔子"[②]的神交社。在《神交社例言》中，陈去病毫不掩饰地指出，神交社发起的地域乃至组织规程，均是以几复为模型，"考复社虎阜往例，来宾咸挟一小册，书是日与会者姓名而去。神交社例同，今即仿之"[③]。柳亚子虽未预神交社雅集，但是，他对于几复风流的向慕之情溢于言表："降及胜国末年，复社胜流，风靡全国，其意气不可一世。迨乎两京沦丧，闽粤继覆，其执干戈以卫社稷，皆坛坫之雄也。"[④]1908年1月，柳亚子、高旭、陈去病等在上海酒楼聚会，通过了陈去病提出的继续晚明云间几社结社事业，并定名为"南社"。此后南社进入正式酝酿阶段。在南社的筹备阶段，柳亚子反复强调南社与几复风流的历史传承。"复社逃盟更慎交，百年坛坫属吾曹。"[⑤]1908年3月间，柳亚子赴沪。有见于结社诸人星散，不能有所作为。柳亚子在与上海酒楼聚会诸人合影时感慨赋诗："鸡鸣风雨故人稀，几复风流事已非。"[⑥]南社尚未成立，柳亚子就得到上海酒楼结社中的刘师培夫妇降清的消息，赋诗抒发荃蕙化茅之痛："千

---

① 陈平原：《文人的生计与幽韵》，《文史知识》2002年第2期，第125页。
② 柳无忌编：《南社纪略》，上海人民出版社1983年版，第6页。
③ 陈去病：《神交社例言》，杨天石、王学庄编：《南社史长编》，中国人民大学出版社1996年版，第86页。
④ 柳亚子：《神交社雅集图记》，中国革命博物馆、上海人民出版社编：《磨剑室文录》上，上海人民出版社1993年版，第193页。
⑤ 柳亚子：《寄示分湖文社诸同人索和》之四，中国革命博物馆、上海人民出版社编：《磨剑室诗词集》上，上海人民出版社1993年版，第101页。
⑥ 柳亚子：《海上题南社雅集写真》，中国革命博物馆、上海人民出版社编：《磨剑室诗词集》上，上海人民出版社1993年版，第61页。

秋谁信舒章李，几社中间著此贤。"① 柳亚子积极推进南社的成立，并担负很多的实际工作。如其所谓："我是以梁山泊上小旋风柴进自命的，在复社自比于吴扶九、孙孟朴，自然是要尽奔走先后的职务了。"② 1909 年 11 月 13 日，柳亚子等人仿复社旧例，在虎丘正式成立南社。柳亚子诗以记之，诗题中有云："盖社事零替以来，三百年无此乐矣！"③ 南社之后，柳亚子还先后发起新南社和南社纪念会。

　　文人结社、诗酒风流的名士风雅之习，已经渗入柳亚子的骨髓。南社成立后，仿晚明名士结社旧例，定期举行雅集，狂歌痛饮，事后印行诗文。1915 年 5 月 9 日的南社第 12 次雅集之后，柳亚子与高燮、姚石子同游杭州。他们在西泠印社举行南社临时雅集，在冯小青墓畔为冯春航题名勒碑纪念，一共流连了二十多天，三人将所作诗辑成《三子游草》印行，其中柳亚子有诗二十余首。柳亚子自谓："胜概豪情，不可一世。"④ 1915 年中秋，柳亚子还与里中友人顾悼秋、沈剑双、凌莘子等人发起酒社。每年中秋前后，酒社中人在金镜湖上狂歌痛饮，抒发牢愁。"以中秋水嬉之夕，大会于秋禊湖上，画舫清尊，穷日夜忘返。"⑤ 其中以 1919 年为最盛，与会十三人，撰诗五十余首。柳亚子仿乾嘉《诗坛点将录》作《酒社点将录》，并撰叙；他为裒集酒社历年唱和之作的《酒社中秋唱和集》撰叙。柳亚子还效仿名士杨铁崖携妓游分湖的故事，在"雨甚急"的情况下，乘坐"晓风残月之舫"，"决游分湖"；同游八人，"盖较武陵溪主人增一客、减二妓焉"；"计斯游自启程至返棹，为日浃旬，得诗百数十首，而朋俦唱和之作尚不与，信乎山川寥落后之豪举矣。以视铁厓当日，草草搏罍，寥寥篇什，徒以伎人行酒，夸耀俗流者，又遑敢谓方今之不如古昔也"。⑥ 这种自觉的模仿还在于杨铁

---

① 柳亚子：《重题南社写真，时闻申叔已降虏矣》，中国革命博物馆、上海人民出版社编：《磨剑室诗词集》上，上海人民出版社 1993 年版，第 99 页。
② 柳无忌编：《南社纪略》，上海人民出版社 1983 年版，第 10—11 页。
③ 中国革命博物馆、上海人民出版社编：《磨剑室诗词集》上，上海人民出版社 1993 年版，第 115 页。
④ 柳无忌编：《南社纪略》，上海人民出版社 1983 年版，第 73 页。
⑤ 柳亚子：《〈酒社中秋唱和集〉叙》，中国革命博物馆、上海人民出版社编：《磨剑室文录》上，上海人民出版社 1993 年版，第 567 页。
⑥ 柳亚子：《游分湖记》，中国革命博物馆、上海人民出版社编：《磨剑室文录》上，上海人民出版社 1993 年版，第 604、607 页。

崖作《游分湖记》《游分湖诗》，柳亚子亦作《游分湖记》，并将狂游期间友朋赓酬唱和之作裒辑成册，名之曰《吴根越角集》。柳亚子狂游分湖，除了没有携妓之外，出游规模、诗词数量等方面远迈前人，其狂态豪兴可见矣！柳诗云："越角吴根一棹秋，铁崖去后我来游。"① 几复名士之性，是柳亚子挥之不去的"意结"。20个世纪30年代，柳亚子在落寞之余致信次女无垢，感叹昔日风流不再："你们吃酒赏月倒写意。我们是没有什么酒吃，照常地老早就睡觉了。……想起从前在黎里闹酒社，闹得真高兴，却不胜其今昔日之感了！"② 作为南社领袖，柳亚子念念不忘再作冯妇，重操南社旧业。抵达北平后，他把南社雅集的大本营从上海搬到了北平，把昔日狂歌痛饮的乐土从分湖移到了昆明湖。在这里，柳亚子与旧雨新知宴饮赋诗，斗酒斗诗，谈诗论政，优游竟日。③ 柳亚子发起规模大、规格高的南社、新南社联合临时雅集；他甚至希望继承南社遗风，建立北社。"应开北社承南社，更废南都建北都。"④

二　家庭环境

家庭环境是文化对个体人格刑塑的一个中间驿站，个体通过家庭与社会的接触，最主要的是通过家庭成员施加的影响来完成社会化的。坎托指出："某个家庭里的成员同时也是更大范围群体的成员，他们在家中所保持的常规与更大团体的常规相同，他们所作出的各种反应刺激了家里的年幼的成员，使之具有更大范围群体的文化素质的特征。"⑤ 弗洛姆强调："儿童的性格模式是在其父母的影响下形成并发展的。父母和他们培养孩子的方式又是由他们所处的文化的社会结构决定的。一般的家庭是社会的'精神

---

① 柳亚子：《分湖游两首》之一，中国革命博物馆编：《磨剑室诗词集》上，上海人民出版社1985年版，第323页。
② 上海图书馆历史文献中心、近代文献部编：《柳亚子家书》，岳麓书社1997年版，第428页。
③ 参见中国革命博物馆编《磨剑室诗词集》下，上海人民出版社1993年版，第1541—1542、1596、1611、1613、1638页；柳无忌、柳无非编《自传·年谱·日记》，上海人民出版社1986年版，第367页。
④ 柳亚子：《南北吟一首，四月二十三日作》，中国革命博物馆编：《磨剑室诗词集》下，上海人民出版社1985年版，第1565页。
⑤ [美]J.R.坎托：《文化心理学》，王亚南等译，云南人民出版社1991年版，第255页。

培养处',通过使自己适应家庭,儿童养成了性格,在日后的社会生活中,这种性格能使他适应他所必须完成的工作。"① 柳亚子的家庭环境对其人格的形成产生了重要影响。

柳氏原籍浙东慈溪,南明时迁至吴江东村,北库大胜柳氏是其中的一支。柳树芳是柳亚子的高祖,他是大胜柳氏在文坛的开山祖,完成了柳氏从自耕农向文学世家的过渡。柳兆薰是柳亚子的曾祖,中过举人,担任过教官,希望子孙沿着祖先规划的方向走科举仕进的道路。此后,柳氏家族每一代都有获秀才及以上功名者。对此,柳亚子不无自豪地声称:"我的家庭,真是一个美满的家庭。所谓书香门第,耕读世家,在我是当之无愧的。"②

柳亚子的名士基因,得益于这个大家族的濡染。在这个大家族里,亲友中多名士。③父亲柳念曾是本地的乡绅兼名士,通经书、文辞、书法、围棋,喜品茶、听评弹。母亲费氏师从吴江名士徐山民的女儿徐丸如,而徐山民、吴珊珊夫妇则是袁枚的弟子。因此,就师承渊源而言,柳亚子可以算得上是袁枚的"四传弟子"。此外,柳亚子还深受舅祖父凌退修的影响。此人是一个"爱国病"患者,因为甲午中日之役的败局而忧愤不起。柳亚子对他歆慕不已,"砺二爷是名士,同时也是一位政治家,目光如电,心光如轮,是情愿牺牲小己,完成国家大业底第一流、了不起的人物"④。柳亚子还煮酒论英雄:"要是退修先生不死,一旦蛟龙得云雨,还怕不是老康一流人物? ……但他的抱负,他的主张,今天还得由我记录下来,传之于天下后世。那末,据我的估计,吴江的政治家,在过去只有退修先生,在现代只有我柳亚子。"⑤

柳亚子的士大夫气质是从童年时被灌注的。正是基于慎终追远的文化心理,祖先的荣耀成了他无形的道德资源和奋斗动力。柳亚子回忆儿时情

---

① [德]埃里希·弗洛姆:《为自己的人》,孙依依译,生活·读书·新知三联书店1988年版,第72页。
② 柳无忌、柳无非编:《五十七年》,《自传·年谱·日记》,上海人民出版社1986年版,第44页。
③ 同上书,第48、75页。
④ 同上书,第64页。
⑤ 同上书,第67页。

形，"就是曾祖父在时，他自己觉得年纪太大了，精神渐渐不济，而对我又是抱着非常期望的。他常常说道：'我老了！也不指望看见小和尚发科发甲，我只要能够看见他上学的一天，也就心满意足了！'"[①]曾祖父去世时，柳亚子只有4岁。50多年后，在抗战时期的桂林，柳亚子对曾祖父的恩德仍念念不忘："照我个人那时候小小心坎上的想头，对于我曾祖父真是希望他长生不死哩！因为他对于我的恩德，实在太大，而对于我的印象，也实在太好了。"[②]他向来以士大夫自诩："我虽然没有发科发甲，但现在活到五十七岁，还未曾脱掉读书人的本色。我常常自命为典型的中国士大夫，始终抱持着天地正气，不为威屈，不为利诱，虽然太太骂我为神经病而不悔。"[③]60年后，柳亚子应邀参加新政协会议。抵达北平后，柳亚子径直向毛泽东提出任职江南的要求，"欲借头衔荣父老"[④]；并以"吴江一品大臣"自居[⑤]；在被任命为中央人民政府委员兼华东行政委员会副主席之后，他马上衣锦还乡，拟看望苏沪一带的亲朋故旧，"我这次南巡，共来还三个礼拜。到了上海、无锡和南京。苏州和黎里都没有去，因为陈毅将军不许我去也"[⑥]。迁居北长街89号后，柳亚子在志得意满之余袒露心曲，"王侯第宅皆新主，居然朱门华梲矣，一笑"[⑦]。对此，所谓"贪心不足""要这要那""私心发作"一类评价[⑧]，均未能着其痛痒处；唯有用士人光耀门楣的心理来照察，他的这种行为方式才能获得更为圆通的解释，才更加顺理成章。

[①] 柳无忌、柳无非编：《五十七年》，《自传·年谱·日记》，上海人民出版社1986年版，第56页。
[②] 同上书，第53页。
[③] 同上书，第56页。
[④] 柳亚子：《呈毛主席一首，五三用前韵，五月十九日作》，中国革命博物馆编：《磨剑室诗词集》下册，上海人民出版社1985年版，第1616页。
[⑤] 范志超：《记柳亚子先生二三事》，中国国民党革命委员会中央委员会、中国革命博物馆编《柳亚子纪念文集》，中央文史出版社1987年版，第229页。
[⑥] 柳亚子：《致柳无忌》，上海图书馆编：《书信辑录》，上海人民出版社1985年版，第399页。
[⑦] 柳无忌、柳无非编：《北行日记》，《自传·年谱·日记》，上海人民出版社1986年版，第380页。
[⑧] 关于柳亚子的"牢骚"诗，在"文化大革命"的语境下，遭到批判，相关的研究论及此点。参见应靖国《这也属不实之词——对柳亚子〈感事呈毛主席〉一诗解释的质疑》，《上海师范大学学报》1980年第4期，第61—63页；黄波《寂寞一诗翁——重说柳亚子》，《书屋》2007年第3期，第42页。

三 学校教育

学校较之家庭,是一个目的更为直接、计划更为系统的文化场所。弗洛姆认为,教育方式是形成人格的一种机制,对于个体人格的塑造,虽非决定性的,但起着重要作用:"虽然教育方式并不是某种特定的社会性格的致因,但是,它们都是促使性格形成的一种机制";"教育的社会功能是促使个人具有将来在社会中起作用的功能,即是使个人的性格向社会性格方向靠拢,使个人的欲求符合他所扮演的社会角色的需要"①。坎托也强调,学校教育对个体人格的影响在于,它使儿童人格趋同:"在这种文化背景之下,儿童主要获得了各种知识反应,也就是说,他具备了在某一特定的学校上学的所有人共同的种种理性见解。"②柳亚子也接受了各种教育元素,并对其人格的形成产生重要影响。

柳亚子接受的教育新旧杂陈。他前段接受的是系统而规范的旧式科举教育,并且赶上了科举制度的末班车,取得了最低等级的秀才功名。柳亚子从两三岁开始,就在母亲的指导下接受启蒙教育,五岁正式上私塾。私塾是他学校教育的起点,在这里,他逐步形成其名士气质。这些塾师基本上是一些声名等级有差的名士,其名士做派对柳亚子起了很大的熏染作用,他们甚至还手把手地教他做名士。③因此,在十岁左右,柳亚子就有着与两位塾师"把酒看花,赏玩秋光"的经历:"大概,我的名士脾气,就是在这十岁的时候开始养成的吧。"并暗生才子佳人的情愫,"黄老师又喜欢看小说,他肚子里的东西很多,口才也不差,能够绘声绘色的演讲出来。……在情窦初开的我,听起来自然津津有味,想做起佳人才子的勾当来了"④。十三四岁时,柳亚子开始在报上发表香奁诗,玩起了美人香草的一套,并一发不可收拾。"但从此以后,我做开了头。便常常做起无题诗和香奁诗

---

① [德]埃里希·弗洛姆:《逃避自由》,陈学明译,工人出版社1987年版,第368页。
② [美]J.R.坎托:《文化心理学》,王亚南、刘薇琳译,云南人民出版社1991年版,第256页。
③ 柳亚子谈及塾师马逸凡教他效名士与人订交,交换"兰谱",王云孙教他下棋、喝酒。参见柳无忌、柳无非编《自传·年谱·日记》,第82—83页。
④ 柳无忌、柳无非编:《五十七年》,《自传·年谱·日记》,上海人民出版社1986年版,第81—82页。

来，从李玉溪、韩致光一直做到王次回、黄仲则。"① 十五岁时，柳亚子与同赁黎里镇寿恩堂的另外两家所聘的塾师往还，指天画地，声震屋瓦。②

柳亚子后段主要在上海爱国学社和同里自治学社接受了新式学堂教育，既不系统，为时也很短，总共不到三年的时间。1902年上半年，柳亚子在黎里镇上的"养正学堂"（禊湖书院改来）读过一天英文，因口吃之故，与"'特勃特尔鱼乎'闹别扭，就此赖学完事"。1903年，柳亚子就读于上海爱国学社，但不到半年，中国教育会与爱国学社内讧，柳亚子又回到黎里。1904年，入同里自治学社高级班读书。1906年，脱离自治学社。其间，柳亚子还进中国教育会所办的通学所，从陶成章学催眠术；以及到上海钟衡臧的"理化速成科"学习化学，以制造炸药搞暗杀。③爱国学社、自治学社的自由学风，正与其率性任情、遇事辄发的名士之性相契。在爱国学社时，柳亚子经常与教师章太炎、金天放等人一起下馆子、题诗。在同里自治学社时，柳亚子天马行空，我行我素。为了参加朋友冯沼清的"苏苏女校"庆典，在社长委托人不批准的情况下，柳亚子斩关夺将，公然违反社规，甚至连社长金天放都不放在眼里。④

这一时期，章太炎对柳亚子人格生成的影响不容忽视。在清末民初，发生了中国思想文化史上的回潮现象，士人对传统文化精神的认同，出现了一批"隔代"名士。大致有两种类型：一是体现魏晋回响。"魏晋时期的思潮，正是由务实转向崇虚，由客体转向主体，由群体转向个体，与民元之初的思潮有惊人的相似之处，也有一些可资借鉴的有益之论。"⑤ "倘以文人心态论，晚清与魏晋确有不少相似之处。"⑥这类名士以章太炎及章门弟子如黄侃、鲁迅等为典型。一是几复名士的地域复活。在党禁的松弛以及社团活动空前活跃的背景下，催生了追踪几复的名士团体——南社。

---

① 柳无忌、柳无非编：《五十七年》，《自传·年谱·日记》，上海人民出版社1986年版，第119页。
② 同上书，第124—125页。
③ 同上书，第148—149页。
④ 同上书，第192—193页。
⑤ 林东海：《〈魏晋思想论〉导读》，刘大杰：《魏晋思想论》，上海古籍出版社1998年版，第5页。
⑥ 陈平原：《晚清的魅力》，《阅读日本》，辽宁教育出版社1996年版，第162页。

有人指出，"清末民初文人结社之风的复兴，上法晚明、回首前尘，可谓已经成为其中挥之不去的'情结'和无法绕开的'心病'"[①]。就柳亚子而言，由于地域文化传统，其人格得几复名士为多；但同时受章太炎的影响而带有魏晋名士的气质。柳亚子自中年后就患有严重的神经衰弱症，"常常闹着神经兴奋和神经衰弱的把戏。兴奋时其热如火，衰弱时其冷如冰，终于没有和平中正的一天"，柳夫人呼为"柳痴子"，称其受"章痴子的道统心传"[②]。柳亚子也有一股"疯态"，从中可以见到章太炎的影子：亡命日本期间，他杖逐好为人师的不良老人[③]；30年代，他还因"细故"棒逐诗友林庚白[④]；抵达北平后，他在颐和园乐善堂"一怒冲锋"[⑤]，在景福阁骂哨兵[⑥]，在华北教科书编审委员会以墨水瓶掷卫兵[⑦]。此外，受章太炎影响[⑧]，柳亚子也以善骂闻名。南北议和时，柳亚子"天天骂南京政府，骂临时参议院"，"把袁世凯骂得狗血喷头"[⑨]。在南社诗论启衅中，柳亚子以街巷谩骂之语施之于南社内的反对派朱鸳雏，甚至袭用了章氏的"名骂"。民元前，章太炎与吴稚晖因《苏报》案发生龃龉而互骂。章氏骂吴氏，至有"善箝而口，勿令舐痈，善补而裤，勿令后穿，斯已矣"[⑩]等粗鄙之语。后柳亚子骂朱鸳雏，"嗟嗟，杨锡章门下之弄儿，周维新幕中之契弟，下流所归，君子不齿，善箝而口，勿令舐痈，善补而裤，勿令后穿，斯已矣，何猖猖狂吠为"[⑪]。旅桂期间，因不许举办鲁迅先生六周年祭，柳亚子像"长桥上

---

① 秦春燕：《清末民初的晚明想象》，北京大学出版社2008年版，第197页。

② 柳无忌、柳无非编：《五十七年》，《自传·年谱·日记》，上海人民出版社1986年版，第79页。

③ 柳亚子：《王济远印象记》，郭长海、金菊贞编：《柳亚子文集补编》，社会科学文献出版社2004年版，第212—213页。

④ 参见郑逸梅《南社丛谈》，中华书局2006年版，第46页；张明观《柳亚子史料札记》，上海人民出版社2008年版，第148—149页。

⑤ 柳无忌、柳无非编：《北行日记》，《自传·年谱·日记》，上海人民出版社1986年版，第360页。

⑥ 同上书，第367页。

⑦ 宋云彬：《红尘冷眼》，山西人民出版社2002年版，第131页。

⑧ 爱国学社时，章太炎给柳亚子题扇中有"只逐山膏善骂人"之句。参见柳无忌、柳无非编《五十七年》，《自传·年谱·日记》，上海人民出版社1986年版，第153页。

⑨ 柳无忌编：《南社纪略》，上海人民出版社1983年版，第39—40页。

⑩ 马勇编：《与吴稚晖》，《章太炎书信集》，河北人民出版社2003年版，第225页。

⑪ 柳亚子：《再斥朱玺》，中国革命博物馆、上海人民出版社编：《磨剑室文录》上，上海人民出版社1993年版，第476页。

骂知县"一样，把"省当局大骂一顿"①。友人评价他的使酒骂座，"柳先生喜做诗，也爱喝酒。……他喝了酒，有时也会骂，我曾亲见过几次，因此我想当年复社诸君子痛骂那《燕子笺》作者阮大铖的情景，大概也是这样"②。柳亚子对章太炎的敬慕之情老而弥笃。他在颐和园接待俞平伯夫妇时赋诗感怀："余杭门下负传薪，敢与周吴竞德邻。贱子鬈年惭受菊，本师晚节定完人。"③

这段新式学堂的教育经历，固然为柳亚子的知识结构增添了新质，使其传统价值观念受到一定程度的冲击，但就根本而言，非但不能对其名士气质进行脱胎换骨的改造，甚至反而起了助长作用。

四 社会实践

社会实践也是影响个体人格形成的一个重要方面。一般说来，个体的人格状况，总是通过人的道德实践深刻而完整地表现出来。王晓明强调人文精神的实践品格："如果把终极关怀理解为对终极价值的内心需要，以及由此去把握终极价值的不懈的努力，那么我们讲的人文精神，就正是同这关怀所体现，和实践不可分割，甚至可以说，它就是这种实践的自觉性。"④对柳亚子而言，早年的教育经历，奠定了他人格的基色；在此后的社会实践过程中，他的名士特质基本上未受干扰地以近乎原生态的形式被保存。

柳亚子有着丰富的社会经历。他先后就职于新式文化机构，充当过学堂教师、报纸主笔、南社领袖等社会角色；此外，他还积极投身政治，先后加入同盟会、光复会、国民党，担任国民党江苏省党部执委、国民党中央监察委员、民革中央监察委员会常务委员会主席、中央人民政府委员、

---

① 柳亚子：《鲁迅先生九周年祭》，中国革命博物馆、上海人民出版社编：《磨剑室文录》下，上海人民出版社1993年版，第1463页。

② 宋云彬：《柳亚子》，中国国民党革命委员会中央委员会、上海人民出版社编：《柳亚子纪念文集》，中国文史出版社1987年版，第48页。

③ 柳亚子：《平伯先生、长环夫人出所藏徐杭师暨戴子高、孙仲容两先生上曲园翁笺札册页见示，属为题诗，敬赋》，中国革命博物馆编：《磨剑室诗词集》下，上海人民出版社1985年版，第1621页。

④ 王晓明：《人文精神：是否可能与如何可能》，《人文精神寻思录》，文汇出版社1996年版，第29页。

全国人大常委会委员等职务。深有意味的是，这些社会角色竟然与其名士之性兼容无间。

　　1906年，柳亚子先后参加同盟会和光复会，成为"双料的革命党人"①，柳亚子总是以一副名士面目示人。在上海"健行公学"时，革命者、教师、报人、名士等诸多身份竟然能在他身上和谐共处。"丙午的上半年，算在'健行'住下，一面教书，一面编《复报》，还要喝酒赋诗，常常和天梅相酬唱，诗兴也越来越浓了。"②民国初年，柳亚子先后供职于《天铎》《民声》《太平洋》等报馆，因灰心国事，一度热衷于捧角，"大喝花酒"，俨然一副"醇酒妇人"的做派，动辄"浩然有归志"③；并且，他在革命活动中追求那种"千里搭帐篷"的热闹场面："《太平洋》的局面是热闹的。大家都是熟人，并且差不多都是南社的社友。不是的，也都拉进来了。那时候，可称为南社的全盛时代。"④这种请客吃饭式的革命，带有浓厚的名士雅集气味。

　　南社时期，是柳亚子名士性格最为张扬的时期。对柳亚子而言，南社是一个重要的亚环境。在这里，他身上的名士基因被激活，且大放异彩。南社是柳亚子终身生的事业。南社之后有新南社、南社纪念会，甚至抵达北平后，他还组织了南社、新南社临时雅集。柳亚子孜孜于南社事业，固然是由于他与南社近乎二位一体的关系⑤：一方面，南社成就了柳亚子在近现代文学史上

---

　　① 柳无忌、柳无非编：《五十七年》，《自传·年谱·日记》，上海人民出版社1986年版，第199页。
　　② 同上书，第200页。
　　③ 柳亚子：《我和言论界的因缘》，中国革命博物馆、上海人民出版社编：《磨剑室文录》下，上海人民出版社1993年版，第1176—1177页。
　　④ 柳无忌编：《南社纪略》，上海人民出版社1983年版，第42页。
　　⑤ 如柳亚子所说的，"南社即亚子，亚子即南社"。参见高吹万《与蔡哲夫书》，《中华新报》1917年10月2日，转引自杨天石编《南社史长编》，中国人民大学出版社1995年版，第504页。虽然柳亚子有以南社大家长自居、视南社为私产的倾向，但他对倾注了心血的南社是有感情的。柳亚子有两度出社，最后一次"搅散了南社的道场"，他一度灰心社事，但是，正是出于爱之切。虽然他说"没有我怕根本上没有南社"，但从另一个角度言之，没有南社，也就没有柳亚子。因之，深知此道的柳亚子说："我在某一个时期内对于南社某一个办法的失望和反对是有的，但我不是恶恨南社。我只是由于爱护南社的出发点，不愿南社落在我当时所认为不满意的办法之中，便以去就力争，力争不行，便毅然脱离了吧。所以脱离以后，还是要还复社籍的。"参见柳无忌编《南社纪略》，上海人民出版社1983年版，第147页。

的地位；另一方面，柳亚子对南社倾注了一腔心血，贡献颇巨。[①]但是，更为根本的原因还在于，作为名士团体的南社，"与柳亚子的革命倾向、名士习气、诗人激情极为契合"[②]。他与社友流连山水，诗酒酬唱，其名士之性得到了淋漓尽致地挥洒。可断言，如果没有南社，柳亚子就不成其为柳亚子，其名士之性至少要大打折扣，更不用说"最后的名士"了。南社不仅成就了柳亚子在近现代文学史上的地位，而且还成就了柳亚子浓郁的名士气质。南社给他提供了一个舞台，他把名士之性张扬到了极致。在这个圈子里，都是各地一流的名士，彼此声应气求，对柳亚子的名士气质起着含蕴、提升的作用。比如，苏曼殊的才性，对柳亚子影响非常之大。这恐怕也是柳亚子前后14年致力于苏曼殊研究，且无论生朝、祭日都要纪念他的重要原因之一。柳亚子之所以成为南社的当然领袖，一是柳亚子的文学才能，二是柳亚子浓郁的名士气质。这两者缺一不可，尤其是后者。柳亚子两次出社后，由姚石子维持局面，但都难以为继。何以如此？就在于柳亚子在这两方面的素质具有无可替代性。柳亚子曾自信地说："他们大概也知道，南社没有了柳亚子是搅不起来的。"[③]可谓一语中的。职是斯故，在南社风流云散之后，柳亚子仍然念兹在兹。南社是柳亚子开展文化生产、社会交往、公共影响的重要平台。南社的实际创始人陈去病把他引上革命之路，并先后加入光复会、同盟会、国民党。南社成员中很多人是同盟会、国民党的重要领导人，如汪精卫、廖仲恺、叶楚伧、戴季陶、于右任、马君武等。柳亚子借此广泛地获取政治资源，并进一步拓展，结识了大批国共要人，使得他无论在国民党内还是在共产党内都有一层保护网。在新中国成立后的知识分子改造运动中，由于他律与自律的双重作用，被改造者的风雅基因被人为地删除了，而柳亚子则获得了一定的豁免，在名士谢幕之际，他还奏了一曲"广陵散"。因此，柳亚子拥有的在新中国高层的保护，是其

---

① 孙之梅以"南社柱石"上、下两章，探讨了柳亚子在南社发展史上的作用，以及为加强南社的凝聚力以南社盟主的地位与成员开展广泛而经常的联系。参见孙之梅《南社研究》，人民文学出版社2003年版，第149—215页。
② 孙之梅：《南社研究》，人民文学出版社2003年版，第144页。
③ 柳无忌编：《南社纪略》，上海人民出版社1983年版，第55页。

荣膺"最后的名士"的至关重要的一点。①

纵观柳亚子的一生，他基本上没有受到体制的规约，这是其未被扁平化而保持名士之性的重要因素。

南京临时政府成立之初，应社友雷铁厓之邀，柳亚子当过三天的大总统府秘书后就"胜利大逃亡"了："天天游山玩水，喝酒做诗。这样搅了三天，我的身子吃不消，忽然发起寒热来，只好对不住铁厓，卷铺盖而出总统府，还到上海来当流氓了。"②"献身党国"③之后，柳亚子"睹党中诸领袖态度，知天下事未可为，始浩然有退志。既返里，蛰居弗出者数月"④。20 世纪30 年代，担任上海通志馆馆长期间，柳亚子极力经营自己的独立王国：对上级机关上海市政府，我行我素，决不肯轻易迁就⑤；对内而言，垂拱而治，坚卧不起。⑥柳亚子绝不接受组织或党魁的约束：对于民盟，他的态度是合则留，不合则去。⑦在民革内，一遇人事方面的纠葛，柳亚子往往"顿足拍案"⑧，

---

① 参见陈友乔《最后的名士——柳亚子人格的文化生成》第六章"最后的名士"，博士学位论文，湖北大学，2010 年，第 176—196 页；《名士风流：柳亚子文化人格论》，《苏州科技学院学报》2013 年第 3 期，第 72 页。

② 柳无忌编：《南社纪略》，上海人民出版社 1983 年版，第 39 页。

③ 柳无忌、柳无非编：《自撰年谱》，《自传·年谱·日记》，上海人民出版社 1986 年版，第 21 页。

④ 柳亚子：《秋石女士传》，中国革命博物馆、上海人民出版社编：《磨剑室文录》下，上海人民出版社 1993 年版，第 1068 页。

⑤ 参见张明观《柳亚子传》第三十八章"上海通志馆"，社会科学文献出版社 1997 年版，第 358—367 页；胡道静、袁燮铭《关于上海通志馆的回忆》，《史林》2001 年第 4 期；张明观《柳亚子史料札记》，上海人民出版社 2008 年版，第 172—177 页。

⑥ 柳无忌回忆，柳亚子把庶务交给副馆长朱少屏，业务交给编辑主任徐蔚南，"他不大去馆中办公，等朱先生派人把每月的薪金送来，或徐蔚南把编好的文稿呈上"。参见柳无忌《怀念父执朱少屏》，《柳无忌散文选——古稀话旧》，中国友谊出版公司 1984 年版，第 13 页。

⑦ 柳亚子在致社友陈迩冬的信中云："以前，我曾表示，要衡老（沈钧儒，时任民盟中央主席——引者注）替我运动一个中委做做，（运动选举，在中国是贿赂的代名词，但在外国是正当的，你以为如何？）未有还信。现在，且看大会闭幕时结果如何？倘然他们不要我，我也不去管他们了。"参见柳亚子：《致陈迩冬》，上海图书馆编《书信辑录》，上海人民出版社 1985 年版，第 322 页。

⑧ 柳亚子：《致梁烈亚》，上海图书馆编：《书信辑录》，上海人民出版社 1985 年版，第 393 页。

其至索性撒手不管①；他对民革中央主席李济深始终不服②，并一直与其斗法③。对于中国共产党，柳亚子极力保持自己的独立人格：在中国共产党尚未取得政权之前，他反对"尾巴主义"，"对于中共呢？做他的朋友，我举双手赞成，但要我做他的尾巴，我是不来的"④。中国共产党取得政权之后也是如此。抵达北平后，对于中国共产党的"怠慢"之举，柳亚子随即向毛泽东写呈了那首著名的"牢骚诗"，摆出一副"此处不留人，自有留人处"的姿态。⑤

---

① 柳亚子在致社友曹美成的信中云："我因身体关系，毛主席要我在颐和园静养，不问一切外事。现在在研究南明史料，颇有兴趣，其他则暂时不管，也许永远不管了。真如、春涛、荪荃都来过，现均返沪。现在民联由平山主持，我亦懒得过问。你如来平游玩，甚为欢迎。其他，则请与平山接洽，与我无关也。"参见柳亚子：《致曹美成》，上海图书馆编《书信辑录》，上海人民出版社1985年版，第363页。

② 柳亚子在《从中国国民党民主派谈起》中指出："再讲大哥哥，那末，不论年龄，要讲权威和声望，除了小区区以外，不客气，任潮先生自然是首屈一指的了。我们也应该尽量地尊敬他，拥护他，推他为大哥哥。不过，倘然有些冲昏了头脑的人，要把大哥哥来代替父亲，这是比地球更大的笑话。大哥哥到底是大哥哥，怎么能越礼行辈，把他误认为父亲呢？这一点，我是绝对坚持的，倘然大家弄不清楚，再把从前捧袁世凯、捧蒋中正的老一套来捧这位大哥哥，那末，不但大哥哥个人会完蛋，连本党也从此打入十八层阿鼻地狱，永无超生之日了。"参见柳亚子：《从中国国民党民主派谈起》，中国革命博物馆、上海图书馆编《磨剑室文录》下，上海人民出版社1993年版，第1545页。

③ 1949年4月24日，在赴友人的招饮中，柳亚子与李济深（任潮）同席。宴中，他流露出对李的嫉妒之情。其在当日的诗中云："分我杯羹惭李密，呼他俊物喜朱云。"参见柳亚子：《四月二十四日，许昂若、揆若昆季招饮弘通观，同席者李任潮、朱蕴山、王泽民、俞平伯以下计三十余人，赋此为谢》，中国革命博物馆编《磨剑室诗词集》下，上海人民出版社1985年版，第1566页。他在日记详载其事："食菜用鸡尾酒形式，彼辈为任潮进一特别面，任言太多，谁要谁分取，余言分我一杯羹可耳！"参见柳无忌、柳无非编《北行日记》，《自传·年谱·日记》，上海人民出版社1986年版，第358—359页。1949年4月28日，李济深来颐和园拜访柳亚子，柳表现出对李的不服气："早点后茂去，旋有电话来，云任潮将于下午二时来园。心清与佩妹准备欢迎，均甚忙碌，余则淡然置之，但亦不免布置一番耳！"参见柳无忌、柳无非编《北行日记》，《自传·年谱·日记》，上海人民出版社1986年版，第360—361页。柳亚子一有机会，就对李济深极尽讽刺之能事。1950年，辛亥革命老同志梁烈亚送柳亚子一本珍藏的《总理遗墨》，内中一信未署上款，引起颇多猜测，或说是写给廖仲恺的，或说是写给蒋介石的，据当事人谭平山云，该信是写给谭平山、廖仲恺、蒋介石三人的。柳亚子曾调侃李济深："总理这封信是写给你的，你不是革命委员会的领袖吗？"参见中国革命博物馆、上海人民出版社编《磨剑室文录》下，上海人民出版社1993年版，第1577—1588页。

④ 柳亚子：《从中国国民党民主派谈起》，中国革命博物馆、上海人民出版社编：《磨剑室文录》下，上海人民出版社1993年版，第1543页。

⑤ 陈友乔：《柳亚子牢骚之解读——从柳亚子的〈七律·感事呈毛主席〉谈起》，《武汉科技大学学报》2009年第4期。

五 主体选择

人格的形成受诸多因素的制约，除了客观的文化情境之外，还有主观的主体选择。弗洛姆指出，由于社会性格的不同以及每个个体体质气质的不同，因此，不仅不同文化模式中的个体人格特征各不相同，即便是同一文化模式中的个体其人格特征也是不同的。[①] 这种个体人格的差异性，包含着主体的自由选择，即社会品格通过个人自身的体质、气质、理想、信念，并通过个人的选择而转化为个体的品格和人格，这就使得个体人格呈现出纷繁复杂的面貌。柳亚子有明确而自觉的角色意识，以维护其名士之性，表现出一种强烈的排异性。一旦置身异质的文化情境，他或选择退缩，或同压迫人格的异己力量相抗争。

柳亚子担任过三天的南京临时政府大总统府秘书。关于他辞职的诸多说辞，如对临时政府和议空气失望一类的皮相之见[②]，是难得其实的。合理的解释应该是他的名士之性使然：总统府秘书作为公职人员，要循着规制按部就班，从事琐屑的案牍工作，这与名士的风雅之性相左。为此，柳亚子在"过不惯这种紊乱的生活"的情况下，"逃回上海"，[③] 恢复被破坏的文化生态系统。

在革命活动中，柳亚子表现出志行薄弱的特征。[④] 其实，从另一角度而言，他缺乏革命者的勇猛精进，正是由于名士之性过于强烈。长期从事艰苦、琐屑的革命工作，是其名士之性所不堪忍受的。在大革命时期，柳亚子虽然"一身兼领中央暨省部诸要职"，但不过"坐啸画诺"，"拱手受成而已"[⑤]。作为

---

① [德]埃里希·弗洛姆：《为自己的人》，孙依依译，生活·读书·新知三联书店1988年版，第72页。

② 李海珉：《柳亚子》，《江苏文史资料》第122辑，《江苏文史资料》编辑部出版发行，1999年，第36页；《论柳亚子诗歌的思想内容及艺术特色》，《南京理工大学学报》2006年第6期。

③ 柳无忌、柳无非编：《自传·年谱·日记》，上海人民出版社1986年版，第3页。

④ 柳亚子多次谈及此点："余根器浅薄，一摧挫即颓然自废。"参见中国革命博物馆编《磨剑室文录》上，第204页。"终以志行薄弱，拂衣归隐。"参见中国革命博物馆、上海人民出版社《磨剑室文录》下，第1186页。

⑤ 柳亚子：《秋石女士传》，中国革命博物馆、上海人民出版社编：《磨剑室文录》下，上海人民出版社1993年版，第1068页。

名士型的革命者,柳亚子深感角色的错位,"我是不懂理论的人,叫我做左派理论,真真笑话!""我在省部的好处,不过你和应春、冰鉴可以热闹一点,或是请你们看看影戏而已。至于工作方面,实在是等于零,这也并不是我的不肯做,实在做不来,也是无可如何的。"① 至于"每天做文章和对外接洽"的琐屑理论或实际工作,令柳亚子"看了就头痛",且是"绝对不能胜任的"②。为此,他选择了回归名士本位。③

柳亚子自觉地以道统人物自居,并要求政统人物以宾师之礼待之。④ 因此,他对于大小"地主"们的礼遇居之不疑。"宾师款我礼无妨"⑤,极其鲜明地体现了他出于主体选择的角色意识。

旅桂期间,柳亚子结识了一批大小"地主",为其生活提供了很多的方便,其中国民政府军事委员会桂林办公厅主任李济深是最大的"地主"。尽管李济深给了他很多的帮助⑥,但他还不满意,甚至抱怨,"他(李济深——引者注)半年中只送了我两千元"⑦。1944年6月底,长沙沦陷,衡阳被围,受震动的桂林下达了强制疏散令。柳亚子拟经平乐到八步,投奔及门弟子廖尚果、王青君夫妇。经李济深同意,柳亚子搭乘其眷属的船到平乐。临行之际,柳亚子未经李的同意,捎带上了老朋友林庚白的眷属。李的部下不同意,要照单清仓。结果,双方起了冲突。为此,柳亚子大光其火,"你们不配对我讲话,叫你们的李主任自己来好了"。为了打破僵局,李济深

---

① 柳亚子:《致姜长林》,上海图书馆编:《书信辑录》,上海人民出版社1985年版,第85、86页。
② 同上书,第96页。
③ 1926年6月9日,柳亚子在致姜长林的信中云:"我身体果然不好,但精神上更苦痛,在暑假期内,已决定杜门养病了。(这几天肚子痛,很苦恼!)""廿七我不能出席。我无论如何,在暑假内不预备到上海了。"参见上海图书馆编《书信辑录》,上海人民出版社1985年版,第76、78页。
④ 余英时以为,代表道统的是以道自任的士阶层,代表政统是执掌国家政权的政治领袖。参见余英时《道统与政统之间》,《士与中国文化》,上海人民出版社2003年版,第77—99页。
⑤ 柳亚子:《三十三年七月三日,自平乐抵八步,赠李柏林司令,同女弟子王浣霞寄呈旧韵》,中国革命博物馆编:《磨剑室诗词集》下,上海人民出版社1985年版,第1251页。
⑥ 柳亚子在《八年回忆》中谈及李济深:"讲起我到桂林最初的动机,原来可说是为了投李任潮而来的,因为他有西南文化保护人的盛誉。到桂以来,果然也给我不少的帮助,尤其我母亲去世,主持公祭,我是非常感激他的。"参见柳无忌、柳无非编《自传·年谱·日记》,上海人民出版社1986年版,第256页。
⑦ 上海图书馆编:《书信辑录》,上海人民出版社1985年版,第258—259页。

派人请柳亚子去商谈，柳断然拒绝，"我不去，叫他自己来吧"。不得已，李济深只好亲自"蹲在船头上和我开谈判"。李不迭地赔小心，柳根本不买账，"他先叫了我几声'亚子先生'，我兀自不睬他"。继而，柳指责李，"你要做西市盟主，能够这样不客气的对天下贤士大夫吗？"并抗言，"你是李主任李院长，我是手无寸铁的书生，得罪了你，你把我枪毙好了"。这场冲突最终以李的卑辞让步得以止息。①柳亚子给人的这种"麻烦制造者"的形象，正是出于强烈的主体意识。

面临相同情境的不同反应，柳亚子与其他个体的差异更凸显了人格形成过程中主体选择的重要性。

1949年3月，柳亚子离开香港，应邀北上参加新政协会议。与柳亚子同舟共车的这群民主人士中，他们大多数是抱着做客的心理，在被解放的欣喜之余，多少有些谨慎与不安：江山是共产党打下来的，他们理所当然地是主人；而在中共长期艰苦卓绝的斗争中，自己要么做了旁观者，要么做了同情者。其中叶圣陶就比较典型。进入解放区之后，一向以艰苦自奉的中共对民主人士招待殷勤。对此，叶圣陶多次表示"不安"。②而柳亚子则根本不作如是观。在他看来，自己是大名士，共产党理应礼贤下士。所以，每到一地，他都要在欢迎会上发表讲话，俨然以主人自居。③他丝毫不觉得

---

① 柳无忌、柳无非编：《八年回忆》，《自传·年谱·日记》，上海人民出版社1986年版，第258—259页。

② 抵达烟台时，"菜肴丰盛，佐以烟台美酒，宾主尽欢"。参见徐铸成《徐铸成回忆录》，生活·读书·新知三联书店1988年版，第180页。叶表示，"明日行矣，以此为别，我人身感受之不安"。抵沧州时，天津方面派来专车，叶又表示了不安："解放军以刻苦为一大特点。而招待我人如此隆重，款以彼所从不享用之物品与设备，有心人反感其不安。"入住六国饭店之后，再次表示不安："服用至舒服，为夙所未享。虽主人过分厚意，实觉居之不安。"甚至有刘姥姥进大观园的感觉："被褥太暖，进食太饱，未得美睡。"参见叶圣陶《旅途日记五种·北行日记》，生活·读书·新知三联书店1987年版，第159、171、172—173页。

③ 在莱阳城附近，适逢三八妇女节，"柳亚老自请讲话，颇慷慨得体"。参见宋云彬《冷眼红尘》，山西人民出版社2002年版，第111页。柳亚子主动请战，同行者也乐得顺水推舟。抵达莱阳后，柳亚子拟参加三月八日的妇女大会，结果因为风大被劝阻，柳在当天的日记中记："今日为三八节，欲赴妇女大会，因风烈为郭老（子化）所阻，不果去，甚怏怏也。"参见柳无忌、柳无非编《自传·年谱·日记》，上海人民出版社1986年版，第334页。所以，柳亚子总说，"余被推讲话"。参见柳无忌、柳无非编《自传·年谱·日记》，上海人民出版社1986年版，第334页。抵达华东局及华东军区所在地青州，柳亚子"闻战犯杜聿明解来大礼堂，即赴会鞠之，余与迥老发言最凌厉，该犯唯唯而已"。参见柳无忌、柳无非编《自传·年谱·日记》，上海人民出版社1986年版，第336页。

第一章 柳亚子文化人格的生成

有什么不妥,反而觉得中共方面有所怠慢。在沧州,他就因接待方面不周发脾气。① 在北平,柳亚子与来自解放区的知识分子及来自国统区的知识分子有明显的差异。1949年7月,北京召开第一次全国文代会,来自解放区和国统区的知识分子在这里会合。一次月夜泛舟北海,郑振铎对月感怀:"今夜的月色真美啊!"那位解放区的作家竟然表现木然,毫无反应。郑振铎似乎有些担心:"我是不是谈风花雪月,暴露了着急的小资尾巴?"② 来自解放区的知识分子由于他律与自律,表现出一种体制人格,诗性基因被人为地删除了;来自国统区的知识分子则犹抱琵琶半遮面,尾巴不自觉翘起来之后又赶紧夹住了。而柳亚子则不然。在颐和园里,他与旧雨新知斗酒斗诗,泛舟赏月,优游竟日。③ 这里虽僻处西郊,但柳亚子所居之益寿堂,完全是大名士孔融所追求的"座上客常满,杯中酒不空"的境界。在颐和园园居时,柳亚子接待一批又一批的朋友,谈诗论政、留客留饭、陪客游园,是常见的节目。从他在1949年5月28日的日记,即可见一斑:"一日来三批客人,快极,亦忙极。"④

地域、家庭、学校、社会等环境,不过都是一些外缘性的客观因素,个体人格的形成,最终还需从主体选择上得到说明。因之,主体选择是柳亚子文化人格诸多因素中最重要的因素。客观条件只为柳亚子文化人格的生成提供了某种可能,而主体选择则将这种可能性转化成现实;可能性固

---

① 叶圣陶在日记中云:"昨夕在车站等候较久,亚老向招待人员发脾气。"参见叶圣陶《旅途日记五种·北行日记》,生活·读书·新知三联书店1987年版,第100页。柳亚子在《三月十六日夜,沧州火车站中有作呈叶圣翁。圣翁者,余对圣陶先生之尊称也》之一云:"驱车黉夜入沧州,风露中宵动旅愁。蛇影杯弓疑过敏,如虹剑气浩难收。"之二云:"谩骂灌夫原失态,数奇李广不成名。水心两字能箴我,'克己'终怜负友生。"参见中国革命博物馆编《磨剑室诗词集》下,上海人民出版社1985年版,第1527—1528页。

② 杨扬等编:《二十世纪名人自述·文人自述》,杭州大学出版社1998年版,第304页。

③ 参见柳无忌、柳无非编《北行日记》,《自传·年谱·日记》,上海人民出版社1986年版,第367页;随意拈出《五月十七日张香池、李泽霖、蔡贤初、罗西欧偕来,同心清看芍药,又至颐和园饭店旁小坐,缘山径而归,颇有崎岖之感,四六用毛主席韵》《夜自后湖泛南湖,中流待月久久不至,狂飙忽作,几罹覆舟之厄,诗以被之,四七用毛主席韵》《待月三截句》《六月十日,雪莹、仲元枉顾园居,邀游南湖泛月,盖新自东北归来也,成诗二首分赠》等诗题,即可证之。参见中国革命博物馆《磨剑室诗词集》下,上海人民出版社1985年版,第1612、1613、1638页。

④ 柳无忌、柳无非编:《北行日记》,《自传·年谱·日记》,上海人民出版社1986年版,第367—368页。

然是现实性的前提条件,但是,没有主体选择,可能性永远只是可能性,并且,"在同一情景中,由于个体所作的不同的选择而使其人格表现出不同的特点"①。

---

① 郑荣双、严全治:《试论人格形成的选择机制》,《河南师范大学学报》1998年第2期。

第二章 柳亚子文化人格的传统底色

中国传统文化自从元典时代的"哲学突破"之后,经历了一个长期的融合过程,最终形成与农耕文明相适应、以儒道为主干、以伦理为特色的具有强大生命力的文化类型。作为中国文化最重要组成部分的儒家文化,对中华民族的理想人格、思维方式、价值选择、社会心理等方面产生了广泛、深远、持久的影响。中国文化范围之博大,"几乎是至大无外","很难用几句简单扼要的话把中国文化特性刻画得恰如其分"。[①] 而中国具有两千多年的士传统,士在中国文化史上具有非常重要的地位。因之,士是用以呈现中国文化独特形态的一个重要视角。士阶层登上历史舞台之后,基于儒家的仁政德治理想,他们便以道自任,能够超越个体和群体的利害,对整个社会表现出殷忧巨患,自觉维系政治法律秩序和道德文化秩序。"内圣外王"之道的理想人格追求,滥觞于元典时代,到宋明理学兴起的时代,发展为张载的四句教:"为天地立心,为生民立命,为往圣继绝学,为万世开太平。"这一理想人格,规范了后世知识分子的人生规划。如果说这是中国文化中主要体现儒家积极进取的一脉,而追求精神的超越,则是中国文化中主要体现道家自然无为的另一脉。此故,古代知识分子在出世与入世的张力之间游刃有余,进退而不失据,"达则兼济天下,穷则独善其身",显示出了中国文化高度的圆融性和超凡的生存智慧。当然,这个理想的范型,只是中国文化的"基本人格结构";就实际情形而言,可能会畸轻畸重,有所差别。

柳亚子出生于江南的耕读之家,自幼接受了规范的科举教育,并获得了最低等级的秀才功名。在科举制度废除后,他虽进入新式学堂"回炉",

---

① 余英时:《士与中国文化》引言,上海人民出版社2003年版。

获得了一些西学知识。但是，总体而言，传统文化构成其文化人格结构的底色，而构成其文化人格新质的西学，不过是肤浅的点缀而已。如果不是经历时代的巨变，柳亚子会继续走科举仕进的道路，去成就修齐治平的伟大事业，或做一个有钱的江南文人，不废风雅，诗酒留恋。总之，传统文化在柳亚子身上打上了两块深重的印痕：一是士大夫气质，他具有自觉的角色意识，基于深重的忧患意识，以天下为己任，表现出强烈的出仕情结；二是名士做派，由于地域文化的濡染，加之时代风潮中革命者基于革命运思策略的着意发扬，几复风流成了柳亚子挥之不去的"意结"。

第一节　忧患意识

"殷忧启圣，多难兴邦。"忧患意识是中国知识分子的优秀品格。所谓忧患意识，如徐复观所指出的，"乃是人类精神直接对事物发生责任感的表现，也即是精神开始有了人的自觉表现"①。近代以来，在内忧外患的形势下，涌现出了一批忧国忧民的仁人志士，柳亚子即是其中比较典型的代表。柳亚子具有深重的忧患意识。他继承了古代知识分子忧国忧民的传统，并将其上升到一个新的境界。

掘发柳亚子的忧患意识，具有重要意义：一是作为南社领袖、著名的社会活动家、国民党左派，柳亚子具有巨大的社会影响力，与宋庆龄、何香凝被称为国民党的"三仁"②；被与有30年交谊的毛泽东誉为"人中麟凤"③。二是柳亚子忧国忧民的人格特征为传统文化所型塑而具有典型意义。郭沫若曾指出，"亚子，今之屈原；屈原，古之亚子也"④。三是关于柳亚子的忧患意识，缺乏系统而深入的专门研究，多为零星涉及。⑤有鉴于此，

---

① 徐复观：《中国人性论史》，上海三联书店2001年版，第18—19页。
② 谢觉哉在《次韵酬柳亚子》中有"并世三仁何与宋"之句，参见中国国民党革命委员会中央委员会、中国革命博物馆编《柳亚子纪念文集》，中国文史出版社1987年版，第322页。
③ 中共中央文献研究室编：《毛泽东书信选集》，中央文献出版社2003年版，第106页。
④ 郭沫若：《今屈原》，中国国民党革命委员会中央委员会、中国革命博物馆编：《柳亚子纪念文集》，中国文史出版社1987年版，第38页。
⑤ 相关的成果主要有：姜维枫《浅谈中国近代文学中的忧患意识》，《山东行政学院山东省经济管理干部学院学报》2001年第2期；周春华《浅论柳亚子诗词文化思想特点》，《文教资料》2010年8月号上旬刊；李海珉《柳亚子及其书法》，《中国书画》2011年第9期。

通过对柳亚子忧患意识形成的原因、内容、特征作一集中探究,可以对柳亚子研究有所拓进,进而以此个案来透视近现代知识分子在内忧外患危殆时势下的精神气质。

一 柳亚子忧患意识形成的原因

忧患意识是人所独具的一种理性精神,其形成具有一定的社会基础,并非凌空出世。柳亚子忧患意识的形成也是如此,既有亡国灭种的现实危机的驱迫,又深受传统文化的濡染,还受到师友往还的影响。

(一)民族危机的煎逼

柳亚子见证了从晚清到新中国成立之初各个时期的历史风云。近代以来,中国"始终贯穿着时疾时缓的民族危机"[1]。深重的民族危机如一柄达摩克利斯之剑高悬于头顶,催生出知识分子群体的忧患意识;并且,忧患意识与民族主义紧密相连。诚如许纪霖所指出的:"在近代中国的社会变迁中,民族主义往往成为现代化的最为有效的社会动员工具,成为凝聚人心、整合社会的意识形态符号。"[2]

晚清以降,危殆的国势一次又一次把中华民族推到了历史的风口浪尖。作为这一时代的亲历者,柳亚子的忧患意识为民族危机所催生。早在1904年,面对列强的瓜分豆剖之局,柳亚子大声疾呼:"寰海既通,欧风大扇,半开之士,慑于瓜分豆剖之祸,辄奔走呼号以回一世之视听,而曰'中国将为波兰,中国将蹈波兰之覆辙'。呜呼!以形质言,中国之为波兰,初不自今日始;以精神言,中国将求为波兰而不可得。"[3]"九·一八"事变后,柳亚子身上的忧患意识由于现实的刺激而复苏。"我是反对国家主义的,老实说,连民族主义也不大相信。我以为,只要世界大同,便一切问题都没有了。但从东北事起后,我总觉得浑身的不痛快,难道我又会变成

---

[1] 许纪霖:《入世与出世:进退维谷的两难困境》,《许纪霖自选集》,广西师范大学出版社1999年版,第62页。

[2] 许纪霖:《中国现代化的历史反思》,《许纪霖自选集》,广西师范大学出版社1999年版,第15页。

[3] 柳亚子:《〈波兰衰亡史〉序》,张明观、黄振业编:《柳亚子集外诗文辑存》,上海人民出版社2011年版,第1页。

了爱国者吗？爱而不能救，其痛苦又如何？"① 全面抗战后，柳亚子的忧患意识因民族危机加剧而高涨，并产生一种负罪感。"从七七事件扩大而为八一三事件，从局部抗战扩大而为全面抗战，中国的局面是明朗化了，而我的心境还是黯淡阴沉，没有在抗战初期替国家民族尽过一点流汗流血的责任。这一件事情，在现在想起来，我还是很觉得非常的难过呢。"② 1944年，是抗战的关键时期。柳亚子从沦陷前夕的桂林安抵重庆，可谓"出死入生"③。但他"终觉闷闷不乐"，"因为讲政治团结问题距离尚远，讲军事则敌人正在着着进迫，我如何能免杞人忧天之虑呢"？④ 由此可见，民族危机是柳亚子忧患意识形成的触发器。

（二）传统文化的濡染

忧患意识作为一种文化"基元"，胚胎于传统文化的母体，对中华民族产生广泛、深入、持久的影响。忧患意识充溢于"轴心时代"的《诗》《书》《礼》《易》《春秋》等文本典籍之中。随着时代的推演，忧患意识也有流有变，获得了更加丰富的内涵，包括忧君、忧国、忧民、忧道、忧己等方面。尽管如此，"作为一种时代使命感和社会责任感的派生物，忧患意识又是古今同慨的"⑤。经过世代传扬，忧患意识成为中国知识分子的集体无意识。具有忧患意识的杰出之士，代不乏人：屈原行吟泽畔，哀民生之多艰；杜甫栖身茅屋，忧寒士之无庇；范仲淹无论高居庙堂，还是远处江湖，都不改其忧君忧民情怀；顾炎武身经鼎革丧乱，系心天下兴亡。柳亚子也是这一历史传承体系上的一环。柳亚子在传统文化中濡染既深且久，"是从儒家的壁垒中长大起来"，不仅对于儒家所提倡的"儒行""拳拳服膺"，而且"以现代的孔丘、孟轲自命"⑥。不仅柳亚子自视如此，同时代人也有如此观感。在抗战时期的桂林，画家尹瘦石曾以柳亚子为模特画过一张屈原像。郭沫若

---

① 柳亚子：《致姜长林》，上海图书馆编：《书信辑录》，上海人民出版社1985年版，第132页。
② 柳无忌、柳无非编：《八年回忆》，《自传·年谱·日记》，上海人民出版社1986年版，第216页。
③ 同上书，第270页。
④ 同上书，第272页。
⑤ 冯天瑜：《从元典的忧患意识到近代救亡思潮》，《历史研究》1994年第2期。
⑥ 柳亚子：《儒家思想对我的影响——写在林北丽文章后的〈附跋〉》，郭长海、金菊贞编：《柳亚子文集补编》，社会科学文献出版社2004年版，第270页。

高度评价二者的神似,"'佩长剑之陆离'者,是屈原,也是亚子"①。因此,传统文化是柳亚子的忧患意识形成的社会土壤。

(三)师友往还的影响

老师和朋友,是人际网络中重要的结点。通过师友往还,相互切磋砥砺,声气相求,这对个体的思想倾向、行为方式产生影响,其效度甚至是终身的。柳亚子师友交往十分广泛,这对其忧患意识的形成产生重要影响。

梁启超曾经是柳亚子民族主义思想的启蒙导师。他在19世纪末20世纪初一度以中国思想界、舆论界的巨子而成为青年的精神导师。20世纪的最初十年,梁启超创造了"以'悲壮淋漓之笔'达'维新吾民'之旨"的"近代中国新体评传"。②由于梁启超的示范效应,包括柳亚子在内的一批维新和革命派传记作家影从云集。如有的论者指出的,"在20世纪初年革命派阵营的传记文作家中,柳亚子和刘师培创作成绩突出,社会反响较大,且标示着两种不同的传记文写作范型与趋向,尤具时代特征和典型意义"③。虽然后来梁启超从主张民主共和转向主张开明专制,使得其在柳亚子心目中的地位"一落千丈"④,但是,在晚清救亡图存的大背景下,柳亚子"师法梁启超撰写的新体评传,服务于反帝爱国、排满革命的宗旨"⑤,"欲凭文字播风潮"⑥,离不开梁氏的启蒙之功。时隔40年,柳亚子对这位"文字上的导师,思想上的私淑者"⑦仍然念兹在兹,"这时候,受到梁任公的影响,是非常广大,而且非常深刻","我最喜欢他的《意大利三杰传》和《新罗马传奇》……读了这些,排满革命的感情,是不期然会油然而生的","其他,如《少年中国说》,如《饮冰室自由书》,如《诗界潮音集》,都有

---

① 郭沫若:《今屈原》,载中国国民党革命委员会中央委员会、中国革命博物馆编:《柳亚子纪念文集》,中国文史出版社1987年版,第38页。
② 胡全章:《梁启超与20世纪初年新体传记的兴盛》,《广东社会科学》2014年第4期。
③ 同上。
④ 柳无忌、柳无非编:《五十七年》,《自传·年谱·日记》,上海人民出版社1986年版,第144页。
⑤ 胡全章:《梁启超与20世纪初年新体传记的兴盛》,《广东社会科学》2014年第4期,第169页。
⑥ 柳亚子:《岁暮述怀》,中国革命博物馆编:《磨剑室诗词集》下,上海人民出版社1985年版,第1823页。
⑦ 柳无忌、柳无非编:《五十七年》,《自传·年谱·日记》,上海人民出版社1986年版,第147页。

非常可喜的一轮,到现在还似乎隐约地在脑筋中有些影响呢"。①

柳亚子也受到章太炎、邹容等人革命思想的影响。1903年,柳亚子就读爱国学社。②是时,章太炎主爱国学社讲席,"多述明清兴废之事"③。邹容则与章氏甚为相得,寄居爱国学社。柳亚子常与章、邹等人往还,并在他们的影响下"始确定革命宗旨"④。他不仅醵金印行了章太炎的《驳康有为政见书》和邹容的《革命军》以壮革命声威,而且写下了大量具有感染力和煽动性的新体传记文,尤其是发表于《江苏杂志》上的《郑成功传》,受到章太炎的激赏,被誉为"智勇参会,飙起云合"⑤。柳亚子后虽因政见参商、人事离合而与章太炎往还疏阔,但他对晚年章氏持积极肯定的态度,"太炎先生赋性近保守,故其接纳新思潮较迟。顾一经顿悟,则勇猛精进,有非常人所可几及者"⑥。抵达北平后,柳亚子忆及近半个世纪前的往事,慨然赋诗:"贱子髫年惭受荪,本师晚节定完人。"⑦

此外,柳亚子还受到南社师友民族主义思想的影响。南社是近代有着巨大影响力的革命文学团体,其早期成员基本上"都是民族主义思潮中的被影响者,又是民族主义思潮的推波助澜者"⑧。在南社人物中,亦师亦友的陈去病对柳亚子民族主义思想影响最大。⑨20世纪初,基于"共同的

---

① 柳无忌、柳无非编:《五十七年》,《自传·年谱·日记》,上海人民出版社1986年版,第144、145页。
② 爱国学社成立于1902年11月26日,蔡元培为总理,吴稚晖为学监,章太炎等为教员。该学社是革命知识分子的大集合,以灌输民主主义思想为己任。1903年6月"苏报案"发,爱国学社受到牵连而被迫解散。
③ 汤志钧编:《章太炎年谱长编》上册,中华书局1979年版,第152页。
④ 柳无忌、柳无非编:《自撰年谱》,《自传·年谱·日记》,上海人民出版社1986年版,第9页。
⑤ 柳无忌、柳无非编:《五十七年》,《自传·年谱·日记》,上海人民出版社1986年版,第157页。
⑥ 柳亚子:《羿楼日札》,中国革命博物馆、上海人民出版社编:《磨剑室文录》下,上海人民出版社1993年版,第1269页。
⑦ 柳亚子:《平伯先生、长环夫人出所藏徐杭暨戴子高、孙仲容两先生上曲园翁笺札册页见示,属为题诗,敬赋》,中国革命博物馆编:《磨剑室诗词集》下,上海人民出版社1985年版,第1621页。
⑧ 孙之梅:《南社研究》,人民文学出版社2003年版,第13页。
⑨ 柳亚子虽与陈去病、高旭同为南社发起人,但是,陈、高是柳亚子的革命领路人;陈去病与柳亚子的父亲、叔父同门,是柳亚子的师叔,同时又与柳亚子保持了长达三十年的友谊。因之,柳亚子指出陈、柳二人"论交在群纪之间"。参见柳无忌、柳无非编《自传·年谱·日记》,上海人民出版社1986年版,第141页。

政治信念，共同的运思策略，共同的文化积淀和共同的时代话语"，南社志士网罗明清之际遗民节士的抗清史实，以激扬民族情感和抗清斗志，其中以陈去病"用力最勤、动作最早"[①]。在陈去病的影响下，柳亚子"附乡邦后晋之谊，以狂胪文献为职志"[②]。如其所谓，"余自束发受书，即有志里中文献，尤喜考求宋明末造忠臣义士佚民遗老之书。盖当宇宙膻腥，华夷混合，而能坚贞蒙难，舍命不渝，其孤忠亮节有非人人所能几及者，非徒以文字为枌榆重也。稍长，从陈子巢南游，搜讨益力"[③]。柳亚子身上带有鲜明种族色彩的民族主义，从民元前征文考献的动机之一端即可以见到陈去病的影子。有的论者指出，"柳亚子受陈去病的影响，从明清之际抗清节烈的遗文、遗迹中酝酿民族情绪，寻求反清的精神渊源与意志上的支持"[④]。

柳亚子早年深受梁启超、章太炎、陈去病等人的影响，忧患意识氤氲萌蘖，民族主义奋厉发扬，有一日千里之概。因此，师友往还，是柳亚子忧患意识形成的外部条件和巨大动力。

二 柳亚子忧患意识的内容

柳亚子的忧患意识，既包括对国家和民族的命运前途的忧虑，也包括对民众生存状况的忧虑，还包括对自身疾病死亡、挫折困顿等境遇的忧虑。具体而言，柳亚子的忧患意识主要包括国家忧患、生民忧患、人生忧患等数端。

（一）国家忧患

忧国是中国知识分子忧患意识的最重要母题之一。柳亚子早年即对国家和民族的命运前途忧心不已。"辱莫辱于奴隶，哀莫哀于亡国。亡国者，不祥之名也，可痛之事也。"[⑤] 国家忧患是柳亚子忧患意识的核心内容，主

[①] 孙之梅：《南社研究》，人民文学出版社2003年版，第7页。
[②] 柳亚子：《陈巢南先生五十寿叙》，中国革命博物馆、上海人民出版社编：《磨剑室文录》上，上海人民出版社1993年版，第704页。
[③] 柳亚子：《潘节士力田先生遗诗序》，中国革命博物馆、上海人民出版社编：《磨剑室文录》上，上海人民出版社1993年版，第313页。
[④] 孙之梅：《南社研究》，人民文学出版社2003年版，第12页。
[⑤] 柳亚子：《中国灭亡小史》，中国革命博物馆、上海人民出版社编：《磨剑室文录》上，上海人民出版社1993年版，第17页。

要包括以下几个方面。

1. 为国家主权沦丧而忧

近代以来，外国列强以坚船利炮打开中国大门之后，通过一系列不平等条约攫取军事、政治、经济、外交等方面的权利。"民族的独立、领土的完整和国家的尊严始终受到严重的挑战。"[1]1903年，柳亚子就表达了对中国被宰割命运的扼腕痛心。"外人乃朝换一约，暮索一款，伺我内情之懈弛，徐行其扩张权利之计，使我膏涸血竭，财穷智绌，遍国人无能为抵御之策，而彼乃印度我，波兰我，支那大陆永永陆沉。"[2]尽管这一时期柳亚子对外国列强的侵略本质缺乏清晰的认识，甚至寄希望于列强为维持在华的均势地位而相互牵制或保持中立来维护国家主权和领土完整[3]，但其殷殷忧国之情灼然可见。第一次国共合作期间，柳亚子对帝国主义本质有了进一步的认识。"自鸦片战争以来，直到如今，中国对于列强缔结的不平等条约，有那一种不是卖身文契呢？""现在世界上的强国，除了以援助弱小民族为职志的苏维埃联邦外，又那一个不是和日本帝国主义者一样的黑心呢？我们非打倒一切帝国主义不可。"[4]"九·一八"事变至华北事变，日本帝国主义进一步蚕食鲸吞，人民救死不赡，遑论维护主权。对此，柳亚子表达了深切的忧愤之情。"东三省丢了差不多三年有半，榆关热河也一去不复，华北在敌人囊括之中，新仇旧恨，历历心头，真是一部二十六史，从何说起！"[5]抗战胜利后，美国通过驻军、签订不平等条约、支持蒋介石

---

[1] 许纪霖：《中国现代化的历史反思》，《许纪霖自选集》，广西师范大学出版社1999年版，第14页。

[2] 柳亚子：《驳〈革命驳议〉》，郭长海、金菊贞编：《柳亚子文集补编》，社会科学文献出版社2004年版，第4页。

[3] 1903年，柳亚子撰文，号召广大同胞以"赤血黑铁"收复因甲午战败而被割让的台湾，"夫列强今日虽隐占势力范围，然瓜分之局未及实行，则联鸡俱栖，犹相互牵制，而其爱惜眷顾之心或少逊于他日。诸君能投袂兴起，宣布民族独立之大义，虽无望于法兰西之援美利坚，英吉利之援希腊，而今日列国对于马基顿不加干涉之态度，或犹可希冀也。"参见柳亚子《台湾三百年史》，中国革命博物馆、上海人民出版社编《磨剑室文录》上，上海人民出版社1993年版，第84页。

[4] 《黄花岗雄鬼其瞑目乎》，中国革命博物馆、上海人民出版社：《磨剑室文录》上，上海人民出版社1993年版，第281页。

[5] 柳亚子：《祝大白社周年纪念》，中国革命博物馆、上海人民出版社编：《磨剑室文录》下，上海人民出版社1993年版，第1159页。

发动内战等形式侵犯中国主权。柳亚子呼吁美国政府，"勿与人民为敌，勿与民主为仇，速撤驻华之兵，速罢祖蒋之吏，毋以军械与空运制造中国之分裂，毋以租借法案与政治借款鸩毒中国之民萌"①。他还严正声明："我们反对蒋美所订立名为平等而实则不平等的条约，我们更反对独裁者把中国领土领海出卖给美国，使中国永久沦为美国殖民地来换取他变相帝皇的地位，这比袁世凯的二十一条、汪兆铭的卖国条约，还要无耻地超过他们一千倍、一万倍呢！"②由此可见，柳亚子对国家主权沦丧的忧虑，是一以贯之的。

2. 为国家政治前途而忧

近代中国面临严重的政治危机，中华民族一次次被逼进历史的死胡同。作为一个"政治的动物"③，在各个历史时期，柳亚子始终关注国家的政治前途，以口中之舌、手中之笔激浊扬清，希望中国政治走上正轨。20世纪初年，清廷"自上而下"推行君主立宪，引发了立宪派与革命派的大论争。民元前，受激进进化论和无政府主义的影响④，柳亚子主张彻底革命，坚决反对君主立宪。"民智不开，则无所谓立宪；民智既开，立宪又非所愿矣。"⑤为此，柳亚子大声疾呼："公等今日其勿言改革，唯言光复矣。公等今日其勿言温和，唯言破坏矣。"⑥辛亥南北议和期间，在事关民国命运的十字路口，

---

① 柳亚子：《致马歇尔将军书》，中国革命博物馆、上海人民出版社编：《磨剑室文录》下，上海人民出版社1993年版，第1504页。

② 柳亚子：《从中国国民党民主派谈起》，中国革命博物馆、上海人民出版社编：《磨剑室文录》下，上海人民出版社1993年版，第1548页。

③ 柳亚子：《文学美术与政治》，中国革命博物馆、上海人民出版社编：《磨剑室文录》下，上海人民出版社1993年版，第1328页。

④ 晚清以降，无论是维新派还是革命派，都相信进化等于进步，只不过维新派主张"渐进"，革命派主张"激进"。在《新民丛报》时代，柳亚子《新民说》《少年中国说》等作品受梁启超进化论思想的影响。参见柳无忌、柳无非编《自传·年谱·日记》，上海人民出版社1986年版，第145页。在爱国学社，柳亚子《驳康有为政见书》《革命军》等作品受章太炎、邹容等革命派激进思想影响。参见柳无忌等编《自传·年谱·日记》，上海人民出版社1986年版，第151—155页；柳亚子《羿楼日札》，中国革命博物馆、上海人民出版社《磨剑室文录》下，上海人民出版社1993年版，第1268页。此外，受刘师培、吴稚晖等人的影响，柳亚子接受主张整体否定和彻底改造社会的无政府主义。参见柳亚子《羿楼日札》，中国革命博物馆、上海人民出版社编《磨剑室文录》下，上海人民出版社1993年版，第1269页。

⑤ 柳亚子：《中国立宪问题》，中国革命博物馆、上海人民出版社编：《磨剑室文录》上，上海人民出版社1993年版，第74页。

⑥ 同上书，第75页。

柳亚子坚决反对议和，反对袁世凯，主张以铁血手段维护辛亥革命的成果。"我是反对袁世凯，反对南北和议的。这时候，看看形势，和议是快要成功，孙先生也慨然宣布让位了。我便天天骂南京政府，骂临时参议院，主张由起义各省组织都督团，反抗南京，取消和议。……如此这般搅了一个月左右，终于文字无灵，南北统一，我是气愤极了。"[1]他甚至主张，"宁使十八行省尽成蒿里，毋令世界上有一非驴非马之共和国"[2]。抗战进入相持阶段，国民党顽固派积极反共，消极抗战。在国家生死存亡之秋，柳亚子呼吁国民党当局，"遵守总理遗训，力行吾党国策，撤消剿共部署，解决联共方案，发展各种抗日实力，保障各种抗日党派"[3]；否则，"我国家民族以及我党之前途，将更不堪设想矣！"[4]抗战胜利后，中国面临着两种命运、两种前途的选择。对此，柳亚子忧心不已。"日本投降，当然是好消息，但中国内部的问题怎么办呢？所以，在这个时候，我的心情是非常沉重的。到了八月中旬，剑拔弩张的形势，愈来愈迫近，真像箭在弦上，不得不发似的，我担心极了。"[5]由于冷战背景下美苏两国的角力，国共双方在东北展开了激烈的争夺。为了避免内战乃至"第三次世界大战"，柳亚子主张"用政治来解决政治"，标本兼治。"我们赞成双方立刻停止战争，由各党各派的领袖和无党无派的领袖组成战地调查团，来作老百姓救命星君的和平使者，这是治标的办法。关于治本的办法，我们要主张，立刻召开政治协商会议，彻底改组国民政府成为一个包含各党各派，和无党无派领袖们所联合组织的国民政府。"[6]总之，在关乎国家政治前途的关键时刻，都可以见到柳亚

---

[1] 柳无忌编：《南社纪略》，上海人民出版社1983年版，第39—40页。
[2] 柳亚子：《家藏松陵书目叙》，中国革命博物馆、上海人民出版社编：《磨剑室文录》上，上海人民出版社1993年版，第215页。
[3] 柳亚子：《撤消"剿共"部署，解决联共方案，发展抗日势力》，中国革命博物馆、上海人民出版社编：《磨剑室文录》下，上海人民出版社1993年版，第1266页。
[4] 柳亚子：《撤消"剿共"部署，解决联共方案，发展抗日势力》，中国革命博物馆、上海人民出版社编：《磨剑室文录》下，上海人民出版社1993年版，第1264页。
[5] 柳无忌、柳无非编：《八年回忆》，《自传·年谱·日记》，上海人民出版社1986年版，第212—213页。
[6] 柳亚子：《代东北老百姓讲话》，中国革命博物馆、上海人民出版社编：《磨剑室文录》下，上海人民出版社1993年版，第1496页。

子焦灼的目光。尽管他的政治主张未必尽是,甚至可能是错误的①,但他对国家基于热爱与真诚的忧患,是毋庸置疑的。

(二)生民忧患

基于儒家的民本主义传统、俄国的民粹主义以及孙中山的三民主义等思想资源②,柳亚子对民众寄予深切的关怀。柳亚子的忧民,主要表现在两个方面:

1. 为国民素质低下而忧

20世纪初,有见于"血肉崩溃""步履艰难"的缠足"浇风陋俗",至于"举国皆狂"的地步,柳亚子深以为忧:首先,缠足直接危及女子身心健康。"夫既戕贼之、束缚之矣,则其体魄必孱弱,其灵魂必腐败。"其次,缠足还关系到强健国民的诞育乃至国族的盛衰。"呜呼!女子者国民之母也,今沦胥坠落,至于斯极,又安望其诞育佳儿,以光辉我历史哉?"③柳亚子为国民道德的堕落而忧。晚清新政时期,由于新者未立,旧者已去,道德在无所依归中溃败。"回顾二十年前,犹有纲常、名教之旧学说以钳制人心。今日则大势所趋,人谓社会之面目一新,即为国度之增进。孰知堤防一决,祸甚于洪水猛兽而不知所止于此。"④为此,柳亚子痛心疾首。"余悲夫当今之世,士习竞争,人夸乐利。等道德于刍狗,借权术为护符。横流所届,将恻隐廉耻之心荡然俱尽。"⑤他认为,道德关乎国家之存亡,较之国家观念、尚武精神、政治能力更为根本,"呜呼,无道德之心术,

---

① 比如,柳亚子对于立宪运动是完全持否定态度。他强调立宪派抵制革命的欺骗性,无视其争取救亡图存、发展资本主义、改革政治的积极一面;对于辛亥南北议和及袁世凯,柳亚子也是基于激进革命论的立场予以全盘否定,忽略南北议和的积极意义;至于抗战后解决东北问题的立场,基本上是莫斯科"联合政府"的传声筒,也由此可见,柳亚子对苏俄基于民族利益立场的大国主义、大党主义长期缺乏正确的认识。

② 20世纪初,俄国民粹主义传入中国,"具有明显的绝对平均主义倾向"。参见左玉和《论辛亥革命时期的民粹主义》,《史林》2012年第2期。柳亚子是通过刘师培、吴稚晖等接受民粹主义。参见柳亚子《羿楼日札》,中国革命博物馆、上海人民出版社编《磨剑室文录》下,上海人民出版社1993年版,第1269页。

③ 柳亚子:《黎里不缠足会缘起》,中国革命博物馆、上海人民出版社编:《磨剑室文录》上,上海人民出版社1993年版,第89页。

④ 柳亚子:《民之道德心》,郭长海、金菊贞编:《柳亚子文集补编》,社会科学文献出版社2004年版,第43页。

⑤ 柳亚子:《论道德》,郭长海、金菊贞编:《柳亚子文集补编》,社会科学文献出版社2004年版,第35页。

较之无国家之观念，无尚武之精神，无政治之能力，其害更甚于千万倍"[1]。此外，柳亚子还为国民政治素质低下而忧。针对民国政治不上轨道的现实，柳亚子指出，"人民没有、不能运用代议制度"，是"中华民国的致命伤"。[2] 一个显见的事实就是，"代议制度，地方自治，在人家国度里面都是很有成绩的，而移植到我们贵国来，便立刻破产"，其原因在于"这都是没有经过军政时期的扫荡，和训政时期的训练，所以闹成非驴非马的结果罢了"。[3] 由此可见，柳亚子对国民的身体、文化、政治、德道等方面素质低下的状况，是始终萦怀的；并希望通过女权运动、"提高普及"等方式来提升国民的整体素质。

2. 为生民疾苦而忧

儒家的民本主义，是柳亚子思想的底色。因之，他对百姓疾苦念兹在兹。民元前，柳亚子对匍匐于专制礼法之下的女子寄予了深切的同情，"公等束缚驰骤二千年于兹矣。奴隶于礼法，奴隶于学说，奴隶于风俗，奴隶于社会，奴隶于宗教，奴隶于家庭，如饮狂泉，如入黑狱"[4]；并认为她们是"不幸中之最不幸者"[5]。北洋军阀统治时期，柳亚子指出，社会的病灶之一在于，"最切近的民生问题无法解决，土地资本都集中于少数人手中，富者田连阡陌，贫者无立锥之地，富者餍高粱，贱文锦，贫者求衣食保暖而不得，造成赭衣塞路，群盗满山的现象"[6]。抗战期间，广大民众在日寇的刺刀下朝不虑夕。对此，柳亚子痛如切肤，"东尽鸭绿江，南至琼崖岛，无不有敌伪的兽蹄鸟迹，土地任其践踏，人民任其斩割"[7]。抗战胜利后，蒋介石积极部署内战，继续推行独裁统治，国统区人民生活在水深火热之中。

---

[1] 柳亚子：《民之道德心》，郭长海、金菊贞编：《柳亚子文集补编》，社会科学文献出版社2004年版，第43页。
[2] 柳亚子：《国民党之对于中国》，中国革命博物馆、上海人民出版社编：《磨剑室文录》上，上海人民出版社1993年版，第899、900页。
[3] 同上书，第899页。
[4] 柳亚子：《哀女界》，中国革命博物馆、上海人民出版社编：《磨剑室文录》上，上海人民出版社1993年版，第117—118页。
[5] 同上书，第119页。
[6] 柳亚子：《三民主义》，中国革命博物馆、上海人民出版社编：《磨剑室文录》上，上海人民出版社1993年版，第783页。
[7] 柳亚子：《对于孙先生诞辰的感想》，郭长海、金菊贞编：《柳亚子文集补编》，社会科学文献出版社2004年版，第249页。

柳亚子对此有着清醒的认识。"在大后方继续征粮征丁，来打内战，什么好听的政令，都是骗人的东西，真是狙公饲狙，朝四暮三，把人民不做人民看待。而工商业的破产，厂家的倒闭，工人的失业，广大民众的痛苦一天增加一天，更不如抗战的时候了。"① 内战全面爆发后，柳亚子与上海文艺界人士联名抗议国民党镇压学生运动时指出，"内战空前，人民涂炭，如水益深，如火益热。死者肝脑涂地，生者朝不保夕"②。总之，在各个历史时期，柳亚子对民众的生存状况寄予了同情，民生忧患是其忧患意识的重要内容，柳亚子在传统的民本主义底色上涂上了一层现代的民粹主义色彩。

（三）人生忧患

作为个体的人，大都不可避免地要经历一些人生忧患，诸如疾病死亡、挫折困顿等境遇。柳亚子"从小是个金装玉裹的囚徒"③，一生基本上靠着家中田产过着衣租食税的富足生活，但也经历了人生忧患。其人生忧患主要表现在以下几个方面。

1. 为政治失意而忧

柳亚子自视甚高，尤其是对自己的政治才能极为自负。"我的政治眼光，却自信是中国第一人，怕毛润之还比不上我，更无论馀子碌碌了。"④ 但终其一生，柳亚子基本上被政治边缘化，了无建树。因之，柳亚子常为政治上的无为而自惭形秽。1935年2月，柳亚子应邀为大白社创刊周年纪念撰文时放言，"我在三十年以前，不客气，是以石达开李秀成一流自命的，到现在，半生潦倒，一事无成，落魄江湖，佣书自给，雄心灰尽，俯仰依人，还有腼颜对读者讲话的资格吗？"⑤ 他的这种失意情绪在那些龙争虎斗的雄健者面前，表现得更加强烈。柳亚子回忆民元前与陈其美煮酒论英雄："一天，

---

① 柳亚子：《胜利以后的感想》，中国革命博物馆、上海人民出版社编：《磨剑室文录》下，上海人民出版社1993年版，第1493页。
② 柳亚子：《抗议国民党反动政府镇压学生运动》，中国革命博物馆、上海人民出版社编：《磨剑室文录》下，上海人民出版社1993年版，第1535页。
③ 柳无忌、柳无非编：《五十七年》，《自传·年谱·日记》，上海人民出版社1986年版，第110页。
④ 柳亚子：《答客难》，中国革命博物馆、上海人民出版社编：《磨剑室文录》下，上海人民出版社1993年版，第1515—1516页。
⑤ 柳亚子：《祝大白社周年纪念》，中国革命博物馆、上海人民出版社编：《磨剑室文录》下，上海人民出版社1993年版，第1159页。

在雅聚园吃饭，喝了几杯酒，大家有点醉意了。我说：你姓陈，名字又叫英士，不如把士字的上面，加上一划，变成了英王，不天然是个陈玉成吗？他笑道：我是陈玉成你又是谁呢？我说：姓柳的不曾有过英雄；除非改姓杨，可以做一个东王，可是我不喜欢这位大傻瓜呢。后来英士做了沪军都督，讲句封建意识的话，不就是太平天国诸王的地位吗？只可怜我半生落拓，一事无成罢了。"① 重庆谈判期间，柳亚子见到了阔别19年的毛泽东。由于羡慕与失意交织，柳亚子彻夜失眠了："我和毛先生，在一九二六年四五月间本来是见过面的，……这十九年中，毛先生做着惊天动地的大事情，而我自己还是一介书生，故我依然，身心多病，那得不自惭形秽呢？这夜又是失眠竟夕。"② 因之，柳亚子为政治失意而忧，究其实是古代文人怀才不遇的现代版，是他挥之不去的精神痛苦。

2. 为疾病交萦而忧

柳亚子自幼身体孱弱，中年之后长期患有神经衰弱症。其病症特征表现在，"兴奋时其热如火，衰弱时其冷如冰"③；并且，"照寻常的惯例，一年中有四五个月神经兴奋，七八个月神经麻木，过了这七八个月，又会兴奋起来了"④。可以说，神经衰弱症是柳亚子浓郁诗人气质的重要病理原因。如其所谓，"在短时期中间神经兴奋，像火一般的狂热，甚么事情都高兴做，并且一天能写几千言的白话文和几十首的旧体诗。而在长时期中间却神经麻木，像冰一般的奇冷，甚么事情都不高兴做，并且不论诗和文章，一个字都写不出来"⑤。神经衰弱症严重困扰了柳亚子的健康与生活，令他痛苦不堪。在"活埋时代"⑥，柳亚子由于抗战形势的刺激，"脑病是愈来

---

① 柳亚子：《光复忆语》，中国革命博物馆、上海人民出版社编：《磨剑室文录》下，上海人民出版社1993年版，第1102页。
② 柳无忌、柳无非编：《八年回忆》，《自传·年谱·日记》，上海人民出版社1986年版，第214页。
③ 柳无忌、柳无非编：《五十七年》，《自传·年谱·日记》，上海人民出版社1986年版，第79页。
④ 同上书，第142页。
⑤ 同上书，第141—142页。
⑥ 从1937年11月上海沦陷到1940年12月离沪赴港，柳亚子效法王夫之窜身土室著书，名其寓所为"活埋之盦"，并将这三年时间称为"活埋时代"。参见柳无忌、柳无非编《八年回忆》，《自传·年谱·日记》，上海人民出版社1986年版，第218—223页。

愈深了，失眠成为经常故事，消化不良，肠胃作痛，便百病发生起来"[1]。在抗战时的重庆，柳亚子谈及脑疾作祟带来的痛苦，"我八月初在八步即患脑病，抵渝以来，有增无减，病态较去年在桂时更烈，脑筋丝毫不起作用，情绪尤坏，不要说不做诗，连信也懒得写"[2]。因此，神经衰弱症是长期困扰柳亚子的身体痛苦，极大地损害了他的健康。

3. 为亡命流离而忧

由于政治迫害、战争动荡等原因，柳亚子曾两次破家亡命，颠沛流离。其一，在清党运动中亡命日本。"四·一二"政变后，柳亚子遭到南京国民政府的指名缉捕。事出仓猝，柳亚子藏身复壁，"口占绝命词二十八字，瞑目待尽，后竟得脱"[3]，遂连夜逃往上海。由于在白色恐怖下难以立足，柳亚子不得不改名换姓逃亡日本。在日本，劫后余生的柳亚子，获悉在清党运动中死难同志的噩耗，悲恸不已。"浩劫弥天谁始难？横流遍地我无归。伤心怕望中原路，鬼火青燐带血飞。"[4]

其二，香港沦陷后辗转至桂林。在 1940 年 12 月，柳亚子结束了上海孤岛三年的"活埋生活"[5]，来到香港，并以此为"海外扶余"[6]。随着太平洋战争的爆发，香港很快沦陷。柳亚子居无定所，不仅有"挤在地板上过夜，非常狼狈"[7]的经历，而且进过"难民收容所""贫民窟"，还"碰到了烂仔的抢劫"，甚至"屋顶上都落下了炮弹的碎片"[8]。在中共地下党的护送下，柳亚子由次女无垢陪同走海路离港，一路颠沛流离。柳亚子在东江地区艰

---

[1] 柳无忌、柳无非编：《八年回忆》，《自传·年谱·日记》，上海人民出版社 1986 年版，第 219 页。

[2] 柳亚子：《致陈迩冬》，上海图书馆编：《书信辑录》，上海人民出版社 1985 年版，第 302—303 页。

[3] 柳亚子：《〈绝命词〉序》，中国革命博物馆编：《磨剑室诗词集》上，上海人民出版社 1985 年版，第 534 页。

[4] 柳亚子：《消息一首》，中国革命博物馆编：《磨剑室诗词集》上，上海人民出版社 1985 年版，第 556 页。

[5] 柳无忌、柳无非编：《八年回忆》，《自传·年谱·日记》，上海人民出版社 1986 年版，第 224 页。

[6] 同上书，第 235 页。

[7] 同上书，第 234 页。

[8] 柳无忌、柳无非编：《八年回忆》，《自传·年谱·日记》，上海人民出版社 1986 年版，第 233—234 页。

难辗转，历时近半载，才乘火车从韶关经衡阳而趋桂林。"一路上多灾多难，禁雨禁风，从香港到曲江，直走了四个多月。"①在流亡途中，柳亚子承受了"抛妇别雏"的痛苦。在海丰九龙寨，柳亚子感怀赋诗，一改其慷慨激昂的主调，流泻出一股儿女情长来。

> 重瞳垓下仲尼厄，抛妇别雏总断肠。
> 愁说白龙托鱼服，宁同玄德败当阳。
> 剩携弱女凌曹蔡，无复雄心动帝王。
> 长夜漫漫人不寐，举头忍见月如霜。②

因之，这两次流亡生涯，使柳亚子深切体会到了辗转流徙中骨肉分离的痛苦和乱离之世人命浅危的现实。

三 柳亚子忧患意识的特点

柳亚子的忧患意识，既继承了中国古代知识分子的传统，又将其提升到一个新的境界，因而具有鲜明的特点。具体而言，主要表现在以下几个方面。

（一）与时俱进性

柳亚子是一个坚定的爱国者。难能可贵之处在于，柳亚子努力追随时代潮流，勇猛精进。20世纪初，柳亚子还只是一个大汉族主义者。"抑吾所编者，灭亡史也。二百六十一年中，铜驼荆棘之惨状，玉树茝香之悲思，吾民族既盛受其弊，而光复终成画饼。吾一字一滴血，一念一断肠，亡国之痛其如此矣。"③柳亚子不断趋新求变，完成了从小民族主义向大民族主

---

① 柳无忌、柳无非编：《五十七年》，《自传·年谱·日记》，上海人民出版社1986年版，第34页。
② 柳亚子：《九龙寨夜坐有作，仍叠匡字韵》，中国革命博物馆编：《磨剑室诗词集》下，上海人民出版社1985年版，第958页。
③ 柳亚子：《中国灭亡小史》，中国革命博物馆、上海人民出版社编：《磨剑室文录》上，上海人民出版社1993年版，第70页。

义的过渡①,进而具有世界眼光。受五四运动的影响②,柳亚子思想突飞猛进。他主张,要救国救民,必须联合全世界被压迫阶级,打倒帝国主义,"一方面要联合西方的无产阶级,一方面要联合东方的弱小民族"③。抗战相持时期,柳亚子超越了狭隘的民族主义立场,以更为宽广的视野与胸怀看待日本民族。"在抱持着狭义民族观念者,总爱说日本民族如何如何的不好,好像他们是天生的侵略民族。这一点,我实在是不敢赞同。我以为日本的军阀和法西斯主义者可杀,而日本的人民,则还是应该加以怜悯,加以扶助。"④因此,柳亚子与时俱进的进取精神和放眼世界的胸怀,使他始终走在时代前列。曹聚仁指出,"柳亚子和邵力子先生,都是一直追得上时代的人"⑤。

(二)深刻的预见性

柳亚子的忧患意识具有深刻的预见性,这在中国知识分子中是不多见的。柳亚子的深刻预见性主要表现在两个方面:武昌起义后,他断言袁世凯要当皇帝;北伐前,他断言蒋介石要背叛革命。武昌起义后,柳亚子为了维护辛亥革命的果实,在"一片降幡出石头"之际,坚决反对南北议和。他似洞烛先机,"自今以往,能保第二次革命之不起乎?"⑥并认为,袁世凯"断断不能适宜于共和之世界","由大总统而进为皇帝","一举手事耳"。⑦后来形势的发展果如其所料。柳亚子曾与一位唱反调的朋友"赌了一个东道:倘然老袁不做皇帝,我的头切下来送给他;倘然老袁做了皇帝,

---

① 梁启超指出,"小民族主义者何?汉族对国内他族是也。大民族主义者何?合国内本部属诸族对国外之诸侯是也"。参见梁启超《饮冰室合集·文集》之十三,中华书局1989年版,第75—76页。

② 许纪霖指出,"在五四时期,世界主义压倒国家主义";五四时期的青年人"以世界主义的胸怀,以全人类的视野,作为自己的理想目标,投身救国运动和社会文化的改造"。参见许纪霖《"五四"的历史记忆:什么样的爱国主义?》,《读书》2009年第5期。

③ 柳亚子:《揭破代表大会的真相》,郭长海、金菊贞编:《柳亚子文集补编》,社会科学文献出版社2004年版,第197页。

④ 柳亚子:《一九四三年的展望》,中国革命博物馆、上海人民出版社编:《磨剑室文录》下,上海人民出版社1993年版,第1367页。

⑤ 李伟:《曹聚仁》,河南人民出版社2004年版,第211页。

⑥ 柳亚子:《答某君书》,中国革命博物馆、上海人民出版社编:《磨剑室文录》上,上海人民出版社1993年版,第286页。

⑦ 柳亚子:《答某君书》,中国革命博物馆、上海人民出版社编:《磨剑室文录》上,上海人民出版社1993年版,第287页。

他的头切下来送给我。等到洪宪称帝,他老先生早已一溜而走,不知去向"①。北伐前夕,柳亚子断定,"蒋介石一定要做陈炯明第二,而且乱子一定闹得比陈炯明更大了"②。并建议中共,"非用紧急手段处置不兴"③。历史的轨迹再次验证了柳亚子的预见能力。柳亚子对此极为自负,"我相信我有科学的预见,并不在毛先生之下。不然,为什么北伐以前的预言,会使我不幸而言中呢!"④柳亚子对政治形势的预见,可以溯源到古代文人谈兵说剑的积习⑤。但是,柳亚子与古代文人不同的地方在于,他的政治预见是建立在对国家和民族深忧巨患关切的基础上。因之,柳亚子的忧患意识除了追求准确性之外,更多了一份庄严与真诚。

(三)富于乐观性

柳亚子可以说是一个地地道道的爱国病患者,对亡国灭种,始终心存戒惕。但是,他并没有悲观乃至沉沦,而是始终对中华民族抱持乐观的信念。作为一个诗人,柳亚子用诗歌的形式表达了他的民族自信,诸如"楚风一竞暴秦亡"⑥"神州不信陆终沉"⑦一类诗句触目皆是。抗战初期,国民党正面战场节节溃败,大片国土沦陷,国统区弥漫着浓厚的悲观主义情绪,"亡国论"甚嚣尘上。"有一种悲观的人,都说现在的中国颇有类似明季的现象,而深以为忧。"为此,柳亚子坚决驳斥这种论调。"在客观上看来,现在的中国是决不会蹈明季覆辙的。"⑧他从四个方面逐一加以论证,最后得出,

---

① 柳亚子:《从中国国民党民主派谈起》,中国革命博物馆、上海人民出版社编:《磨剑室文录》下,上海人民出版社 1993 年版,第 1551 页。
② 柳亚子:《在毛主席的旗帜下奋勇前进》,中国革命博物馆、上海人民出版社编:《磨剑室文录》下,上海人民出版社 1993 年版,第 1585 页。
③ 柳亚子:《从中国国民党民主派谈起》,中国革命博物馆、上海人民出版社编:《磨剑室文录》下,上海人民出版社 1993 年版,第 1543 页。
④ 同上书,第 1551 页。
⑤ 赵园指出,"豪杰之士以兵事为逞勇斗狠的舞台,文人则以与于谋划为智力愉悦。较之战场胜负,他们甚至可能更有兴趣验证自己预测的准确性"。参见赵园《谈兵》,陈平原等编《晚明与晚清:历史传承与文化创新》,湖北教育出版社 2002 年版,第 7 页。
⑥ 柳亚子:《陈汉元以诗见赠,适归里门未得读,及余重来海上,则君已去沪矣!为遥和之》,中国革命博物馆编:《磨剑室诗词集》上,上海人民出版社 1985 年版,第 37 页。
⑦ 柳亚子:《次和北丽》,中国革命博物馆编:《磨剑室诗词集》下,上海人民出版社 1985 年版,第 1225 页。
⑧ 柳亚子:《现在的中国会等于明季吗?——我的答案是一个"不"字》,中国革命博物馆、上海人民出版社编:《磨剑室文录》下,上海人民出版社 1993 年版,第 1437 页。

"我的答案是非常坚决的,就是一个'不'字。那末,抱杞人之忧者,大可以释虑而奋发有为了吧!!"①由此可见,一旅兴夏、三户亡秦,正是在柳亚子身上凸显的民族自信。

(四)鲜明的层次性

柳亚子的国家忧患、生民忧患、人生忧患之间有着主次先后,并非不分轩轾。具体言之,家国、生民为重,个人为轻。"活埋时代",柳亚子的母亲、儿子无忌一家、长女无非一家、次女无垢母子因战乱一度齐聚柳亚子在上海的家中。对于这样一个"为以前所未有,也是以后也不会再有"的四世同堂局面,柳亚子却高兴不起来。"国破时危,又那儿有心绪承欢色笑呢?"②香港沦陷后不久,国际反法西斯统一战线形成。此时滞港的柳亚子处境非常危险,甚至"已不想生离香港"③。但他并不以个人安危为虑:太平洋战事对个人是不利的,但却有利于国家和民族。"太平洋战事爆发,国际形势大变,倭寇切腹之局已成。余虽流血香岛亦所不悔,盖个人生死事小,民族兴亡事大也。"④由此可见,柳亚子继承了"先天下之忧而忧,后天下之乐而乐"的传统,他关切的是国家的安危、民族的盛衰、生民的疾苦,至于一己的人生忧患,不过是支流余波而已。

总之,柳亚子忧患意识的形成,主要是传统文化濡染、民族危机催逼、师友往还的共同结果。柳亚子继承了古代知识分子忧国忧民的传统,将忧生之嗟放在次要的位置。由于长期浸淫于传统文化,柳亚子堪称现代的屈原、杜甫,而获得人格的典型性。柳亚子的难能可贵之处在于,在近代民族国家形成和世界民族主义风起云涌的背景下,其忧患意识具有世界眼光,使他超越了古代知识分子,同时也走在了同时代知识分子的前面。其所以如此:一方面,历史为他提供了这种选择的环境;另一方面,也是他趋新求变、追随时代潮流的结果。

---

① 柳亚子:《现在的中国会等于明季吗?——我的答案是一个"不"字》,中国革命博物馆、上海人民出版社编:《磨剑室文录》下,上海人民出版社1993年版,第1442页。
② 柳无忌、柳无非编:《八年回忆》,《自传·年谱·日记》,上海人民出版社1986年版,第219页。
③ 同上书,第234页。
④ 柳亚子:《流亡杂诗十首,一九四二年一月作》,中国革命博物馆编:《磨剑室诗词集》下,上海人民出版社1985年版,第956页。

第二节 出仕情结

源于"学而优则仕"的传统,中国知识分子自始有一种抹不去的政治情结,表现出强烈的入世动机,以实现"博施于民而能济众"的理想。近代以来危殆的国势,更刺激了知识分子参与政治的热情。"现代中国政治的腐败黑暗、内忧外患不断,时处民族危亡之中,中国现代知识分子,不能不深深地关心、卷入现实政治。"[①]柳亚子即是其中的典型之一。柳亚子不仅有着强烈的政治情结,而且有着广泛的政治参与。由于孱弱的身体、浓郁的名士气质以及儒家"非职业化"甚至"反职业化"的文化心理,柳亚子徒能坐言而不能起行,成了急切想望政治而又对现实政治相当隔膜的"客厅社会主义者"[②]。掘发柳亚子的政治参与,其意义主要有两点:一是关于柳亚子政治参与,已有的研究多为零星涉及,缺乏系统而深入的学理探究。[③]因此,这为本书提供了一定的研究空间。二是柳亚子的政治情结与政治参与有着鲜明的特点,虽然他与徘徊于学术与政治之间的现代知识分子都因"缺乏政治精英所必需的政治经验和行政能力"[④]而殊途同归,但是,他在现代知识分子政治参与研究中缺乏应有的关注。[⑤]故此,掘发柳亚子政治参与的特点,可以呈现出现代知识分子的丰富面相,进而加深对知识分

[①] 雷颐:《孤寂百年:中国现代知识分子十二论》,广西师范大学出版社2015年版,第16页。

[②] 柳亚子戏称友人林庚白为"客厅社会主义者",自承并不比林高明。这毋宁是他的夫子自道。参见柳亚子《林庚白家传》,中国革命博物馆、上海人民出版社编《磨剑室文录》下,上海人民出版社1993年版,第1384页。

[③] 关于柳亚子的政治参与,已有的成果,多强调其政治上的革命性、进步性,具有明显的意识形态痕迹,至于其政治参与的态度、参政模式、政治能力等方面系统的学理梳理,基本上付诸阙如。比如,王晶垚指出,柳亚子在辛亥革命前、五四运动前后、新中国成立前后思想上和政治上有三次重要转变。"这几次转变,说明柳亚子的一个重要特点:随着历史的不断发展,他也不断地前进。"参见王晶垚《如何评价柳亚子》,《近代史研究》1989年第3期。

[④] 许纪霖:《中国自由知识分子的参政(1945—1949)》,《许纪霖自选集》,广西师范大学出版社1999年版,第118页。

[⑤] 关于20世纪知识分子研究,学界多瞩目于章太炎、梁启超、胡适、梁漱溟等"学者兼政"型人物,而对柳亚子缺乏应有的关注。当然,这与柳亚子特点不够鲜明、难以纳入20世纪知识分子政治参与叙事脉络之中有关。而去脉络化,呈现出20世纪知识分子的丰富面相,其学术意义自不待言。

子作用、使命、命运的理解。

一 "文学不过结三千年之旧局，而政治则足以自开生面"

士以道自任，自觉地承担起社会、历史重任，希望能直接参与政治，平治天下。在是否出仕的立场上，儒家的态度是明确的。"'古之君子仕乎？'孟子曰：'仕。'传曰：'孔子三月无君，则皇皇如也，出疆必载质。'"① 近代知识分子继承了古代士阶层以天下为己任的精神，在时势的驱迫下更有一种政治参与热情。"近代知识分子大多具有一种'吾曹不出苍生何'的豪情和'振臂一呼江山易帜'的雄姿。尤其是近代知识分子在救亡图存的外在压力下，'政治'事实上已经凌驾于一切之上。"② 在这一时代背景下，柳亚子有着强烈的政治情结。柳亚子虽然"自命是政治家兼文学家"③，但他始终强调政治本位。"文学不过结三千年之旧局，而政治则足以自开生面"④。柳亚子的政治情结主要表现在以下方面。

首先，柳亚子始终强调文学的政治功能。这极为鲜明地表现在他"为人生"的文艺方向上。早在民元前的革命活动中，柳亚子将文学视为革命的工具，"文学是宣传的利器，诗文并重，效力很大。这样，我的诗不是文学的革命，而是革命的文学了。"⑤ 柳亚子还认为，离开了政治，文学家就成了"空头文学家"，即便成就再高，也是没有一顾之价值的。"或者一个文学家或是一个美术家的作品，必定要有政治主张，作为背景，才能够表现出内在的灵魂来；不然，不论你是桂冠诗人也好，艺术大师也好，只是鲁迅先生笔下的'小摆设'、许地山先生笔下的'教狗虱做戏'罢了。"⑥ 他还强调，文学的标准必须服从、服务于政治这一最高的标准。在南社内

---

① 杨伯峻译注：《滕文公章句》下，《孟子译注》，中华书局 2010 年版，第 130 页。
② 邵盈午：《中国近代士阶层研究》，中国社会科学出版社 2008 年版，第 302 页。
③ 柳亚子：《从中国国民党民主派谈起》，中国革命博物馆、上海人民出版社编：《磨剑室文录》下，上海人民出版社 1993 年版，第 1551 页。
④ 柳亚子：《与某兄书》，郭长海、金贞菊编：《柳亚子文集补编》，社会科学文献出版社 2004 年版，第 286 页。
⑤ 柳亚子：《柳亚子的诗和字》，中国革命博物馆、上海人民出版社编：《磨剑室文录》下，上海人民出版社 1993 年版，第 1469 页。
⑥ 柳亚子：《文学美术与政治》，中国革命博物馆、上海人民出版社编：《磨剑室文录》下，上海人民出版社 1993 年版，第 1328 页。

部的唐宋诗之争中①，柳亚子以人论诗，将文学与政治攀扯为一。在他看来，陈三立、郑孝胥等人政治上忠于满清，其诗文也就一无可取。"对于宋诗本身，本来就没有什么仇怨，我就是不满意满清的一切，尤其是一般亡国的遗老们。"② "所以就大大的攻击，而提倡着布衣之诗了。"③ 社友胡朴安持平论之，"亚子之抨击宋诗，非文艺之观念，是政治之观念，因排清朝故，而排清朝之遗老；因排清朝之遗老，而排清朝遗老所为之宋诗。"④ 抗战时期，柳亚子为了淬厉民族精神，主张"诗人要有气节，诗人要有思想"："倘然有一种自命诗人者流，他的骨头是软的，他的脑壳却是硬的；那末任凭他是仙才鬼才复生，我们也要把他当作革命的对象，而加以毫不留情的打击了。"⑤

其次，柳亚子认为，人生最大的成就不是文学，而是政治。他将人生的最高目标定位为成为"揽辔澄清"的健者，而文学不过是激荡风云的余事而已。柳亚子每为政治上的无为而自惭形秽。1935年，柳亚子为大白社创刊周年纪念撰文时放言："我在三十年以前，不客气，是以石达开李秀成一流自命的，到现在，半生潦倒，一事无成，落魄江湖，佣书自给，雄心灰尽，俯仰依人，还有腼颜对读者讲话的资格吗？"⑥ 尤其是在那些在历史舞台上龙争虎斗的雄健者面前，柳亚子的这种情绪更加强烈。柳亚子忆及民元前与陈其美煮酒论英雄，一种巨大的心理落差油然而生：陈氏在民

---

① 亦称"诗论启衅"。在诗学风格上，柳亚子"独尊唐风"，而陈三立、郑孝胥等人承继"宋诗派"，尤其是"江西派"衣钵（柳称为"同光体"），并在晚清至民初一度盛行。南社内部不少人宗宋诗，他们中有胡先骕、姚鹓雏、闻野鹤、朱鸳雏、成舍我等人。1917年3月，胡先骕致信柳亚子恭维同光体，柳诗以折之，开启唐宋诗之争的序幕。胡先骕、闻野鹤、姚鹓雏等人与柳亚子短兵相接之后就退出了论争，而朱鸳雏挑手为同光体张目，在柳、朱大战中，成舍我从旁助阵。双方从诗论，升级为谩骂，最后，柳亚子将朱、成二人开除社籍。柳的霸道引起了一部分社友，尤其是内部的倒柳派的不满，双方对垒纷争，最后导致南社的解体。参见柳无忌编《南社纪略》，上海人民出版社1983年版，第149—154页。

② 同上书，第149页。

③ 同上书，第150页。

④ 胡朴安：《南社诗话》，转引自牛仰山《胡朴安〈南社诗话〉的学术价值》，《南社研究》第2辑，中山大学出版社1992年版，第89页。

⑤ 柳亚子：《旧诗革命宣言书》，中国革命博物馆、上海人民出版社编：《磨剑室文录》下，上海人民出版社1993年版，第1428页。

⑥ 柳亚子：《祝大白社周年纪念》，中国革命博物馆、上海人民出版社编：《磨剑室文录》下，上海人民出版社1993年版，第1159页。

初政治舞台上一度叱咤风云,而自己却"半生落拓,一事无成"①。1945年8月,柳亚子获悉阔别十九年的毛泽东来重庆谈判后,强烈的失落感久久难以排遣:"这十九年中,毛先生做着惊天动地的大事情,而我自己还是一介书生,故我依然,身心多病,那得不自惭形秽呢?这夜又是失眠竟夕。"②

再次,柳亚子不能坚守文学岗位,一旦政治时机到来,就马上"归而结网"。武昌起义爆发后,柳亚子随即将工作重心转移,"大家忙着奔走国事,南社的事情只好暂时搁在一边"③。在南社诗论启衅后,柳亚子一度黎里家居,狂胪乡邦文献。但革命高潮一来,他又跃跃欲试:"顾自后献身党国,更无余力及乡邦文献矣。"④1923年,柳亚子发起新南社。由于柳亚子心有旁骛,新南社很快无疾而终。"从第三次聚餐会以后,就没有举行集会,新南社就此无形停顿了。因为我已直接参加中国国民党的斗争,无暇再做外围工作。"⑤当然,这不是柳亚子一人之过。余英时曾经指出,导致五四运动领导人过早变质的原因"并不完全在于政治社会情况的不安定,以致学术工作无从循序渐进。更重要的是多数文化运动的领导人物仍然摆脱不了'学而优则仕'的传统观念的束缚,因此不能严守学术岗位。在他们的潜意识里,政治是第一义的,学术思想是第二义的;学术思想本身已无独立意义,而是为政治服务的事物"⑥。这用在柳亚子身上,可谓惬心贵当之论。

最后,柳亚子总是用政治来抬高文学的身价。作为南社领袖,柳亚子最看重的不是南社的文学成绩,而是其政治功绩。"我以为南社文学,在反清反袁上是不无微劳的。不过它不能领导文学界前进的潮流,致为五四

---

① 柳亚子:《辛亥光复忆语》,中国革命博物馆、上海人民出版社编:《磨剑室文录》下,上海人民出版社1993年版,第1102页。
② 柳无忌、柳无非编:《八年回忆》,《自传·年谱·日记》,上海人民出版社1986年版,第214页。
③ 柳无忌编:《南社纪略》,上海人民出版社1983年版,第36页。
④ 柳无忌、柳无非编:《自撰年谱》,《自传·年谱·日记》,上海人民出版社1986年版,第21页。
⑤ 柳无忌编:《南社纪略》,上海人民出版社1983年版,第109页。
⑥ 余英时:《论中国文化的重建问题》,《中国思想文化传统的现代诠释》,江苏人民出版社1989年版,第52—53页。

以后的新青年所唾弃,这也是事实。"[1]南社成员中有很多是同盟会、国民党的重要人物。柳亚子认为,是他们提高了南社的社会影响和知名度。柳亚子曾颇为得意地谈及,由于陈其美、宋教仁等人的加入,"南社也不免渐渐为人注目起来"[2]。南京临时政府成立时,不少南社成员位居要津。柳亚子与"少年同社,尽庆弹冠",认为"这也是在南社历史上值得大书特书的一页"[3]。柳亚子总是将文学社团的组织发展定位为以政治为归趋。"南社的成立,是以中国同盟会为依归的;新南社的成立,则以行将改组的中国国民党为依归,在契机上可说是很巧妙的了。"[4]柳亚子还以政治人物作为文学社团的"代表人物":"南社的代表人物,先生说是汪精卫,而新南社的代表人物,则我们可以举出廖仲恺先生来。汪是诗的,而廖则是散文的。"[5]他甚至希望政治打上南社的标志,创造"南社派的政治""新南社派的政治"[6]的神话。此外,柳亚子始终追求罗致政治闻人以壮门面的轰动效应。他一度想请胡汉民加入南社纪念会:"胡先生(胡汉民——引者注)从前并没有加入南社,虽然现在南社也很想罗致他呢!"[7]抵达北平后,柳亚子发起南社、新南社联合临时雅集,周恩来、叶剑英等人应邀出席并讲话。对此,柳亚子颇为得意。友人宋云彬在日记中云:"来宾甚多,中共方面李立三、叶剑英、连贯、杨之华、周恩来等先后来到,今日亚老乐哉。"[8]柳亚子发起"北平市文献研讨会"时,甚至想请毛泽东捧场,"拟推老毛为名誉主席,未知其肯入我彀中否也"[9]。

二 "我是中国第一流的政治家"

柳亚子对自己的政治才能非常自负。他的自负很大程度上源自其浓郁

---

[1] 柳无忌编:《南社纪略》,上海人民出版社1983年版,第250页。
[2] 同上书,第30页。
[3] 同上书,第38页。
[4] 同上书,第103页。
[5] 同上书,第251页。
[6] 同上书,第252页。
[7] 同上书,第251—252页。
[8] 宋云彬:《红尘冷眼》,山西人民出版社2002年版,第120页。
[9] 柳无忌、柳无非编:《北行日记》,《自传·年谱·日记》,上海人民出版社1986年版,第371页。

的名士气质。柳亚子十岁时就"以名士风流自命";此后,"结客名场,一时老宿,无不敛手惊服"。[1]此故,柳亚子每以名士面目示人:置酒高会,品藻人物,睥睨一世,好作豪语。他喜欢谈兵说剑。文人谈兵,乃是积习使然。如有的论者指出的,"好纵谈天下事,好为大言,好谈兵,好谈经济,好指画方略、说'大计',原属文人癖"[2]。柳亚子回忆当日与高旭指天画地的酣畅淋漓之况。"然当是时,吾两人皆年少气锐甚,酒酣耳热,高自标榜,辄谓上马杀贼,下马作露布,天下英雄,惟使君与操,江东无我,卿当独秀,所交相期许者,盖不在琐琐李杜韩柳间也。"[3]

柳亚子素以知兵自诩,动辄抵掌雄谈,纵论天下大势。"岳阳踞长沙上游,而北控武昌。湘得之足以制鄂,鄂得之亦足以病湘。盖形胜要害之区,用兵者所必争。"[4]南北议和期间,在事关民国前途的十字路口,柳亚子极力主战,并多有"借箸"之举。"窃谓今日进兵方略,宜以一军荡平徐、颍,纾吴、皖内顾之忧,一军由鄂入汴,援助秦、晋,毋使陷落虏手。更驰海军舰队直抵芝罘,进窥燕齐门户。秦皇岛守卫单薄,荣城、黄县又悉树汉帜,而关外民军复有克期建义之耗。南北并进,内外交讧,吾知狡虏无死所矣!"[5]抵达北平后,柳亚子故态依然。他坚决反对和谈,屡向中共上"天人三策"。"兵谋早借军前箸,和议终怜澥际花。"[6]

知兵是建立在一定的预见能力之上的。如有的论者指出的,"豪杰之士以兵事为逞勇斗狠的舞台,文人则以与于谋划为智力愉悦。较之战场胜

---

[1] 柳无忌、柳无非编:《北行日记》,《自传·年谱·日记》,上海人民出版社1986年版,第139页。
[2] 赵园:《谈兵》,陈平原等编:《晚明与晚清:历史传承与文化创新》,湖北教育出版社2002年版,第5页。
[3] 柳亚子:《〈变雅楼三十年诗征〉叙》,中国革命博物馆、上海人民出版社编:《磨剑室文录》上,上海人民出版社1993年版,第387页。
[4] 柳亚子:《李洞庭诗集叙》,中国革命博物馆、上海人民出版社编:《磨剑室文录》上,上海人民出版社1993年版,第561页。
[5] 柳亚子:《时哉不可失》,中国革命博物馆、上海人民出版社编:《磨剑室文录》上,上海人民出版社1993年版,第266页。
[6] 柳亚子:《三月二十一日夜听罗迈部长报告时事问题有作,君即渝沪时代之李维汉也》,中国革命博物馆编:《磨剑室诗词集》下,上海人民出版社1985年版,第1538页。

负，他们甚至可能更有兴趣验证自己预测的准确性。"① 柳亚子平生最为得意的两次谈兵，都似被"应验"了：一是南北议和期间，柳亚子断言袁世凯要当皇帝，并坚决主张反袁，后来形势的发展被其不幸言中。"盖余以为孙退袁兴，旧势力完全存在，革命实太不彻底，且卧榻之旁，任人鼾睡，必无佳果；若孺子仪之僭号弗除，以民国而俨然有帝制自称者，名不正，言不顺，亦必贻他日噬脐之悔无疑也。顾朝论已定，岂书生所能掀撼，杜牧罪言，徒供覆瓿而已。厥后洪宪篡盗，国脉于焉中斩；定武复辟，卒为伪满滥觞，其祸迄今而犹烈。曲突徙薪，吾谋弗用；焦头烂额，彼何人哉！"② 二是北伐前夕，柳亚子断言蒋介石要叛变革命，并向中共建议刺蒋。"照我的主张，就非立刻出重赏求勇夫，把这个王八蛋打死了再讲。否则，将来的后果，我就不忍再言了。"③ 近乎毫厘无爽的应验结果，使柳亚子对自己"非凡"的预见能力极为自信："我自信我有科学的预见，并不在毛先生之下。"并云："不论本党或中共，听我的话一定成功，不听我的话一定失败。如有人不相信，再来赌一次杀头的东道好了。"④

柳亚子不仅以知兵自诩，而且对自己的政治才能极为自负。胡适发起"文学革命"，对南社文学提出批评，一度引发了中国文坛上的胡柳之争的一段公案。⑤ 后来，柳亚子虽然来了一个一百八十度的转弯，接受了胡适的批评，成了白话诗的拥护者，承认自己"是个半新不旧的东西，不配称为新文学家"。不过，柳亚子自信，"在政治方面的看法，我倒自以为比适之他们高明一些"⑥。在抗战时期的桂林，柳亚子自信地说："吴江的政治家，在过去只有退修先生（吴江名士凌退修——引者注），在现代只有我柳亚

---

① 赵园：《谈兵》，陈平原等编：《晚明与晚清：历史传承与文化创新》，湖北教育出版社2002年版，第7页。

② 柳亚子：《革命外史》，中国革命博物馆、上海人民出版社编：《磨剑室文录》下，上海人民出版社1993年版，第1381页。

③ 柳亚子：《在毛主席的旗帜下奋勇前进》，中国革命博物馆、上海人民出版社编：《磨剑室文录》下，上海人民出版社1993年版，第1585页。

④ 柳亚子：《从中国国民党民主派谈起》，中国革命博物馆、上海人民出版社编：《磨剑室文录》下，上海人民出版社1993年版，第1551页。

⑤ 杨天石：《柳亚子与胡适》，《哲人与文士》，中国人民大学出版社2007年版，第402—420页。

⑥ 柳亚子：《致柳非杞》，上海图书馆编：《书信辑录》，上海人民出版社1985年版，第186页。

子。金鹤望,陈巢南和我们的蔡冶民姑丈之流(他们是被称为'吴江三杰'的),都只能称文学家而不配称政治家,其余还有什么人呢?念天地之悠悠,独怆然而涕下,真不胜阮嗣宗广武原头之叹了!"①

柳亚子不仅以吴江的政治家自诩,而且信心满怀地声称,"我是中国第一流的政治家","毛先生也不见得比我高明多少,何况其他"②?20世纪20年代,中共尚处在幼弱阶段。柳亚子就对毛泽东推许有加,将其与孙中山相提并论,是"并世支那两列宁"③。柳亚子虽然佩服毛泽东,但并不认为毛泽东比自己高明,而是将两人定位在伯仲之间。他在《次韵和平江四首》之一云:

棋局虬髯输一着,太原公子信英雄。平生兀傲今低首,第一人才毛泽东。

之二云:

大道能行天下公,中山此语死犹雄。虬髯不王扶余岛,拥护湘潭毛泽东。④

两首合观,柳亚子将毛泽东比作太原公子李世民,是历史的雄健者;而他以虬髯客张仲坚自居,却不能像虬髯客那样开创海外扶余,割地自雄,反而还要依人过活。何以如此?乃是运势使然。柳亚子在致邵力子的信中将这一层说得极为明了:"生瑜生亮,天实为之。太原公子既帝中原,又

---

① 柳无忌、柳无非编:《五十七年》,《自传·年谱·日记》,上海人民出版社1986年版,第67页。
② 柳亚子:《从中国国民党民主派谈起》,中国革命博物馆、上海人民出版社编:《磨剑室文录》下,上海人民出版社1993年版,第1542页。
③ 柳亚子:《存殁口号六首》,中国革命博物馆编:《磨剑室诗词集》上,上海人民出版社1985年版,第639页。
④ 《次韵和平江四首》,中国革命博物馆编:《磨剑室诗词集》下,上海人民出版社1985年版,第1689页。

无扶馀海外足以恣我回旋,亦惟有降心相从,聊为食客耳!"①虬髯客之所以"输一着",乃是由于"既生瑜,又生亮"的"天实为之"。"平生兀傲"且"不相信命运"②的柳亚子,将自己的"降心相从"归之为天,不过是狂傲不羁、不肯认输的一种自我解嘲而已。

三 "人是政治的动物,不能脱离政治而生存"

传统知识分子的政治参与,集参政与议政为一体,其议政也是参政的一种形式。而对于现代知识分子而言,虽然与前者有着思想上的蝉联,但是,他们在政治参与上表现得相对超然,多议政而不参政,甚至躲进书斋,既不议政,更不谈参政。③由于梁启超的开拓之功,新式知识分子除了加入政府的传统参政方式之外,还包括办报、组党等新型参政方式。④作为社会活动家,柳亚子有着广泛的政治参与,既加入过政府,也有办报经历,还组过党。如其所谓"人是政治的动物,不能脱离政治关系而生存"⑤。但是,柳亚子的政治参与缺乏实践精神。大略言之,柳亚子的政治参与,基本上以间接的议政为主,而直接的参政则处于次要位置。

(一)加入政府

柳亚子虽有着广泛的参政经历,从民国建立到新中国成立之初的各个时期,均有所表现,但基本上没有从事实际政务,不像胡适、王世杰、吴国桢等自由主义知识分子一度担任大使、部长、省主席等要职而成为职业官僚。

南京临时政府成立后,经社友、临时大总统府秘书雷铁崖的介绍,柳

---

① 柳亚子:《与某兄书》,郭长海、金贞菊编:《柳亚子文集补编》,社会科学文献出版社2004年版,第286页。

② 柳亚子在给长女无非的信中云:"我是不相信命运的,虽然在玩意儿讲着算命。好好的一个人,为什么要听支配于命运呢?假使真有命运,还是应该去反抗它,何况世界上根本没有命运的一回事,而祸福会仗着自己的创造呢?"参见上海图书馆历史文献中心、近代文献部编《柳亚子家书》,岳麓书社1997年版,第398页。

③ 罗志田:《近代中国社会权势的转移:知识分子的边缘化与边缘知识分子的兴起》,《开放时代》1999年第4期。

④ 参见程骍、姜继为《知识分子参政模式的重塑——梁启超对民初知识分子参政影响管窥》,《安徽史学》2003年第1期;许纪霖《中国自由知识分子的参政(1945—1949)》,《许纪霖自选集》,广西师范大学出版社1999年版,第111—112页。

⑤ 柳亚子:《鲁迅九周年祭》,中国革命博物馆、上海人民出版社编:《磨剑室文录》下,上海人民出版社1993年版,第1461页。

亚子担任过三天的临时大总统府秘书。此时,柳亚子"方卧病,又虑不习宦途,持不应"①。由于雷铁崖"拍案顿足,以大义相责",柳亚子"便勉勉强强的去了","工作是一点都没有,只是天天吃西菜"。②他"天天游山玩水,喝酒赋诗","身子吃不消,忽然发起寒热起来",最后索性"卷铺盖而出总统府,还到上海来当流氓了"。③因之,柳亚子"三日匆匆病秘书"④的经历,只不过增加了一项在名士圈内的谈资而已⑤,既无助于政治能力的培养,更谈不上有什么社会影响力。

南京国民政府时期,柳亚子较长时期担任国民党中央监察委员。1928年4月,柳亚子从日本回国。柳亚子本来不是三届中央委员,由于国民党宁、粤两个派系的斗争,出于"团结干部"的需要而被延入四届中央监察委员。⑥从1931年12月四届一中全会到1941年4月国民党五届八中全会被国民党开除党籍为止,柳亚子一直担任此职。由于"国民党中央监察委员会在国民党执政大陆期间,基本未能发挥作用,而更多的是一种超然的状态存在"⑦,因此,在这一职务上,柳亚子没能发挥太大的政治影响力,基本上处于拿"乾脩"的状态。如其所谓,"十年以来,我不满于国民党,但不能不用国民党的钱来养活一家"⑧。

新中国成立前后,柳亚子表现出巨大的政治热情。1948年,中共中央发布《纪念"五一"劳动节口号》,提议召开新的政治协商会议,讨论成立民主联合政府。柳亚子等在港民主人士联名响应中共"五一"号召,并

---

① 柳亚子:《书烈亚同志所藏中山先生遗墨后》,中国革命博物馆编:《磨剑室诗词集》下,上海人民出版社1985年版,第1836页。
② 柳无忌编:《南社纪略》,上海人民出版社1983年版,第38页。
③ 同上书,第39页。
④ 柳亚子:《书烈亚同志所藏中山先生遗墨后》,中国革命博物馆编:《磨剑室诗词集》下,上海人民出版社1985年版,第1836页。
⑤ 柳亚子进入大总统府时,"其装束则截辫而散前发,外衣大红色斗篷",以至于大总统府秘书长胡汉民"不知马之雄雌"。对于这个美丽的误会,柳亚子听说后"抚掌大笑而罢"。参见柳亚子《书烈亚同志所藏中山先生遗墨后》,中国革命博物馆编《磨剑室诗词集》下,上海人民出版社1985年版,第1836页。
⑥ 王尔龄:《柳亚子"委蛇"经过考略》,《南社研究》第6辑,中山大学出版社1994年版,第105—107页。
⑦ 何志明:《国民党中央监察委员会的来龙去脉》,《文史天地》2014年第4期。
⑧ 柳亚子:《致柳非杞》,上海图书馆编:《书信辑录》,上海人民出版社1985年版,第180页。

应邀分批北上。抵达北平后，尽管柳亚子不谙政务，但是，中共为了团结广大民主人士，先后安排他担任中央人民政府委员、政务院文化教育委员会委员、华东行政委员会副主席、全国人大常务委员会委员等职。对此，"欲凭头衔荣父老"[①]的柳亚子，似有相当的默契。他致信友人，坦承自己短于政治，"坦白言之，弟一生效法陶潜，读书不求甚解，文学且然，何况政治"？因之，在"太原公子既帝中原，又无海外扶馀足以恣我回旋"的客观情势下，柳亚子不得不表示，"亦惟有降心相从，聊为食客耳"！"天下事付之儿辈，老夫从容文酒足矣"。[②]

（二）参与组织政党

近代政党政治，是中国近代化进程中西学东渐的产物。柳亚子虽然参与或组织的政党多达6个，参与政党政治前后50年，但是，他对于政党政治是相当隔膜的，与同时代组织过政党且具有丰富宪政思想的张君劢、张东荪不可同日而语。如其所谓，"虽醉心于马克思之学说，布尔萨维克之主义，而道听涂说，终在若明若昧之间，研究尚不足，矧云鼓吹而实行之耶"[③]？

民元前，柳亚子热衷于参与组织革命政党、社团。爱国学社因苏报案解散后，柳亚子于1904年进同里自治学社读书，"醉心革命更甚"[④]，并于翌年发起组织"自治学会"，预备作为脱离学社后的"联络机关"[⑤]。1906年，柳亚子经高天梅介绍加入同盟会；又经蔡元培介绍加入光复会；此外，柳亚子还将"自治学会"更名为"青年自治会"，"作为同盟会的外围团体"[⑥]。作为"双料的革命党"[⑦]，柳亚子并没有表现出革命者的勇猛精进，并自称"在民元以后就脱离革命阵线，没有加入六大政党合并的

[①] 柳亚子：《呈毛主席一首，五三用前韵，五月十九日作》，中国革命博物馆编：《磨剑室诗词集》下，上海人民出版社1985年版，第1616页。

[②] 郭长海、金菊贞：《柳亚子文集补编》，社会科学文献出版社2004年版，第286页。

[③] 柳亚子：《〈吴根越角集〉后序》，中国革命博物馆、上海人民出版社编：《磨剑室文录》上，上海人民出版社1993年版，第686页。

[④] 柳无忌编：《南社纪略》，上海人民出版社1983年版，第10页。

[⑤] 柳无忌、柳无非编：《五十七年》，《自传·年谱·日记》，上海人民出版社1986年版，第196页。

[⑥] 同上书，第199页。

[⑦] 柳无忌编：《南社纪略》，上海人民出版社1983年版，第10页。

国民党,以及后来总理领导的中华革命党"①。面对民国建立后的一系列纷扰,柳亚子深感无能为力。"我是一个书呆子,既非军人,又非政客,更无直接参加革命的资格,只好弄弄笔头,长歌当哭。"②

大革命时期,柳亚子积极参加中国国民党的党务工作。1923年12月,由叶楚伧、陈去病介绍,柳亚子以同盟会会员资格加入国民党。国民党一大后,柳亚子"献身党国"③,受命组建地方组织,并于1924年8月当选为吴江县党部执行委员会常务委员。1925年,柳亚子当选为江苏省党部执行委员会常务委员兼宣传部长,一度兼管江苏、吴江党务。1926年1月,在国民党二大上,柳亚子当选为二届中央监察委员,兼江苏省党部常务委员。这一时期,柳亚子做了大量的组织、宣传工作,使得吴江县党部不仅组建早,而且党务工作卓有成效,"成为江苏省著名的国民党基层组织之一"④。但是,柳亚子缺乏韧性,往往在露一手之后,又打退堂鼓。1926年5月,柳亚子出席国民党二届二中全会,未待闭会,就拂袖而归,撒手不管。"五月初,余至广州,睹党中诸领袖态度,知天下事未可为,始浩然有退志。既返里,蛰居弗出者数月。"⑤这种意气用事的态度,使得江苏省党部一度陷入"苦群龙之无首"⑥的局面。

抗战胜利后,柳亚子还先后参与组织了中国民主同盟(简称"民盟")、三民主义同志联合会(简称"民联")、中国国民党革命委员会(简称"民革")等民主党派。1945年10月,柳亚子加入民盟,并被增选为中央执行委员。与此同时,他还与谭平山、陈铭枢等组织发起民联,被推为中央常务干事兼文教委员会主任委员。这一时期,柳亚子加入民主党派,是希望走中间

---

① 柳亚子:《在毛主席的旗帜之下奋勇前进》,中国革命博物馆、上海人民出版社编:《磨剑室文录》下,上海人民出版社1993年版,第1589页。
② 柳无忌编:《南社纪略》,上海人民出版社1983年版,第54页。
③ 柳无忌、柳无非编:《自撰年谱》,《自传·年谱·日记》,上海人民出版社1986年版,第21页。
④ 张明观:《柳亚子传》,社会科学文献出版社1997年版,第284页。
⑤ 柳亚子:《秋石女士传》,中国革命博物馆、上海人民出版社编:《磨剑室文录》下,上海人民出版社1993年版,第1068页。
⑥ 柳亚子:《朱季恂、侯绍裘合传》,中国革命博物馆、上海人民出版社编:《磨剑室文录》下,上海人民出版社1993年版,第1207页。

路线，在国共之间发挥"第三方面"的影响。[①]1947年10月，柳亚子赴港参与民革的筹建工作，并被推举为中央监察委员会主席。柳亚子对现代政党政治的参与，基本上还是沿袭了"合则留不合则去"的传统名士思维。就加入民盟一事，柳亚子致信友人，"弟加入民盟，是沈衡老（沈钧儒——引者注）的拉拢"；"以前，我曾表示，要衡老替我运动一个中委做做，未有还信。现在，且看大会闭幕时结果如何？倘然他们不要我，我也不去管他们了"。[②]

（三）参与办报

报纸作为新型参政方式，在民主制度尚未建立的时代，"起着促进政治的现代转换的作用"[③]；在民国自由知识分子发扬奋励的时代，它是知识精英批评时政的重要渠道。如傅斯年所说，"与其入政府，不如组党；与其组党，不如办报"[④]。柳亚子在民元前后、北洋军阀时期、大革命时期与言论界渊源颇深，参与创办了多份报纸，以撰稿人、专栏主笔、总编辑、主笔等身份进行舆论干政。其抨弹政治，得传统清议之风，颇称刚健。由于意志薄弱、率性而发的名士气质，柳亚子往往任性而为，半途言弃，因之，没有成为像与其同时代的邵飘萍、张季鸾等一类的职业报人。

民元前，柳亚子通过精神导师梁启超与言论界结缘。如有的学者指出的，"20世纪初年，柳亚子师法梁启超撰写的新体评传，服务于反帝爱国、排满革命的宗旨"[⑤]。1905年，柳亚子在同里自治学社办《自治报》。《自治报》"是用钢笔蜡纸搅的，我们自己写，自己印，自己分送，每

[①] 1946年，柳亚子就东北问题指出，"我们赞成双方立刻停止战争，由各党各派的领袖和无党无派的领袖，组织战地调查团，来作老百姓的救命星君的和平使者，这是治标的办法。关于治本的办法，我们要主张，立刻召开政治协商会议，彻底改组国民政府成一个包含各党各派、和无党无派领袖们组织的国民政府。"参见柳亚子《代东北老百姓讲话》，中国革命博物馆、上海人民出版社编《磨剑室文录》下，上海人民出版社1993年版，第1496页。

[②] 柳亚子：《致陈迩冬》，上海图书馆编：《书信辑录》，上海人民出版社1985年版，第322页。

[③] 程啸、姜继为：《知识分子参政模式的重塑——梁启超对民初知识分子参政影响管窥》，《安徽史学》2003年第1期。

[④] 傅斯年：《致胡适》，《傅斯年全集》第七卷，湖南教育出版社2003年版，第327页。

[⑤] 胡全章：《梁启超与20世纪初年新体传记的兴盛》，《广东社会科学》2014年第4期。

一星期出版一次"①。后更名《复报》，取光复中华之意。柳亚子对《复报》进行改革，扩大了其社会影响："一方面，把《复报》从钢笔版改为铅印，从周刊改成月刊，从单张改成单行本，在日本东京出版，居然成功了《民报》的小卫星呢。"②1911年，柳亚子与朱少屏创《铁笔报》。辛亥革命爆发后不久，他与朱少屏、胡寄尘创办《警报》，取"鼓吹革命军战迹，以导扬民气"③之意。此外，柳亚子还为《江苏》《复报》《民报》《女子世界》等报刊撰文，鼓吹民族民主革命，提倡男女平权。这一时期，柳亚子"欲凭文字播风潮"④，对于辛亥革命，虽"不无微劳"⑤，但毕竟批判的武器不能代替武器的批判⑥。

南京临时政府成立至北洋军阀时期，中国政治舞台风云变幻，波澜起伏。柳亚子因应时事，书生议政，以报纸为战场，投笔作匕，多有表现。柳亚子"居公府三日，因病辞职归"⑦后，由社友邹亚云、陈布雷的介绍进《天铎报》，担任主笔。这一时期，柳亚子反对南北议和，反对袁世凯，主张铁血共和。他以"青兕"为笔名，与《民立报》的邵力子、徐血儿以及《大共和报》的汪东等人大开笔战，"论文是犀利无前"⑧，"把袁世凯骂得狗血喷头"⑨。在主《天铎报》笔政的同时，柳亚子还担任《民声日报》的文艺编辑，后正式转到《民声日报》，主持"上天下地"栏，做随笔式的文章。

---

① 柳亚子：《我和言论界的因缘》，中国革命博物馆、上海人民出版社编：《磨剑室文录》下，上海人民出版社1993年版，第1176页。

② 柳亚子：《我和言论界的因缘》，中国革命博物馆、上海人民出版社编：《磨剑室文录》下，上海人民出版社1993年版，第1177页。

③ 柳无忌、柳无非编：《自撰年谱》，《自传·年谱·日记》，上海人民出版社1986年版，第12页。

④ 柳亚子：《岁暮述怀》，中国革命博物馆编：《磨剑室诗词集》下，上海人民出版社1985年版，第1823页。

⑤ 柳无忌编：《南社纪略》，上海人民出版社1983年版，第250页。

⑥ 柳亚子回忆，在武昌起义之后、上海光复之前，收到一封署名"亦是同胞"的信，建议柳亚子派人劝降两江总督、江苏巡抚反正。结果，"这封信投到我书呆子手上来，自然是不生效力的了"。参见柳无忌编《南社纪略》，上海人民出版社1983年版，第87页。

⑦ 柳无忌、柳无非编：《自撰年谱》，《自传·年谱·日记》，上海人民出版社1986年版，第13页。

⑧ 柳亚子：《我和言论界的因缘》，中国革命博物馆、上海人民出版社编：《磨剑室文录》下，上海人民出版社1993年版，第1176页。

⑨ 柳无忌编：《南社纪略》，上海人民出版社1983年版，第40页。

在《天铎报》《民声日报》期间，柳亚子以南社代言人的身份深度介入民国第一案——周阮一案。①柳亚子以其满腔的革命义愤和一支凌云健笔为死难革命者伸张正义，披露事件的真相，对卵翼元凶的各派势力口诛笔伐，郁怒之气发为慷慨之音。这是柳亚子一生中可圈可点的革命活动，如其所谓，"在这个时候，我是把全生命都交给周、阮一案的了"②。不久，柳亚子又进入《太平洋报》，担任文艺编辑，主编《太平洋文艺》专栏。1912年夏天，柳亚子"浩然有归志，从此可说是实际上脱离了言论界了"③。

大革命时期，柳亚子除了组党之外，还通过办报"直接参加中国国民党的斗争"④。北洋军阀统治时期，柳亚子一度灰心于国事、社事，耽于迷楼、乐国宴游，"寄沉痛于逍遥"。⑤大革命前夕，柳亚子重新振作起来，以昂扬之姿投身时代大潮。1923年，柳亚子与毛啸岑等创办《新黎里》半月刊，并担任总编辑。柳亚子以《新黎里》为阵地，提倡新文化，宣传社会主义和劳工问题。《新黎里》开风气之先，吴江及邻县的《新盛泽》《新震泽》《新吴江》《新周庄》等一批"新"字号刊物如雨后春笋一般出现。因之，柳亚子主持的《新黎里》，堪称"时代明灯""地方福音"。⑥此外，柳亚子还一度与国民党中央机关报发生联系。江浙战争发生后，柳亚子应主编邵力子之请为《民国日报》写评论。但他自云，"好像是票友客串，却未下海"⑦。见于《民国日报》为国民党右派把持，国民党中央常委会于1926年3月决定，在上海创办《国民日报》与《民国日报》相抗争，由张静江

---

① 武昌起义后不久，革命者、南社社友周实、阮式返山阳（淮安）响应，召开大会，宣布山阳光复。1911年11月17日，周、阮二人被前清山阳县令姚荣泽诱杀。姚荣泽后托庇于通州张謇、张詧兄弟。几经曲折，以沪军都督陈其美为代表的军方革命派极力促成将姚解沪，军法审判，为烈士雪冤。由于司法总长伍廷芳为代表的法制派的干预，最后组织混合合议庭，以新法判案。裁判结果，判处姚荣泽死刑，由于袁世凯的特赦，姚仅处以罚金，不到三个月就被释放了。

② 柳无忌编：《南社纪略》，上海人民出版社1983年版，第41页。

③ 柳亚子：《我和言论界的因缘》，中国革命博物馆、上海人民出版社编：《磨剑室文录》下，上海人民出版社1993年版，第1177页。

④ 柳无忌编：《南社纪略》，上海人民出版社1983年版，第109页。

⑤ 同上书，第72、75页。

⑥ 张明观：《柳亚子传》，社会科学文献出版社1997年版，第257页。

⑦ 柳亚子：《我和言论界的因缘》，中国革命博物馆、上海人民出版社编：《磨剑室文录》下，上海人民出版社1993年版，第1177页。

任总经理,柳亚子任主笔。由于张静江从中阻挠,加之柳亚子"灰心国事,躲在乡下"①,此事遂寝。此后,柳亚子除了零星投稿外,"再也没有和言论界发生整个的关系过"②。

四 "亚子颇天真,十足名士气"

柳亚子虽然高自标榜,但其政治能力的确乏善可陈。这是中国知识分子的一种通病:他们满怀"直挂云帆济沧海"之志,但又不谙于政治;即便被时代推到历史舞台,往往心雄力拙,成为政治上的失败者或庸人;可能他们至死都不愿承认自己在政治上的无能,而将人生的侘傺失意归之为莫之何的天意或时运。柳亚子的短于政治,主要表现在以下两个方面。

一是倒置革命的目的和手段之间的关系。由于柳亚子倒置了革命的目的和手段之间的关系,追求过程的轰轰烈烈,不论结果。基于道德主义和激进进化论的立场,柳亚子主张彻底革命。③因之,他的诸多"谈兵说剑",其价值往往限于道德的煽情,对于实际政治,并没有多少可取之处。他极为自负的两次政治预言似乎都被"应验"了,但其政治能力是经不起推敲的。

关于辛亥南北议和的是非之争,可以暂不必定论。需要指出的是,革命只是手段,目的是为了国家的富强和人民的福祉;而柳亚子却倒置了目的和手段之间的关系,甚至主张,"宁使十八省尽成蒿里,毋令世界上成此非驴非马之共和国"④。他的这种极端情绪,在革命者当中具有相当的普遍性。李泽厚认为,晚清革命派的通病在于,"长期的革命斗争,容易使人们把手段误认为目的本身,把手段看得很高,反而轻视和忘记了其手段之所由起,即原先的目的所在,从而经常走入歧途"⑤。王中江指出,革命

---

① 柳亚子:《我和言论界的因缘》,中国革命博物馆、上海人民出版社编:《磨剑室文录》下,上海人民出版社1993年版,第1177页。
② 同上,第1177页。
③ 柳亚子的暴力革命思想,主要有两个来源:一是传统的道德主义,倾向于动机论。二是无政府主义,其中卢梭和俄国虚无党人是重要的两脉。单正平指出,"不成功,便成仁,是民族主义暴力革命活动分子的基本信条"。参见单正平《晚清民族主义与文学转型》,人民出版社2006年版,第171页。
④ 柳亚子:《黄花岗雄鬼其瞑目乎》,中国革命博物馆、上海人民出版社编:《磨剑室文录》上,上海人民出版社1993年版,第281页。
⑤ 李泽厚:《中国近代思想史论》,安徽文艺出版社1994年版,第311页。

派将进化设定为历史发展的价值目标,并将革命作为实现这一目标的最佳手段来证明革命的合理性:"人们习惯地认为,目的需要它的执行者手段,而手段是服务于目的的;既然目的是正当和合理的,那么服务于目的的手段自然也是正当和合理的。"① 这正切中柳亚子的要害所在。

  至于柳亚子北伐之前的过激刺蒋主张,也可谓卑之无甚高论。晚清的革命者中,自杀与杀人风行。如有的论者指出的,"推崇杀人流血,已经到了不讲条件、绝对肯定的程度。这种奇异的愤激之论,正是社会情绪转向极端激烈,暴戾之气弥漫于国中的最明显标志。当然,崇尚鼓吹暗杀,也与青年革命党人受日本武士道精神的影响,和俄国虚无党人的影响有关"②。陈平原指出,出于游侠心态,晚清志士热衷于暗杀风潮的鼓吹,"实际上,晚清志士之热衷于暗杀,正是受虚无党人的刺激与启发"③。柳亚子也紧跟这一潮流,如其所谓,"我当时对于革命的理想,第一是暴动,第二是暗杀,学陆军为的是暴动,学理化为的是暗杀"④。柳亚子以"医国手"自矜,而开出的刺蒋"药方",不过是辛亥革命时期的一枚"古时丹"而已。在刺蒋一事上,柳亚子耿耿于怀:"要是当时听了我小区区的话,'日中必篝,操刀必割',又何致于弄成十年内战,八年抗战的局面呢?""然而'缚虎容易放虎难',连秦桧的老婆都懂得的事情,而毛先生却不懂,那末,西安事变,养痈贻患的,又是哪一位呢?毛先生是我的好朋友,我并非存心攻击他,'人非圣人,谁能无过?'他只是太忠厚一点吧了。"⑤就刺蒋而言,能否成功是一个问题;进一步言之,即便成功,能否使革命航程如其所料,也是一个问题。历史是实然,无法重演,不能假设。柳亚子还将中国革命的曲折性以及国共之间的两次内战归因于没有杀蒋而留下

---

  ① 王中江:《近代中国思维方式演变的趋势》,四川人民出版社2008年版,第298页。
  ② 单正平:《晚清民族主义与文学转型》,人民出版社2006年版,第169—170页。
  ③ 陈平原:《晚清志士的游侠心态》,许纪霖编:《20世纪中国知识分子史论》,新星出版社2005年版,第188页。
  ④ 柳无忌、柳无非编:《五十七年》,《自传·年谱·日记》,上海人民出版社1986年版,第197—198页。
  ⑤ 柳亚子:《从中国国民党民主派谈起》,中国革命博物馆、上海人民出版社编:《磨剑室文录》下,上海人民出版社1993年版,第1543页。

的后患。显然，这是他一以贯之的英雄史观使然。^①此外，柳亚子对于中共的认识还停留在20年代。陈独秀等人的妥协退让，导致了大革命的失败。但是，中共及其领导集团在政治斗争中不断成熟，"西安事变"的和平解决，正是中共政治上成熟的一个重要标志。而在柳亚子看来，促蒋抗日，不过是毛泽东的"太忠厚"的"养痈贻患"之举。

二是政治上天真，缺乏政治家的韬略、稳健与成熟。一个合格政治家，必须懂得权谋、有耐性、精于权衡利害。如有人指出："政治活动从来都不是政客们游荡的历史，'权术'也决不能仅仅视为'看不见的肮脏之手'。公允地说，'权术'应该称为政治智慧。一个出色的政治家，犹如商界中出色的商贾，是对现实利益最精明的深思熟虑者，以及最明智和最果断的实践者。"^②柳亚子不是将政治活动视为一种智慧，基本上是以名士率性而发的方式来对待政治。诚如社友沈尹默所说，"亚子颇天真，十足名士气"^③。柳亚子政治上的天真，有以下几方面的表现。

首先，他总是找不准自己的位置。优秀的政治家从现实利益的考量出发，纵横捭阖，经纬万端；而柳亚子却是从道德主义立场来评判人物。柳亚子应邀北上时，对新政权有很大的期望。他拥有很多项的资本：彻底反袁、反北洋军阀、反蒋介石的光辉履历和上佳表现；一贯同情共产党，是坚定的国民党左派，民革创始人之一；与各个时期的中共领导人如恽代英、瞿秋白、毛泽东、周恩来等均建立了友好关系，尤其与毛泽东有着长达20多年的友谊。因此，他认为自己理所当然地应该受到重视。在北上途中，他

---

① 柳亚子曾叹息赵声与吴禄贞早死，"论者谓伯先（赵声—引者注）不死，必能主持北伐大计，回师以窥中原，或可与绶卿（吴禄贞——引者注）取得联络，左提右挈，共扫燕云。即绶卿不死，亦可合太原阎锡山反正之师，为中央革命之策动，如此，又安有袁氏盗国与后来北洋军阀之纷纷扰扰哉！一人不寿，殇者万千，自吴赵云亡，中国盖益多难已。"参见柳亚子《羿楼日札》，中国革命博物馆等编《磨剑室文录》下，上海人民出版社1993年版，第1281页。柳亚子还惋惜廖仲恺之死，"倘然廖先生不死，也许近十年来中国的政治局面，不会是现在的局面吧。那时候，或者南社派的政治，可以变成新南社派的政治，也未可知"。参见柳无忌编《南社纪略》，上海人民出版社1983年版，第251—252页。

② 邵盈午：《中国近代士阶层研究》，中国社会科学出版社2008年版，第303页。

③ 沈尹默：《题亚子手写〈黄初嗣响集〉诗》，中国国民党革命委员会中央委员会、中国革命博物馆编：《柳亚子纪念文集》，中国文史出版社1987年版，第323页。

写下了"乘风破浪会有时，席卷南溟上北溟"①的诗句；甫抵北平，他在给朋友的信中表达了这种乐观情绪："弟此次押货内渡，平安到达，已与此间主顾接洽，估计有利可赚，甚为高兴。"②但不久，柳亚子感觉自己不那么受重视，随即写下了那首著名的"牢骚诗"，抱怨中共举措失当，一些昔日屠杀共产党的反革命分子成了座上宾，而自己却坐了冷板凳。③柳亚子的这种不满情绪主要是以民革的同事李济深为重要参照。柳亚子之所以认为自己比李济深重要，是因为他自认有较高的道德得分④；而在毛泽东看来，李济深可以影响一大批国民党军政要员，具有柳亚子等人所不可替代的作用。⑤柳亚子不明就里，一直与李济深斗法⑥；甚至在李济深当选为中央人民政府副主席之后，柳亚子在极度失意之余竟然想当隐士。⑦可能他至死都没有悟出其间的道道来，正如有人指出的："浪漫主义诗人和现实主义政

---

① 柳亚子：《二月二十八日启程有作》，中国革命博物馆编：《磨剑室诗词集》上，上海人民出版社 1985 年版，第 1508 页。

② 柳亚子：《致毛啸岑》，上海图书馆编：《书信辑录》，上海人民出版社 1985 年版，第 348 页。

③ 陈友乔：《柳亚子的牢骚之解读》，《武汉科技大学学报》2009 年第 4 期。

④ 柳亚子对此非常自信。在柳诗中，"吾辈坚贞原不愧，笑他措大过长江""三仁我辈原不忝，群小投机别有心"一类诗句，触目皆是。参见中国革命博物馆编《磨剑室诗词集》下，上海人民出版社 1985 年版，第 1614、1618 页。

⑤ 徐铸成回忆，抵达北平后，他曾私自陪李济深出去吃饭、看戏。结果，遭到中共保卫部门的埋怨："徐先生，你给我们开的玩笑太大了。你知道，任公这样一个人物，去馆子和看戏，要布置多少人暗中保护？"参见徐铸成《徐铸成回忆录》，生活·读书·新知三联书店 1998 年版，第 185 页。

⑥ 自民革创始之日起，柳亚子就对民革中央负责人李济深不服气。他曾公开强调其权威和声望在李济深之上，"不论年龄，要讲权威和声望，除了小区区以外，不客气，任潮先生自然是首屈一指的了"。参见中国革命博物馆、上海人民出版社编《磨剑室文录》下，上海人民出版社 1993 年版，第 1545 页。民革创始人之一的朱蕴山指出，"他（指柳亚子——引者注）对李济深领导民革有不同意见，对谭平山亦有异议，我作诗以劝之"云云。参见朱学范《我与民革四十年》，团结出版社 1990 年版，第 61 页。

⑦ 夏衍回忆新政协会议期间柳亚子夜访的情形："只有一天晚上，我正要上床，柳亚子敲门进来了，……过去，不论在香港，在重庆，即使在时局十分艰险的时候，他一直是爽朗、乐观的，可是在这举国欢腾的日子，他却显得有点心情抑郁，寒暄了几句之后，他就问我上海解放后有没有去过苏州，他说，假如那一带局面安定，他打算回吴江去当隐士了。这句话使我大吃一惊，'一唱雄鸡天下白'，为什么会有这种想法呢？他就坦率地说出了他对某些人事的不满，他用以责问的口吻说，李任潮怎么能当副主席，你们难道忘了他二十年代的历史？"参见夏衍《懒寻旧梦录》，生活·读书·新知三联书店 2000 年版，第 424 页。

治家之间，还是有一道鸿沟的，亚子先生实在也太天真了。"①

其次，他不懂得"中国的特点"。作为民革创始人之一，柳亚子主张"不搅军队"，竟然还想"沟通苏、美，避免世界第三次大战，保障和平，以进行总理'天下为公'之目的"②。在近代中国的纷扰中，军人集团地位的升进，是政治史、社会史上的一个重要节点。③"枪杆子里出政权"，正是时代的特色。第二次护法运动期间，南社社友马君武一度担任广西省长。结果，一介书生，政令不出都门，甚至连人身安全都无法保障④。毛泽东曾指出，近代以来，中国的革命者、军阀，从孙中山到蒋介石、谭延闿等，"都懂得中国的特点"，都奉行"有军则有权"的原则；就政党而言，他们也懂得，"必须依靠一个军阀才有官做"，"历史不长的几个小党，如青年党等，没有军队，因此就闹不出什么名堂来"。⑤抗战时期，张君劢曾给毛泽东写信，要他把军队交给蒋介石。1945年重庆谈判时，毛泽东接见民社党领袖蒋匀田时指出，"我想君劢先生是没有机会练兵，若有机会练兵，他也必会练兵的"⑥。在20世纪上半叶的中国，组建一个政党，居然"不搅军队"，杜鲁门、斯大林有耐心听几个书呆子空谈三民主义、大同理想吗？显然，这是不可能的！

再次，柳亚子缺乏政治头脑。抵达北平后，柳亚子希望在文史方面襄赞新邦。他全凭一腔热情，结果屡闯"红灯"。

柳亚子向毛泽东提出成立国史馆一事，被毛"泼了冷水"。他又商之于李烛尘，希望李一力承担修史费用："余以修史事商之李君，谓月费十万金

---

① 夏衍：《懒寻旧梦录》，生活·读书·新知三联书店2000年版，第424页。
② 柳亚子：《从中国国民党民主派谈起》，中国革命博物馆、上海人民出版社编：《磨剑室文录》下，上海人民出版社1993年版，第1550页。
③ 罗志田：《近代中国社会权势的转移——知识分子的边缘化与边缘知识分子的兴起》，许纪霖编：《20世纪中国知识分子史论》，新星出版社2005年版，第128页。
④ 1922年4月，马君武舟行梧州，遭到李宗仁所属合作柏部的袭击，其卫队营被缴械，其妾为保护他中流弹而死。为此，马君武在愤恨之下，坚辞广西省长一职。参见李宗仁《李宗仁回忆录》上，广西人民出版社1980年版，第171—172页。
⑤ 毛泽东：《战争和战略问题》，《毛泽东选集》，人民出版社1964年版，第511页。
⑥ 蒋匀田：《同毛泽东主席的一次谈话》，中共重庆市委党史工作委员会等编：《重庆谈判纪实》，重庆出版社1984年版，第448—449页。

可了此公案,则毛主席所不能担负的事业,而李君能之,岂非千秋佳话耶!"①修史从来都是与政治联系在一起的,因为这关系到政治话语权的问题;那么,它就绝不是单纯的私人事情。因之,任何一个有政治头脑的人,不会不懂得这一点。可断言,即便李烛尘有此经济实力,恐怕也不敢往前凑。

柳亚子发起的南社、新南社联合临时雅集、"北平市文献研讨会"等活动,基本上也是按照同一逻辑行事。这两次活动,都被中共方面及时制止了。举行"文研会"筹备会议时,柳亚子被推为主席,有"俨然黄袍加身"②的感觉;在"文研会"被叫停之后,柳亚子竟颇有怨气地给毛泽东写信③;甚至友人宋云彬煞费苦心地告诫他,"发起'文研会'是一桩不必要的事情"④,他仍以"事之委曲不尽然者"⑤为辞。宋云彬只是从行为处事的角度告诫他,尽可能克制自己的感情,妥为处理好与领袖、朋友之间的关系,避免不必要的烦恼。⑥其实,问题恐怕还不仅仅是一个行为处事方式那么简单。换言之,柳亚子不懂得,在"大一统"之下,任何文化活动都会触及政治的神经中枢。如有人指出的,"革命成功了,时代巨变了,还需要不是党安排的'南社雅集'和'文研会'吗"⑦?

五 "书生谋国究何成"

柳亚子的政治参与极具典型意义:一方面,他热切地想望政治,并有广泛的政治参与;另一方面,对于现实政治相当隔膜,且始终被现实政治边缘化。其所以如此,主要是两个方面的因素所促成。大致说来,士文化传统是柳亚子短于政治的社会致因;身体孱弱是柳亚子短于政治的个人致因。

(一)士文化传统

柳亚子经历了近代社会、政治、文化的剧烈变迁,从传统的士大夫转化

---

① 柳亚子:《李烛尘来书,以余近体诗真元通叶为疑,诗以解之,并订釀金修史之约》之二下注,中国革命博物馆编:《磨剑室诗词集》下,上海人民出版社1985年版,第1624页。
② 柳无忌、柳无非编:《北行日记》,《自传·年谱·日记》,上海人民出版社1986年版,第371页。
③ 郭隽杰:《关于柳亚子的"牢骚"》,《春秋》1994年第6期。
④ 宋云彬:《红尘冷眼》,山西人民出版社2002年版,第136页。
⑤ 同上书,第138页。
⑥ 同上书,第136—137页。
⑦ 傅国涌:《1949年:中国知识分子的私人记录》,长江文艺出版社2005年版,第88页。

为现代知识分子。但是，由于特定的客观环境，加上强烈的主体选择，他的转化并不彻底。柳亚子自云："现在活到五十七岁，还未曾脱掉读书人的本色"，"常常自命为典型的中国士大夫"。①虽然柳亚子唯恐被时代所抛弃，努力追赶时代潮流，但是，由于他的文化心理、行为方式基本上还停留在前现代社会，因而他的趋新求变，不过是传统文化的底色上涂抹了一层现代纹彩。为此，柳亚子深感时代的错位。"尝自憾不早生六十年，欧西文化未大入吾土，天下事犹简单而易治，或足与洪天王辈上下议论功业。"②具体而言，传统文化对柳亚子政治参与的影响表现在以下方面。

首先，柳亚子继承了儒家道德主义传统，带有道德救世的深重印痕。在儒家文化中，道德作为立身处世的价值基准而被置于最为优先的位置。"太上有立德，其次有立功，其次有立言，虽久废，此之谓不朽。"③儒家强调救民淑世的弘道精神，"士不可不弘毅，任重而道远。仁以为己任，不亦重乎？死而后已，不亦远乎"④？而治国平天下之本在于夯实道德根基。"致知在格物，物格而后知至，知至而后意诚，意诚而后心正，心正而后身修，身修而后家齐，家齐而后国治，国治而后天下平。自天子以至于庶人，壹是皆以修身为本。"⑤柳亚子的道德救世，集中地表现在他的道德高分与政治低能。面对社会、政治危机，柳亚子虽有广泛的政治热情，但显示不出过人的手段，道德救世是他手中唯一的利器。柳亚子高扬道德主义的旗帜，或进行道德主义的谴责，或开具道德主义药方。作为民革创始人之一，柳亚子曾对民革的政治主张进行了阐发，罗列了一大堆的道德信条，并将其归结为"要立定脚跟来做人"。⑥他还提出："私谓欲救中国，必先救本党，而救党方法，则首在揭破蒋中正之假面，宣布其篡党叛国之真相，……宣布蒋中正篡党叛国之行为，否认其一手制造之伪中央党部与伪国民政府，

---

① 柳无忌、柳无非编：《五十七年》，《自传·年谱·日记》，上海人民出版社1986年版，第56页。
② 柳亚子：《〈吴根越角集〉后序》，中国革命博物馆、上海人民出版社编：《磨剑室文录》上，上海人民出版社1993年版，第686页。
③ 李维崎、陈建初注译：《左传》，岳麓书社2001年版，第433页。
④ 杨伯峻译注：《论语译注》，中华书局2009年版，第79页。
⑤ 王文锦：《礼记详解》，中华书局2016年版，第805—806页。
⑥ 柳亚子：《从中国国民党民主派谈起》，中国革命博物馆、上海人民出版社编：《磨剑室文录》下，上海人民出版社1993年版，第1550页。

并开除其个人之党籍,与天下万国共弃之。"① 可以想见,这一方案的效力除了煽情之外,于大局无补。如有人指出:"可近代大多知识分子所匮乏的就是这样一种'政治智慧',他们都是一些被理想主义所激荡的'毕其功于一役'的急性子,因此,他们的议论,往往只能煽起道德主义的激情,却不能解决多少实际问题。"②

其次,柳亚子承袭了传统知识精英"非职业化"甚至"反职业化"文化心理,这在很大程度上限制了他的政治能力与政治参与。列文森指出:"在官府中,除了那些被雇佣的幕僚外,占据高位的官僚们——统治阶级中的佼佼者——从来都不是某种专家。官员的声誉就建立在这一事实之上。学者的那种与为官的职责毫不相干却能帮他取得官位的纯文学修养,被认为是官员应具有的基本素质。它所要求的不是官员的行政效率,而是这种效率的文化点缀。"③ 因之,这就使得传统知识精英多为缺乏实际政治操作技术的"业余政治家"。就柳亚子而言,集中表现在他对政治理论的不求甚解。如有人指出的,柳亚子"是位热情的诗人,常以浪漫态度来对待政治、思想、文化上的理论问题,更不用说社会主义经济上的理论问题,往往是结论、口号接受得快,接受得多,而学理的探究却不求甚解,理论上的不清晰和混淆是常有的事,策略上和方法上的考虑就更少"④。柳亚子亦坦承此点:"我是不懂理论的人,叫我做左派理论,真真笑话!"⑤ 柳亚子对现代政治是相当隔膜的。比如,他认为,华盛顿的好处不过是"不要做皇帝"⑥;而孙中山是"薄华盛顿而不为",并"自谓道着痒处"⑦;他甚至认为,三民主义

---

① 柳亚子:《中国国民党民主派联合代表大会宣言》,中国革命博物馆、上海人民出版社编:《磨剑室文录》下,上海人民出版社1993年版,第1560—1561页。
② 邵盈午:《中国近代士阶层研究》,中国社会科学出版社2008年版,第302页。
③ [美]约瑟夫·列文森:《儒教中国及其现代命运》,郑大华、任菁译,广西师范大学出版社2009年版,第14页。
④ 俞坚:《高天梅与民生主义》,马以君主编《南社研究》第7辑,香港天马图书有限公司1999年版,第209页。
⑤ 柳亚子:《致姜长林》,上海图书馆编:《书信辑录》,上海人民出版社1985年版,第85页。
⑥ 柳亚子:《致任梦痴》,上海图书馆编:《书信辑录》,上海人民出版社1985年版,第54页。
⑦ 柳无忌、柳无非编:《自撰年谱》,《自传·年谱·日记》,上海人民出版社1986年版,第22页。

与"林肯总统民有、民治、民享之旨,不差累黍"①。

再次,名士的浪漫气质,加重了柳亚子政治乏术的色彩。柳亚子具有浓郁的名士气质,行事全凭意气,缺乏韧性;而革命需要长期从事大量艰苦而琐碎的工作,这是浪漫主义的革命诗人所不堪忍受,也是无法胜任的。并且,柳亚子始终以名士的心态对待革命活动。他在民元前有多种革命实行计划,由于身体、意志等方面的原因未果,最后选择了与其名士之性相契的健行公学。②在这里,柳亚子"一面教书,一面编《复报》,还要喝酒赋诗,常常和天梅相酬唱,诗兴也越来越浓了"③。此外,受卢梭"浪漫化"革命的影响④,尤其是宣传卢梭思想的刘师培、何志剑伉俪的示范效应⑤,柳亚子一度希望与"赞成革命"的L女士结成革命伴侣,"万一不幸,断头台上,携手同归,也是人生一乐"⑥。南京临时政府成立之初,柳亚子仅当了三天大总统府秘书就"胜利大逃亡"了。他还在革命活动中追求那种"千里搭帐篷"的热闹场面:"《太平洋》的局面是热闹的。大家都是熟人,并且差不多都是南社的社友。不是的,也都拉进来了。那时候,可称为南社的全盛时代。"⑦这种请客吃饭式的革命,带有浓厚的名士雅集气味,于

---

① 柳亚子:《致马歇尔将军书》,中国革命博物馆、上海人民出版社编:《磨剑室文录》下,上海人民出版社1993年版,第1503页。

② 柳无忌、柳无非编:《五十七年》,《自传·年谱·日记》,上海人民出版社1986年版,第197—198页。

③ 同上书,第200页。

④ 有的学者指出,"卢梭与晚清革命话语关联的结果就是将革命'浪漫化'";"这种革命'浪漫化'并喧嚣于朝野,使得社会总是处于亢奋状态,激发了民众的乐观主义精神,使革命成了社会的磨合剂"。参见颜德如《卢梭与晚清革命话语》,《学海》2005年第1期。

⑤ 刘师培与何志剑是晚清宣传无政府主义的著名革命夫妻,柳亚子对他们艳羡不已。柳诗有云:"慷慨苏菲亚,艰难布鲁东。佳人真绝世,余子亦英雄。"参见柳亚子《偕刘申叔、何志剑夫妇暨杨笃生、邓秋枚、黄晦闻、陈巢南、高天梅、朱少屏、沈道非、张聘斋酒楼小饮,约为结社之举,即席赋此》,中国革命博物馆《磨剑室诗词集》上,上海人民出版社1985年版,第56页。"别有怀人千里外,罗兰、玛利海东头。"参见柳亚子《海上题南社雅集写真》之一,中国革命博物馆编《磨剑室诗词集》上,上海人民出版社1985年版,第61页。对此,柳亚子还进行了说明,"所以一九〇七年诗上说他俩是布鲁东和苏菲亚,而一九〇八年的诗上又说是法国大革命时代的罗兰先生和玛利依夫人了"。参见柳无忌、柳无非编《自撰年谱》,《自传·年谱·日记》,上海人民出版社1986年版,第5页。

⑥ 柳无忌、柳无非编:《五十七年》,《自传·年谱·日记》,上海人民出版社1986年版,第203页。

⑦ 柳无忌编:《南社纪略》,上海人民出版社1983年版,第42页。

革命是很不相宜的。

此外，锋芒毕露、遇事辄发的名士之性，正与政治家所要求的韬光养晦、稳健成熟相左。1945年，旧政协会议之前，柳亚子的政协代表席位，由中共以社会贤达名额提名。柳亚子致信吴稚晖，说他将参加政协，叫转告"蒋皇帝"不得阻拦，否则他将施以报复云云。[①]邵力子在民革召开的纪念孙中山的会议上说柳亚子不懂政治，柳几欲与40年旧交的邵老拳相向。[②]曹聚仁指出："由南社文人走上政治舞台的分子，有革命的情绪而无革命的技术；在破坏上尽了相当的力，在建设上显不出过人的本领来。汪精卫、胡汉民在同盟会在南社都是第一等角色，他们的政治手腕，却处处不及杨永泰，这便是以诗的看待政治不以散文看待政治的过错。假使南社派文治是一句真实的话，南社派的文治观念，仍和文学的不曾走出浪漫主义一样，同是一个大缺点。"[③]作为南社领袖的柳亚子，正有此病。

（二）身体孱弱

柳亚子自幼身体孱弱，如其所谓，"我从小是个金装玉裹的囚徒，因为我的脾气虽然很强，而我的行动却是很弱的。这样，好官官三字，也就误了我的一身。到十三四岁的时候，我还是以胆小和蹩脚出名的。"[④]柳亚子长期患有神经衰弱症。"中年以后，常常闹着神经兴奋和神经衰弱的把戏。兴奋时其热如火，衰弱时其冷如冰，终于没有和平中正的一天。"[⑤]"并且，照寻常的惯例，一年中有四五个月神经兴奋，七八月神经麻木，过了这七八个月，又会兴奋起来了。"[⑥]这一"神经变态"一直困扰着他，"在短时期中间神经兴奋，像火一般的狂热，甚么事情都高兴做，并且一天能写几千言的白话和几十首的旧体诗。而在长时期中间却神经麻

[①] 陈迩冬：《柳亚子遗事》，中国国民党革命委员会中央委员会、中国革命博物馆编：《柳亚子纪念文集》，中国文史出版社1987年版，第212页。

[②] 参见宋云彬《红尘冷眼》，山西人民出版社2002年版，第211页；柳亚子《与某兄书》，郭长海、金贞菊编《柳亚子文集补编》，社会科学文献出版社2004年版，第286—288页。

[③] 曹聚仁：《纪念南社》，《南社诗集》第一册，转引自杨天石《南社史长编》，中国人民大学出版社1995年版，第638页。

[④] 柳无忌、柳无非编：《五十七年》，《自传·年谱·日记》，上海人民出版社1986年版，第110—111页。

[⑤] 同上书，第79页。

[⑥] 柳无忌编：《南社纪略》，上海人民出版社1983年版，第142页。

木，像冰一般的奇冷，甚么都不高兴做，并且不论诗和文章，一个字都写不出来"①。1936年3月，柳亚子脑疾发作，"昏昏在床，久久不能起来工作"。"好像是地球上逢到了冰期"，一直到全面抗战爆发，"这次脑病才根除，生活正常化"。②柳亚子自云："返沪后，脑疾大作，遂杜门谢客，不问世事，盖百举俱废矣。"③

当然，社会致因与个人致因又不可截然两分。柳亚子身体的孱弱与其名士气质联系在一起，这两者又导致了其意志的薄弱与行动的软弱。对柳亚子而言，喊喊口号，做做演讲，耍耍笔杆子，倒还可以，至于进一步的具体行动就难了。在江苏省党部任职期间，柳亚子虽"一身兼领中央暨省部诸要职"，但不过"坐啸画诺"，"拱手受成而已"。④至于"每天做文章和对外接洽"，不仅令他"看了就头痛"，且是"绝对不能胜任的"。⑤柳亚子坦承："我在省部的好处，不过你和应春、冰鉴可以热闹一点，或是请你们看看影戏而已。至于工作方面，实在是等于零，这也并不是我的不肯做，实在做不来，也是无可如何的。"⑥20世纪30年代初，柳亚子寓居上海，一度"想到四马路去买几本书，过了一个多月还没有去成"。其原因在于，"坐黄包车怕跌交，坐电车怕挤"，"一个人实在没有自动出门的勇气"。⑦

第三节　士道之尊

士是中国古代的知识阶层。自从"哲学的突破"后，"中国知识阶

---

① 柳无忌编：《南社纪略》，上海人民出版社1983年版，第141页。
② 胡道静：《柳亚子在上海通志馆》，中国国民党革命委员会中央委员会、中国革命博物馆编：《柳亚子纪念文集》，中国文史出版社1987年版，第148—149页。
③ 柳无忌、柳无非编：《自撰年谱》，《自传·年谱·日记》，上海人民出版社1986年版，第30页。
④ 柳亚子：《秋石女士传》，中国革命博物馆、上海人民出版社编：《磨剑室文录》下，上海人民出版社1993年版，第1068页。
⑤ 柳亚子：《致姜长林》，上海图书馆编：《书信辑录》，上海人民出版社1985年版，第96页。
⑥ 同上书，第86页。
⑦ 同上书，第124页。

层便以'道'的承担者自居"①，就有了道统与政统的相系相维与紧张对立②。春秋战国时期，士阶层已经发展出了群体的自觉，道尊于势的观念随之出现，"知识分子不但代表'道'，而且相信'道'比'势'更尊"③。大一统政权建立之后，由于竞争之势发生逆转而导致势长道消。对此，余英时有着深刻的体认。"先秦时代，列国竞争；'势'对于'道'多少还肯牵就。大一统政权建立之后，'势'与'道'在客观条件上更不能相提并论，知识分子的处境因此也更为困难。"④

尽管道与势此消彼长，但历史地看，竞争之势或隐或显地存在。⑤大一统格局并非铁板一块，封建、郡县矛盾所导致的中央、地方势力的消长，几乎贯穿于中国历史的长程之中。⑥因之，只要大一统体制存在着罅隙，士人就会纷如破网之鱼，以先秦士人为型范，充分利用中央、地方势力消长的局部或短暂的竞争之势，来实现他们的帝师王佐梦。⑦故抗礼王侯、高卧待访之举，无代无之。

柳亚子受传统文化的濡染既深且久，"自命为典型的中国士大夫"⑧。

---

① 余英时：《士与中国文化》，上海人民出版社2003年版，第24页。
② 余英时指出，"以政统言，王侯是主体；以道统言，则师儒是主体"。参见余英时《士与中国文化》，上海人民出版社2003年版，第92页。
③ 同上书，第96页。
④ 同上书，第114页。
⑤ 大致说来，先秦时期，竞争之势显性地存在；秦汉以降，一直到民国，基本上是以隐形的形式存在。参见许纪霖《导言：重建社会重心：现代中国知识分子与公共空间》，许纪霖主编《公共空间中的知识分子》，江苏人民出版社2007年版，第12页。
⑥ 封建与郡县的矛盾一直纠结在一起，是始终困扰历代专制帝王的一个棘手的问题。废封建，设郡县，帝室失去宗藩的屏障，容易导致社稷江山易姓，秦朝短命王朝，即是显例；以封建屏藩王室，则又会导致地方势力尾大不掉，威胁中央政权，再现骨肉相残、天下大乱的故事，汉代的"七国之乱"、明代的"靖难之役"，盖皆此类。历史的治乱循环，似乎始终没能跳出这一历史周期律。秦汉以降，在大一统的总体格局下，封建及其变种在一定程度上、一定范围内复活。如陶希圣指出的："历史是反复的，中国的历史差不多大半是封建军国复合史，历史的反复性是不能否认的。"参见李洪岩《史学史话》，社会科学文献出版社2000年版，第147页。
⑦ 只要客观上存在着竞争之势，就给了士人以用武之地。秦汉以降，大体如此。比如，东汉末年群雄并起，各个割据势力争相礼士，形成自己的智囊团，逐鹿中原。曹操的"唯才是举"、刘备的"三顾茅庐"等，盖皆此类。迄至民国，亦复如此。民国在相当长一个时期保留着幕僚制度，从中央到地方，无论军阀政客，都辟有自己的幕僚，如阎锡山、冯玉祥等人都有规模可观的幕僚队伍。这无疑是先秦养士制度之遗意，只是具体而微。
⑧ 柳无忌、柳无非编：《五十七年》，《自传·年谱·日记》，上海人民出版社1986年版，第56页。

他继承了道尊于势的传统，坚定地持守士道：一方面，柳亚子以道的承担者自居，要求当道人物优礼养士；另一方面，他以道抗势，自觉维护道的尊严。柳亚子对士道的持守是有限度的：在国共鏖兵的竞争之势下，柳亚子持守士道，显示出了知识分子的刚健风骨；而进入中共新政权后，在竞争之势不再的客观形势下，囿于"学而优则仕"传统的柳亚子对士道的持守发生一定的屈曲。

一 自觉的被养意识

春秋战国是士阶层的黄金时期。由于"争城以战""争地以战"的激烈竞争，"各国君主不但需要种种知识与技能，而且更需要'道'的支持"①。因之，各国争相养士礼贤，尤以稷下学宫"不治而议论"的创制为典型。"稷下学宫的出现不但是先秦士阶层发展的最高点，而且更是养贤之风的制度化，其意义的重大是无与伦比的。"②除了国君养贤制度之外，还发展了与之平行的私门养客制度。士阶层凭借所掌握的知识、技能显示出了自身存在的价值，自觉地以诸侯卿相师友自居。大一统之后，稷下之风虽衰息，但其遗意尚存。迨至近代，新式知识分子与士虽然"在社会学意义上已截然两分，在思想上却仍蝉联未断"③。柳亚子承其一脉，具有自觉的被养意识：以贤士自居，并期乎"贤地主"，既要对道的承担者表现出发自内心的崇敬，又要为其提供行道之具。"宾师款我礼无妨"④，最足代表了他的这种意识。在柳诗中，"隗台""隗市""燕市""骏骨""昭王"一类意向的诗句触目皆是。

柳亚子自觉的被养意识，通过他娴熟地与"地主"的交结表现出来。作为一个活跃的社会活动家，柳亚子凭借南社领袖、国民党中央监察委员等身份，结识了大批军政要员、文化名流等，为其营造了一张巨大的人际

---

① 余英时：《士与中国文化》，上海人民出版社2003年版，第97页。
② 同上书，第39页。
③ 罗志田：《近代中国社会权势的转移：知识分子的边缘化与边缘知识分子的兴起》，《开放时代》1999年第4期。
④ 柳亚子：《三十三年七月三日，自平乐抵八步，赠李柏林司令，用女弟子王浣霞寄呈旧韵》，中国革命博物馆编：《磨剑室诗词集》下，上海人民出版社1985年版，第1251页。

关系网络，进而获取社会资源。对于此道，柳亚子可谓驾轻就熟。①每到一地，柳亚子"望门投止"，积极寻求"地主"们的帮助。在柳亚子看来，他是道的承担者，"地主"们对他的礼遇是尊道。因之，他对"地主"们的礼遇也就居之不疑。

旅桂期间，柳亚子的这种意识表现得尤为突出。太平洋战争爆发后，柳亚子离开香港，辗转而至桂林，投奔时任国民政府军事委员桂林办公厅主任的李济深。通过李济深，柳亚子结交了另外一批"地主"。这批大小"地主"为柳亚子带来了极大的便利。1944年6月，长沙沦陷，衡阳被围，桂林紧急疏散。柳亚子经平乐至八步，投靠廖青主、王青君夫妇。廖是驻八步的广西第一区行政专员兼保安司令李新俊的亲信，而李新俊与李济深有师生之谊。由于李济深事先关照，沿途之中，柳亚子的食宿、出行等都有人负责，专员、县长亲为迎迓，优礼有加。②这些"地主"礼士殷勤，令柳亚子很是受用，他的士道之尊流露于管端："他们（廖青主、王青君夫妇——引者注）住在八步的乐善堂，……常常请我和配宜（柳亚子的夫人——引者注）去吃饭，喝的是八步特产有名的枣子酒，非常快乐，柏林（李新俊的别号——引者注）也跟着他们夫妇，叫我做老师了。"③在桂林沦陷前，依靠这批大小"地主"的帮助，柳亚子安抵重庆。对于旅桂的这段日子，柳亚子感觉非常之好，甚至乐不思蜀。他在致外甥徐文烈的信中说："人

---

① 柳亚子对于南社、新南社、南社纪念会的入社书、入会书、雅集签名簿等保存完好。参见柳无忌编《南社纪略》，上海人民出版社1983年版，第143页。这固然说明他热心于南社事业，是当之无愧的南社代言人；但从另一个方面，亦可见他经营人际网络的用心。他从不放弃任何一个社会交往以获取社会资源的机会。比如，应邀北上参加新政协会议北行途中，他都将同行者的信息详细收录备用。柳亚子在1949年3月3日给刘尊祺的信中云："尊祺先生：弟拟请同舟诸公，各将姓名、籍贯、年龄书于此册之首，俾留纪念，请先生代为征求，千万拜托，拜托千万！"参见柳无忌、柳无非编《北行日记》，《自传·年谱·日记》，上海人民出版社1986年版，第332页。在移居颐和园之前，柳亚子逐一请同住六国饭店的民主人士、中共方面的人员在纪念册题名，并将各人的姓名、年龄、籍贯、入住房间记下。参见柳无忌、柳无非编《北行日记》，《自传·年谱·日记》，上海人民出版社1986年版，第337—339页。1950年9月26日，柳亚子出席在北京饭店大礼堂举行的战斗英雄和劳动模范宴会，并担任23席主席。他在日记中将同席人员的姓名、座次、单位等记录下来。参见柳无忌、柳无非编《北行日记》，《自传·年谱·日记》，上海人民出版社1986年版，第384页。

② 柳无忌、柳无非编：《八年回忆》，《自传·年谱·日记》，上海人民出版社1986年版，第261—263页。

③ 同上书，第264页。

家说我在此寂寞，要我来渝，好象是做好事似的，这是大错误。我初来桂林时，朋友太少，没有人请我喝酒，的确非常寂寞。现在，朋友愈来愈多了，常常有酒喝，你想还有什么寂寞可言呢？至于来渝，那当然很寂寞的，因为阔人怕不敢和我往来，而狭人又请不起我，那末叫我如何过日子呢？没有猪肉吃，更不得了，我现在是非肉不饱，每顿吃肉丝等等，都不能过瘾，非大肉或肉饼子不兴呢。"①柳亚子甚至被现实的礼士之风所鼓舞，摆出一副高自位置的做派。时任国民政府国史馆馆长的张继请柳亚子赴重庆修史，柳亚子则端足了架子。"关于我来渝事，并不是我要不要来的问题，而是有没有人请我来的问题。如有人请我来，那末，飞机问题、旅费问题、将来一切生活问题，还有房子问题，当然都要这个人替我负责任。我们乡下有一句话，所谓'三年饭米一缸酱'是也。倘然没有这个人，我当然不想来，也不能来。"②国难当头，饿殍遍野，民不聊生，一介书生的柳亚子居然可以享受如此待遇，确实令人眼热。尽管如此，柳亚子对有的"地主"还颇有微词。比如，他曾抱怨李济深，"他半年中只送了我两千元"③。柳亚子似乎给人以不识好歹、不近情理的印象。殊不知，这正是他一以贯之的名士作风。如其所谓："我始终遵守'大胆老面皮'主义，现在大得其法。吃他娘，住他娘，也许还会骂他娘，他们又能把老子怎么样呢？"④其如此"大胆"的底气何在？一方面，他以道的承担者自居；另一方面，传统的尊道意识依然对社会生活发生作用。当然，这两者相互促成，不可截然分开。因之，柳亚子这一番得意扬扬的话，流泻出来的正是沦肌浃髓的被养意识。

柳亚子自觉的被养意识并没有因为社会、政治环境的变化而改变。抵达北平后，柳亚子以冯骥自居，投靠毛泽东这位大"地主"。不久，柳亚子又抱怨主人待之"不厚"，为"出无车""食无鱼"而弹铗，并向毛泽

---

① 柳亚子：《致徐文烈》，上海图书馆编：《书信辑录》，上海人民出版社1985年版，第290—291页。
② 柳亚子：《致林一厂》，上海图书馆编：《书信辑录》，上海人民出版社1985年版，第258页。
③ 柳亚子：《致柳非杞》，上海图书馆编：《书信辑录》，上海人民出版社1985年版，第258—259页。
④ 张明观、黄振亚编：《致柳非杞》，《柳亚子集外诗文辑存》，上海人民出版社2011年版，第166页。

东写呈那首著名的"牢骚"诗。在毛泽东作出"莫道昆明湖水浅，观鱼胜过富春江"的承诺后，柳亚子积极为主人谋划。1949年5月5日，柳亚子在西山碧云寺祭拜孙中山衣冠冢之后，见留守处工作人员生活艰难，"状如失儿之母"①，就借了五千元钱分赠给留守处人员。柳亚子当日诗有句："挥金市义惭吾拙，濡沫焉能比海江。"下注："别谭老后三日，始从友人处借五千金，分馈办事处诸君。"②显然，柳亚子"挥金市义"，收买仁义，无疑是得古代养士制度之遗意。柳亚子此举是否得到了毛泽东的认可，不得而知；但可以肯定的是，他是按照名士的思维方式行事。

此外，柳亚子还将一批故旧推荐到中央、地方的文史机构，希望中共方面予以任用；他甚至希望中共方面将文史馆变为"养老机关"③，以"特约顾问"④等名目安置一批年龄大、身体不好、生计无着的老朋友，使之拿"乾脩"⑤。表面上看，柳亚子此举可作如下解释：一是希望在文化事业方面襄赞新邦；二是恪守传统道德，珍视旧谊。就深层而言，柳亚子的这一番努力，其实就是稷下诸子"不治而议论"的现代版。因之，随着时代的变迁，柳亚子基于自觉的被养意识的行为方式可能会因环境的变化而进行适当形式上的调整，但其内核没有也不可能发生改变。

出于自觉的被养意识，柳亚子并不以酒食之资为满足，他还要求"地主"为其提供行道之具。如柳诗所云，"投止岂徒依地主，飞书还拟用高文"⑥。旅桂期间，柳亚子投奔李济深，并不仅仅是为了避乱求生，而是希望在桂东错综复杂的抗战形势下拥护李济深"别开新局面"。对此，柳亚

---

① 柳无忌、柳无非编：《北行日记》，《自传·年谱·日记》，上海人民出版社1986年版，第363页。

② 柳亚子：《赠孙中山衣冠冢留守办事处主任谭惠全先生老同志，兼示助理员马杰魁、谭义康，工人卢广高诸君》，中国革命博物馆编：《磨剑室诗词集》下，上海人民出版社1985年版，第1589页。

③ 柳亚子：《致姚鹓雏》，上海图书馆编：《书信辑录》，上海人民出版社1985年版，第403页。

④ 同上。

⑤ 同上书，第420页。

⑥ 柳亚子：《三十三年七月三日，自平乐抵八步，赠李柏林司令，用女弟子王浣侠寄呈旧韵》，中国革命博物馆编：《磨剑室诗词集》下，上海人民出版社1985年版，第1251页。

子相信李济深是"有相当默契的"①。柳亚子曾将张继招邀赴重庆修史一事征询李济深的意见。李济深颇不以柳"去渝为然",告以"如果留桂,彼时地方势力或足自保",需要柳"共谋大计云云",且"所言似亦甚恳切"。②避居八步期间,李新俊秉承李济深意旨,不仅以"肥鱼大肉茅台酒"③待柳,还为他准备了一处风景秀丽的行馆,但遭到了柳亚子的婉拒。"实际上,这个时候我是想接近民众和文化人,不愿意一个人躲在山中高隐呢。"④随后在当地举行的"七七事变"民众纪念大会上,柳亚子在没有受到邀请的情况下,"自告奋勇地跑去,出席演讲",令地方当局"很惊讶"⑤。抵达北平后,柳亚子在"地主"面前的诸多"不合时宜"的言行,而所谓的"贪心不足""要这要那""私心发作"一类评价,⑥均未能着其痛痒处。因之,如果仅以徒事哺啜之辈视之,显然就轻看了这位以天下为己任的人物。

二 以道抗势

先秦原始儒家以道自任,尤其是"泰山岩岩"的孟子,如一颗恒星永远照耀中国人文的天空。他的"如欲平治天下,当今之世,舍我其谁"的担当精神,还有"人知之,亦嚣嚣;人不知,亦嚣嚣"的奋斗热情,尤其是以道抗势的刚健品格,为后世儒者树立了人格风范。孟子捍卫道的尊严,敢于对权势人物说不:"大有为之君,必有不召之臣,欲有谋焉,则就之。"⑦他还高标"富贵不能淫,贫贱不能移,威武不能屈"的大丈夫形象。对此,

---

① 柳无忌、柳无非编:《八年回忆》,《自传·年谱·日记》,上海人民出版社1986年版,第256页。
② 柳亚子:《致沈雁冰》,中国革命博物馆、上海人民出版社编:《磨剑室文录》下,上海人民出版社1993年版,第1717页。
③ 柳亚子:《柏林邀访西湾,归途纪事,三叠浣霞韵》,中国革命博物馆编:《磨剑室诗词集》下,上海人民出版社1985年版,第1252页。
④ 柳无忌、柳无非编:《八年回忆》,《自传·年谱·日记》,上海人民出版社1986年版,第263页。
⑤ 同上书,第264页。
⑥ 抵达北平后不久,柳亚子"牢骚太盛"的《七律·感事呈毛主席》,在"文化大革命"的语境下遭到曲解与批判,其牢骚被指为要官、要待遇、要颐和园等诸端。参见应靖国《这也属不实之词——对柳亚子〈感事呈毛主席〉一诗解释的质疑》,《上海师范大学学报》1980年第4期;马以君《柳亚子、毛主席唱和诗意指试探》,《广播电视大学学报》1999年第4期;黄波《寂寞一诗翁——重说柳亚子》,《书屋》2007年第3期。
⑦ 杨伯峻译注:《论语译注》,中华书局2009年版,第81页。

柳亚子"拳拳服膺",并"以现代的孔丘、孟轲自命"①。因之,儒家的严气正性和儒行,陶铸了柳亚子以道抗势的品格。柳亚子的以道抗势,主要表现在以下两个方面。

(一)维护社会的基本道义

抨弹政治,维系社会的基本道义,从而达致良风善政,这是儒者的天职。孔子主张:"天下有道,则庶人不议。"②但这仅是一个理想状况,如顾炎武指出的,"然则政教风俗苟非尽善,即许庶人之议矣"③。孟子强调,行道之士对于有过乃至无道之君有进言之责,要勇于"格君心之非",甚至可以采取更激进的手段。"君有大过则谏;反覆之而不听,则易位。"④在这一思想资源的沾溉下,汉末名士、北宋士大夫及太学生徒、明末东林党人愤然而起,抗击昏暴政治,"依仁蹈义,舍命不渝,风雨如晦,鸡鸣不已"⑤。在这一历史文化传承的链条上,柳亚子也是其中的一环。

柳亚子为了维护社会的基本道义,不惜冒险犯难。1940年12月,柳亚子离沪赴港,从事抗日救亡运动。"皖南事变"已经发生但消息尚被严密封锁之际,柳亚子与宋庆龄、何香凝、彭泽民等联名拟就了一个宣言,主张撤销"剿共"部署,联共抗日,发展抗日力量。《宣言》正待发表,事变的消息震惊香港。杜月笙以发表宣言会危及叶挺生命为由⑥,劝柳亚子等暂不要发表。柳亚子同意让步,但杜月笙还利用他去对付态度强硬的《星岛日报》主编金仲华。柳亚子很生气,而杜月笙的一个手下不识相,捏造新四军的莫须有罪名,指责廖夫人受人利用。在大魔头杜月笙面前,柳亚子拍案而起,勃然大骂,"主人(杜月笙——引者注)见事情弄僵,便把

---

① 柳亚子:《儒家思想对我的影响——写在林北丽文章后面的〈附跋〉》,郭长海、金贞菊编:《柳亚子文集补编》,社会科学文献出版社2004年版,第270页。
② 杨伯峻译注:《论语译注》,中华书局2009年版,第172页。
③ 顾炎武:《日知录》卷十九"直言"条,严文儒、戴扬本点校,上海古籍出版社2011年版,第742页。
④ 杨伯峻译注:《孟子译注》,中华书局2010年版,第232页。
⑤ 顾炎武:《日知录》卷十三"两汉风俗"条,严文儒、戴扬本点校,上海古籍出版社2011年版,第524页。
⑥ 杜月笙在淞沪沦陷后抵达香港,任国民党赈济委员会常委和中国红十字会副会长,实际为蒋介石私人驻港的总代表。参见张明观《柳亚子传》,上海人民出版社1997年版,第423—424页。

那家伙喝住,不准他开口,又和我客气了一番,把我送出大门,由原来同去的人,伴送回家"①。

柳亚子还发扬了御史诤谏的传统,直言谠论,规切时弊。"皖南事变"后不久,国民党中央党部邀请柳亚子到重庆出席五届八中全会。柳亚子坚决拒绝,并发去了一份措辞严厉的电文,强烈抨击国民党顽固派破坏抗战、制造分裂的反动行径,严正地要求当局悬崖勒马,严惩祸首,慷慨激昂地表明了"不愿向小朝廷求活"②的立场。结果,柳亚子因触怒国民党当局而被开除党籍。对此,柳亚子表现出了方孝孺台州式的硬气:"开除党籍不打紧,就是断绝我经济的来源,我也自有其他办法,可以补救。"③

柳亚子的强项,不仅对国民党如此,对共产党也是如此。抵达北平后,柳亚子多次向中共直言进谏。1950年,他致信政务院副秘书长齐燕铭,要求中共改进工作作风,提高工作效率:"贵党已入主中央,进入城市,请改变作风,弗再停留在农村打游击之阶段,则天下讴歌将与秧歌竞响,非特亚子私人祷祝已也。"④此外,柳亚子还就土地改革中的一些过急、过火的做法向毛泽东进谏。1950年12月23日,柳亚子致信毛泽东:"亚子家苏南吴江县,顷闻故乡有人来言,土改反霸问题,干部操之过切,颇多'乱捕,乱打,乱杀及各种肉刑和变相肉刑',与中央政令抵触,闻之颇深惊讶,不敢不言。"⑤

儒家以道自任的精神表现在,"要求它的每一个分子——士——都能超越他自己个体和群体的利害得失,而发展对整个社会的深厚关怀"⑥。因之,超越一己之利害,无官守而能尽言责,唯士为能。至于"处士横议""不

---

① 柳无忌、柳无非编:《八年回忆》,《自传·年谱·日记》,上海人民出版社1986年版,第229页。
② 柳亚子:《为皖南事变发往重庆的亲笔代电》,中国革命博物馆、上海人民出版社编:《磨剑室文录》下,上海人民出版社1993年版,第1267页。
③ 柳无忌、柳无非编:《八年回忆》,《自传·年谱·日记》,上海人民出版社1986年版,第231页。
④ 柳亚子:《与齐燕铭书》,中国革命博物馆、上海人民出版社编:《磨剑室文录》下,上海人民出版社1993年版,第1612—1613页。
⑤ 柳亚子:《致毛泽东》,转引自张明观《柳亚子史料札记》,上海人民出版社2008年版,第342—343页。
⑥ 余英时:《士与中国文化》,上海人民出版社2003年版,第25页。

治而议论"一类时政批评者,其唯一所恃者是道;而道是被悬置的,缺乏制度上的保障,需要知识分子内心的坚守。由于道统与政统之间的紧张与对立,道义的坚守有时需要付出巨大的代价。柳亚子继承了中国古代知识分子的优良传统,代表了社会的良心,以所持之道批判现实,敢于冒险犯难,彰显了现代儒者的风范。

(二)维护独立的人格与尊严

随着士阶层的出现,其群体自觉随之生发。在如何对待政治权威的问题上,士以道的承担者自居,确信"握有比政治领袖更高的权威——道的权威"[①]。为此,儒家强调从道不从君。荀子云:"诸侯之骄我者,吾不为臣;大夫之骄我者,吾不复见。"[②]孟子主张,儒者应守道持正,不是权势人物召之即来、挥之即去的"妾妇"。"以顺为正者,妾妇之道也。居天下之广居,立天下之正位,行天下之大道;得志,与民由之;不得志,独行其道。富贵不能淫,贫贱不能移,威武不能屈,此之谓大丈夫。"[③]无论是面对国民党高官,还是共产党的政要,柳亚子自觉维护道的尊严,不畏斧钺,在现代社会为人们再现了一副威武不屈的士大夫形象,如柳诗所云,"斧钺君威安足惧"[④]。

旅桂期间,李济深是柳亚子最大的"地主"。柳亚子并没有因此舍道从势,保持了独立的人格尊严。1944年9月,在衡阳沦陷后,桂林下达强制疏散令后,柳亚子搭乘李济深眷属的船到平乐。临行之际,他因捎带上了老朋友林庚白的眷属而与李济深的部下起冲突。柳亚子大光其火,"你们不配对我讲话,叫你们的李主任自己来好了"。李济深派人请柳亚子去商谈,遭到柳亚子的断然拒绝。不得已,李济深只好亲自出面,并不迭地赔小心。柳亚子根本不买账,继而指责李济深,"你要做西市盟主,能够这样不客气的对天下贤士大夫吗"?并抗言,"你是李主任李院长,我是手无寸铁的书生,得罪了你,你把我枪毙好了"。这场冲突最终以李济深的

---

① 余英时:《士与中国文化》,上海人民出版社2003年版,第89页。
② 王先谦:《荀子集解》下,中华书局2003年版,第606页。
③ 杨伯峻译注:《孟子译注》,中华书局2010年版,第128页。
④ 柳亚子:《闻龙隐岩有宋元祐党人碑,欲访未果,遥题一律》,中国革命博物馆编:《磨剑室诗词集》下,上海人民出版社1985年版,第1002页。

卑辞让步得以止息。[①]在20世纪40年代，柳亚子把先秦时期的历史场景活灵活现地演绎了一遍，让人们知道什么是士，什么是士道之尊！

在处理与中共的关系上，柳亚子以师友自居，拒当"尾巴"。他在《从中国国民党民主派谈起》一文中指出，"对于中共呢？做他的朋友，我举双手赞成，但要我做他的尾巴，我是不来的"。"对外，只做中共的严师益友，而不做他们的尾巴，如此而已。"[②]抵达北平后，柳亚子对于中共及其领导人也是以道抗之。柳亚子诗赠友人，有"一竿烟水傲公卿"之句，下注："公卿者，今之公仆也，当然钓徒可以傲之矣。"[③]柳亚子以钓徒自居，傲视公卿，这正表明了他一以贯之的以道抗势立场。在那桩著名的"牢骚"公案中，最是体现柳亚子追求独立的人格与尊严的士大夫气质。有研究者指出，柳亚子的牢骚在于抱怨中共缺乏养士之道，即夺席辱士、轻贤慢士、举措失士。因之，他对于中共的态度很明确：谨奉养士之道，则犬马驱驰，反之，则远引高蹈。[④]

自从中国知识分子登上历史舞台之日起，即产生一种身份的自觉，强调出处去就辞受取与之间的大节，如余英时指出的，"士能不论穷达都能以道为依归，则自然发展出一种尊严感，而不为权势所屈"[⑤]。在时移势易的现代社会，柳亚子守道而行，抗礼王侯，保持了知识分子的独立人格和尊严，以"遗士"的身份"在文化心态、道德模式等方面依然保持着中国传统的不少特点"[⑥]，而具有活体标本意义。

三 士道持守的限度

柳亚子持守士道的出色表现，为其赢得了较高的道德分值，诸如"三

---

① 柳无忌、柳无非编：《八年回忆》，《自传·年谱·日记》，上海人民出版社1986年版，第258—259页。
② 柳亚子：《从中国国民党民主派谈起》，中国革命博物馆、上海人民出版社编：《磨剑室文录》下，上海人民出版社1993年版，第1542、1550页。
③ 柳亚子：《六月十六日，徐亚伦表妹来访，赋赠一律，兼似桐兄、佩妹》，中国革命博物馆编：《磨剑室诗词集》下，上海人民出版社1985年版，第1644页。
④ 陈友乔：《柳亚子牢骚之解读——从柳亚子的〈七律·感事呈毛主席〉谈起》，《武汉科技大学学报》2009年第4期。
⑤ 余英时：《士与中国文化》，上海人民出版社2003年版，第26页。
⑥ 许纪霖：《中国知识分子十论》，复旦大学出版社2015年版，第83页。

仁"①"人中麟凤"②等评价，即是如此。但是，柳亚子对士道的持守发生一定的屈曲：进入新政权后，柳亚子基本上被"倡优蓄之"；在其生命的最后几年里，柳亚子基本上处于失语状态。其所以如此，主要有以下两方面的原因。

（一）竞争不再的客观形势

作为时间界标，1949年对于知识分子而言，意味着由于竞争之势不再而导致自身命运的逆转。国共两大政治、军事集团进行了长达20多年的斗争。在中共胜出之前，历史又处于新一轮的"战国时代"，客观上存在着一个有利于知识分子的竞争之势。许纪霖指出，"在民国头二三十年，由于权力中心像战国年代那样一直不稳定，各路政治势力纷纷礼贤下士，招徕人才。"③

作为传统文化的继承者，蒋介石、毛泽东都深谙得人与得天下的关系。因此，国共双方除了战场上的兵戎相见之外，还打起了人才争夺战。就蒋介石而言，他非常注重延揽知识分子以巩固统治，胡适、傅斯年、翁文灏、丁文江、陈布雷、陶希圣、王世杰、吴国桢等一大批知识精英均为其所用。在败走台湾之前，蒋介石一面部署将黄金白银和"两院"（故宫博物院、中央博物院）的文物运送台湾，同时部署著名大学南迁、制订了"抢救大陆学人"计划。④就中共而言，需要建立广泛的革命统一战线，广收仁德，以夺取政权，也非常注重吸纳知识分子。中共重视并争取知识分子，真正说来，始自延安时期。这一时期，中共虽然在物质生活上极度匮乏，但对知识分子是非常优待的。徐懋庸回忆，"在毛主席的指示下，对于新参加抗大工作的外来知识分子干部，在生活方面特别优待。譬如，红军出身的各级领导干部，一般每月的津贴，不过四五元，而对一部分外来知识分子，

---

① 谢觉哉在《次韵酬柳亚子》中有"并世三仁何与宋"之句。参见中国国民党革命委员会中央委员会、中国革命博物馆编《柳亚子纪念文集》，中国文史出版社1987年版，第322页。

② 1937年，毛泽东致信何香凝："看了柳亚子先生的题画，如见其人，便时乞为致意。像这样有骨气的旧文人，可惜太少，得一二个拿句老话说叫做人中麟凤。"参见中共中央文献研究室编《毛泽东书信选集》，中央文献出版社2003年版，第106页。

③ 许纪霖：《导言：重建社会重心：现代中国知识分子与公共空间》，许纪霖主编：《公共空间中的知识分子》，江苏人民出版社2007年版，第12页。

④ 陈三井：《1949年变局与知识分子的选择》，南京大学中华民国史研究中心编：《第五次中华民国史国际学术讨论会会议论文集》（下），2006年，第10页。

当教员或主任教员的,如艾思奇、何思敬、任白戈和我这样的人,津贴费每月十元。"[1]新中国成立之初,中共也非常注意争取知识分子以巩固政权,增强合法性基础。夏衍回忆,"1949年以后留用的前大学校长、教授、专家、工程师、名演员等人员一律拿'保留工资',而共产党的党政军干部则先是实行供给制,后来改工资制,但是这种'低薪制'下,市长、部长、司令员的收入要比工程师、名演员要低得多。"[2]总之,知识分子之所以受礼遇,乃是由于竞争之势的存在。

但是,一旦竞争形势变易,知识分子的命运也随之发生逆转。此前,由于存在着竞争之势,国统区的"麻烦制造者"柳亚子、马寅初等"异己分子",不能容于国民党而投向了中共的怀抱,成了座上宾。就国民党而言,此举不过是为渊驱鱼、为丛驱雀而已。新政权建立之后,中共对知识分子进行大规模的思想改造。知识分子"由于单位制度与思想改造而被纳入到了双重的非知识分子化的制约性转换之中","加入到规则的确立和遵从、话语的主导与认同之中"[3]。知识分子面临着"洗脑""洗澡",战战兢兢,如履薄冰[4],而柳亚子则凭借在中共上层拥有的坚实保护网获得一定程度的豁免[5]:他照样可以名士风雅,诗酒酬唱;还有在颐和园乐善堂"一怒冲锋"[6]、景福阁骂哨兵[7]、华北教科书编审委员会以墨水瓶掷卫兵[8]等骂人、打人之举;甚至稍不如意就向毛泽东发牢骚。但是,体制对柳亚子的豁免是有限度的,不是无限的;一旦体制之网收紧,任何人都"无所逃于天地间",柳亚子自然也不能例外。

---

[1] 徐懋庸:《徐懋庸回忆录》,人民文学出版社1982年版,第121页。
[2] 夏衍:《懒寻旧梦录》[增订本],生活·读书·新知三联书店1985年版,第612页。
[3] 黄平:《有目的之行动与未预期之后果——中国知识分子在50年代的经历探源》,许纪霖编《20世纪中国知识分子史论》,新星出版社2005年版,第409页。
[4] 季羡林:《我的心是一面镜子》,《东方》1994年第5期。
[5] 柳亚子与各个时期的中共领导人如陈独秀、恽代英、瞿秋白、李立三、毛泽东、周恩来、陈毅、廖承志等建立了友好关系,尤其重要的是,他与毛泽东有着二十多年的友谊。
[6] 柳无忌、柳无非编:《北行日记》,《自传·年谱·日记》,上海人民出版社1986年版,第360页。
[7] 柳无忌、柳无非编:《自传·年谱·日记》,上海人民出版社1986年版,第367页。
[8] 宋云彬:《红尘冷眼》,山西人民出版社2002年版,第131页。

（二）"学而优则仕"的主观因素

柳亚子弹铗之怨后，毛泽东基本上满足了他的愿望，先后担任中央人民政府委员、华东行政委员会副主席等职，出有车，食有鱼。对此，柳亚子很满意。迁居北长街八十九号后，他在日记中云，"自北京饭店迁居北长街八十九号，王侯第宅皆新主，居然朱门华梲矣"[1]。他还致信儿子无忌夫妇，"这时候，我已有了一辆车子，一切方便得多，精神已比较好转。……搬来以后，我有了房子，精神更好，大非昔比了"[2]。为此，柳亚子在感激之余流露出对毛泽东的崇拜。柳诗有句，"平生兀傲今低首，第一人才毛泽东"[3]。他在给儿子无忌的信中说，"讲一句良心实话，毛主席真是太伟大了，你相信吗？"[4]

至此，在某种程度上而言，柳亚子基本上被"倡优畜之"。尽管他对中共有所进言，如要求改变工作作风，提高工作效率等，但更多的是以纯熟的意识形态话语参与新型话语的建构以及对意识形态的立法者和体制的权威代表歌功颂德。1950年，柳亚子出席西南各民族文工团联合演出的歌舞晚会，即席赋诗，"不是一人能领导，那容百族共骈阗？良宵盛会喜空前"[5]！如果说柳永戏谑"奉旨填词柳三变"，包含着对政统化身的帝王在怨恨之余的揶揄以及对自身命运玩世不恭的调侃；而柳亚子的"奉旨填词"，恐怕更多的是对"大英雄"的顶礼膜拜以及对自身地位的志得意满。

柳亚子可能没有意识到，传统士人的帝师王佐梦使他渐入彀中而不自觉。在其生命的最后几年里，言论偏激、遇事辄发的柳亚子基本上处于"失语"状态。关于柳亚子的"失语"，疾病缠身的确是一个重要因素。友人宋云彬在1954年12月31日的日记中云："亚子患高血压，又患牙病，乃

---

[1] 柳无忌、柳无非编：《北行日记》，《自传·年谱·日记》，上海人民出版社1986年版，第380页。

[2] 柳亚子：《致柳无忌、高蔼鸿》，上海图书馆编：《书信辑录》，上海人民出版社1985年版，第377—378页。

[3] 柳亚子：《次韵和平江四首》之一，中国革命博物馆编：《磨剑室诗词集》下，上海人民出版社1985年版，第1689页。

[4] 柳亚子：《致柳无忌》，上海图书馆编：《书信辑录》，上海人民出版社1985年版，第398—399页。

[5] 柳亚子：《浣溪沙·叠韵呈毛主席》，中国革命博物馆编：《磨剑室诗词集》下，上海人民出版社1985年版，第1814页。

成疲癃状态矣。"①1955 年 8 月 3 日的日记中亦云："十时半，赴北长街看柳亚子。亚子腹大如鼓，行动蹒跚，青年豪气消磨殆尽，恐不久人世矣。夫人及其女无垢与余谈往事，亚子但默坐，气咻咻然。辞别归来，倍觉酸楚。"②但是，体制的原因绝不能排除。曾师事柳亚子的金绍先述及台湾旧友对柳亚子的评价："柳先生南社巨子，夙所钦崇。惟抗日初期滞居香港，言论偏激，中央垂念前劳，曾央其挚友叶楚伧先生电邀其来渝共赴国难。讵料柳先生复电竟有'安能向小朝廷求活'之语。……谓重庆中央'小朝廷'，以此大受诘责，遂有开除党籍之议。讵柳先生拥戴新朝，并未受特殊礼遇，卒至悒悒以死，衡以春秋责备贤者之义，柳先生泉下有知，宁不愧恨交迸耶。"③金氏为此进行了辩解，认为主要是柳晚年身体状况所致，"此后病情日益加剧，1956 年孙中山先生 90 诞辰纪念大会，已经行动困难，搀扶着勉强上了主席台，发展到了 1957 年的'竟日不语'，当然是病情危重状态，不能说'悒悒以死'"。但同时，金氏亦未完全否认体制方面的原因："在左倾错误影响下，当时反右扩大化，伤害了很多好人，先生有许多同志、朋友和学生，都被错划为右派，消息传来，必然使以'狂奴'自居的先生，在精神上不能不感到震动和不理解。"④冯锡刚亦指出，柳亚子晚年的病情并非如人们想象的那样严重，其歌喉的喑哑，似还不能完全归之为疾病缠身，恐怕也要从体制方面找原因："他所留下的最后的文字则是一九五四年二月的《鲁迅赠诗手迹题识》。一个显见的事实是长期患病。但是他在一九五四年二月还能流畅地写出长达一百五十余字的题识，在同年九月还能两次到场，出席第一届全国人民代表大会，其中一次还出任大会执行主席之一。这事实多少也表明柳的病情并非人们想象的那般严重。然而，在一九五一年二月至一九五八年六月这整整七年多的时间里（其间还能出席盛会），他之辍笔，似乎还不能完全归之于疾病缠身。缺乏必要的事实依据，无由作出判断。可以提供参考的是，稍后不久，一九五一年五月在毛

---

① 宋云彬：《红尘冷眼》，山西人民出版社 2002 年版，第 364 页。
② 同上书，第 390—391 页。
③ 金绍先：《关于柳亚子先生——从台湾旧友来信谈起》，中国国民党革命委员会中央委员会、中国革命博物馆编《柳亚子纪念文集》，中央文史出版社 1987 年版，第 196 页。
④ 同上书，第 201 页。

泽东的直接推动下，在全国范围内开展的武训批判以及郭沫若在这场批判运动中的反应，是否会对柳亚子产生某种影响呢？①1953年9月，柳亚子作为毛泽东与梁漱溟那场著名的"雅量之争"的目击者，他的观感是："毛很厉害。"②

当然，这不是柳亚子一人之过，传统士人的"学而优则仕"的传统，导致知识分子的集体性毁灭。有人指出，"'学而优则仕'的功利追求使这个群体自产生之日起就有致命的缺陷。读书既然以入仕为惟一目的，也就要努力认同统治集团的价值观，以致在政治上、精神上依附于统治阶级，始终不能成为独立的群体。"③

柳亚子深受传统文化的濡染，具有浓郁的士大夫气质，这是其持守士道的历史文化基原；而国共鏖兵的竞争之势，则是柳亚子持守士道的现实酵母。进入新政权后，柳亚子既有得自传统文化的先天条件，又有体制保护的后天优势，这是同时代知识分子所无法比拟的。在竞争之势不再所致知识分子命运发生逆转的大背景下，柳亚子虽然得益于体制的优容，对士道的持守有所表现，但其在体制之网收紧之前的表演只能成为一曲广陵散。由此，以反抗旧体制著称、并与新体制的权威代表有深厚友谊的柳亚子，最终也没有挣脱中国知识分子共同的历史宿命。因之，柳亚子对士道的持守极具典型意义，这为知识分子研究，尤其是近现代知识分子研究提供了一个极好的视角与参照。

第四节　崇尚气节

中国古代士大夫崇尚名节，是士之个体自觉的一个重要表征。④名节，是指声名、气节。气节一词，据有人考证，为司马迁首次使用。⑤气节是指

---

① 冯锡刚：《柳亚子因病辍笔？》，《文汇报》2002年10月15日第1版。
② 张明观：《柳亚子史料札记》，上海人民出版社2008年版，第348—350页。
③ 于风政：《改造》，河南人民出版社2001年版，第632页。
④ 余英时：《士与中国文化》，上海人民出版社1987年版，第310页。
⑤ 朱义禄指出，该词最先见于《史记·汲郑列传》中勾勒汲黯的人格特征："好学，游侠，任气节，内行修洁，好直谏，数犯主之颜色。"参见朱义禄《儒家理想人格与中国文化》，复旦大学出版社2006年版，第320页注①。

作为德行主体个人和社会群体所具有的个人气节和民族气节,它是德行主体为维护个体人格、民族的尊严、利益所表现出的牺牲精神和斗争勇气。传统伦理追求"立德、立功、立言"的三不朽,而"立德"是放在首位的。就德而言,既包括公德,又包括私德;公德是指与国家、民族、社会的关系而言,要求士人具有爱国主义情感,并由此而产生强烈的使命感、危机感、责任感;而私德是就个人的立身处世而言,要求儒家成员立身处世等社会交往方面遵循社会道德规范。讲求名节,是儒家重要的道德原则。儒家主张,当个体生命和道德原则发生冲突时,不惜牺牲自己的生命来捍卫道德原则,这就是孔子所说的"杀身成仁",孟子所说的"舍生取义"。儒家要求个人守节不移,砥砺成德。曾参云:"可以托六尺之孤,可以寄百里之命,临大节而不可夺也。君子人与?君子人斯矣。"[①]古代士大夫的坚守气节,有对内与对外两种情况:"当外族入侵,中华民族和其他民族矛盾成为主要矛盾时,它就演化为爱国主义精神;当着民族矛盾不太尖锐,而邪恶势力当道,正直之士坚持气节时,它就衍生为伸张正义的标志而为后世所誉美。"[②]而对于柳亚子而言,所处的时代要复杂得多,既有大民族主义、小民族主义的矛盾纠结[③],又受现代政党政治的影响。因此,就柳亚子而言,他既带有鲜明的士大夫气质,又是一个激进的革命者,还是一个坚定的民族主义者,他必然要从这个三位一体的立场来作出价值判断,激浊扬清,倡导气节。申论之,当民族矛盾紧张时,要誓死抗争,保持民族气节;当民族矛盾消隐时,要严善恶、义利之辨,保持个人名节。因之,柳亚子所崇尚的气节,包括两个方面:一是民族气节,它涵盖了大民族主义与小民族主义两方面的内容,涉及要处理中华民族内部之间的矛盾以及中华民族与世界其他国家,尤其是与近代西方资本、帝国主义国家之间的矛盾。虽然近现代民族主义随国内国际政治形势的变化、时代思潮的影响而具有鲜明的时代内涵、特征,但是,柳亚子高扬民族主义旗帜,并且他认为,两

---

① 杨伯峻译注:《论语译注》,中华书局2009年版,第79页。
② 朱义禄:《儒家理想人格与中国文化》,复旦大学出版社2006年版,第319页。
③ 梁启超曾指出:"小民族主义者何?汉族对国内他族是也。大民族主义者何?合国内本部属部诸族对国外之诸侯是也。"参见梁启超《饮冰室合集·文集》之十三,中华书局1989年版,第75页。

种民族主义所要求的民族气节是耦合的，并不冲突。民元前，出于排满革命的需要，柳亚子"欲凭文字播风潮"，在其大量的诗文中流露出了鲜明的种族主义情绪；抗日战争时期，柳亚子通过治南明史来淬厉民族气节，激励抗战精神。并且，这一时期，他仍未跳出小民族主义的范围。1940年，他在《杂谈阿英先生的南明史剧》中云："南明的历史，可以朱氏三帝一监国和延平三王来代表汉族的统治者，一般忠臣义士和抱持种族主义的人们都把他们作为和满清斗争的标记。"①1943年，他在《关于南明英烈传》中，仍然主张南明史要奉明正朔。"其不称安宗、绍宗以尊正统，而仍沿用清人福王、唐王、桂王的谬称，不奉弘光、隆武、永历的年号，而仍用清朔，简直不知道他的心肝何在？""讲正朔方面，当然应该遵奉明历"②。二是士大夫气节，它与民族、种族矛盾无涉。它要求个人在实现自我价值时，遵循立身、行事等社会交往方面一些基本原则。"不事王侯，高尚其事"，体现了古代士大夫的自鉴自厉、不降志辱身的节操。柳亚子继承了传统士大夫注重出处去就的思维方式、价值标准，并增加了时代政治选择的内涵，以此来对待现代知识分子的政治参与及其抉择。在柳亚子看来，民族气节放在首位，其次是个人名节。对于坚持了民族气节，但于个人名节有亏，柳亚子则以大善而掩小恶。正如孔子评价管仲一样，将夷夏之防置于价值评判的首位，取其"一匡天下"、使华夏族免于"被发左衽"之功，而没有拘执于其不能为公子纠死节的小德出入。柳亚子在这一点上也坚持"抓大放小"。比如，瞿式耜是南明抗清英雄，他虽乡居横豪而招致物议，但柳亚子为其隐恶，强调其民族气节。"生应扶祖国，死遂殉封疆。正气留管弦，休教来者忘。"③柳亚子还为瞿式耜、张同敞正名，将榜书张、瞿更名为瞿、张，并认为，二人的封谥"揆诸名从主人之义，自应以南明赐谥为准"④。并且，柳亚子对于失节的追究

---

① 中国革命博物馆、上海人民出版社编：《磨剑室文录》下，上海人民出版社1993年版，第1348页。
② 同上书，第1393页。
③ 柳亚子：《寿昌邀观中兴湘剧团演〈桂岭双忠记〉已书夕矣，忽来索诗，勉成二什，十月四日病中赋》，中国革命博物馆编：《磨剑室诗词集》下，上海人民出版社1985年版，第890页。
④ 柳亚子：《十一月十日，谒瞿、张二公殉国纪念亭有作》前序，中国革命博物馆编：《磨剑室诗词集》下，上海人民出版社1985年版，第1014页。

是非常严厉的,"只是千秋青史笔,未能衮钺曲回旋"①。在一褒一贬之间,柳亚子表现出了明确的价值判断和强烈的道德诉求。柳亚子的崇尚气节表现在三个方面:表彰节烈、严究失节、砥砺成德。

一 表彰节烈

作为一个具有浓郁士大夫气质的民族主义者,柳亚子对于保持气节的节烈之士的表彰不遗余力,且是一以贯之的。他所表彰的对象主要有两类,一是坚持民族气节的人物,二是坚持士大夫气节的人物。

柳亚子始终褒扬坚持民族气节的人物。中国是一个历史悠久的统一多民族国家,在中华民族的形成过程中,"非我族类,其心必异"的文化心理,成为华夏民族号召、组织民众维护华夏民族共同体的生存、发展的一面旗帜。这种实际上杂糅了大汉族主义成分的小民族主义,在近代救亡图存的时代背景下,又由于欧洲民族主义运动的映照,一度大行其道,成为革命派反清排满之具②;后来,在与改良派的论争中,也由于西方自由、民主、平等、博爱等思潮的涌入,革命派的民族观顺理成章地过渡到"五族共和"。③因此,柳亚子高扬的民族主义,既包括小民族主义,也包括大民族主义。他的民族主义情绪有两个高潮:一是辛亥革命时期的排满;一是抗战时期的抗日。④坚定的民族主义者是柳亚子其人的一重重要身份。因之,高度的民族气节,是柳亚子身上最重要的文化符号之一。作为一个爱国主义诗人、史学家,

---

① 柳亚子:《六日,丹林书来言,蔡有守以今年元旦日病死南都,诗以悲之》,中国革命博物馆编:《磨剑室诗词集》上,上海人民出版社1985年版,第890页。

② 单正平指出,在近代中国民族主义运动中,以孙中山为代表和同盟会激进派为代表的革命派,"既对亡国危机有强烈的感受,又对自己的处境和不明朗的前途充满焦虑,两者重合而产生的愤怒,力度自然非同一般。再加上这些人又多在日本留学,接受来自西方的民族主义思潮影响,同时又感受到日本人对中国的歧视,如此多种作用,形成了他们的民族主义情绪"。参见单正平《晚清民族主义与文学转型》,人民出版社2006年版,第71页。

③ 孙之梅:《南社研究》,人民文学出版社2003年版,第4页。

④ 柳亚子坚决主张抗日,但他把日本帝国主义者同日本人民相区分。在《1943年的期望》中,他主张打倒日本军阀,扶助日本革命。参见中国革命博物馆、上海人民出版社编《磨剑室文录》下,上海人民出版社1993年版,第1369—1371页。

柳亚子继承了秉笔春秋的优良传统，用他手中之笔与口中之舌褒贬人物。[①]为此，他表彰前人、时人的民族气节。

对于前人、时人民族气节的表彰，主要集中在民元前和抗战时期。民元前，柳亚子对于前人的表彰，主要是对宋明节士、遗民、英雄进行表彰，从而"激发人们的忠义阳刚、勇武不屈之气和以天下为己任的胸襟"[②]。柳亚子表彰了岳飞、谢皋羽、陆秀夫、郑所南、张煌言、张国维、陈子龙、夏允彝、夏完淳、吴日生、杨维斗、郑成功等宋明遗烈。其中张煌言（苍水）是明清易代之际的一个为了恢复事业拼命硬干的人物，曾三入长江，最后兵败被害。柳亚子对这位英雄寄以一瓣心香："起兵慷慨扶宗国，岂独捐躯为故王。"[③]对于时人，柳亚子表彰的对象主要有万福华、徐锡麟、秋瑾、刘道一、吴樾、禹之谟等革命志士，他们采取武装暴动或暗杀等手段，进行推翻清朝的革命活动。柳亚子表彰他们为了种族革命慷慨赴死、殒身不恤的革命精神。1906年，禹之谟在长沙被捕。翌年2月，被清廷杀害于湘西靖州。柳亚子表达了对革命者的崇敬和对清廷的愤怒。"天命方新，人心不死。民族主义如布帛菽麦，不能一日绝于天壤。一禹君死，安知无百禹君生？""吾独笑彼狗彘不食之张之洞，茫然于革命之真相，而欲杀一禹之谟以遏其气焰。"[④]抗战期间，出于以史为鉴、激发民族精神、抵御外辱的目的，柳亚子致力于南明史乘。通过史志、诗文、戏剧等形式，柳亚子表彰了吴日生、夏允彝、夏完淳、吴炎、潘柽章、瞿式耜、张同敞、张家玉、杨娥等南明节士、遗民、英雄。柳亚子着意表彰了出身低微的英雄，以唤起民族主义意识。"我既看了欧阳予倩先生的《桃花扇》，又看了魏如晦先生的《碧血花》，都写着明末时代，以一个出身于伎流的女子，都有杀敌报国之志。难道当时的士夫，便没有杀身成仁的，而出于一个女子，便值得表扬吗？这是叫人知道一个女子，一个出身于伎流的女子，尚且能

[①] 柳亚子是诗、史合一，其诗是"史诗"，其史是"诗史"。陈叔通在为柳亚子《光明集》诗前序中云："谓之诗可也，谓之春秋可也；诗与春秋一也。"参见中国革命博物馆编《磨剑室诗词集》下，上海人民出版社1985年版，第1506页。

[②] 孙之梅：《南社研究》，人民文学出版社2003年版，第319页。

[③] 柳亚子：《题〈张苍水集〉》，中国革命博物馆编：《磨剑室诗词集》上，上海人民出版社1985年版，第22页。

[④] 柳亚子：《呜呼禹之谟》，中国革命博物馆、上海人民出版社编：《磨剑室文录》上，上海人民出版社1993年版，第174页。

深明大义。何况堂堂须眉，自命为士林中人，却不惜奴颜婢膝，降身媚敌，愈见其可耻了。"①抗战期间，基于强烈的民族气节立场，柳亚子主张，不论过去的是非，只要能表现民族气节，抵御外辱，就应该表彰。1940年，柳亚子在致友人的信中表明了这一立场，只要坚持民族气节，不念旧恶："对于国民党的人物，要我批评起来，真是不客气呢。除了武的，现在能打仗，总算是对得起国家民族，从前的旧账一概不必再提。"②在他表彰的坚持民族气节的时人中，既有抗日烈士钱康民等人，也有不受敌伪威胁利诱而被害的郁华、吴佩孚等人，还有城陷而殉的陈三立等人。郁华（曼陀）为郁达夫的胞兄，曾任职于江苏高等法院，上海沦陷后坚守岗位，因不受敌伪威胁，被狙击而死。柳亚子对他的民族气节进行了高度评价："淞沪沦陷以还，魑魅魍魉咸跳梁都市间，搏人而噬。黄金在前，白刃在后，利诱威胁，谈者色变。君毅然不为所屈，卒以身殉。呜呼，是可与马革裹尸者争烈矣！"③

另一方面，柳亚子还表彰坚持士大夫气节的人物。中国士大夫历来重视名声和气节，并且不惜以死相殉。传统文化强调重生，儒家关注的是此岸世界，对于不可究诘的彼岸世界是置而不论的。孔子反复申明，"未能事人，焉能事鬼？""未知生，焉知死？"④但是，儒家相信，有比生更重要的东西，那就是维系生命之根的道德原则。当两者发生冲突时，儒家强调义以为上。为此，孔子提出"杀身成仁"，孟子主张"舍生取义"。正是基于这一生死观，后世儒者试图超越个体生命的限制，谋求声名气节，从而求得生命的永恒。孟子主张通过养"浩然之气"，成就大丈夫人格；东汉士大夫在风雨如晦之际，守志厉操，蹈死不顾；北宋士大夫抨弹政治，裁量人物，先忧后乐；东林党人风范行检，"冷血热风，洗涤乾坤"。深受传统士大夫精神濡染的柳亚子，也是如此。他自觉认同这一价值取向，表彰那些坚持士大夫气节的人。

---

① 柳亚子：《魏如晦〈碧血花〉历史剧叙二》，中国革命博物馆、上海人民出版社编：《磨剑室文录》下，上海人民出版社1993年版，第1229页。
② 柳亚子：《致柳非杞》，上海图书馆编：《书信辑录》，上海人民出版社1985年版，第180页。
③ 柳亚子：《〈郁曼陀先生诗集〉叙》，中国革命博物、上海人民出版社编：《磨剑室文录》下，上海人民出版社1993年版，第1244页。
④ 杨伯峻译注：《论语译注·先进》，中华书局2009年版，第79页。

柳亚子表彰士大夫气节，表现在他对那些直言谠论、轻生死、重节义、知进退的"党人"向慕不已。汉末的党锢名士、北宋的元祐党人、晚明的东林党人，他们在精神上是承其一脉的。余英时在论及汉末士大夫之群体自觉时指出："若贯通全部文化史言之，则其根本精神承先秦之风，下开宋明儒者之襟抱，绝不能专自一阶级利害解释之。"[①]他们在政局昏暗之际，以天下为己任，抱持坚定的道德信念与社会的腐朽势力相抗争，以图匡时救弊。虽然他们一度在朝堂上被封杀，但他们却在民间被加冕。党锢之祸后，李膺等人被废锢，但是他们获得了"八俊""八顾""八及""八厨"等名号，成为精神领袖；北宋元祐党案中，司马光等人被以奸党驱逐，并立党人碑以辱之，长安石工安民受命镌字，宁愿受鞭笞，也不敢得罪清议而列名于党人碑。对于这些党锢清流而言，"党人"名号非但不是其辱，反而增其荣。因之，"党人"的这一文化传统，成了柳亚子激浊扬清的思想资源。旅桂期间，柳亚子曾有访元祐党人碑之举，并多次表彰宋明党人的气节。"丰碑未访惭缘浅，直道能留见性真。块垒填胸无一可，瓣香吾欲拜安民。"[②]"东厂淫威划俊流，螳螂复社亦千秋。"[③]柳亚子不仅倾慕于党人气节，还以此裁量时人，表彰那些不为富贵所淫、贫贱所移、威武所屈的"大丈夫"。在轰动民国政坛的"曹锟贿选"事件中[④]，国会议员、南社社友邵瑞彭拒不受贿，向京师警察厅告发，同时通电全国，披露事件的真相。对于邵瑞彭的举动，柳亚子是赞许有加的。"这时候正是曹锟贿选告成，东南舆论大哗的时代。那一天社友邵次公（邵瑞彭的字——引者注）以不受安福系支票脱身南下的资格来出席，我们还大家起来拍掌欢迎呢。"[⑤]章太炎是一个学行兼备的革命家，在二次革命后与袁世凯交恶，表现出了鲜明的威武不屈的士大夫气节。章太炎在新华门

---

① 余英时：《士与中国文化》，上海人民出版社2003年版，第257页。
② 柳亚子：《闻龙隐岩有宋元祐党人碑，欲访未果，遥题一律》，中国革命博物馆编：《磨剑室诗词集》下，上海人民出版社1985年版，第1002页。
③ 柳亚子：《与此生谈东林复社故事有纪》，中国革命博物馆编：《磨剑室诗词集》下，上海人民出版社1985年版，第1152页。
④ 1923年10月2日 北京国会选举总统，直系军阀曹锟以每票5000元的价格收买议员500余人，最后当选为总统。曹被称为"猪仔总统"，受贿议员被称为"猪仔议员"。
⑤ 柳无忌编：《南社纪略》，上海人民出版社1983年版，第159页。

大骂袁世凯的那段经历,使他受到了英雄般的礼敬。柳亚子虽一度与章太炎因政见参商,往还疏阔,但他对章氏气节行止欣慕不已。在抗战时期的香港,柳亚子高度评价章太炎晚年的卓识:"太炎先生赋性近保守,故其接纳新思潮较迟。顾一经顿悟,则勇猛精进,有非常人可及者。壬子岁,国人创议反袁,先生未以为是。及翌春宋遁初被刺,而先生以大勋章作扇坠,入总统府大骂袁氏矣。"①抵达北平后,柳亚子在颐和园接待章氏业师俞樾的曾孙俞平伯伉俪时,对章太炎这位在爱国学社与自己有着师生之谊的大师馨香不已。

二 严究失节

对于事物正面价值肯定的同时,也就是对其负面价值的否定;表彰节烈的另一面,就是严究失节。中国传统政治属于伦理型政治。孔子始终强调政治的伦理原则:"或谓孔子曰:'子奚不为政?'子曰:《书》云:'孝乎惟孝,友于兄弟,施于有政。'是亦为政,奚其为政?"②在儒家看来,国家的盛衰治乱,很大程度上取决于整个社会的道德水准;而明礼知耻,是一个重要表征。孔子提出"行己有耻"的观念,并主张,"非礼勿视,非礼勿听,非礼勿言,非礼勿动"③。"道之以政,齐之以刑,民免而无耻;道之以德,齐之以礼,有耻且格。"④孟子强调,"人不可以无耻,无耻之耻,无耻矣"⑤。欧阳修对管仲"礼义廉耻,国之四维;四维不张,国乃灭亡"的观念进行了阐发,"礼义,治人之大本;廉耻,立人之大节"⑥。儒家认为,民众缺乏道德自觉,需要士君子的引导;士君子之与小人,是风之于草的导向关系,"君子之德风,小人之德草,草上之风,必偃"⑦。因此,作为民众指导者的士,更应明礼知耻。顾炎武指出,在礼义廉耻的"国

---

① 柳亚子:《羿楼日札》,中国革命博物馆、上海人民出版社编:《磨剑室文录》下,上海人民出版社1993年版,第11269页。
② 杨伯峻译注:《论语译注》,中华书局2009年版,第20页。
③ 同上书,第121页。
④ 同上书,第11—12页。
⑤ 同上书,第279页。
⑥ 欧阳修:《新五代史》卷五十四,中华书局1974年版,第611页。
⑦ 杨伯峻译注:《论语译注》,中华书局2009年版,第127页。

之四维"中,"耻尤为要",而士大夫更是责无旁贷:"故士大夫之耻,是谓国耻。"① 为此,顾炎武向士大夫提出了"行己有耻"的要求。"自子臣弟友以至出入往来、辞受取与之间,皆有耻事也。耻之于人大矣!"并指出,"士而不言耻,则为无本之人"②。为了维系整个社会的稳健有序,需要建立相应的机制来保证士大夫的道德素质。为此,东汉发展出了"品核公卿,裁量执政"的清议制度。顾炎武对乡举里选的清议制度推崇备至,认为它是纯化风俗、教化民众的不二法门。"乡举里选,必先考其生平,一玷清议,终生不齿""君子有怀刑之具,小人存耻格之风""教成于下而上不严,论定于乡而民不犯"③。基于道德主义原则,循着传统的"清议"思维④,柳亚子严厉追究那些丧失气节者,对他们口诛之,笔伐之。如其对朋友期望的那样:"口伐笔诛,严于斧钺,流芳遗臭,并托简编。"⑤

承袭了传统气节至上的伦理价值观,柳亚子始终将其宗旨定位在提倡气节。就南社而言,柳亚子指出,"民元以前,唯一使命,是提倡民族气节"⑥。至于新南社,柳亚子强调,"提倡人类的气节"⑦是其宗旨之一。他还进而提出"人"与"文"的关系:"人以文重,文亦以人重。子云投阁,玄经覆瓿,见弃通人。"⑧"士先气节而后学问,彼文字者更学问之粗迹

---

① 顾炎武撰:《日知录》卷十三"廉耻"条,黄汝成集释,上海古籍出版社2013年版,第771页。
② 顾炎武:《亭林文集》卷三《与友人论学书》,《顾亭林诗文集》,中华书局1983年版,第41页。
③ 顾炎武撰:《日知录》卷十三"廉耻"条,黄汝成集释,上海古籍出版社2013年版,第764页。
④ 柳亚子对于"乡举里选"的清议制度深表同情,通过他的诗文。在周阮一案中,柳亚子正告司法总长伍廷芳,不要为姚荣泽"穿鼻",否则,以清议相加:"伍公倘不自悔祸,毋怪清议弹射。"参见郭长海、金贞菊《柳亚子文录补编》,社会科学文献出版社2004年版,第66页。1950年,柳亚子致信毛啸岑,请毛为柳家旧账房沈柏荪谋职:"此人颇能干,乡评如何,则弟不甚了了。"参见上海图书馆编《书信辑录》,上海人民出版社1985年版,第373页。
⑤ 柳亚子:《沈存庑〈爨余集〉叙》,中国革命博物馆、上海人民出版社编:《磨剑室文录》下,上海人民出版社1993年版,第1217页。
⑥ 柳无忌编:《南社纪略》,上海人民出版社1983年版,第91页。
⑦ 同上书,第97页。
⑧ 中国革命博物馆、上海人民出版社编:《磨剑室文录》上,上海人民出版社1993年版,第477页。

耳。"① 以此为标准，柳亚子严厉抨击了那些于民族气节、士大夫名节有亏的无行文人。这些人包括出仕元廷的汉族士大夫，如姚枢、许衡等理学家，"士君子立身一败，万事瓦裂，姚枢许衡之徒，虽有文采，其何足称述，所谓北方之学者无足观也"②。也包括在文学、书法等方面皆有造诣的秦桧、严嵩等人，"余维神皋先哲之遗教，士先气节而后文艺，夙矣。秦桧之颇以文学称世，莫能传其只字。严分宜《钤山堂集》、阮怀宁《咏怀堂集》，辞非弗工，顾为艺苑所羞称。而鹏举冲冠之作，文山正气之歌，赫然与日月争光，河山比寿"③。

正是基于崇尚气节的严正立场，柳亚子严厉地追究那些失节者。作为南社领袖，柳亚子一以贯之地加强队伍的"纪律建设"，可以毫不夸张地说，他是南社的"道德清洁工"。柳亚子之所以成为南社灵魂，除了其深湛的文学造诣、浓郁的名士特质之外，还有一点，即是其坚持气节的人格魅力。比如，高旭参与了"曹锟贿选"案，被柳亚子等驱逐出社，高旭从弟、社友高圭坚定地站在柳亚子一边。其在《我对新南社的感想》中云："吾宗某不肖，竟尔堕落，甘与猥獕为伍。……亚子既为社中盟主，对于此种败类，痛心于切齿，愤然尝思捽而去之。"④ 并且，在柳亚子的言教与身教下，倡导气节，是凝聚社团的向心力之一。1924年7月21日，高圭撰文，认为南社选文，节概为上，词章次之。"惟本社以人格气节为上，而词章稍次之，故所选文字，亦大抵崇尚节概，以发扬蹈厉、廉顽懦立者为主旨，而专事追章琢句，吟风弄月者，则从略焉。我非薄视词章也，实以重于词章者，正大有在也。我非薄视词章也，实以重于词章者，正大有在也。"⑤ 1934年3月4日，柳亚子等人为陈去病举行追悼会。当晚的南社临时雅集上，社友冯平则建议纪念南社，并盛赞柳亚子的气节。"我们从前参加中国同盟

---

① 柳亚子：《沈存庼〈爨余集〉叙》，中国革命博物馆、上海人民出版社编：《磨剑室文录》下，上海人民出版社1993年版，第1217页。
② 柳亚子：《〈青箱集〉序》，中国革命博物馆、上海人民出版社编：《磨剑室文录》上，上海人民出版社1993年版，第414页。
③ 柳亚子：《〈郁曼陀先生诗集〉叙》，中国革命博物馆、上海人民出版社编：《磨剑室文录》下，上海人民出版社1993年版，第1245页。
④ 杨天石：《南社史长编》，中国人民大学出版社1995年版，第592—593页。
⑤ 同上书，第605页。

会，为的是革命，组织南社，也是为了革命，决不会是做大官。我看只有柳亚子先生从不想做官，所以今后主持南社的纪念，也只有柳先生可以担任。"①1947年冯平在南京重阅《重订南社姓氏录》，并分别批注，认为有骨气的，在名字上圈上双圈，屈膝投敌的注上"伪"字。他在柳亚子的名字上圈上四圈，并注上"好友"。②为了发扬南社倡导气节的精神，社友朱剑芒以"洁身自好，始终保持清白"为宗旨，发起了南社闽集；此后，朱剑芒还拟以是否丧失气节为标志编《南社人鬼录》。③因之，南社成员自觉提倡气节，这与作为南社灵魂的柳亚子的提倡是分不开的。

南社成员中不乏断头沥血、殒身不恤之辈，蔚为南社之光；但在民元之后的纷乱政局中，丢掉革命理想，事袁附逆者有之，堕落为"猪仔议员"者有之。对此，柳亚子极为痛心。他将1917—1923年的这一时期定为南社的"堕落期"。为此，柳亚子"清理门户"，将参与曹锟贿选的十九名南社成员驱逐出社，并产生"以人存文，以文存人"之想。"自丁巳至癸亥为第三期，洪宪附逆，泾渭始淆，元凶天戮，小丑繁孳。安福、政学，靡不有吾社之败类，甚至贿选狱成，名列丹书者，赫然一十九辈。而其余反颜事贼，奔走伪庭者犹不与焉。彼其之子岂不口仁义而笔孔孟，然廉耻道丧抑又何说？此则吾社之大辱矣。倾西江之水不足以洗之，纵蔡幼襄流血于夔巫，易梅僧横尸于楚市，一薰而百莸，宁堪相抵哉？是曰堕落时期，盖哀莫大于心死矣。……私谓假我数年，举社集全编而删定之。以人存文，以文存人，庶几有严于衮钺者在。"④在抗战时期，社友汪精卫、顾浩然、赵正平等堕落为令人不齿的汉奸。⑤故柳亚子对"南社失节诸獠"报之以"刺恶之章"。"楚昌齐豫彼何人，引颈空惭燕市血"；"旧人亦有顾与赵，

---

① 朱剑芒：《我所知道的南社》，马以君主编：《南社研究》第6辑，中山大学出版社1994年版，第229—230页。
② 柳无忌、殷安如编：《南社人物传》，社会科学文献出版社2002年版，第83—84页。
③ 朱剑芒：《我所知道的南社》，马以君主编：《南社研究》第6辑，中山大学出版社1994年版，第231—232页。
④ 柳亚子：《南社丛选叙》，中国革命博物馆、上海人民出版社编：《磨剑室文录》上，上海人民出版社1993年版，第757—758页。
⑤ 汪精卫曾经有光荣的革命历史，民元前刺杀摄政王，写下了"引刀成一快，不负少年头"的诗句，表达了慷慨赴死的决心，抗战后不久投敌；顾、赵曾为日伪南京政府的教育部长。

意气当年互倾结"[①]。对于严于气节的柳亚子而言，南社旧侣的"荃蕙化茅"是他心头永久的痛。高旭是柳亚子的革命领路人和革命战友，但后来卷入"曹锟贿选"案，毁掉了一世英名，最终侘傺而殁。柳亚子为此终生伤痛不已。旅桂期间，柳亚子与友人谈及高旭时竟然呜咽失声："化茅荃蕙伤心极，难起休文问水湄。"[②]对于失节行为，柳亚子决不手软，甚至对社友有苛责、苛评的过火倾向。比如，他对傅尃（钝安）、蔡守（哲夫）即是如此。1931年，傅尃去世，柳亚子在挽诗中指责傅出处不臧，先后依赵恒惕、何健等军阀、政客过活："牢落酸儒命，栖皇幕府身。始闻依赵括，近复托何真。几度湘波沸，终焉楚炬焚。盖棺嗟异地，竟在皖江濆。"[③]1941年1月，蔡守死后，柳亚子认为蔡事伪而晚节有亏。"丹林告我中郎死，牛李恩愁卅四年。佻哒微词原可恕，披猖晚节惜难全。水晶盂頮人皆骂，凝碧王维我尚怜。只是千秋青史笔，未能衮钺曲回旋。"[④]其实，情况并不完全如此。有人指出，柳亚子对傅尃的责难的确过于苛刻了。[⑤]至于柳亚子认为晚节有亏的蔡守，据有人考证，蔡并无失节之事。[⑥]柳亚子甚至对被日军枪杀、于民族气节无亏的朱少屏也颇有微词。朱少屏曾是柳亚子的得力帮手，30年代曾任上海通志馆副馆长。抗战后，朱少屏曾任驻菲律宾外交官。太平洋战争爆发后，马尼拉失陷，朱少屏被日军枪杀。柳亚子认为，朱虽于民族气节无亏，但于出处去就的名节上不无可议之处，与傅尃的依人过活相类。抵达北平后，柳亚子讥刺朱少屏，"依人朱粲更无名"，对"向不做官"的朱少屏，抗

[①] 柳亚子：《筱云以〈观明末遗民四高僧遗迹有感〉长歌见示，借韵次和一首》，中国革命博物馆编：《磨剑室诗词集》下，上海人民出版社1985年版，第932页。
[②] 柳亚子：《陆桂祥过访，谈云间旧侣，忽触余痛，呜咽不复成声矣！纪事得一首》，中国革命博物馆编：《磨剑室诗词集》下，上海人民出版社1985年版，第1082页。
[③] 柳亚子：《傅钝安挽词八章，一月十六日作》之六，中国革命博物馆编：《磨剑室诗词集》上，上海人民出版社1985年版，第665页。
[④] 柳亚子：《六日，丹林书来言，蔡有守以今年元旦日病死南都，诗以悲之》，中国革命博物馆编：《磨剑室诗词集》下，上海人民出版社1985年版，第890页。
[⑤] 孙之梅在梳理了柳亚子、傅尃二人之间的往还之后指出，"柳亚子尚不能超越他们之间因时世变迁而产生的文化分歧与政见分歧造成的疏隔，盖棺定论，对其老友不免微词"。参见孙之梅《南社研究》，人民文学出版社2003年版，第196页。
[⑥] 刘颖白：《蔡哲夫与汪兆铭》，马以君主编：《南社研究》第7辑，香港天马图书有限公司1999年版，第138—143页。

战后有"老女思嫁"之讥。①

柳亚子遵循盖棺定论的历史人物评价标准，在对失节者进行追究时强调重"晚盖"。"还喜孝侯能晚盖。"②"晚盖端应谅孝侯。"③所谓晚盖，即以后善掩盖前恶。"彼将恶始而美终，以晚盖者也。"韦昭注："美，善也。晚，后也。盖，掩也。言以后善掩前恶。"④儒家认为，人性的终极指向是善。反映一个人道德水平的善恶，与人的禀赋有关；禀赋有高低，觉悟有早晚，那么人的道德水平也就不可能齐一。正是基于对人性的洞察，孔子提出："朝闻道，夕死可矣。"⑤孝侯是指晋人周处，是自觉践行儒家以后善掩盖前恶的典范。周处年轻时横行乡里，在陆云的劝说下改过自新，成为国家的功臣，最后战死沙场。因之，柳亚子按照重"晚盖"的标准评价历史人物。就古人而言，以钱谦益、吴梅村为代表。钱、吴为东林、复社名士，清兵南下后，先后归顺清，是著名的"贰臣"。但二人并非铁杆"汉奸"，均有悔悟之意。鉴于他们的实际表现，柳亚子对他们的失节行为有一定程度的理解和宽容。钱谦益一度从事秘密活动，与瞿式耜、郑成功有联系。1907年，柳亚子赋诗："东京党锢旧名流，晚节披猖恨未休。棋局丛残悲失着，蜡丸辛苦运奇谋。生矜一代龙门史，死傍千秋燕子楼。地下若逢临桂伯，为言鸣镝满神州。"⑥诗中夹注累累，至有"蒙叟以蜡丸书输敌情于瞿文忠公"等语，回护钱氏的立场显而易见。至于吴梅村（伟业），柳亚子对他的变节行为产生同情之理解。抵达北平后，柳亚子由自己一度脱离革命的"草间偷活"而及于吴梅村的"变节"。在"词华伟业惭千古"句下注："蒋匪中正篡党时，余以不死为恨，草间偷活，瞬息二十余年，每诵吴梅村'故人慷慨多奇节'

---

① 柳亚子：《赠李炳祥，用进退格》，中国革命博物馆编：《磨剑室诗词集》下，上海人民出版社1985年版，第1546页。
② 柳亚子：《端木蕻良过存，述东北痛史甚详，感赋一首》，中国革命博物馆编：《磨剑室诗词集》上，上海人民出版社1985年版，第949页。
③ 柳亚子：《读史十首，和庚白》，中国革命博物馆编：《磨剑室诗词集》上，上海人民出版社1985年版，第637页。
④ 韦昭注：《国语》，上海古籍出版社2008年版，第128页。
⑤ 杨伯峻译注：《论语译注》，中华书局2009年版，第36页。
⑥ 柳亚子：《题钱蒙叟集》，中国革命博物馆编：《磨剑室诗词集》上，上海人民出版社1985年版，第53页。

句，不知吾涕之何从也！"①

对于时人的评价亦是如此。陈三立是宋诗派的代表人物之一。南社时期，柳亚子对于陈三立（散原）、郑孝胥（海藏）为代表的宋诗派大加挞伐，认为陈、郑等遗老为亡清招魂，于气节有亏。为此，柳亚子因其人而鄙薄其诗。"三立备位下僚，未久即黜，无表见足称，要之始污伪命，终则国亡而不能身殉，狼跋其尾，进退失据，曹蜍李志宁有领袖两朝文苑之资格。若孝胥者，顽钝无耻，始媚端方，终附盛宣怀，仆固已昌言其劣迹，一朝得志，亦马、阮之伦，宁取比拟曹氏耶？"②卢沟桥事变后，身处北平的陈三立绝食五日而死，显示出了不屈的民族气节。柳亚子对其表示敬慕，并追悔昔日的孟浪之举。柳亚子在《赠陈寅恪先生伉俪》中有句："少愧猖狂薄老成，晚惊正气殉严城。"下注云："散原老人与海藏齐名四十余年，晚节乃有薰莸之异，余少日论诗，目郑陈为一例，至是大愧。"③

吴佩孚一度成为20世纪20年代最有希望统一中国的军阀。20世纪20年代，柳亚子严厉抨击包括吴佩孚在内的北洋军阀与帝国主义相勾结，是中华民族祸患的总根源，"袁世凯却是主张断送国权的，……从冯国璋、徐世昌，一直数到曹锟、吴佩孚，那一个不是勾结帝国主义，做他们的走狗，以鱼肉国民的呢"④。吴佩孚北伐落败后，一度定居北平。北平沦陷后，日军拉拢吴佩孚组织伪政权。吴不受威胁利诱，被日本人暗害。为此，柳亚子基于春秋大义的立场，对其进行了积极、正面的肯定："天遣斯人全晚节，不同遗恨左宁南。"⑤并且，柳亚子以春秋笔法，将其与出仕伪满洲国的郑孝胥作薰莸异判："嵎夷陷北平，散原（陈三立的号——引者注）居围城中，

---

① 柳亚子：《五月二十六日卓午，始闻上海解放捷报，盖瓮山隐僻，如坐瓮中也。百感交萦，辄有是作，兼寄陈仲弘将军沪渎》，中国革命博物馆编：《磨剑室诗词集》下，上海人民出版社1985年版，第1623页。

② 柳亚子：《磨剑室杂拉话》，中国革命博物馆、上海人民出版社编：《磨剑室文录》上，上海人民出版社1993年版，第489—490页。

③ 柳亚子：《赠陈寅恪先生伉俪》，中国革命博物馆编：《磨剑室诗词集》上，上海人民出版社1985年版，第892页。

④ 柳亚子：《吴江追悼孙先生大会特刊》，中国革命博物馆、上海人民出版社编：《磨剑室文录》上，上海人民出版社1993年版，第842页。

⑤ 柳亚子：《吴子玉挽诗，十二月廿一日》，中国革命博物馆编：《磨剑室诗词集》上，上海人民出版社1985年版，第855页。

绝粒以殉，顾海藏（郑孝胥的号——引者注）何如哉？鬻容于倡肆，乞食于盗粮，张楚刘齐之弗如，而奄然自命为元勋，犬彘且唾其余矣。弓藏狗烹，事秘弗彰，等死耳，何以见散原于地下？两人之人格判，两人之诗笔评价，亦且霄壤，他日者，史有传，书有纪，乌能为海藏讳哉？"①

在失节一事上，柳亚子不仅严于责人，而且勇于责己。柳亚子的责己表现在两事上。一是他对自己"草间偷活"的自谴自责。大革命时期，柳亚子由于志行的薄弱，见"事不可为"而"萌生退意"，而江苏省党部同仁张应春、侯绍裘等人多死难。②柳亚子对自己的独活深为自责，深感愧对死友。1928年，柳亚子为营葬张应春事与沈长公诗词唱和频繁，表达了对自己"草间偷活"的忏悔："草间偷活我仍留，赴难从容汝见收。"③上海解放，柳亚子缅怀故人，感慨不已。"蒋匪中正篡党时，余以不死为恨，草间偷活，瞬息二十余年，每诵吴梅村'故人慷慨多奇节'句，不知吾涕之何从也！"④二是他对自己从日本回国后"委蛇"之举的自责。⑤对于自己的"委蛇"，柳亚子也进行了真诚的忏悔。抗战期间，有人将柳亚子与鲁迅相提并论。柳亚子深感愧疚："讲人格和气节，他都（鲁迅——引者注）比我伟大得多了。……人家说他是中国的高尔基，老毛（毛泽东——引者注）说他是中国现代的圣人，我看他真是当之无愧色的。我自己，却拿什么来比他呢。十年以来，我不满于国民党，但不能不用国民党的钱来养活自己一家，抗战起来，我又一点不能尽责任。我，真是应该惭愧死呢。你还要

---

① 柳亚子：《洪戢厂诗叙》，中国革命博物馆、上海人民出版社编：《磨剑室文录》下，上海人民出版社1993年版，第1301页。

② 参见柳无忌、柳无非《自撰年谱》，《自传·年谱·日记》，上海人民出版社1985年版，第23页；柳亚子《江苏省党部初期简史》，中国革命博物馆、上海人民出版社编《磨剑室文录》下，上海人民出版社1993年版，第1192—1195页。

③ 柳亚子：《沈长公书来，言将以秋石营衣冠冢于分湖滨无多庵畔，媵诗索和，叠韵成四律奉酬》，中国革命博物馆编：《磨剑室诗词集》上，上海人民出版社1985年版，第582页。

④ 柳亚子：《五月二十六日卓午，始闻上海解放捷报，盖瓮山隐僻，如坐瓮中也。百感交萦，辄有是作，兼寄陈仲弘将军沪渎》注，中国革命博物馆编：《磨剑室诗词集》下，上海人民出版社1985年版，第1623页。

⑤ 1928年4月，柳亚子从日本回国。由于国民党内部宁、粤两个派系的斗争，不是三届中央委员的柳亚子，因"团结干部"的需要而被延入四届中央监察委员。参见王尔龄《柳亚子"委蛇"经过考略》，马以君主编《南社研究》第6辑，中山大学出版社1994年版，第105—107页。

把我来比鲁迅先生，真是太恶作剧了。以后切勿如此为要！"[1]甚至到了因病辍笔的前几年，他对于自己的两次"失节"行为坦承不讳。1950年11月，柳亚子在致邵力子的信中说："弟虽亦曾失节，有梅村不死之恨，然魏延反骨，自问犹存也。"[2]"弟虽草间偷活，愧对侯、张，然岂甘与樊哙为伍。"[3]

三 砥砺成德

柳亚子对于气节的一褒一贬，正是着眼于气节的砥砺。儒家强调通过修身以成德："子曰：德之不修，学之不讲，闻义之不能徙，不善不能改，是吾忧也。"[4]换言之，通过致知、力行的功夫徙义、迁善以进德。孔子还认为，进德之至境在于不忧、不惑、不惧："子曰：君子之道者三，我无能焉：仁者不忧，知者不惑，勇者不惧。"[5]孟子对孔子的成德之学进行了精当的阐释与发挥。他提出通过"善养浩然之气"来成就"大丈夫"："其为气也，至大至刚，以直养而无害，则塞于天地之间。其为气也，配义与道；无是，馁也。是集义所生者，非义袭而取之也。行不慊于心，则馁也。"[6]以直道、正义来养成至大至刚、充塞于天地之间的"浩然之气"，就可以无所畏惧地立于天地之间，就能不为不义所屈。柳亚子的砥砺气节，正是受孔孟之赐。对气节的崇尚，对节烈的表彰，对失节者的追究，必然会落实到自觉的效仿；通过气节的砥砺，就能树立维护气节的责任感，就能抵抗危害、压迫人格主体的种种不义力量。

柳亚子的砥砺气节，正是以先贤为榜样，并自觉地效仿。他从历史资源中挖掘出那些气节之士的事迹，作为应对当下危机的意志支持和精神动力，从而见德思义，淬厉气节。"自古忠臣义士，名公巨卿，以及文苑之英，儒林之秀，苟其道德事功，文章气节，足以矜式后人，灌溉来祀，则虽万

---

[1] 柳亚子：《致柳非杞》，上海图书馆编：《书信辑录》，上海人民出版社1985年版，第179—180页。
[2] 柳亚子：《与某兄书》，郭长海、金菊贞编：《柳亚子文集补编》，社会科学文献出版社2004年版，第286页。
[3] 同上书，第287页。
[4] 杨伯峻译注：《论语译注》，中华书局2009年版，第66页。
[5] 同上书，第153页。
[6] 杨伯峻译注：《孟子译注》，中华书局2010年版，第57页。

里之遥，百代之远，犹将馨香禋祀，慕义无穷，而况居其乡，式其庐，诵其诗书，习闻其姓氏者哉！"①柳亚子砥砺气节的运思方式，更增强了其传统士大夫色彩。如有人指出的："他（指柳亚子——引者注）提倡'气节'，他立志要挽回现时这股'复古'的逆流！本来，我国古代士人最重的是'气节'，要'复古'，先得从此恢复起，没有气节，忠是假忠，信是假信，空空搬弄几个抽象名词，适足助长嚣风而已！"②柳亚子砥砺气节，表现在三个方面：涵养气节、身教垂范、达己达人。

为了砥砺气节，柳亚子主要通过治印、题图、寄意简编等方式来涵养气节。柳亚子向慕威武不屈的大丈夫精神，以孔孟的儒行自励，将"天生德于予，桓魋其如予何"以及"当今之世，舍我其谁"刻作印章；抗战胜利后，著名画家、社友尹瘦石作《正气歌画册》，柳亚子对于文天祥《正气歌》所褒扬的历史人物逐一题诗，表达了人间正气的颂扬。"小楼燕市三年坐，写出人间正气歌。"③柳亚子还以简编寄意，时刻警醒自己，保持气节。"要之承学之士，手此一册，十五年来文章政治之得失，亦既昭然在心目中。若夫流芳遗臭，为罪为功，则今日或且未有定论，集中诸人，幸而未即于堕落者，又安可不兢兢自勉其终始哉！"④

柳亚子还重身教，率先垂范。他通过祈死、活埋著书、写绝命诗、立遗嘱等行为方式表达了坚持气节、宁死不屈的决心。1927年，柳亚子遭到蒋介石的指名缉捕，在复壁中藏身，并赋《绝命词》，表达了视死如归的决心。⑤祈死，反映了遗民对失节忧惧的一种遗民心态⑥，柳亚子以"祈

---

① 柳亚子：《祭禊湖诸先哲文》，中国革命博物馆、上海人民出版社编：《磨剑室文录》上，上海人民出版社1993年版，第539页。
② 朱荫龙：《柳亚子先生及其诗》，中国国民党革命委员会中央委员会、中国革命博物馆编：《柳亚子纪念文集》，中国文史出版社1987年版，第69页。
③ 柳亚子：《瘦石索题〈正气歌画册〉得十四首，十二月一日作》，中国革命博物馆编：《磨剑室诗词集》下，上海人民出版社1985年版，第1405页。
④ 柳亚子：《〈南社丛选〉序》，中国革命博物馆、上海人民出版社编：《磨剑室文录》上，上海人民出版社1993年版，第758页。
⑤ 该《绝命词》云："曾无富贵娱杨恽，偏有文章杀祢衡。长啸一声归去也，世间竖子竞成名。"注云："五月八日夜半，余为宵人构陷，缇骑入室，匿复壁中，口占绝命词二十八字，瞑目待尽，后竟得脱。每诵吴祭酒'故人慷慨'之句，不知余涕之何从也。"参见中国革命博物馆编《磨剑室诗词集》上，上海人民出版社1985年版，第534页。
⑥ 赵园：《明清之际士大夫研究》，北京大学出版社1999年版，第26、315—320页。

死"的遗民姿态表达了对失节的忧虑与自谴。南北议和告成,中山逊位,袁世凯被举。柳亚子主张组织二次革命,否则,舍遗民之外,别无他途。"至于斯时,不佞惟有黄冠草履,披发入山,长为大汉之遗民,忍见暴秦之终帝,讵愿仅以不祥文字扰诸君之清梦。"①

此外,柳亚子还以祈死砺节:身处危局,活着比死更艰难;一死万事皆休,就无失节之虞了。1938年,社友胡寄尘去世,柳亚子有诗云:"委蜕羡君真幸福,祝宗祈死我无灵。"②他还撰文指出:"縶余衰病,所志百不一就,且世纲逼迫,人事未可知,计惟砥砺名节,誓死弗移,期毋贻朋旧羞而已,九原而可作也,君倘念余否耶!"③同年,社友经颐渊逝世。柳亚子诗以悼之。在"早死羡君成解脱,余生留我砺坚贞"句下注:"丁丑冬君自甬上来沪,余走商行止,以沪居多流言为虑,愿从君西赴渝都。君辞以老病,且笑慰余曰,奴辈宁能污我二人耶。余遂不果行,顷君倏然长逝,余尚留滞异域,悲夫。"④"活埋"期间,柳亚子效法王夫之窜身土室,活埋著书,砥砺民族气节。"记得南明大儒王船山先生在昭宗匡皇帝南巡缅甸以后,窜身土室发奋著书,……于是,我也学起王船山来,自署其居曰'活埋之盦',想等待千百年后诗书掘冢的雅贼来发现了。"⑤柳亚子还通过立遗嘱的方式砺节。"活埋"期间,他立下遗嘱,表达了宁为玉碎、不为瓦全的决心。"余以病废之身,静观时变,不拟离沪。敌人倘以横逆相加,当誓死抵抗。成仁取义,古训昭垂;束发读书,初衷具在。断不使我江乡先哲吴长兴、孙君昌辈笑人于地下也。"⑥

柳亚子继承了儒家"己欲立而立人,己欲达而达人"的传统,激励友

---

① 柳亚子:《青兕宣言》,中国革命博物馆、上海人民出版社编:《磨剑室文录》上,上海人民出版社1993年版,第296页。
② 柳亚子:《胡寄尘挽词,廿七年一月十八日作》,中国革命博物馆编:《磨剑室诗词集》上,上海人民出版社1985年版,第848页。
③ 柳亚子:《亡友胡寄尘传》,中国革命博物馆、上海人民出版社编:《磨剑室文录》上,上海人民出版社1993年版,第1237页。
④ 柳亚子:《追悼经颐渊先生,用陈树人韵,八月六日作》,中国革命博物馆编:《磨剑室诗词集》上,上海人民出版社1985年版,第852页。
⑤ 柳无忌、柳无非编:《八年回忆》,《自传·年谱·日记》,上海人民出版社1985年版,第218—219页。
⑥ 柳亚子:《遗嘱示儿辈》,中国革命博物馆、上海人民出版社编:《磨剑室文录》下,上海人民出版社1993年版,第1232页。

人砥砺气节。作为南社的代言人,柳亚子希望社友保持民族气节,注重个人名节。部分南社社友卷入了"曹锟贿选",柳亚子与其他社友联名将高旭等失节社友除名,以示"为中华民国稍留正气"。① 为此,柳亚子对其他社友督励甚殷。1924年,柳亚子致信社友周伟(字人菊),体谅他在本乡做议员的苦衷,希望他保持气节:"议员也是人做的(除却北京的猪圈是例外)。只要你能够不忘记三民主义,不忘记自己的良心,放大眼光,保存人格,也许可以做一点有利于社会的事情。这就是我对于你和雪抱两人的希望了!""万一你们不能如此,而堕落到猪仔的生活,那末我同你们只有割席的一法。"② 柳亚子更是瞩目于民族气节的砥砺。如其所云:"神州沉陆,棋局纷拿,士生斯世,要当明辨是非,崇高气节,勿为利禄所诱,勿为威武所胁,庶几卓然大丈夫云尔!"③ 为此,柳亚子希望自己的朋友保持民族气节。1940年,在苏州沦陷区的社友费公直(一瓢)为吴江周某的仆人陈小春题诗。周某乡评不佳,与日伪有瓜葛,且其婿已投敌接受伪职。因此,柳亚子对费题诗之举,不以为然,"陈小春事如何?则无所闻也。今程逆亦降倭受伪职矣。周之动向不可知。……周某与程逆沆瀣一气,而一瓢歌诵之,则将自居何等耶?"④ 柳亚子深为老友担心,一旦周某附逆,费一瓢就要背上为汉奸歌功颂德的骂名,名节荡然。柳亚子还以黄宾虹、蔡守等社员"失节"的前车之鉴告诫老友:"故人吴市久风尘,倘作杨、刘一辈人。黄宪蔡邕都失足,期君善葆岁寒身。"并注:"昔人有言:饿死事小,失节事大。愿与君勉之。"⑤ 1941年初,柳亚子的小友柳非杞想从香港回到沦陷的上海。柳亚子表示不同意,认为其如回上海,无论是投敌或做顺民,都有失节之虞:"你还上海,我不赞成。经过香港,要领入口证,麻烦非凡。我意无论如何,反对你还去。我

---

① 《旧南社社友启事》,《民国日报》1923年10月29日,转引自杨天石《南社史长编》,中国人民大学出版社1995年版,第583页。
② 柳亚子:《致周人菊》,上海图书馆编:《书信辑录》,上海人民出版社1985年版,第53页。
③ 柳亚子:《洪戢厂诗叙》,中国革命博物馆、上海人民出版社编:《磨剑室文录》下,上海人民出版社1993年版,第1301页。
④ 柳亚子:《与朱灵修书》,中国革命博物馆、上海人民出版社编:《磨剑室文录》下,上海人民出版社1993年版,第1250页。
⑤ 柳亚子:《寄费一瓢吴门,五月廿五日作》,中国革命博物馆编:《磨剑室诗词集》上,上海人民出版社1985年版,第861页。

虽然不说你还去做汉奸，但做顺民是一定的。我不愿意我的朋友做顺民，因为顺民与汉奸，并不分高下也。"①

第五节　名士风流

柳亚子不似效法清儒、专意于训诂考辨如王国维一类的学者；他也非师法宋明儒致力于形而上之开掘的熊十力等哲学家，宗教在他的信仰体系中是缺场的；②柳亚子亦非鲁迅、胡适一类思想家，他不擅长也无意于思想理论建构。作为一个带有明显地域特色的江南文人，柳亚子表现出一股浓郁的名士风流气质。③作为一个特殊的群体，名士有着大致相近的共同特征：一是情趣博雅。他们有着独特的嗜好与审美情趣，以此逞性灵，展示自我个性与才情。二是性格狂放。他们有着怪诞的行为方式，狂放不羁，狂歌痛饮，骂座使气。三是性情率真。他们崇尚情感的自然流露，任性率真，绝少世故做作。这些特性在柳亚子身上具有鲜明的体现。对此，柳亚子自承不讳："小地主出身的我，封建意识当然浓重，还不能脱掉才人名士的习气，事实如此，无可讳言。"④柳亚子的名士风流，主要表现在以下三个方面。

一　雅人深致

雅人深致是指言谈举止高尚文雅，不同流俗。典出《世说新语·文

---

① 柳亚子：《致柳非杞》，上海图书馆编：《书信辑录》，上海人民出版社1985年版，第230页。

② 1924年，柳亚子《空言》诗云："孔佛耶回付一嗤，空言淑世总非宜。能持主义融科学，独拜弥天马克思。"参见中国革命博物馆编《磨剑室诗词集》上，上海人民出版社1985年版，第531页。1943年，柳亚子在《安娥女士索诗，报以二绝》之二云："交浅言深一喟然，感君劝我托逃禅。卅年持论非宗教，肯着袈裟礼佛前。"参见中国革命博物馆编《磨剑室诗词集》下，上海人民出版社1985年版，第1034页。1950年11月18日，柳亚子在《题叶遐庵〈凤池精舍图卷〉三十绝》后有"余平生持论不喜一切宗教"云云。参见中国革命博物馆编《磨剑室诗词集》下，上海人民出版社1985年版，第1677页。

③ 关于风流，冯友兰指出，从字面而言，"风流"可译为"wind（风）和stream（流）"，有自由自在的意味，与西方的romanticism（浪漫主义）或romantic（罗曼蒂克）的意义大致相当。参见冯友兰《中国哲学简史》，北京大学出版社1996年版，第198—199页。

④ 柳亚子：《旧诗革命宣言书》，中国革命博物馆、上海人民出版社编：《磨剑室文录》下，上海人民出版社1993年版，第1422页

学篇》：

> 谢公因子弟集聚，问："《毛诗》何句最佳？"遏称曰："昔我往矣，杨柳依依；今我来思，雨雪霏霏。"公曰："吁谟定命，远猷辰告。"谓此句偏有雅人深致。①

《晋书·列传六十六》亦载：

> 叔父安尝问："《毛诗》何句最佳？"道蕴称："吉甫作颂，穆如清风。仲山甫永怀，以慰其心。"安谓有雅人深致。②

雅人指具有较高文化修养、德操高洁、关心国事的士人。名士作为一个特殊人群，他们有着独特的嗜好、审美情趣。这些方面的特征，为这群体的成员所共享，使他们和其他人群判划开来。一般说来，对中国的传统文人而言，文字、山水、美人是他们的共同爱好，只不过程度有所不同而已。文人通过文字表达自己的情感，一逞性灵，没有文字，他们是雅不起来的；文人喜欢优游林泉，在享受山水之乐中，以示旷达；至于美人，更是文人的映衬与对应物，她们与才子联袂演绎出的中国传统文化久不衰歇、充满魅力，没有她们的出场，历史的天空会黯然失色。晚明名士、名妓联袂上演了江左风流，成为中国历史上的一道不可略过的文化景观。柳亚子也有此雅好。郑逸梅指出："吹万与亚子，都有山水、美人、文字三癖好，吹万以山水为上，美人次之。亚子以美人为上，山水次之。"③

（一）文字伎俩

柳亚子喜欢玩文字伎俩。喜欢玩文字游戏，这是文人的当行本色。作为文人手中的工具，文字成了他们生命的一部分，是其进入名士圈的门票，以此逞性灵，或怡情，或表现与众不同的个性。

---

① 刘义庆撰：《世说新语》，钱振民点校，岳麓书社 2015 年版，第 44 页。
② 房玄龄等：《晋书》卷九十六，中华书局 1974 年版，第 2516—2517 页。
③ 郑逸梅：《太平洋报和柳亚子》，中国国民党革命委员会中央委员会、中国革命博物馆编：《柳亚子纪念文集》，中国文史出版社 1987 年版，第 29 页。

第二章　柳亚子文化人格的传统底色

传统社会的男人，有名有字有号。而对于文人而言，对名字更为讲究，除了名、字、号之外，还有笔名、斋名等，而且其名号不只一个。名字对他们来说，绝非一个人的代号那么简单。人类学家鲁维·沃森指出："对中国男人来说，起名的过程标志着重要的社交转变；男人有的名字愈多，他就愈富社交性，并在某种意义上，他也就变得更具个性。"[①]沃森还强调，通过男性的名字，可以看出其社会交往的丰富性。这应该说是颇具只眼的。申论之，正因为名字的多样性表明社会交往的丰富，所以，每个名号都具有特定的文化意义。柳亚子也是如此，他有多个名号，如"慰高""安如""人权""亚卢""弃疾""亚子""中原痛哭生""松陵女子潘小璜""愤民""虚无""虚无子""春蚕""弃疾""柳弃疾""中国少年之少年""汉恩""青兕""亚""柳人权""稼轩""柳亚子"等。

名字负载的意义对文人产生极大的影响，甚至是终生的。在柳亚子的众多名号中，无一无来历，无一不讲究。可以说，名字其实就是他的文化符号。这些名字的文化意义，要么，是别人赋予的；要么，是自己赋予的。柳亚子的谱名是慰高，字安如。慰高是曾祖父取的，告慰高祖之意，安如是父亲柳念曾为他所取，取高而能安之意。柳亚子自己赋予名号的意义，反映了他在特定时代背景下的思想倾向和价值追求。因之，可从思想史、文化史的视角来读。细绎一下柳亚子的诸多名号，大体反映了他的思想倾向与个性特征。

按照柳亚子思想倾向，可以将其名字大致分为三类：一是反映了他对天赋人权思想的接受，诸如人权、亚卢等。16岁时，柳亚子通过《新民丛报》接受了卢梭的"天赋人权"思想，并以"亚洲的卢梭"自命，故更名"人权"，号"亚卢"。二是反映了他对无政府主义的接受，如"虚无""虚无子"等。20世纪初，柳亚子通过刘师培夫妇、吴稚晖等人接受了无政府主义思想，主张采取俄国虚无党人的暴力革命手段来推翻清朝。[②]三是反映柳亚子对种

---

① [美]鲁维·沃森（Rubie Watson）：《有名的和无名的：中国社会中的社会性别和人》，《美国人类学者》1986年第13期，转引自[美]高彦颐《闺塾师》，李志生译，江苏人民出版社2005年版，第291—292页。

② 1907年，柳亚子在《读〈天义报〉杂志感题一律，叠前韵》中有"巴布英雄有几存""快枪炸弹富儿魂"等句。参见中国革命博物馆编《磨剑室诗词集》上，上海人民出版社1985年版，第49页。

族革命思想的接受，如"中原痛哭生""愤民""汉思"等。柳亚子先后通过陈去病、章太炎等接受了崇汉排满的种族革命思想。

按照其个性特征，其名号可以分为两类：一是反映了柳亚子雄武自励的个性特征，如"弃疾""青兕""稼轩"等直接来自有金戈铁马经历的辛弃疾。柳亚子曾自道行藏："他（陈去病——引者注）名去病，是要学汉朝骠骑将军霍去病的意思。我看他的样，崇拜南宋爱国词人辛弃疾，便又改名'弃疾'了。""辛亥革命起来，我二十五岁了，在上海《天铎报》做文章，笔名'青兕'。青兕者，是用辛稼轩'前身青兕'的古典。"按：辛弃疾随耿京起兵抗金，与其一道起义的一个和尚反水事金，后被辛弃疾抓住。这个和尚为免一死，恭维辛弃疾是"前身青兕"。但是，辛弃疾还是将其斩杀。故此，青兕成了英勇神武的辛弃疾的代名词。①"辛氏又号稼轩，我在《民报》上发表《桑海遗征》和《明清战谭》时，也曾抄袭地署名'稼轩'过。"②此外，稼轩还是南明抗清英雄瞿式耜的号，表达了柳亚子对抵抗异族志士的高尚气节的崇敬。"自然，一方面，又在影射着明末殉国忠臣临桂伯瞿式耜的别号了"，并云是渊源有自："司马长卿羡慕蔺相如，就自名为相如，在古人也是常有的事情呢。"③二是反映了柳亚子的名士特征。如"亚子""春蚕"等。20世纪初年，柳亚子与其革命领路人高旭在健行公学时声气相求。高旭建议柳更名亚子，取"子"之美男子之意，亚子与剑公相对，寓示高、柳齐名。因之，柳亚子高自标榜、不肯让人的名士特质显露无遗。"天梅别号纯剑，又称剑公。当时高柳齐名，便以柳亚子与高剑公作为对称的名词。我也不自觉地渐渐自己应用起来，于是柳亚子颇为一般人所知道了。"④至于"春蚕"，则是柳亚子在民初评剧捧角时所用笔名，取自李商隐"春蚕到死丝方尽，蜡炬成灰泪始干"，寓自命多情之意。这一笔名一度弃而不用将近30年。抗战期间，柳亚子考虑到用真名发表文字的诸多不便，又重拾"春蚕"旧名，"意欲如鸵鸟之自掩其首，不意被

---

① 柳无忌编：《南社纪略》，上海人民出版社1983年版，第163页。
② 柳亚子：《关于我的名号》，中国革命博物馆、上海人民出版社编：《磨剑室文录》下，上海人民出版社1993年版，第1239页。
③ 同上。
④ 同上。

丹林（文史学者陆丹林——引者注）揭破，大杀风景"。不过，在陆丹林的启发下，柳亚子赋予其新的含义。"'老骥伏枥，志在千里，壮士暮年，壮心不已'，能不叫人唾壶击缺呢？我曾经偷窃辛稼轩的故事而笔名青兕，又何妨摹拟陆放翁的心情而别署春蚕？不过这是笔名，我不许人家在上面加一个柳字的。不然柳春蚕三字就太软弱了。"①

柳亚子不仅给自己取名，而且还给别人取名。对此，柳亚子不仅优为之，而且乐为之。何以如此？一则名士的光圈效应使然，二则可以显示其腹笥之富。社友柳非杞是柳亚子的忠实追随者，抗战前后一度与柳亚子过从甚密。柳亚子有"吾家非杞人"之目。柳非杞还请柳亚子为其小孩取名。柳亚子教给他一个方便法门，就是分析法。第一个、第二个小孩，分别取名小非、小杞，"第三个孩子可名又非，将来第四个孩子可名又杞"。并戏言，"但此后须宗山额夫人节育法，不要再有第五个，否则不再负担命名责任。虽然新得可喜，若生生不已，亦终有江郎才尽之时耳"。但是，柳亚子不无得意地告诉他另一方法，"若以尊夫人之名字分析用之，亦成两小，两又，则尽可媲美荀氏八龙而无问题矣"②。

给书斋命名，亦是文人雅好。据有人考证，柳亚子有近20个书斋名，"这些斋名有的言志，有的陈情，有的释怀，透露了亚子先生的所作所为所思所忆和所感，透露了亚子先生的情感、风骨和气派。有砥砺自身决心为国为民贡献才华的（磨剑室），有追随孙中山崇尚马列主义的（拜孙悼李楼），有隐于苦闷惚惚如狂愤嫉俗的（活埋庵），有抗日救国时的摇鼓呐喊（羿楼、射日斋），有金瓯不全一家难圆的苦苦企盼（鸥梦圆），也有'烈士暮年，壮心不已'的浩然气概（上天下地之庐）"③。总的来说，这些书斋名，主要是抒情言志，展示自我个性与才情。柳亚子每到一地，都离不了书，都辟有书斋；有书斋必有书斋名，即便是赁屋而居，也是如此。比如，流亡日本期间的"乐天庐"，抗战期间在香港的"羿庐"，旅桂期间的"更生

---

① 柳亚子：《关于我的名号》，中国革命博物馆、上海人民出版社编：《磨剑室文录》下，上海人民出版社1993年版，第1241页。
② 柳亚子：《与柳非杞书》，中国革命博物馆、上海人民出版社编：《磨剑室文录》下，上海人民出版社1993年版，第1226页。
③ 李海珉：《亚子先生斋名考释》，马以君主编：《南社研究》第7期，香港天马图书有限公司1999年版，第463—474页。

斋""丽君庐""射日斋",抗战之后旅港期间的"史楼"等。柳亚子给书斋命名的嗜好,如同魏晋名士王徽之的嗜竹。"王子猷尝寄居人空宅住,便令种竹。或问:'暂住何须尔?'王啸咏良久,直指竹曰:'何可一日无此君?'"①此外,柳亚子的斋名有长用与短用之分。1940年1月13日,柳亚子致信友人:"我的书斋名也有不少。但有长用与暂用之别。譬如'磨剑室',我是十七八岁就用起的。我的诗集就叫《磨剑室诗集》,那是长用的。'礼蓉招桂龛',是日本还来用起的,将以纪念我的亡友,也是终身长用,不会废掉的。至于'乐天庐',在日本所用,还来就不用了。'活埋庵',是国军西撤后所用。将来胜利到来,或是我个人能离开上海,那末活死人要自由行动,无需埋起来,自然也用不着了。"②柳亚子的书斋名更有特色之处还在于,不仅一斋一名,而且一斋多名,甚至一名多斋。③这其间蕴含的文化意义在于:一方面,它体现了柳亚子社交之丰富;另一方面,它还体现了柳亚子个性之独特。

文字是文人生命的一部分。他们经常喜欢玩文字游戏,以此逞性灵,或怡情。这种文字游戏,亦称为"掉书袋"。对此柳亚子是烂熟的。正如有人评价柳亚子的文字技巧:"中国的文学语言,无论雅言或常语,在他的笔下就象是雕塑家手里的软泥,真是得心应手。"④柳亚子的确是当之无愧的。"活埋"期间,柳亚子的幼年好友钱颂文去世。柳亚子写了一副挽联,托钱颂文的家属带回,恐文字的内容在敌占区遇到麻烦,便对联语进行了点窜,改用了生僻的典故:"颂文挽联,因其家属欲携还乡间,虑路上检查不便,略为点窜写去。文曰:'弱岁厕清流,记曾钩党逢元祐;危时惜庸死,犹胜峨冠拜阜昌'。阜昌者,南宋时傀儡,伪齐刘豫年号也。以用僻典,明欺奴辈不解,稍示蕴借耳。原文曾从'钩党驯龙性'句摹写颂文

---

① 刘义庆:《世说新语汇校集注》,朱铸禹汇校集注,上海古籍出版社2002年版,第634页。
② 柳亚子:《致柳非杞》,上海图书馆编:《书信辑录》,上海人民出版社1985年版,第183页。
③ 李海珉:《亚子先生斋名考释》,马以君主编:《南社研究》第7辑,香港天马图书有限公司1999年版,第474页。
④ 郭沫若:《〈柳亚子诗词选〉序》,中国国民党革命委员会中央委员会、中国革命博物馆编:《柳亚子纪念文集》,中国文史出版社1987年版,第56页。

品性颇密合,以对'犹胜峨冠拜犬戎'尚亦妥贴,今改去觉极可惜,但改本以阜昌对元祐,亦天衣无缝,终当两存其稿耳。书生伎俩,如是,如是,此则可为一哭者也!"[①]"明欺奴辈不解"一语,就像孔乙己卖弄"茴香豆"的"茴"有四种写法一样自得,令人忍俊不禁!

　　文人总是处于文字有灵与无灵的纠结之中:人生得意时,自信"天生我才必有用";人生失意时,又感叹"百无一用是书生"。但是,不管爱也好,恨也好,文人始终离不开文字;文字对他们而言,就像贾宝玉胸前的"灵通宝玉"一样,须臾不可离违。柳亚子亦是如此。一方面,自怨自艾,慨叹书生的无用。"我呢?既怕死,又怕吃苦,我不相信我自己是有用的!"[②]"英雄末路作诗人,纸上苍生意苦辛。"[③]另一方面,对于自己的文字又恋恋不舍。柳亚子有时因文字请托不胜其烦而峻拒友人,但马上又技痒,还是为其执笔,其自嘲为"盲不忘视跛不忘履"[④]。抵达北平之后也是如此。1951年,柳亚子为老友毓鋆作家传,流露出对文字的自信,乃至自负。"先生地下有知,亦谓五十年来,余文稍有精进否耶?"[⑤]

　　柳亚子对自己的文字是极为自负的。他凭借娴熟的旧体诗词、文言文进行广泛的社会交往,获取社会资源。在其几十年的文字生涯中,柳亚子除了煌煌两巨册《磨剑室诗词集》之外,还作了大量的墓志铭、传、家传、序文、跋文、电文、祭文、挽联等。五四前夕,柳亚子与胡适就诗歌变革方向发生分歧,但很快成为胡适的支持者。[⑥]柳亚子一方面判定旧诗的死刑,"我是喜欢写旧诗的人,不过我敢大胆肯定地说道:再过五十年,是不见得有人再做旧诗的了。……对于旧诗,只是一种回光返照,是无法延长它

---

① 柳亚子:《与毛啸岑书》,中国革命博物馆、上海人民出版社编:《磨剑室文录》下,上海人民出版社1993年版,第1223页。
② 柳亚子:《致姜长林》,上海图书馆编:《书信辑录》,上海人民出版社1985年版,第140页。
③ 柳亚子:《"英雄末路作诗人"两首》,中国革命博物馆编:《磨剑室诗词集》下,上海人民出版社1985年版,第1328页。
④ 柳亚子:《〈半秋倡和集〉叙》,中国革命博物馆、上海人民出版社编:《磨剑室文录》上,上海人民出版社1993年版,第524页。
⑤ 柳亚子:《秦效鲁先生家传》,中国革命博物馆、上海人民出版社编:《磨剑室文录》上,上海人民出版社1993年版,第1622页。
⑥ 杨天石:《柳亚子与胡适——关于中国诗歌变革方向的辩论及其他》,《哲人与文士》,中国人民大学出版社2007年版,第402—420页。

的生命的。……对于青年朋友，我是从来不劝他们学文言文和旧诗的，因为白费精神，太冤枉了。除非闲着没有事情做，把它来当消遣。"[1]另一方面，柳亚子的旧诗照作不误。"我是喜欢做旧体诗的，不大会做新体诗的。但我的估计，却以为旧体诗的命运不出五十年了。……至于旧体诗，我认为是我的政治宣传品，也是我的武器，大刀、标枪果然不及唐克车、飞机的利害，但对于不会使用唐克车、飞机的人，似乎用大刀、标枪来奋斗也不能认为错误吧。我的蔑视旧体诗，而仍然要做旧体诗者，其原因就在于此了。"[2]并且，柳亚子以其旧诗自鸣得意。1944年，柳亚子在罗列上半年写作清单时不无自得："这些诗我自己是太得意了。"[3]

柳亚子擅长文言文，尤其是一手漂亮的骈体文。对此，柳亚子是非常自负的。1923年，分湖先哲祠迁回故址，柳亚子作了一篇祝文，自我感觉良好："九月十二日，分湖先哲祠仍迁还故址。县令刘某往致祭，沈长公袖中出祝文朗诵，余手笔也，士论大悦。"[4]娴熟的旧体文让他在名士圈里撑足了面子，以至于"结客名场，一时老宿，无不敛手惊服"[5]。南京临时政府成立之初，社友雷铁厓拉他出任大总统府秘书，理由之一就是柳亚子的骈文作得好。"南京临时大总统府成立，雷铁厓在那边当秘书，一定要我去。理由是很可笑的。他说，他自己的古文，是觉得很好的了，但骈文总做不过我。倘然偌大的临时大总统府，找不出一个骈文家来，不是使锺阜蒙羞，石城含垢吗？"[6]柳亚子还写了大量的寿叙、诗叙、祭文、家传等，很多人能以得到柳亚子的文字为荣。社友凌莘安再三请求柳亚子为其叙诗，方才如愿："凌莘安请叙其《紫云楼诗》至再至三。余既以意兴弗属，力

---

[1] 柳亚子：《新诗和旧诗》，中国革命博物馆、上海人民出版社编：《磨剑室文录》下，上海人民出版社1993年版，第1346—1347页。

[2] 柳亚子：《柳亚子的诗和字》，中国革命博物馆、上海人民出版社编：《磨剑室文录》下，上海人民出版社1993年版，第1471页。

[3] 柳无忌、柳无非编：《八年回忆》，《自传·年谱·日记》，上海人民出版社1985年版，第254页。

[4] 柳无忌、柳无非编：《自撰年谱》，《自传·年谱·日记》，上海人民出版社1985年版，第20页。

[5] 柳无忌、柳无非编：《五十七年》，《自传·年谱·日记》，上海人民出版社1986年版，第139页。

[6] 柳无忌编：《南社纪略》，上海人民出版社1983年版，第38页。

却之矣。莘安复请于黄病蝶,病蝶吾党之能文者也,援笔千余言,称莘安甚至,而于余所以弗克叙莘安者,亦且具言之。顾莘安意若犹有所弗释,必得余一言为重。"① 社友许盟孚屡次请柳亚子为其兄的遗著作序。柳因为其兄才情平平,不肯动笔,后几经曲折才如愿:"固请之,余则固谢之,相持而未能下也。……余遂不得不叙平阶。"② 乡人吴扣舷父子等人分题拈韵,作《半秋倡和集》,并经社友朱剑芒介绍请柳亚子作序。柳亚子始而"弛书峻却",过了一段时间,"怀不能已,构兹腹稿,将以凌晨走笔书之,俾贻二子,庶几昔贤盲不忘视跛不忘履之意欤?"③ 旅桂期间,柳亚子应友人之请写了一篇祭文,并流露出自负情绪。"祭文虽草草,然寰中并世恐无第二作手,即解人亦非易易。"④ 客观地说,他的这类文章,也有思想性、艺术性很高的作品,似不可以尽以应景文章目之。比如,《追悼会祭周阮二烈士文》等,文气丰沛,情感真挚,思想深刻,即属其中的上乘佳作。对此,柳亚子高自标榜,"十年以来,言满天下,谤亦满天下,忌者至抨弹无完肤"⑤。

柳亚子对于自己的诗更是自信。1950年,柳亚子致信政务院副秘书长齐燕铭,对成立诗歌研究会提出建议并及于林庚白:"此人是中国诗人第二号,盖第一号即亚子,我是杜甫,渠为李白,都要结束三千年中国旧诗,希望过渡到新诗的人,其重要在此,非乱吹牛皮也。"⑥ 柳亚子对自己的旧诗功力还是非常自负的。诗歌讲究押韵,一些不容易押韵的字称为险韵,很多人不敢作。一次,田汉(字寿昌)出了一个难题,让他用"嘘"字为韵脚作诗,柳亚子挥笔立就:"中山主义传千古,鲁迅精神付一嘘。私淑

---

① 柳亚子:《〈紫云楼诗〉叙》,中国革命博物馆、上海人民出版社编:《磨剑室文录》上,上海人民出版社1993年版,第525页。
② 柳亚子:《许平阶遗著叙》,中国革命博物馆、上海人民出版社编:《磨剑室文录》上,上海人民出版社1993年版,第633页。
③ 柳亚子:《〈半秋倡和集〉叙》,中国革命博物馆、上海人民出版社编:《磨剑室文录》上,上海人民出版社1993年版,523—524页。
④ 柳亚子:《致毛啸岑》,上海图书馆编:《书信辑录》,上海人民出版社1985年版,第264页。
⑤ 柳亚子:《〈紫云楼诗〉叙》,中国革命博物馆、上海人民出版社编:《磨剑室文录》上,上海人民出版社1993年版,第525—526页。
⑥ 柳亚子:《与齐燕铭书》,中国革命博物馆、上海人民出版社编:《磨剑室文录》下,上海人民出版社1993年版,第1609页。

李宁狂语耳，两贤并世定吾师。"并颇为得意地说："寿昌言嘘字不易押，叠韵成此，不知寿昌以为如何。"①

　　擅长旧诗的柳亚子，往往把诗作为一种社交的工具，在兴致高的时候，柳亚子常常"人系一诗"。1934年，柳亚子在《秣陵杂赠三十首》和《秣陵续赠三十首》中，把南京国民政府的要人"一扫光"，人系一诗。1949年北行途中，柳亚子也经常玩这种游戏。在青州华东局所在地，柳亚子给华东局领导各系一诗。"下午，写字九幅，分赠舒同、彭康、袁仲贤、刘贯一、宋裕和、郑文卿、郭子化、匡亚明及康生，人系一诗，构思尚捷，康不在坐，他人转请，余则均朝夕见面之首长也。"②在从德州往沧州进发的途中，柳亚子在其所乘坐的六号汽车上也是人赠一诗，"盖六号大汽车上之人物，尽见于吾诗，无复有漏网者矣"③。由于柳亚子将诗作为交往之具，虽然不能说全是"脱口秀"之类，但这类作品大多数缺乏艺术锤炼，自然其质量难以保证。林庚白曾评价南社之诗："南社诸子，倡导革命，而什九诗才苦薄，诗功甚浅，亦无能转移风气。"④他的这一评价虽尖刻，但从柳亚子的滥为投赠这一点看，也并非无因。柳亚子此习始终未改。抵达北平后，有人"妄评"柳亚子的诗作。1949年5月21日，毛泽东致信柳亚子云："某同志妄评大作，查有实据，我亦不以为然。希望先生出以宽大政策，今后和他们相处可能好些。"⑤其实，在某种程度上而言，"妄评"包含着批评其"滥为投赠"而诗作质量不高的因素。

　　柳亚子还喜欢玩联句这种游戏。文人是一个团体，不是唱独角戏。团体内部成员要维系彼此之间的关系，进行情感上的联络、交流，文字是最重要的媒介。柳亚子最喜欢玩的文字游戏是诗词唱和。《南社丛刻》所收

---

　　① 柳亚子：《杂赋十一首》之八，中国革命博物馆编：《磨剑室诗词集》下，上海人民出版社1985年版，第1195页。
　　② 柳无忌、柳无非编：《北行日记》，《自传·年谱·日记》，上海人民出版社1986年版，第336页。
　　③ 柳亚子：《十六日自德州发沧州，坐六号大汽车中有作》，中国革命博物馆编：《磨剑室诗词集》下，上海人民出版社1985年版，第1525页。
　　④ 林庚白：《〈今诗选〉自序》，转引自杨天石《南社史长编》，中国人民大学出版社1995年版，第647页。
　　⑤ 中央文献研究室编：《毛泽东书信选集》，中央文献出版社2003年版，第293页。

唱和诗词的用韵形式有分韵、和韵、叠韵、步韵、次韵、依韵、原韵等①，而柳亚子在用韵方面，和韵、次韵、叠韵比较常用，从 1920 年 12 月到 1922 年 5 月，柳亚子在一年半内与友朋赓酬之作中，仅杯天韵的七律就达一百五十叠，计三百首。

柳亚子的文字伎俩还表现在，他喜欢玩数字游戏，动辄仿《水浒点将录》《乾嘉诗坛点将录》《东林点将录》等凑成天罡之数、十二金钗之数，等等。1919 年中秋，柳亚子仿《乾嘉诗坛点将录》作《酒社点将录》，并撰序："以社中人数既少，乃悉去地煞，而独取天罡，仍依旧例增晁盖一人，共为数三十有七。虽弗克铢两悉称，要亦无大悖矣。"②1934 年 3 月，为陈去病追悼会举行的南社临时雅集之后，柳亚子仿《东林点将录》和《乾嘉诗坛点将录》，开列了一张参加此次雅集的社友、非社友 109 人名单，天罡 36 人，地煞 72 人，依例增加一个晁盖，并云："这名单当时曾在报纸宣布，后来又编入《上海市年鉴》内，觉得颇为好玩。"③甚至抵达北平后，他还在玩这种游戏。1950 年，柳亚子向政务院提交了一份文史馆史料征集委员会 36 人名单，自云"合天罡之数"④。1950 年 12 月 12 日的一次宴集中，同席有 11 人，柳亚子在当日的纪事诗的诗题中有"惜朱德君女同志未至，否则足金钗之数矣"⑤。

（二）宝玉情结

文人大都摆脱不了才子佳人的情结，以才子自期自许，憧憬着红袖添香的香艳绮梦。关于才子佳人的文学叙事传统，可以追溯到《诗经》。此后，宋玉更为夸张、大胆地进行才子佳人的艳赋创作，开创了艳体文学的传统。

---

① 林香伶：《清末民初文学转型期的标志——南社文学研究》，博士学位论文，台湾师范大学，2003 年，第 176 页。
② 柳亚子：《〈酒社点将录〉叙》，中国革命博物馆、上海人民出版社编：《磨剑室文录》上，上海人民出版社 1993 年版，第 569 页。
③ 柳无忌编：《南社纪略》，上海人民出版社 1983 年版，第 127 页。
④ 柳亚子：《与齐燕铭书》，中国革命博物馆、上海人民出版社编：《磨剑室文录》下，上海人民出版社 1993 年版，第 1607 页。
⑤ 柳亚子：《十二十二日，逸尘设宴，再集恩成居，余夫妇外，客有刘伯瀛、但怒刚、武和轩、范子遂、王玉襄、张平江、秦德君、徐舜英计十一人；惜朱德君女同志未至，否则足金钗之数矣。得诗六首，呈同座诸子》诗题，中国革命博物馆编：《磨剑室诗词集》下，上海人民出版社 1985 年版，第 1703 页。

唐宋以降，产生了大量的才子佳人传奇，尤其是明代名士与名妓联袂演绎的江左风流，基于地域文化的继承，柳亚子自然是心领神会。"骚人墨客，往往爱美人与名花并重。"①柳诗有句："岂有才人嫁厮养，从来名士悦倾城。"②柳亚子自始就有一种宝玉情结。"我是从小爱袒护女性的，有些像红楼梦上的贾宝玉"；"我的身世，虽然不象曹雪芹所描写的红楼梦上宝玉的尊贵，但论性情，却也有些象他"③。有人指出："他（柳亚子——引者注）平时特别重视女性，不但在生活方式上，就是他的作品中亦时时流露出强调女性的风味，甚至于有时候还强调得过分呢！他自己还要说，他具有贾宝玉的风格，他也公开的承认他同情和喜欢宝玉，虽然他绝没有宝玉一样的浪漫生活。"④其实，柳亚子不仅具有宝玉类似的性格，而且有着宝玉的浪漫生活经历。

柳亚子属于早熟型，很早就养成了才子佳人的习性。如其所谓："大概，我的名士脾气，就是在这十岁的时候开始养成的吧。黄老师又喜欢看小说，他肚子里的东西很多，口才也不差，能够绘声绘色地演讲出来。这样，我们在下课以后。便请黄老师开讲小说，我和王老师洗耳恭听。他最熟的小说是《聊斋志异》，内容都是些雌狐女鬼，照黄摩西的说法，可说是色情哲学的结晶。在情窦初开的我，听起来自然津津有味，想做起佳人才子的勾当来了。"⑤从十三四岁起，柳亚子开始"做起无题诗和香奁诗来"。此后，"便常常做起无题诗和香奁诗来，从李玉溪、韩致光一直做到王次回、黄仲则"。对于前辈的规劝，柳亚子不以为然，"其实，屈子离骚，怨楚王之不悟；义山孤愤，痛甘露之埋冤，难道香草美人，便不许

---

① 郭长海、金贞菊：《柳亚子文集补编》，社会科学出版社2004年版，第159页。
② 柳亚子：《惆怅词六十首，四月十七日夜作》之十九，中国革命博物馆编：《磨剑室诗词集》上，上海人民出版社1985年版，第88页。
③ 柳无忌、柳无非编：《五十七年》，《自传·年谱·日记》，上海人民出版社1986年版，第88、128页。
④ 林北丽：《柳亚子先生的为人比他的诗文更值得珍贵的一面》，中国国民党革命委员会中央委员会、中国革命博物馆编：《柳亚子纪念文集》，中国文史出版社1987年版，第231页。
⑤ 柳无忌、柳无非编：《五十七年》，《自传·年谱·日记》，上海人民出版社1986年版，第82页。

我闲情偶赋吗？"①成年之后，柳亚子有怡红公子之貌。②柳亚子对自己的外貌非常自信、自恋。柳亚子不无得意地回忆，在任南京临时大总统府秘书时，一副裘马翩翩佳公子的形象，令胡汉民（展堂）雌雄莫辨。柳亚子回忆当时情形，不无得意。"既抵大总统府，总理与秩庸密谈，展堂随侍，与余寒暄数语，即入别室。后询少屏，言'柳亚子到底是男是女？'盖是岁，余年二十有六，丰度翩翩，颇肖吾乡叶元礼故事。其装束则截辫而散前发，外衣大红色斗篷。故展堂不知马之雌雄也。少屏旋语余，抚掌大笑而罢。"③柳诗亦云："沉思卅载前头事，我亦江东美少年。"④

　　柳亚子的才子佳人情结，很大程度上受晚明江南发达的名媛、名妓文化的影响。就名媛而言，她们试图超越传统女性"女子无才便是德""内言不出于阃，外言不出于阃"的模式，开始有了向外拓展的女性自觉意识。美国学者高彦颐以"闺塾师"来概括她们的身份和职能。高颜颐指出，这些妻子或是女儿，"都通过她们的作品，互相讲授着各自的人生际遇。通过一代一代对女性文学的传递，一如巡游的塾师，她们超越了闺阁的空间限制，从而经营出一种新的妇女文化和社会空间。尽管这些诗人、塾师、艺术家、作家、读者的生活、想法和环境，不可能为大多数人所分享，但对我们来说，它凸显了即使在儒家体系范围内，女性自我满足和拥有富有意义的生存状态的可能"⑤。这一群体基本上按血缘、地缘关系聚拢，成员间多为亲友关系。在明清的江南地区，出现了很多女性作家群体，其中以吴江叶氏午梦堂女性作家群体最为典型。柳亚子述及明清以降吴江女性作家的文学成就，不无自豪地说："则信乎我邑湖山灵秀，钟于巾帼者独深"，

---

① 柳无忌、柳无非编：《五十七年》，《自传·年谱·日记》，上海人民出版社1986年版，第116、119页。
② 《民国轶闻》第7卷《柳亚子》中载："一日，柳小立门前，忽一卖花女郎，趋至其侧，举篮中茉莉花语之曰：'大小姐可要哉？'柳时犹面嫩，聆言知其误己为女性，不禁红云上颊。口顿吃吃莫能对，乃出手挥使去。讵用力猛，竟触翻筠篮，红紫缤纷地上，不啻之散花。"参见张明观《柳亚子史料札记》，上海人民出版社2008年版，第15页。
③ 柳亚子：《书烈亚同志所藏中山先生遗墨后》，中国革命博物馆编：《磨剑室诗词集》下，上海人民出版社1985年版，第1836页。
④ 柳亚子：《前诗意有未尽，再题一律》，中国革命博物馆编：《磨剑室诗词集》下，上海人民出版社1985年版，第1021页。
⑤ ［美］高彦颐：《闺塾师——明末清初江南的才女文化》，李志生译，江苏人民出版社2005年版，第4页。

"关雎之乱洋洋乎盈耳，斯足以结八百年风雅之局矣"[①]。尤其是最具才情的午梦堂作家群体中的叶小鸾（琼章）[②]。柳亚子曾访叶琼章墓，并"树碑增土，撰《琼章墓道歌》"[③]。他还拟在墓旁遍植梅花，未果[④]；甚至，他将终身难以释怀的死友张应春的衣冠冢立于叶琼章墓旁[⑤]，并激赏叶、张二人，"吾邑巾帼传人，足称巨擘者，唯此二君而已"[⑥]。可见，柳亚子对一代才女的一瓣心香！

柳亚子还受江南名妓文化的影响。晚明江南的名妓文化之发达，几可与金陵秦淮相媲美。陈寅恪指出："吴江盛泽诸名姬，所以可以比美金陵秦淮者，殆由地方丝织品之经济性，亦更因当日党社名流之政治性，两者有以相互助成之。"[⑦] 正因为名士们醉心的名妓文化，才使得江南的形象被定格为："江南是一个特定的名字，是一种流行的诗意暗示、想象出的丰富形象、享乐主义和肉欲的美丽。"[⑧] 吴江故里的流风余韵，使柳亚子自觉地濡染了晚明名妓文化的因子。柳亚子结交的文人圈内，不少人有此雅好。友人吴抗云蓄有家伎名婉芳，有才气。吴抗云拟刊行婉芳的诗集，柳亚子在艳羡之余欣然为之题叙："然抗云居分湖，夙为昔贤高隐之窟，流风余韵，当犹有存者。室又贮窈窕之姝，能娴翰墨，如清娱之侍马迁。黛影波光，书奁镜槛，亦足以优游送老，何必金昌十里，走马胭脂，独为寄愁埋忧地哉？"[⑨]

---

① 柳亚子：《松陵女子诗征》，中国革命博物馆、上海人民出版社编：《磨剑室文录》上，上海人民出版社1993年版，第555—557页。

② 叶小鸾系叶绍袁、沈宜修的三女，集才、德、色于一身，是最足代表午梦堂作家群体的核心人物，17岁未婚而殇。参见陈书录《"德"、"才"、"色"主体意识的复苏与女性群体文学的兴盛——明代吴江叶氏家族女性文学研究》，《南京师大学报》2001年第5期。

③ 柳无忌、柳无非编：《自撰年谱》，《自传·年谱·日记》，上海人民出版社1986年版，第20页。

④ 柳诗云："丰碑突兀心犹歉，未种湖滨万树梅。"参见中国革命博物馆编《磨剑室诗集》上，上海人民出版社1985年版，第502页。

⑤ 柳亚子：《在毛主席旗帜之下奋勇前进》，中国革命博物馆、上海人民出版社编：《磨剑室文录》下，上海人民出版社1993年版，第1595页。

⑥ 柳亚子：《礼蓉招桂龛缀语》，中国革命博物馆、上海人民出版社编：《磨剑室文录》下，上海人民出版社1993年版，第1136页。

⑦ 陈寅恪：《柳如是别传》，上海古籍出版社1980年版，第329—330页。

⑧ ［美］高彦颐：《闺塾师——明末清初江南的才女文化》，李志生译，江苏人民出版社2005年版，第21—22页。

⑨ 柳亚子：《〈婉芳集〉叙》，中国革命博物馆、上海人民出版社编：《磨剑室文录》上，上海人民出版社1993年版，第544页。

社友傅尃（钝庵）在民初主《长沙日报》，攻击袁世凯甚烈。"二次革命"失败后，傅尃遭缉捕。在逃亡中，他受到了妓女黄少君（玉娇）的保护，得以幸免。后来，傅尃作《红薇感旧记》记述这一段往事。这一美人救英雄的绝好题材，社友纷纷题咏。柳亚子对其本事踵事增华，极力敷陈："望门投止文章伯，一见无端情脉脉"；"金屋翻教营梭壁，玉钗亲典为留宾"；"后约难留啮臂盟，五湖天际若为情"①。

柳亚子不仅艳羡这种名士与名妓之间的风雅，而且，他本人就有过"吃花酒"的亲身经历。在《我和南社的关系》中，柳亚子回忆民初在上海偕朋友与妓女一起宴饮欢歌："我们还叫了几个堂唱，象张娟娟、花雪南、杨兰春等。"②他还多次谈及与苏曼殊等人一起吃花酒："一九一二年，我也在上海，于各种事情比较清楚。此时曼殊常叫花雪南，我常叫张娟娟，叶楚伧常叫杨兰春。"③"一九一三年旧历正月，我到上海，曼殊还没有走。有一天晚上，曼殊在花雪南家请我吃花酒，少屏和楚伧都在，还有陈英士。"④

与那些眠花宿柳、偎红倚翠的名士不同，柳亚子对女性的爱恋发自本性，没有任何占有的杂念。1920年12月，柳亚子等人先后四聚周庄迷楼。他们在觥筹交错之际，诗兴勃发，以周庄旖旎的湖光和迷楼主人的漂亮千金为题材，赓酬唱和，衷为《迷楼集》。但是，柳亚子是迷于酒而不是迷于色。⑤柳亚子的这种女性情结，有些类似贾宝玉。一如贾宝玉一样，柳亚子喜欢与女性在一起。柳亚子回忆儿时最高兴的事情是喝喜酒，"喜欢到静悄悄

---

① 柳亚子：《玉娇曲》，中国革命博物馆编：《磨剑室诗词集》下，上海人民出版社1985年版，第209页。
② 柳无忌编：《南社纪略》，上海人民出版社1983年版，第41页。
③ 柳无忌：《苏曼殊研究》，上海人民出版社1987年版，第288页。
④ 同上书，第314页。
⑤ 南社社员姚鹓雏以龙公为笔名所撰长篇纪实小说《江左十年目睹记》（又名《龙套人语》）第十九回云："无忌因说：'我们尽日沉醉于此，差不多入了迷楼。从前杨广的楼是迷于色，我们这个迷楼是迷于酒。所迷不同，其为迷一也。'于是就题这家酒楼为'迷楼'。作了许多诗，刊成一集，就题名为《迷楼集》。"参见龙公《江左十年目睹记》，文化艺术出版社1984年版，第221页。而小说中的杨无忌就是以柳亚子为原型。柳亚子在《题〈龙套人语〉》中云："第十九回中之杨无忌，即影射余。"参见中国革命博物馆、上海人民出版社编《磨剑室文录》下，上海人民出版社1993年版，第1630页。

的新房中间,趁新郎未来以前,陪新娘子"①。柳亚子对女性关爱有加,如其所云:"我是从小袒护女性的,有些像红楼梦上的贾宝玉。讲得洋派一些,也许还有西方的骑士之风吧。"②并且这种关爱之风是一以贯之的。柳亚子自幼就有充当"护花使者"的经历。堂舅费韦斋责罚他的妹妹,柳亚子挺身保护。③甚至到了晚年,柳亚子还保持着为女性执鞭相从的骑士风度。抵达北平后,柳亚子有"同车悭载人如玉,生笑仪秦舌未驯"之句,下注:"赠武进诸尚一、松江张吟梅夫妇也。诸年卅九,张年卅五,于侪辈中年最小,老夫应以弟妹畜之。尚一愆期久久未至,吟梅独来,欲赴民主剧场,参加学生界抗美援朝文娱晚会,而苦无伴。余欲践有女同车之谶,愿为执鞭舆,吟梅又不允,坚欲待尚一,未知后事如何也。"④柳亚子的宝玉情结,使他在女性中广有人脉。⑤柳亚子还拥有一群红粉知己:"计先后兄事余者,长为吴江陈馨丽,余呼为祥妹;次为龙江张迺莹,笔名萧红,余呼为肖妹;最少则闽侯林北丽,余呼为淞妹";"父事余者,伯为惠阳廖梦醒,余字之曰无恙。仲为新化谢冰莹,余字之曰无畏。季为奉化杨瑾瑛,余字之曰无双"⑥。著名学者、民主人士金绍先回忆民革第二次全国代表大会时的柳亚子,"先生对于女士总是格外礼遇,自称是'女权主义者'"⑦。

---

① 柳无忌、柳无非编:《五十七年》,《自传·年谱·日记》,上海人民出版社1986年版,第128页。

② 同上书,第88页。

③ 同上。

④ 柳亚子:《入夜,陈真如、蒋憬然两将军设宴新开路,得诗八首,仍迭真驯韵》,中国革命博物馆编:《磨剑室诗词集》下,上海人民出版社1985年版,第1697页。

⑤ 柳亚子回忆,婶母沈夫人即便"在盛怒之下,我的话也会发生效力的"。沈夫人的姐姐是一个性格古怪的老处女,别人都怕她,柳亚子却和她相处甚为相得。柳亚子还体验到了贾宝玉在大观园中众星捧月的感觉。他曾甜蜜地回忆小时候一次"艳福不浅"的江南水乡赛会,他与一群漂亮的才女一起观赛会,对于自己言语的唐突,"她们非但不骂我无礼,还夸奖我的聪明","现在想起来,我小时候的幸福,真是不浅呢"。参见柳无忌、柳无非《五十七年》,《自传·年谱·日记》,上海人民出版社1986年版,第128、129、133—134页。

⑥ 柳亚子:《东都谒庙图记》,郭长海、金贞菊编:《柳亚子文集补编》,社会科学文献出版社2004年版,第273页。

⑦ 金绍先:《关于柳亚子先生》,中国国民党革命委员会中央委员会、中国革命博物馆编:《柳亚子纪念文集》,中国文史出版社1987年版,第205页。

（三）山水怡情

山水是文人开辟的一片人文天地，他们赋予自然以文化内涵和审美情趣。宗白华指出，"山水成了诗人画家抒写情思的媒介，所以中国画和诗，都爱以山水境界做表现和咏味的中心"[1]。中国古代著名的文人雅集，诸如西晋的金谷之会、东晋的兰亭雅集等，莫不是在山水名胜之地。如"流觞曲水，列坐水滨"的兰亭雅集，"诗人们对气象万千的大自然的美好领悟，使他们产生了强烈的创作冲动，他们热烈地以吟诗与大自然进行积极的交流，与同人相互倾诉心灵的感受"[2]。余英时指出，山水怡情，体现了士的个体之自觉，"若夫怡情山水，则至少自仲长统以来即已为士大夫生活中不可或少之部分矣"[3]。

柳亚子徜徉于山水之间，享受自然之乐，发抒诗情。柳亚子喜欢出游，而且有条件出游。柳亚子家境小康，可以不必汲汲为衣食奔波，有优游的物质条件和必要的心境；作为南社领袖，柳亚子朋友遍天下。柳亚子自谓："仆缟纻之交，几遍海内；吾社社友，亦散在全国。"[4] 柳亚子每到一地，有人接待、陪游，这是一个非常重要的条件；当然，最重要的还是他的一颗诗心，他希望从山川中摄取诗料。如董其昌谓："诗以山川为境，山川亦以诗为境。"出游是柳亚子的终生爱好，游屐所至，有诗有酒，在山水之间享受诗酒人生。

青年出游，狂态毕现，意气不可一世。这一时期，柳亚子出游的愿望是强烈的。1907年，高旭、陈去病等五人结伴游苏州。柳亚子因家事拘牵，不获从游，怏怏不乐。高旭等人回来，将纪游诗出示，柳亚子和截句十六章，其游兴之盛，可见一斑。他在《吴门纪游题词》诗前序中云："吴门之游，高天梅、陈巢南、刘季平、沈道非、朱少屏五子自海上偕往，余杜门里居不获从游也。既天梅以游草见示，为题截句十六章而归之。"[5] 柳亚子早期

---

[1] 宗白华：《美学散步》，上海人民出版社1981年版，第73页。
[2] 宁稼雨：《魏晋名士风流》，中华书局2007年版，第86页。
[3] 余英时：《士与中国文化》，上海人民出版社1987年版，第339页。
[4] 柳亚子：《与叶楚伧书》，中国革命博物馆、上海人民出版社编：《磨剑室文录》上，上海人民出版社1993年版，第512页。
[5] 柳亚子：《入夜，陈真如、蒋憬然两将军设宴新开路，得诗八首，仍迭真驯韵》，中国革命博物馆编：《磨剑室诗词集》下，上海人民出版社1985年版，第41页。

的纪游诗，或抒发因国事蜩螗的无边牢愁，或寄寓纵情湖山的淋漓兴会。而且，这种出游是一种团体性文化活动：参与者多为诗酒酬唱的社友；规模大；持续时间长；兴致高。1915年5月9日，南社第12次雅集之后，柳亚子、高燮、姚石子同游杭州，在西泠印社举行南社临时雅集，在冯小青墓畔为名伶冯春航题名勒碑纪念，流连杭城计二十多天，三人所作诗结成《三子游草》印行。其中柳亚子有诗二十余首。柳亚子自谓："胜概豪情，不可一世。"① 1915年中秋，柳亚子与里中友人顾悼秋、沈剑双、凌莘子等人发起酒社。每年中秋前后，他们在金镜湖上狂歌痛饮，抒发牢愁。"以中秋水嬉之夕，大会于秋禊湖上，画舫清尊，穷日夜忘返。"② 其中以1919年为最盛，与会十三人，撰诗五十余首。柳亚子仿乾嘉《诗坛点将录》作《酒社点将录》，并撰叙。他还为裒集酒社历年唱和之作的《酒社中秋唱和集》撰叙。最足表现柳亚子青年时期游兴之豪的，当数1920年的分湖十日狂游。分湖十日狂游具有十足的名士文化意蕴。发起的初衷是效仿元代名士杨维桢（号铁崖）携妓游分湖的故事。③ 在"雨甚急"的情况下，柳亚子等人乘坐"晓风残月之舫"，"决游分湖"；同游八人，"盖较武陵溪主人增一客、减二妓焉"；"计斯游自启程至返棹，为日浃旬，得诗百数十首，而朋俦唱和之作尚不与，信乎山川寥落后之豪举矣。以视铁厓当日，草草搏聚，寥寥篇什，徒以伎人行酒，夸耀俗流者，又遑敢谓方今之不如古昔也"④。这种自觉的效仿还在于，杨维桢有《游分湖记》《游分湖诗》；柳亚子亦作《游分湖记》，还将狂游期间友朋赓酬唱和之作，裒辑成册，名之曰《吴根越角集》。总之，柳亚子的狂游分湖，除了没有携妓之外，出游规模、诗词数量等方面远迈前人，其狂态豪兴可见矣！

中年时期，柳亚子也喜欢出游，兴会依然。只是随着人生阅历的增长，

---

① 柳无忌编：《南社纪略》，上海人民出版社1983年版，第73页。

② 柳亚子：《〈酒社中秋唱和集〉叙》，中国革命博物馆、上海人民出版社编：《磨剑室文录》上，上海人民出版社1993年版，第567页。

③ 关于杨铁崖游分湖故事："元末杨铁崖结客七人，号为七子，大游分湖。从陶庄直到来秀里，挟伎珠簾金粟，在来秀里的长堤上大跳其天魔之舞，还用鞋㧾行酒，美其名曰白莲瓣，其荒淫无度也就可见一斑了。"参见柳无忌、柳无非编《自传·年谱·日记》，上海人民出版社1986年版，第42—43页。

④ 柳亚子：《游分湖记》，中国革命博物馆、上海人民出版社编：《磨剑室文录》上，上海人民出版社1993年版，第604、607页。

- 134 -

他渐渐褪去了青年时期的狂态，多了些中年的沧桑与沉郁之感。这一时期的出游，以1932—1935年为代表。柳亚子游历江浙，北游平津，南游菲律宾，游踪所至，诗歌盈箧，是名副其实的"漫游"①，如其所谓："万里河山恣壮游。"②其大致特征：出游时间长，短则一周，多则一月，以1934年4月的北游平津、南游齐鲁为最；淡化了青年时期歌舞湖山、狂歌痛饮的文人雅集色彩，以览胜、访友为主要特征③；诗兴之豪，产量之高，过于青年时期，其中平津、齐鲁之游一月得诗240首，赴菲律宾观光20天得诗209首④；游历空间之广，也远非青年时期可比，北抵平津，南至菲岛，不再囿于苏沪杭一带。

晚年时期，柳亚子兴致不减。这一时期，由于社会、政治环境的变化等方面的原因，柳亚子出游次数不多，但其怡情山水是一以贯之的。柳亚子把颐和园作为自己的怡情之所。他在这里赋诗、赏花、游园、泛舟望月，惬意之极。他在颐和园居时，最为快意的是陪客游园。柳亚子多次向毛泽东表明，"倘遣名园长属我，躬耕原不恋吴江"⑤。他在给儿子的信中说，"此地是皇宫，我们居然享受帝王之乐"⑥。1949年5月26日，柳亚子赋赠陈毅的诗中云："难忘最是昆明水，未忍轻言吾道南！"下注云："北平无足恋者，惟此昆明一水、颐和一园，令人乐不思吴，有'故乡无此好湖山'之感，奈何奈何！"⑦1950年10月的"南巡"，是柳亚子的最后一次出游。10月11日，柳亚子随华东军政委员会主席饶漱石的专列南下。

---

① 这期间的漫游大致有四次：1932年10月，应何香凝之邀，漫游江浙，为时一周；1934年1月，有南京、杭州之游，为时一周；1934年4月，柳亚子奉母游平津，南返时游山东，为时一月；1935年2月，随上海市政府观光团赴菲律宾，为时20天。

② 柳亚子：《北行杂诗》之一，中国革命博物馆编：《磨剑室诗词集》上，上海人民出版社1985年版，第737页。

③ 这一时期出游赋诗，基本上是单兵作战，不似青年时期与朋侪同游，酬唱应答。

④ 其余两次出游，产量也不低，均为时一周，漫游江浙得诗八十首，京杭之游得诗近八十首。

⑤ 柳亚子：《叠韵寄呈毛主席一首》，中国革命博物馆编：《磨剑室诗词集》下，上海人民出版社1985年版，第1577页。

⑥ 柳亚子：《致柳无忌》，上海图书馆编：《书信辑录》，上海人民出版社1985年版，第355页。

⑦ 柳亚子：《五月二十六日卓午，始闻上海解放捷报，盖翁山隐僻，如坐瓮中也。百感交集，辄有是作，兼寄陈仲弘将军沪渎》，中国革命博物馆编：《磨剑室诗词集》下，上海人民出版社1985年版，第1624页。

13日，抵沪。柳亚子拟回黎里，因陈毅以治安未恢复劝阻，未能成行。10月18日，柳亚子赴无锡，游鼋头渚；21日到达南京，谒中山陵，游玄武湖。24日，返沪。与亲旧盘桓数日后，10月29日，柳亚子离沪返京。此次出游，历时两旬，诗作30首。一如以前，他对出游表示出快意，柳诗谓："马仰人翻近两旬，自家享受累他人。"①同前期相比，产量明显下降。何以如此？诗味的淡化、豪兴的锐减，与年龄、身体状况有关，诗情勃发的年龄已过，加之晚年的疾病，使他无复当年的豪气。此外，太多的人事夹杂其间，艺术细胞被压抑了。在山水之间，他考虑的是如何为亲旧谋职，自然激发不起创作的灵感。比如，他在无锡游鼋头渚时，《赠陶白》有"我有私书要干谒"之句，题下注云："1950年薄游鼋头渚，识陶白处长，写此留赠，语多神秘，不足为外人道也。"②

二 狂放不羁

儒家强调中庸，不偏不倚，规行矩步，无过无不及。但是，有一类文人却以另类姿态出现。这类人头角峥嵘，个性鲜明。他们任情率性，狂放不羁，耿介绝俗，不愿接受规制的约束成为温柔敦厚的谦谦君子。他们就是孔子所说的狂者、狷者："狂者进取，狷者有所不为也。"自从孔子"宁为狂狷，不为乡愿"开其远源，狂狷之士，一直存在于中国传统社会之中。尤其是晚明之后，狂放之风"不完全是一种个人行为，已成为一种士林风气，还有深厚的社会及哲学基础"③。由于受地域文化的熏染，柳亚子具有狂放不羁之性，是一个拒绝中行的狂狷者。在江南文人中，龚自珍对柳亚子的影响尤大。柳亚子承认："不过定庵（龚自珍的号——引者注）总是一个侚傥之士，惊才绝艳，非常值得人佩服，难怪当时曾经吸引我的心灵，到现在还印象很深呢。这样，定庵和任公，在壬寅那一年，可说是我文字上

---

① 柳亚子：《将至都门，寄谢佩亚、林率、无非、曼云、静文、君石、君华七君子，兼报旅途近况》，中国革命博物馆编：《磨剑室诗词集》下，上海人民出版社1985年版，第1833页。

② 柳亚子：《赠陶白》，中国革命博物馆编：《磨剑室诗词集》下，上海人民出版社1985年版，第1833页。

③ 徐林：《明代中晚期江南士人社会交往研究》，上海古籍出版社2006年版，第95页。

的导师，思想上的私淑者了。"①柳诗亦云："翩翩浊世佳公子，第一倾心是羽琹。"②柳亚子也是一个恃才傲物的狂狷者。柳亚子尝谓："夫以余之狷狂冥行、使酒骂坐，二三心知外，罔不见病若怪民异物。"③"平生矜才使气，不可一世，犹是四十年前南社狂奴故态耳！"④柳氏诗云："漫从狂狷惜中行。"⑤郭沫若也指出，柳亚子的性格"亦狂亦狷"："这种能纵能控，亦狂亦狷的辩证的统一，似乎就是亚子先生的独特而优越的性格。"⑥柳亚子的狂狷之性表现在，他毫无掩饰地张扬自己的个性：自高自许，不肯让人；以豪侠自任，汲汲于建功立业；使酒骂座，歌哭无端。

（一）矜才使气

自古文人相轻，总喜欢一较高低，分出个王前卢后来。文人的争强斗胜，是其狂放人格的重要表现，凡是文人擅长的地方，就是他们硝烟弥漫的战场。早在同里自治学社时，柳亚子就表现出唯我独尊的倨傲之性："我的脾气非常高傲，在同学十几人的面前是不甘居第二流的，一定非要赶在他们的前头。"⑦柳亚子的矜才使气表现在诗坛争锋、酒场称尊等方面。

文人非常强调自己的才名，乃是积习使然。崔颢题诗，李白搁笔；恃才使气，不肯甘居人下。柳亚子对自己的名声非常自信，"自笑虚名满天下"。"十年以来，言满天下，谤亦满天下，忌者至抨弹无完肤。"⑧他在诗坛上高自标榜，不肯让人。

柳亚子对自己的诗非常自负。在《箫心剑态楼诗话》中，柳亚子更是

---

① 柳无忌、柳无非编：《五十七年》，《自传·年谱·日记》，上海人民出版社1986年版，第147页。
② 柳亚子：《孟俶喜慕定厂，占此调之》，中国革命博物馆编：《磨剑室诗词集》下，上海人民出版社1985年版，第561页。
③ 柳亚子：《汀鹭〈画缀〉叙》，中国革命博物馆、上海人民出版社：《磨剑室文录》上，上海人民出版社1993年版，第685页。
④ 郭长海、金贞菊：《柳亚子文集补编》，社会科学文献出版社2004年版，第287页。
⑤ 柳亚子：《鲁游杂诗一百首》，中国革命博物馆编：《磨剑室诗词集》上，上海人民出版社1985年版，第756页。
⑥ 郭沫若：《今屈原》，中国国民党革命委员会中央委员会、中国革命博物馆编：《柳亚子纪念文集》，中国文史出版社1987年版，第38页。
⑦ 柳无忌、柳无非编：《五十七年》，《自传·年谱·日记》，上海人民出版社1986年版，第74页。
⑧ 柳亚子：《〈紫云楼诗〉叙》，中国革命博物馆、上海人民出版社：《磨剑室文录》上，上海人民出版社1993年版，第525—526页。

狂态毕现:"盖余猖狂妄行,不名一师,性又不耐苦吟故也。然平生自负兀傲,不甘寄人篱落间。于当代骚坛巨子、负大名者,尤视之不值一钱。"[1]这种自负表现在,他多次与人争胜。柳亚子曾与高旭争"第一"。高旭曾以"江南第一诗人"自居,柳亚子不以为然。其《寒夜杂忆》之九云:

>   自诧江南诗第一,剧怜与我竟同时。一言甘拾龚郎唾,劝汝删诗壮盛时。[2]

柳亚子之意以为,既生瑜,何生亮?有我柳亚子在,你高天梅就当不了"江南第一诗人"。柳亚子以"诗坛草寇"自居,以至于叶楚伧"舌挢不能下,继作转语曰:'兄为草寇,吾侪合是毛贼耳。'"[3]柳亚子还煮酒论英雄。在他看来,在旧诗作者当中,唯有林庚白可以与之抗手,但林死后,就唯柳独尊了。1943年柳亚子有句"龙文自閟林庚白,牛耳终归柳亚卢",下注:"自庚白之亡,旧诗遂无抗手者,自怜更自负也。"[4]1944年5月9日,柳亚子在赠叶圣陶的诗中云:"中华民国诗圣林庚白,谁与匹者亚子柳。"[5]1945年,在《柳亚子的诗和字》一文中,柳亚子评点诗坛人物:"至于所谓正统派的诗人,老实说,都不在我的心上呢,国民党的诗人,于右任最高明,但篇章太少,是名家不是大家;中共方面,毛润之一枝笔,确是开天辟地的神手,可惜他劬劳国事,早把这牢什子置诸脑后了。这样,收束旧时代,清算旧体诗,也许我是当仁不让呢。"[6]他甚至就直接以柳先林后的排序将自己定于一尊。1950年,柳亚子在致政务院副秘书长齐燕铭

---

[1] 郭长海、金贞菊编:《柳亚子文集补编》,社会科学文献出版社2004年版,第44页。
[2] 柳亚子:《寒夜杂忆》之九,中国革命博物馆编:《磨剑室诗词集》上,上海人民出版社1985年版,第282页。
[3] 中国革命博物馆编:《磨剑室诗词集》下,上海人民出版社1985年版,第1072页。
[4] 柳亚子:《四月二十七日,榴园诗人座谈会席上感赋二首》之一,中国革命博物馆编:《磨剑室诗词集》下,上海人民出版社1985年版,第1181页。
[5] 柳亚子:《辑庚白〈丽白楼自选诗〉一卷成,媵附录十种,寄叶圣陶成都,以梓行之事相属,九叠九字韵》,中国革命博物馆编:《磨剑室诗词集》下,上海人民出版社1985年版,第1203页。
[6] 柳亚子:《柳亚子的诗和字》,中国革命博物馆、上海人民出版社编:《磨剑室文录》下,上海人民出版社1993年版,第1470页。

的信中谈及林庚白："此人（林庚白——引者注）是中国诗人第二号，盖第一号即亚子，我是杜甫，渠为李白，都要结束三千年中国旧诗，希望过渡到新诗的人，其重要在此，非乱吹牛皮也。"[1]

柳亚子不仅跋扈诗坛，而且酒场也不肯让人。柳亚子不善饮酒，但他喜欢闹酒，斗酒。柳亚子仿乾嘉诗坛《诗坛点将录》作《酒社点将录》。顾悼秋作了《酒国点将录》，以宋江自居。柳亚子大不以为然，认为顾悼秋僭妄。"余有《酒社点将录》之作，去取高下，与君异撰，且不国而社，差免夸大之讥。"[2] 在抵达北平之后，柳亚子仍斗酒称尊，狂态依然。柳亚子在《赠余心清》中有"哀乐中年豪气减，倘容更杀第三围"之句，下注："余不能饮而嗜酒，四十年前腾笑万端，后则仅亡友淮海生招饮及朱玉阶将军六秩华诞庆祝醉倒两回。闻君好客，戏一挑战，顾山妻同旅，遑敢自由。诗中云云，过屠门而大嚼，聊快吾意，非真有所干求也。"[3]

（二）狂侠自任

柳亚子兼具狂、侠之性。文人自古有一股豪侠之性。曹植的"仰手接飞猱，俯身散马蹄"的沙场建功立业的激情、贾岛"十年磨一剑，霜刃未曾试"的任侠气概、辛弃疾的"醉里挑灯看剑，梦回吹角连营"的英雄情怀，诸如此类，成了后世文人自觉效仿的对象，尤其是在近代列强虎视鹰瞵的救亡图存背景下，"那些惩恶扬善、扶弱济贫、急难死义的豪侠人格，遂成为正义凛然、光明磊落的象征，成为近代知识者追慕不已的理想人物"[4]。因之，近代知识分子具有一种豪侠性格。[5] 柳亚子的豪侠性格，得龚自珍为多。南社人积龚成癖，其中以柳亚子为最。林香伶指出，"在

---

[1] 柳亚子：《与齐燕铭书》，中国革命博物馆、上海人民出版社编：《磨剑室文录》下，上海人民出版社1993年版，第1609页。
[2] 柳亚子：《〈题酒国点将录〉，为悼秋赋，百六叠杯天韵》，中国革命博物馆编：《磨剑室诗词集》上，上海人民出版社1985年版，第455页。
[3] 柳亚子：《赠余心清》，中国革命博物馆编：《磨剑室诗词集》下，上海人民出版社1985年版，第1541—1542页。
[4] 邵盈午：《中国近代士阶层研究》，中国社会科学出版社2008年版，第3页。
[5] 邵盈午指出，近代知识分子的豪侠人格有以下几个方面的共同特征：一、敦励名节，急难死义，是豪侠的基本人格取向。二、就豪侠人格的内在心态而言，他们所崇尚的是一种忠勇兼具的阳刚之美。三、从豪侠人格的行为目标来看，他们无不具有扬厉进激、郁勃难抑的人格气概。参见邵盈午《中国近代士阶层研究》，中国社会科学出版社2008年版，第72—74页。

柳亚子眼中，几乎无人可以和龚定庵相提并论"[1]。龚自珍惊才艳艳的诗风、不拘一格的狂士做派，自然是柳亚子效仿的对象。剑成了豪侠的一种意象，但是，在传统文人中，似乎除了辛弃疾的剑头沾过血之外，大多数文人并无此等豪侠之举，只是把它作为一种寄兴而已。就柳亚子而言，一方面他具有豪侠性格，另一方面又狂妄自尊。钱昌照曾评价柳亚子："亦狂亦侠亦仁慈。"[2]

一如传统名士，柳亚子希望能建功立业。在柳诗中，"剑"的意向亦随处可见："少年击剑吹箫意，剑气箫心两渺茫。"[3]"剑态箫心不可羁。"[4]"赢得囊中孤剑在，闻鸡起舞到天明。"[5]"我亦十年磨剑者，风尘何处访荆卿？"[6]柳亚子将"磨剑室"作为自己终身的书斋名，其命意是极为显豁的。而且，在他看来，成就不朽功业的同时，需要有美人。柳诗云："美人如玉剑如虹。"[7]在近代这一风云激荡的时代，美人与功业是具有文人气质的革命者的浪漫追求。[8]"上马杀贼，下马作露布"是柳亚子最为向慕的建功立业意象。在他看来，文字不过是雕虫小技而已。[9]柳亚子谈及与高天梅当年建功立业的豪情："然当是时，吾两人皆年少气锐甚，酒酣耳热，高自标榜，

---

[1] 林香伶：《清末民初文学转型期的标志——南社文学研究》，博士学位论文，台湾师范大学，2003年，第521页。

[2] 钱昌照：《题柳亚子诗文集》，中国国民党革命委员会中央委员会、中国革命博物馆编：《柳亚子纪念文集》，中国文史出版社1987年版，第325页。

[3] 柳亚子：《惆怅词六十首，四月十七日夜作》之五十九，中国革命博物馆编：《磨剑室诗词集》上，上海人民出版社1985年版，第92页。

[4] 柳亚子：《自题〈磨剑室诗词〉后》，中国革命博物馆编：《磨剑室诗词集》上，上海人民出版社1985年版，第82页。

[5] 柳亚子：《除夕杂感》之十四，中国革命博物馆编：《磨剑室诗词集》上，上海人民出版社1985年版，第19页。

[6] 柳亚子：《题钱剑秋〈秋灯剑影图〉》，中国革命博物馆编：《磨剑室诗词集》上，上海人民出版社1985年版，第218页。

[7] 柳亚子：《为天梅题〈花前说剑图〉，集定公句》，中国革命博物馆编：《磨剑室诗词集》上，上海人民出版社1985年版，第130页。

[8] 1912年2月7日，苏曼殊在给柳亚子的信中云："'壮士横刀看草檄，美人挟瑟请题诗。'遥知亚子此时乐也。"参见杨天石《南社史长编》，中国人民大学出版社1995年版，第229页。

[9] 柳亚子在《题沈剑霜印存》中云："篆刻雕虫岂壮夫，耗奇借瑕论终诬。何如抛却毛锥子，十万横磨事远图。"参见中国革命博物馆编《磨剑室诗词集》上，上海人民出版社1985年版，第269页。

辄谓上马杀贼,下马作露布,天下英雄,惟使君与操,江东无我,卿当独秀,所交相期许者,盖不在琐琐李杜韩柳间也。"①

柳亚子还表现出唯我独尊的狂妄之态。柳诗中"自笑狂奴貌余子""一代文豪今属我""论才我胜柳文惠"等句随处可见;并且,柳亚子的这种侠气是与其狂态连在一起的。最是体现柳亚子豪侠之性和狂妄之态的是,柳亚子把毛泽东比作李世民,自己以虬髯客自拟。虬髯客张仲坚是唐代传奇小说中的英雄人物,他与李世民分庭抗礼,建立了扶余国。柳亚子对张仲坚倾慕不已。1947 年,柳亚子发起扶余诗社:"世民能杀夏王,能臣卫公,独不能屈虬髯而下之,对于'尽入彀中'一语,讽刺甚烈","始有扶余诗社之创,意在扬张(虬髯客——引者注)抑李(李世民——引者注),尊一妹而薄卫公"②。

柳亚子一向自负,他绝不会轻易低下高昂的头颅。尽管他早在 20 年代就对毛泽东推许有加,③ 但是,这是一种英雄间的惺惺相惜。柳亚子佩服毛泽东,但他并不认为毛泽东比自己高明,而是将两人的才能定位在伯仲之间。1945 年,曹立庵给他刻了两枚印章:一为"兄事斯大林,弟畜毛泽东";一为"前身祢正平,后身王尔德;大儿斯大林,小儿毛泽东"。这两枚印章表现出柳亚子的狂放不羁。柳诗有云:"大儿孔文举,小儿杨德祖。自非祢正平,狂语谁敢吐。大儿斯大林,小儿毛泽东。我狂胜祢生,斯毛真英雄。杨孔当年并瀐落,惟有祢生堪鼎足。三仁并命殉清狂,鹦鹉洲边鬼夜哭。"④ 按:祢正平是汉末名士祢衡,王尔德是英国 19 世纪唯美主义艺术运动的倡导者,著名的诗人、艺术家。柳亚子颇为得意的这两枚印章,此后引发了"文化大革命"中的一件冤案,这是柳亚子始料不及的;对此,

---

① 柳亚子:《〈变雅楼三十年诗征〉叙》,中国革命博物馆、上海人民出版社编:《磨剑室文录》上,上海人民出版社 1993 年版,第 387 页。
② 柳亚子:《扶余诗社社启》,中国革命博物馆、上海人民出版社编:《磨剑室文录》上,上海人民出版社 1993 年版,第 1553 页。
③ 1929 年,柳亚子在《存殁口号六首》之一中,将孙中山、毛泽东相提并论:"神烈峰头墓草青,湘南赤帜正纵横。人间毁誉原休问,并世支那两列宁。"参见中国革命博物馆编《磨剑室诗词集》上,上海人民出版社 1985 年版,第 639 页。
④ 柳亚子:《短歌行,为曹立庵赋,十一月廿六日》,中国革命博物馆编:《磨剑室诗词集》下,上海人民出版社 1985 年版,第 1399 页。

当事人还进行了澄清。①需要指出的是，推倒极左年代强加在柳亚子身上"私心发作""野心家"一类的不实之词是必要的；但是，柳亚子的狂态却是回避不了的，费尽心力地解释是徒劳的。何以如此？将柳亚子的思想、性格作简单的政治层面解读，离开了他丰富的文人特性，尤其是他狂放不羁的性格，其言行就无从索解，就隐没了一个血肉真实的柳亚子。

1947年，在《从中国国民党民主派谈起》一文中，柳亚子列举了中国共产党在北伐前没有采纳他的刺蒋主张和西安事变的纵虎归山两次"失策"，以此来说明自己的高明："老实讲，我是中国第一流政治家，毛先生也不见得比我高明多少，何况其他？"②抵达北平后，柳亚子以虬髯客自居，将毛泽东比作太原公子李世民；柳亚子承认毛泽东是历史的雄健者，自己虽然"平生兀傲"，却不能像虬髯客那样开创海外扶余，割地自雄，反而还要依人过活。为什么会如此？在他看来，毛泽东成就了盖世功业，而自己觍颜落魄，一飘茵一堕溷，乃是运势使然，即"势去英雄不自由"③。1950年，在致邵力子的信中，柳亚子将这一层说得极为明了："生瑜生亮，天实为之。太原公子既帝中原，又无扶余海外足以恣我回旋，亦惟有降心相从，聊为食客耳！在渝曾刻一印，有祢正平'大小儿'之喻。天下事付之儿辈，老夫从容文酒足矣。"④前后参照，其意就极为显豁：虬髯客之所以"输一着"，乃是由于"既生瑜，又生亮"的"天实为之"，不信命运的柳亚子⑤，将自己的"降心相从"归之为天，不过是狂傲不羁、不肯认输的一种自我解嘲而已。明乎此，我们就不难理解柳亚子的狂态：

---

① 曹立庵：《"亚子先生今不朽"》，中国国民党革命委员会中央委员会、中国革命博物馆编：《柳亚子纪念文集》，中国文史出版社1987年版，第293—295页。
② 柳亚子：《从中国国民党民主派谈起》，中国革命博物馆、上海人民出版社编：《磨剑室文录》上，上海人民出版社1993年版，第1542页。
③ 柳亚子在《次韵和平江四首》之一云："棋局虬髯输一着，太原公子信英雄。平生兀傲今低首，第一人才毛泽东。"之二云："大道能行天下公，中山此语死犹雄。虬髯不王扶余岛，拥护湘潭毛泽东。"参见中国革命博物馆编《次韵和平江四首》，《磨剑室诗词集》下，上海人民出版社1985年版，第1689页。
④ 郭长海、金贞菊编：《柳亚子文集补编》，社会科学文献出版社2004年版，第286页。
⑤ 参见上海图书馆历史文献中心近代文献部编《致柳无非》，《柳亚子家书》，岳麓书社1997年版，第398页。

"除却毛公便柳公，纷纭余子龙虎从。"① "北毛南柳两英雄"② "柳南毛北吾何愧，列诰斯谟世共尊。"③

（三）狂歌痛饮

作为文人，诗、酒、人三位一体。所谓文人，必须有文，否则就不成其为文人；有酒无文，不过是伧夫俗人，朴野无文；有文无酒，亦仅为拘谨腐儒，少了灵气。文人买醉，就是通过酒精激活体内的文化因子。"熟读离骚，痛饮酒，乃得为名士"一语，正为此发。因之，狂歌痛饮，是文人的行为特征。柳亚子身上亦表现出这种文化基因。柳诗有云："一口吸尽千百杯"④，"红霞壶，白玉襦，对此不饮真人奴"⑤。

柳亚子不善饮酒，但这并不妨碍他成为一个酒人。南社多酒人，社友顾悼秋评论柳亚子是"狂人之酒"："沈剑霜、余十眉，诗人之酒也。叶楚伧、陆伯舸，酒人之酒也。胡朴安、柳亚子、王大觉、周酒痴、朱剑芒，狂人之酒也。"⑥的确，酒可以增其狂态：身处忧患，酒浇块垒；人生顺遂，酒添逸兴。柳亚子有极强的用世之心，对于世事始终萦怀，酒不能使其忘忧消愁，所谓"举杯消愁愁更愁"即是。柳亚子自云："酒酣以往，抵掌高谈，未能忘情于天下事也。"⑦酒入愁肠，柳亚子就表现出种种狂奴故态：或睥睨一世，煮酒论英雄，天下尽在吾手；或感英雄无用武之地，把酒问天，拔剑斫地。

具有浓郁忧患意识的柳亚子，感国事之蜩螗，在酒精的催化作用之下，情绪更加激昂，宣泄郁结于胸的情绪。南社成立之日，柳亚子与社友感怀

---

① 柳亚子：《为韦江凡题〈故都缘法〉册子二首，江凡秦之澄城县人》，中国革命博物馆编：《磨剑室诗词集》下，上海人民出版社1985年版，第1628页。
② 柳亚子：《次韵和平江四首》之二，中国革命博物馆编：《磨剑室诗词集》下，上海人民出版社1985年版，第1689页。
③ 柳亚子：《次韵答贺澍兄、朱舜华姊伉俪沪上》，中国革命博物馆编：《磨剑室诗词集》下，上海人民出版社1985年版，第1473页。
④ 柳亚子：《饮中八友歌》，中国革命博物馆编：《磨剑室诗词集》上，上海人民出版社1985年版，第141页。
⑤ 柳亚子：《此日足可惜，次韵和截人》，中国革命博物馆编：《磨剑室诗词集》上，上海人民出版社1985年版，第343页。
⑥ 郑逸梅：《南社丛谈》，中华书局2006年版，第133页。
⑦ 柳亚子：《经颐渊先生传》，中国革命博物馆、上海人民出版社编：《磨剑室文录》下，上海人民出版社1993年版，第1243页。

国事，慷慨悲歌，指天画地，屋瓦为之动摇："时虏焰犹张，而吾辈咸抱亡国之痛，私欲借文字以抒蕴结。余既酒酣耳热，悲从中来，则放声大哭，自比于嗣宗、皋羽。檗子诗所谓众客酬酢一客唏者是也。"①北洋军阀统治时期，武人跋扈，"城头变幻大王旗"。1917年5月，柳亚子偕社友泛舟西湖。面对不堪的国事，柳亚子效屈原自沉汨罗故事，几欲纵身西湖："饮酒大醉，醉后忽及家国事，遂抚膺恸哭，襟袖俱湿。人谓阮嗣宗岂恨穷途，羊长史自悲亡妾，君一副眼泪，当为子美洒耳。实则泪从何来，我亦不自知，唯觉对此茫茫，百端交集，虽欲不哭，又胡能已哉。哭罢，思遂纵身入西湖，效屈平抱石故事，惜为友人所阻。"②

狂歌痛饮还是文人的一种行为方式，能酝酿出一种狂欢情绪和诗酒风流的人文氛围。南社社友郑逸梅记述了柳亚子等酒社社友一次雅集时的兴会淋漓之状："柳亚子虽不善酒，却是喜欢闹酒的。还有王大觉闹酒，比亚子闹得更厉害。某次，玉峰余天遂到黎里，社友邀他做陪客，斗诗角酒，为兴益豪。大觉一面饮酒，一面做诗，濡笔淋漓，累累写了好多张纸。不意一举手碰翻了酒杯，纸被酒湿，漫渗不能辨字，时悼秋恰巧和大觉并坐，悼秋穿着白袷衣，大觉乘悼秋不备，扯了悼秋衣幅，代纸书写。更有位别署'酒痴'的周云，为著名的高阳酒徒，加入了酒社，酒社越发热闹起来，共集会了十三次。尤在中秋节前后，泛舟金镜湖头，在舟中轰饮，连着三天。"③

酒精作为文化的酵母，可以激发文人的创作灵感；狂歌痛饮，是文人气质的自我展示。1950年11月，柳亚子痛饮后草《抗美援朝之歌》，援笔立就，一如当年的曹植三步成诗："余赴大使馆招饮，与刘伯承、聂荣臻诸将军碰杯轰饮，飘飘然有仙意。……会毕已子夜，驱车返北长街紫禁城西新邸，坐未定，即获起句，援笔续成，如有神助者。掷笔启户，仰天大笑而罢。"④

---

① 柳亚子：《〈庞檗子遗集〉序》，中国革命博物馆、上海人民出版社编：《磨剑室文录》上，上海人民出版社1993年版，第424页。
② 柳亚子：《致洪白蘋》，上海图书馆编：《书信辑录》，上海人民出版社1985年版，第18—19页。
③ 郑逸梅：《南社丛谈》，中华书局2006年版，第29页。
④ 柳亚子：《跋自撰书抗美援朝歌赠李世璋手卷后》，中国革命博物馆、上海人民出版社编：《磨剑室文录》下，上海人民出版社1993年版，第1579页。

（四）"山膏善骂"

名士并非全是温文尔雅的谦谦君子，有的喜欢骂人，善骂是展示其个性的一个重要方面。古代的祢衡，近代的章太炎、黄侃盖皆此类。当然，他们不是如村妇骂街一样，而是"雅骂"。在善骂这一点上，柳亚子确乎得章太炎的"道统心传"。[①] 对于柳亚子的善骂，不仅自视也好，还是他视也罢，基本上是一个优点。柳诗云："但能骂座便英雄。"[②] 桂林文化界庆祝柳亚子五十八岁寿辰时指出，"大家都认为柳氏是一个敢哭、敢笑、敢怒、敢骂的革命诗人"[③]。柳亚子的善骂，正是他身上的一个文化符号。

柳亚子的善骂，反映出他身上具有鲜明的道德主义倾向。以道自任的柳亚子希望维系社会的基本道义。作为一介书生，柳亚子手无尺寸之柄，他唯一所恃者，是手中的道德武器。这一点，很大程度上带有几社、复社名士的影子。著名文史学者宋云彬指出："柳先生喜做诗，也爱喝酒。不过桂林的三花酒，他不爱喝，爱喝那甜咪咪的葡萄酒，也是桂林的产品。他喝了酒，有时也会骂，我曾亲见过几次，因此我想当年复社诸君子痛骂那《燕子笺》作者阮大铖的情景，大概也是这样。有人以为柳先生脾气坏，我却觉得这正是柳先生的天真可爱处。"[④] 因此柳亚子所骂的对象主要包括不合乎道义原则的人和事。在辛亥南北议和期间，出于反对议和、反对袁世凯的立场，柳亚子"天天骂南京政府，骂临时参议院"，"把袁世凯骂得狗血喷头"[⑤]。旅桂期间，因不许举办鲁迅先生六周年祭，柳亚子像"长桥上骂知县"一样，把"省当局大骂一顿"[⑥]。其实，骂与清议一样，是他进

[①] 柳亚子在《五十七年》中引了章太炎给其题扇诗中有"只逐山膏善骂人"之句。参见《自传·年谱·日记》，上海人民出版社1986年版，第153页。山膏是传说中的怪兽名，其状如猪，好骂人。《山海经·山中经》云："又东二十里，曰苦山。有兽焉，名曰山膏，其状如逐，赤若丹火，善骂。"

[②] 柳亚子：《赠戴人四章》之三，中国革命博物馆编：《磨剑室诗词集》上，上海人民出版社1985年版，第346页。

[③] 中国国民党革命委员会中央委员会、中国革命博物馆编：《柳亚子纪念文集》，中国文史出版社1987年版，第330页。

[④] 宋云彬：《柳亚子》，中国国民党革命委员会中央委员会、中国革命博物馆编：《柳亚子纪念文集》，中国文史出版社1987年版，第48页。

[⑤] 柳无忌编：《南社纪略》，上海人民出版社1983年版，第39—40页。

[⑥] 柳亚子：《鲁迅先生九周年祭》，中国革命博物馆、上海人民出版社社编：《磨剑室文录》下，上海人民出版社1993年版，第1463页。

行道德主义讨伐的工具。骂，有效，但有限。诸葛亮骂死了王朗，但骂不死司马懿。社友李光曾劝柳亚子，"谩骂叫呼，何裨世事？其非吾道责，尤非吾公责，的然明矣"[①]。

柳亚子的善骂，还反映出他极强的个性。在南社诗论启衅之初，社友胡先骕为同光体张目，柳亚子"恶声必反"，以诗骂之："诗派江西宁足道，妄持燕石诋琼琚。平生自有千秋在，不向群儿问毁誉。"[②]见此情形，胡先骕虽然不作声了，但对柳亚子心存腹诽："亚子狂妄自大，毫无学者风度，既属无理可喻，也就不加反驳。"[③]柳亚子还借章太炎的"名骂"施之于反对派的朱鸳雏，"嗟嗟，杨锡章门下之弄儿，周维新幕中之契弟，下流所归，君子不齿，善籍而口，勿令舐痈，善补而裤，勿令后穿，斯已矣，何猖猖狂吠为"[④]。对于柳亚子的善骂，社友丁湘田提出批评："今鸳雏、亚子，论诗各有越出轨道之处（如鸳雏之斥亚子诗，及亚子致某君书，彼此皆以秽语相骂，均不堪入我辈女社员之目），实有乖风雅之道。"[⑤]柳亚子甚至连自己的同盟军也骂："驱逐鸳雏的启事，最初是在《民国日报》上面登载广告的。当时邵力子、胡朴庵许多人都在《民国日报》，都不赞成我的举动，怕把事情弄僵了，写公开信来劝我不要把广告发表。但是，我的个性，向来不受人劝，而是愈劝愈僵的。于是，还了信去，连他们几位也臭骂了一顿""在我也肝火旺得一塌糊涂，几乎逢人便骂，终于搅散了南社的道场。"[⑥]如果说前一类的骂是出自道德主义激情，可以获得道德分，有令人觉得"可爱"之处；而后一类的骂，则体现了柳亚子"刚肠嫉恶，遇事辄发"的个性，有时一任情绪发作，虽至交友好、名宦显贵，全然不顾。当然，这种个性

---

① 李光：《再与柳亚子》，柳亚子等编：《南社丛刻》第十六集，江苏广陵古籍出版社1996年影印本。

② 柳亚子：《妄人谬论诗派，书此折之》，中国革命博物馆编：《磨剑室诗词集》上，上海人民出版社1985年版，第256页。

③ 郑逸梅：《南社丛谈》，中华书局2006年版，第261—262页。

④ 柳亚子：《再斥朱玺》，中国革命博物馆、上海人民出版社编：《磨剑室文录》上，上海人民出版社1993年版，第476页。

⑤ 丁湘田：《来函》，《中华新报》1917年8月16日，转引自杨天石编《南社史长编》，中国人民大学出版社1995年版，第486页。

⑥ 柳无忌编：《南社纪略》，上海人民出版社1983年版，第152、153页。

利弊参半："有时好到极点，有时坏到极点。"①

三 慕义率真

朋友之道，古来所重。孔子云："益者三友，损者三友。友直，友谅，友多闻，益矣；友便辟，友善柔，友便佞，损矣。"②柳亚子一生朋友遍天下。对此，他非常自信与自豪："自余束发交天下士，一时缟纻云兴，裙屐鳞萃。论者谓弗减朱明几复之盛，君亦当日握手言欢之一人也。"③此语固不无自壮门面的成分，但也说明了他交游之广的事实。在朋友交往中，柳亚子强调道义之交："余维朋友之道，过相规，善相劝，学问相切磋，患难疾痛相扶持，若是者斯名为益，否则损矣。今世俗之所谓友者，大肉肥鱼之肆，樗蒲六博之场，酣嬉淋漓，穷日夜忘返，蹈昔贤比匪之戒。甚者雨云反手，河岳横胸，车笠盟寒，缟纻道丧，不至于落井下石不止。此嵇中散所由感慨，而驰书朱公叔、刘孝标所由发愤而著论也。"④柳亚子对朋友热情而真诚："提起亚子先生，必然会令人连想到他的诗和文章，……不过以为他做人的态度却比较地更要可珍贵得多哩！如果没有这些，也许他的诗文，还不会有这么充实的内容吧！他的态度到底如何呢？'真实'、'诚意'、'热情'便是。"⑤

士阶层具有强烈的群体意识，即所谓同声相应，同气相求。汉末名士之间遵循共同的价值标准，道德上相互砥砺，政治上相互提携，生活上互相关照，他们的这种道义之交，被称为"东都风谊"。李固、杜乔为宦官、外戚所害，暴尸街头，不许收葬，家属故人都不敢接近。郭亮、董班在收尸不许的情况下，守着李固的尸体痛哭；杜乔的故吏杨匡一路号泣，星夜赶到洛阳，化装成亭吏为其守尸。张俭遭党锢之祸，亡命途中，望门投止，很多人为了保护他，以至于"伏重诛者以十数，连引收考者遍布天下，宗

---

① 劲草：《南社影事》，马以君主编：《南社研究》第6辑，中山大学出版社1994年版，第198页。
② 杨伯峻译注：《论语译注》，中华书局2009年版，第173页。
③ 柳亚子：《周平泉传》，中国革命博物馆、上海人民出版社编：《磨剑室文录》上，上海人民出版社1993年版，第538页。
④ 柳亚子：《〈兰臭图〉记》，中国革命博物馆、上海人民出版社编：《磨剑室文录》上，上海人民出版社1993年版，第545页。
⑤ 林北丽：《柳亚子先生的为人比他的诗文更值得珍贵的一面》，中国国民党革命委员会中央委员会、中国革命博物馆编：《柳亚子纪念文集》，中国文史出版社1987年版，第230页。

亲并皆殄灭，郡县为之残破"[1]。汉末名士的这种风谊，为后世士人树立了一个道德风范。顾炎武对此馨香不已："三代以下，风俗之美，无尚于东京者。"[2]在与朋友的交往中，柳亚子也自觉地接受了这种道德观。柳诗云："太学举幡救李膺，东都风谊旧堪征。"[3]

（一）急人之难

慷慨慕义，在急难时刻挺身而出，是任侠之士惯常的价值取向和行为方式。秦末汉初，鲁人朱家以任侠闻名，喜欢接纳天下豪杰，藏匿亡命。朱家是柳亚子自觉效仿的对象。柳亚子待朋友有热情，能急人之难；并强调轻财尚义的道义之交。柳亚子表彰过捐地埋葬邹容的"江东侠客"刘三："破壁谁能藏玛志，挥金差幸葬邹阳。"[4]他还揄扬过"推衣解食"的朱少屏："莫道沪江轻薄地，市中还有鲁朱家。"[5]柳亚子具有古侠士之风。有人指出，"待朋友呢？那更是以不厌不倦的精神，为他人跑路，给他人帮忙。即使你托他一件很小的事情，他都要郑重其事的，非设法替你办到，决不肯终止"[6]。

柳亚子总是满心热忱地帮助朋友。20世纪30年代，无数共产党人、进步人士、革命青年遭到迫害，身陷囹圄。柳亚子总是利用自己的特殊身份和地位，多方奔走。柳亚子设法营救的人中，有国民党著名的左派邓演达[7]；

---

[1] 范晔：《后汉书·党锢列传·张俭传》，中华书局1965年版，第2210页。

[2] 顾炎武：《日知录》卷十三"两汉风俗"条，黄汝成集释，上海古籍出版社2013年版，第752页。

[3] 柳亚子：《赠汝葆彝》，中国革命博物馆编：《磨剑室诗词集》上，上海人民出版社1985年版，第528页。

[4] 柳亚子：《海上赠刘季平》，中国革命博物馆编：《磨剑室诗词集》上，上海人民出版社1985年版，第28页。

[5] 柳亚子：《怀人十章》之十，中国革命博物馆编：《磨剑室诗词集》上，上海人民出版社1985年版，第47页。

[6] 林北丽：《柳亚子先生的为人比他的诗文更值得珍贵的一面》，中国国民党革命委员会中央委员会、中国革命博物馆编：《柳亚子纪念文集》，中国文史出版社1987年版，第232页。

[7] 1931年8月，邓演达被捕。柳亚子与何香凝联名致电国民党中央党部："报载邓演达判处死刑，究竟已未执行？请复电。如未，望即释放。"参见中国革命博物馆、上海人民出版社编《磨剑室文录》下，上海人民出版社1993年版，第1078页。营救无效，是年11月，邓演达被秘密杀害。柳亚子悲愤不已，其在《哭邓择生》之一云："噩耗传闻杂信疑，伤心此度竟非虚。爱书三字成冤狱，谁向临安救岳飞。"参见中国革命博物馆编《磨剑室诗词集》上，上海人民出版社1985年版，第673页。

有第三国际远东局负责人牛兰夫妇[1]；有中共早期领导人陈独秀[2]；有中共党员、廖仲恺、何香凝夫妇之子廖承志、女婿李少石等。[3]

柳亚子有很多的青年朋友。他关心青年，尽力帮助。"他（柳亚子——引者注）自己对于青年也是非常关心的，只要青年有一点进步，他总是热情鼓励，而且尽力所能及去帮助他们。"[4] 20世纪20年代，柳亚子资助过一个叫"凌云"的青年上学。凌云系中共党员陈味芝，在上海大学求学期间，受到柳亚子的资助，抗战期间被湖匪残杀于阳澄湖。[5] 著名女作家谢冰莹也谈及柳亚子曾热心帮助青年：

> 亚子先生不喜欢人家恭维他的文章或诗词如何如何好，也不愿有求于人；然而如果遇着有人求他帮忙时，只要他有能力办到的，马上就办。有一次，我亲眼见到一位陌生的青年来访，求他写一封谋职的介绍信，他听到对方叙述目前生活的艰苦，同情心油然而生，马上回到书房写了给某人的介绍信，他很坦白地说："信是写了，你拿去试试看，有没有结果，那就不得而知。信里面还有一点小意思，是帮助你解决目前困难的。"那位青年感激得两眼热泪汪汪地，说不出话来，连连恭敬地鞠了几个躬，好不容易说出"谢谢！谢谢！"就走了。[6]

---

[1] 1932年6月，第三国际远东局负责人牛兰夫妇在南京遭非法逮捕，7月开始绝食抗议，柳亚子领衔发起声援运动，并签名。《自撰年谱》云："第三国际党人牛兰夫妇，在南京狱中绝食。偕鲁迅先生，暨丁玲、茅盾、田汉、洪深、陈望道、楼适夷、姚蓬子、郁达夫等联名发电营救。与宋庆龄女士为桴鼓之应。"参见柳无忌、柳无非编《自传·年谱·日记》，上海人民出版社1986年版，第26页。

[2] 《申报》1932年10月24日刊载消息《蔡元培等营救陈独秀》，参见张明观《柳亚子史料札记》，上海人民出版社2008年版，第158页。

[3] 柳亚子在《自撰年谱》中云："是月月杪，廖仲恺先烈之公子承志被捕，奔走救援，至四月初获释。"参见柳无忌、柳无非编《自传·年谱·日记》，上海人民出版社1986年版，第27页。柳亚子在《诗翁行，哭李少石》诗前序云："1933年春被捕入狱，梦醒奔告廖夫人，夫人方卧疾，属营救之责于余。余则抚梦醒为义女，尽谒国民党四元老，群策群力以赴，少石得以不死，锢南京及苏州反省院几五稔。讨倭军兴，始复自由，与梦醒双栖海上。"参见中国革命博物馆编《磨剑室诗词集》下，上海人民出版社1985年版，第1342页。

[4] 廖辅叔：《柳亚子先生言行小记》，中国国民党革命委员会中央委员会、中国革命博物馆编：《柳亚子纪念文集》，中国文史出版社1987年版，第218页。

[5] 张明观：《柳亚子史料札记》，上海人民出版社2008年版，第131—132页。

[6] 谢冰莹：《忆柳亚子先生》，中国国民党革命委员会中央委员会、中国革命博物馆编：《柳亚子纪念文集》，中国文史出版社1987年版，第189页。

对于革命青年，不幸被国民党特务拘捕，只要力所能及，他总是关切地、全力以赴去拯救。《磨剑室文录》收录了一封1931年柳亚子、何香凝联名致国民党中央党部的电文：

> 中央党部林子超、陈真如先生：报载被捕学生数十人，为爱惜青年计，务请释放为叩。何香凝、柳亚子[①]

柳亚子对朋友的热心帮助，是一以贯之的。抵达北平后，柳亚子像贾宝玉一样整日"无事忙"[②]，忙于给人作伐，甚至为了"小朋友"黄波拉食宿的事，写信给日理万机的毛泽东，请求帮助。[③] 对于柳亚子的"热情"，友人宋云彬曾委婉地进行了规劝。"亚老又是一个热情洋溢的人，常常感情盖过了理智，尤其在神经兴奋的时候。现在颇有人利用亚老这一个人弱点（热情洋溢原不能说是弱点，可是过分兴奋，任凭感情做事，就成为弱点了），怂恿亚老，戟刺亚老，说得不客气一点，就是利用亚老抬高自己身份，或作进身的阶梯。而亚老又往往遇事不加考虑，对人不多加分析，纯凭一腔热情，或挺身替人家打不平（其实有些并不是不平的事情），或具名替人家作保荐，于是抗议之书、绍介之函，日必数通，何亚老之不惮烦也？"[④] 由此可见柳亚子对朋友的真诚与热情。至于这种真诚、热情被人利用，则是另外一个问题了。

（二）不负死友

道义之交强调，不仅笃于生前，而且忠于死后。名士之间互相应援，生不能救，死而谋葬，这既是清议所要求的，也是士人追慕的道德境界。如全祖望谓："予少时读汉人平陵黄犊之谣，以为此一时义士生不能救、死而谋葬之作也。若王子珩死，诸义士有请尸之书，有窃尸之举，温公

[①] 柳亚子：《致南京中国国民党中央党部电》，中国革命博物馆、上海人民出版社编：《磨剑室文录》下，上海人民出版社1993年版，第1078页。

[②] 柳亚子：《致尹瘦石》，上海图书馆编：《书信辑录》，上海人民出版社1985年版，第349—350页。

[③] 1949年5月21日，毛泽东在给柳亚子的回信中云："黄女士（黄波拉——引者注）的信已代收，我的秘书并已和黄女士通电话，料可获得居处。"参见中共中央文献研究室编《毛泽东书信选集》，中央文献出版社2003年版，第293页。

[④] 宋云彬：《红尘冷眼》，山西人民出版社2002年版，第136页。

皆纪之通鉴。文宋瑞死而张毅夫亦以此垂名。"[1]柳亚子也自觉接受了这种道德，执信并践行不负死友的精神。如其所谓："今夫只鸡斗酒，曹孟德怀腹痛之言；葛帔练裳，刘孝标著绝交之论。假使一生一死，起泉壤而甘心；要当三沐三熏，措孤嫠于善地。"[2]有人评价柳亚子："他这种对朋友不负死生的精神，真是令人感动极了！——柳先生最初引起我崇拜的，也就是这一点。那时我正15岁，在一个偏僻的山城里读中学，从上海北新书局刊行的语丝上，看到他为编印曼殊全集与人往复讨论的文章，常常感动得流泪，觉得'友情'真是太伟大了。"[3]

柳亚子不遗余力地表彰遗烈。朋友死后，其事迹晦塞不明，甚至背负不洁之名，含冤九泉。柳亚子认为，为死友昭雪，表彰其事迹，这是后死者义不容辞的责任。如其所谓："不有后死，孰白前修；不树风声，孰召来哲。苟一人之功罪弗彰，即百世之准绳何赖。"[4]

为南社社友、革命烈士周实（实丹）、阮式（梦桃）伸张正义，是柳亚子一生中可圈可点的革命活动，也极为鲜明地体现了他忠于死友的精神。周、阮一案是民国建立后的震惊全国的大案。[5]为替烈士声张正义，柳亚子奔走呼号：台前揭露事件的真相，对卵翼姚荣泽的各派势力口诛笔伐；幕后擘画经营，飞书传檄，都可以见到柳亚子慷慨激昂的身影。如其所云："在这个时候，我是把全生命都交给周、阮一案的了。"[6]

柳亚子还为死友辩诬。同盟会会员、社友孙元（竹丹）奔走革命，在日本为仇家所杀；并且，死友还蒙受了不洁之名，成了出卖同志的叛徒。

---

[1] 全祖望：《钱忠介公葬录题词》，《全祖望集汇校集注》，朱铸禹汇校集注，上海古籍出版社2000年版，第1205页。

[2] 柳亚子：《为沈秋凡先生遗族募捐启》，中国革命博物馆、上海人民出版社编：《磨剑室文录》上，上海人民出版社1993年版，第621页。

[3] 朱荫隆：《柳亚子先生及其诗》，中国国民党革命委员会中央委员会、中国革命博物馆编：《柳亚子纪念文集》，中国文史出版社1987年版，第69页。

[4] 柳亚子：《孙君竹丹昭雪启》，中国革命博物馆、上海人民出版社编：《磨剑室文录》上，上海人民出版社1993年版，第325页。

[5] 武昌起义后不久，革命者周实、阮式返山阳（淮安）响应，召开大会，宣布山阳光复。1911年11月17日，周、阮二人被前清山阳县令姚荣泽诱杀。姚后托庇于通州张謇、张督兄弟。几经曲折，以沪军都督陈其美为代表的军方革命派极力促成将姚荣泽解沪，进行军法审判，为烈士雪冤。由于以司法总长伍廷芳为代表的法制派的干预，最后组织混合合议庭，以新法判案。裁判结果，判处姚荣泽死刑，由于袁世凯的特赦，姚仅被处以罚金，不到三个月就被释放。

[6] 柳无忌编：《南社纪略》，上海人民出版社1983年版，第41页。

"顾皖人有綦君者，日与其徒党造作誓言，谓君为清人作侦吏，熊氏之狱，君实祸首，曾参杀人，不疑盗金，飞短流长，骎成市虎"，"顾既杀其身，复污其名，夫己氏之用心，亦太酷矣"①。为此，柳亚子通过孙竹丹好友钱兆湘了解其生平事迹以及被诬陷情状，撰成《孙君竹丹事略》《孙君竹丹传》；他还根据柏文蔚提供的文稿，参合钱兆湘提供的资料，编排《孙烈士竹丹遗事》并撰跋文，并在《南社丛刻》第8集上发表《孙君竹丹昭雪启》，为死友洗去不白之冤。②此外，柳亚子还为侯绍裘烈士辩诬。"四·一二"政变之后，侯绍裘被杀害于南京。谣传烈士生前有绯闻，柳亚子力辟其非，并将表彰烈士事迹作为自己不可推卸的责任。柳诗有"主持公论吾曹责，谣诼蛾眉谤善淫"句，下注："使柳亚子早死，又畴能为烈士呼冤哉！"③1938年，侯绍裘遇难十一周年，柳亚子为其作传，称"其为人也，俭于持躬而厚于遇友，怀才而不伐，负责而不竞，渊渊乎君子人哉"④。抵达北平后，柳亚子也不忘表彰烈士。柳诗有"主持公论吾曹责，谣诼蛾眉谤善淫"句，下注："又亡友侯绍裘，为革命圣人。生平于性道德尤严格，而外间误传在革命时代曾携爱人东下，君亦误信之，实则浙人邵季昂之影事也。"⑤

柳亚子还表彰烈士事迹，不使湮没无闻。柳诗有句："表扬吾辈责，青史有光芒。"⑥柳亚子的这种笃于死友的精神，通过他对张应春、侯绍裘等大革命时期一同任职于国民党江苏省党部的殉难同志的表彰，即可窥其

---

① 柳亚子：《孙君竹丹事略》，中国革命博物馆、上海人民出版社编：《磨剑室文录》上，上海人民出版社1993年版，第311页。
② 孙之梅：《南社研究》，人民文学出版社2003年版，第134—135页。
③ 柳亚子：《赠李炳祥一首，用进退格》，中国革命博物馆编：《磨剑室诗词集》下，上海人民出版社1985年版，第1546页。
④ 柳亚子：《朱季恂、侯绍裘合传》，中国革命博物馆、上海人民出版社编：《磨剑室文录》上，上海人民出版社1993年版，第1207页。
⑤ 柳亚子：《赠李炳祥一首，用进退格》，中国革命博物馆编：《磨剑室诗词集》下，上海人民出版社1985年版，第1546页。
⑥ 柳亚子：《三月十八日，车中与之华谈秋白逸史，兼及侯绍裘、张应春、宛希俨、李一谔、刘重民、黄竞西诸人殉国事，黯然有作》之二，中国革命博物馆编：《磨剑室诗词集》下，上海人民出版社1985年版，第1531页。

一斑。① 为了昭彰二烈士的事迹，柳亚子采取了多种形式：一是为烈士树碑立传。1928 年，柳亚子从日本回国之后，获悉张应春遇难，与社友沈长公为其立衣冠冢，并竖碑；1930 年，撰《秋石女士传》；1938 年，撰《侯绍裘、朱季恂合传》。二是绘图寄意。1928 年，柳亚子请人绘《秣陵悲秋图》，并广征题咏。② 柳亚子还将自己的书斋命名为"礼蓉招桂之龛"。1932 年，柳亚子裒集与朋侪为张应春成仁往来唱和以及题咏《秣陵悲秋图》之作，辑成《礼蓉招桂龛缀语》。1943 年，柳亚子还请人绘《礼蓉招桂图》。三是属意于小说表彰烈士事迹。柳亚子还将张应春、侯绍裘两烈士与当时小说中的人物联系起来。读了叶圣陶（绍钧）的小说《倪焕之》，柳亚子认为书中王乐山酷似侯绍裘，"廿一章'真象一只猴子'，及廿九章述王君死状，亦以为必是裘兄也。中间一切议论行为，亦确确为裘兄写照"③。读了蒋光慈的小说《野祭》，柳亚子发现书中人物章淑君与张应春相似，"描写章淑君女士性格，雅近秋石"④。侯绍裘已有《倪焕之》为其播扬事迹，而张应春烈士则无之。为此，柳亚子感叹，"春姊事竟无人能写，怅极怅极"⑤。柳亚子致信友人，打算请蒋光慈捉笔为张应春写小说。"弟如有蒋君（蒋光慈——引者注）之才，即可捉笔为春姐撰一小说，不至如今之淹灭无闻。"⑥ "秋姐事详细恐不能，或就兄所知者先写些寄蒋君，好否？"⑦四是昭雪纪念。柳亚子多次表示为张应春、侯绍裘烈士昭雪。从日本回国后，柳亚子利用自己国民党中央监察委员的身份以及在国民党高层内的人

---

① 张应春，名蓉城，应春是其字，后更字曰秋石，侯绍裘，字墨樵。1927 年清党时，二人一起就义于南京，他们是柳亚子最难忘怀的诸多死友之一。

② 1949 年 5 月 6 日，柳亚子在陪李济深等人游园之后的宴集上所赋诗中谈及此点，在"丽华殉国旧篇章"之句下注："亡友同邑张应春女士，别字秋石，以蒋逆中正一九二七叛党之难，磔死南都，余属诸贞壮、陈树人绘《秣陵悲秋图》纪事，且广征题咏，已裒然成巨册矣！"参见中国革命博物馆编《磨剑室诗词集》下，上海人民出版社 1985 年版，第 1591 页。

③ 柳亚子：《致姜长林》，上海图书馆编：《书信辑录》，上海人民出版社1985年版，第108—109页。

④ 柳亚子：《礼蓉招桂龛缀语》，中国革命博物馆、上海人民出版社编：《磨剑室文录》下，上海人民出版社 1993 年版，第 1125 页。

⑤ 柳亚子：《致姜长林》，上海图书馆编：《书信辑录》，上海人民出版社 1985 年版，第 109 页。

⑥ 同上书，第 102 页。

⑦ 同上书，第 103 页。

脉关系，一直在为故人昭雪而努力。"裘兄的族弟，春姊的族叔也都见过了。他日汪蒋合作，如能彻底做到，我必为他们俩请求昭雪，不过现在尚非其时罢了。"① "侯、张事我们想等老汪（汪精卫——引者注）还来后，和他办交涉，要达到昭雪褒扬的目的，方才不负死友。但现在还不到时机，只好将来再讲吧。"② 新中国成立后，柳亚子尽管社会活动极为频繁，但他对于表彰死友事迹仍念兹在兹。1949年6月29日，柳亚子致信姜长林，谈及侯绍裘、朱季恂的纪念事宜："改女中纪念绍裘，办法极是。（如可能，另改省中为季恂中学，更好，希酌办之。）可由松江同志发起，或与尔松、尔柏、啸岑诸兄一商，如何？至将来纪念省部诸同人办法，则可由弟发起，但现在尚未想到如何纪念耳！（地点应在上海或南京，然否？）新松江社房子，尚无恙否？此组织当时由何人发起？社员有多少？现在是否可以复活？如可能，则纪念季恂、绍裘、联璧诸兄，皆可由此社主持，然否？"③ 1950年2月9日，柳亚子致信张应春的妹妹张留春，商讨表彰张应春事迹的具体办法："令姊表扬事，决不敢忘。或印一小册子，或俟今年'四·一二'，在报纸上发表一特刊。容俟毛啸岑兄月底来都时，与共同协商，如何？"④

　　柳亚子的不负死友，还表现在他为死友整理刊行遗文。中国传统伦理强调"立德""立功""立言"的"三不朽"，是传统士人终身孜孜以求的人生鹄的。就立言而言，虽次于前两者，但是对于前两者具有特别的意义：立言是立德、立功的重要表现，没有立言，立德、立功就无所附丽。如有人指出的："从表述的逻辑序例上来看，其首先崇尚'立德'，其次是'立功'，再次是'立言'，但是'立德'和'立功'作为两种抽象的精神价值只有转型为语言，负载于'立言'的文本形式中，才可能在历史的发展历程中存留下去，以兑现'立德'和'立功'的不朽。"⑤ 正是基于

---

① 柳亚子：《致柳无非、柳无垢》，上海图书馆历史文献中心、近代文献部编：《柳亚子家书》，岳麓书社1997年版，第379—380页。
② 同上书，第382页。
③ 柳亚子：《致姜长林》，上海图书馆编：《书信辑录》，上海人民出版社1985年版，第356—357页。
④ 柳亚子：《致张留春》，上海图书馆编：《书信辑录》，上海人民出版社1985年版，第365页。
⑤ 杨乃乔：《悖立与整合》，文化艺术出版社1998年版，第10页。

传统"三不朽"的伦理价值，柳亚子整理、刊行、保存死友遗文，叙文表彰，不余遗力。如有人指出的，"亚子先生有一个脾气，平生著作，极少刊行，还拒绝人家来组稿出版。而他对于朋友的诗文，尤其是烈士及先贤遗著，则搜求出版，不遗余力，往往是他独资收购、出版，而且亲任编纂、校对。人谓豪举，我称美德！"① 柳亚子自云："则余所藉手以报知己于地下者，舍文事外又何述耶？"②

柳亚子对于死友遗文的整理、刊行，主要表现在对南社社友遗文的保存上。③ 在反清、反袁、反北洋军阀的革命斗争中，南社中不乏慷慨慕义、断脰沥血之士，如宁调元、陈蜕庵、陈勒生等人，蔚为南社之光。他们生前奔走革命，或身陷囹圄、或遭缯缴，诗文散佚。出于强烈的历史使命感，作为南社代言人的柳亚子，精勤地为烈士整理遗文，思欲存其文而存其人。在南社的诸多死友中，柳亚子为宁调元、陈蜕庵二人搜集遗文用力最勤。宁调元，字仙霞，别号太一，湖南醴陵人，曾两度入狱，1913年，被黎元洪杀害于武昌。宁调元死后，遗文经湖湘诸子的努力搜罗，在柳亚子的主持下，《太一遗书》整理并刊行。④ 陈范，号蜕庵，"先世籍湖南衡山，嗣迁江苏阳湖"⑤，曾与蔡元培、章太炎等人发起中国教育会，后办《苏报》，屡遭名捕，民初病殁。陈蜕庵遗稿，始有妹婿汪文溥（兰皋）为之"网罗散佚，惨淡经营，辑为《诗词刊存》及《文集》各一编，剞劂行世"；在此基础上，陈范湘中故友将其所藏蜕庵散佚"悉以见畀"，柳亚子"补苴隙漏"，"于是滴露晨研，燃脂夕写，期以旬日，钞成《卷帘集》一卷。诗一百三十九首。《残宵梵诵》两卷，诗一百三十七首。词一卷，计十阕。文一卷，二十五首"，

---

① 陈迩冬：《柳亚子遗事》，中国国民党革命委员会中央委员会、中国革命博物馆编：《柳亚子纪念文集》，中国文史出版社1987年版，第208页。
② 柳亚子：《冯君心侠家传》，中国革命博物馆、上海人民出版社编：《磨剑室文录》上，上海人民出版社1993年版，第226页。
③ 关于此点，孙之梅在《南社研究》第三章第二节"南社文献有赖以存"中进行了较为详尽的缕述。参见孙之梅《南社研究》，人民文学出版社2003年版，第122—146页。
④ 柳亚子在《〈陈烈士勒生遗集〉跋》中云："勒生殉国之岁，余既哀其所撰诗文杂见于南社集者，写为一帙。思与宁太一遗集合刊行世，盖宁集最初之稿，亦同时出余手写也。嗣湘中诸子，先后以宁稿相属，无虑十余种，余为次第印行。"参见中国革命博物馆、上海人民出版社编《磨剑室文录》上，上海人民出版社1993年版，第441页。
⑤ 柳亚子：《陈蜕庵先生传》，中国革命博物馆、上海人民出版社编：《磨剑室文录》上，上海人民出版社1993年版，第326页。

整理文稿名之曰"陈蜕翁遗稿"。① 到1916年，刊行《蜕庵诗文词》。

柳亚子的不负死友，还表现在他照拂死友遗属。按照传统道德，基于道义之交，朋友之间，在生前尽力帮助，生不能救，死后刊行其遗文，表彰其事迹，收葬其遗骸，醵金抚恤其遗属，尽后死之责，谓之笃以风义。对于这种旧道德，柳亚子终身恪守。

民国初年，柳亚子照拂死友遗属，以赵声为代表。赵声，字伯先，是一个革命实行家，勇武刚健，与黄兴领导黄花岗起义。起义失败，赵声忧愤成疾而死。他虽非南社社友，但与柳亚子有衔杯接席之雅，柳以"缟纻之交"目之。赵声逝后，身后萧条。为此，柳亚子不仅为其作传，而且与革命同人醵金敛葬，并向南洋侨胞倡议醵助赵的遗属。"特是逝者长已矣，而抚循家族，教养遗孤，在皆为我辈后死之责任，有不容顷刻弛者。"② 赵声先葬于香港，后迁葬丹徒故里，柳亚子还向社会募捐。"千金市骏，燕昭王岂遂少嗣音；集腋成裘，蘧伯玉耻独为君子。"③

抗战前后，柳亚子照拂死友遗属，以陈去病、朱少屏为代表。④ 1934年3月4日，南社社友为陈去病在上海宁波同乡会举行追悼大会，柳亚子代表南社作祭文。鉴于陈氏逝后，"遗孤子女共六人，唯长女绵祥供职司法院，略能缵其遗绪，馀均幼弱，身后萧条，未封抔土"，柳亚子向国民政府请恤，"某某等尽然伤之，追怀旧谊，不忍缄默，用特联名陈请，伏乞明令褒扬，给予葬费若干，并规定恤金，庶几胤子得以成立"。⑤ 1935年11月10日，柳亚子等在苏州虎丘会葬陈去病。此外，柳亚子与陈去病长女陈绵祥过从甚密，以"祥妹"呼之，并关照有加。

---

① 柳亚子：《〈陈蜕翁遗稿〉编后记》，中国革命博物馆、上海人民出版社编：《磨剑室文录》上，上海人民出版社1993年版，第404页。
② 柳亚子：《为醵助赵伯先先烈遗属告侨南同魂书》，中国革命博物馆、上海人民出版社编：《磨剑室文录》上，上海人民出版社1993年版，第254页。
③ 柳亚子：《为赵公伯先迁葬启》，中国革命博物馆、上海人民出版社编：《磨剑室文录》上，上海人民出版社1993年版，第308页。
④ 陈去病是南社创始人之一、柳亚子的革命领路人，曾任护法军政府参议院秘书长、北伐大本营宣传主任、江苏革命博物馆馆长等职，1933年病逝。朱少屏是南社社友，30年代曾作为柳亚子的副手，任上海通志馆副馆长，抗战期间曾任驻菲律宾领事，太平洋战争爆发，菲律宾沦陷，朱少屏于1942年4月与八位中国外交官被日军秘密杀害。
⑤ 柳亚子：《请褒恤陈去病呈文》，中国革命博物馆、上海人民出版社编：《磨剑室文录》上，上海人民出版社1993年版，第1154—1155页。

柳亚子对朱少屏遗属的照拂，可谓尽心尽力。朱少屏遇难后，遗属生活困难，柳亚子痛如切肤。"据云，鸿隽（朱少屏子朱鸿隽——引者注）月仅以百元奉母，玲（朱少屏女朱玲）则得月薪亦百元，两共贰百金，供给母女四人，食饭尚不能饱，余更无论云云，闻之不禁酸鼻。"① 柳亚子在无力解决的情况下，向南社社友、国民党元老张继求援。鉴于朱少屏的遗属在上海沦陷区，汇款不通，柳亚子提出一个救急的办法：请张继出面向国民政府当局提议，由中央责成在沪负责人吴开先、蒋伯诚"每月送景明女士（朱少屏夫人——引者注）生活费若干，以能够在沪生活为度"②。至于请恤事，则请张继出面"催促外交部办理"③。抗战胜利后，南社社友胡朴安就任上海通志馆馆长。柳亚子致信胡朴安，要求其安置朱少屏的儿子朱鸿隽在馆工作。为敦促此事，柳亚子措辞严厉，并不惜与三十年旧交的胡朴安割席。"少屏惨死马尼剌，遗族经济状况，闻不甚佳。其子鸿隽，本为志馆旧人，请兄仍在任用，……如何之处，希即示复。否则三十年交情，惟有付之割席而已。"④ 得知故人之子已得到了妥善的安置，柳亚子深表欣慰。他进一步商请胡朴安，在有可能的情况下，安置朱少屏两个女儿的工作。"鸿隽既当然复员，兄可以对弟，即弟亦可对少屏于地下，慰甚慰甚。屏有两女公子，不知近状如何？请向鸿隽一询（弟已有信致鸿隽，嘱其奉谒，希予接见为幸），如需工作，希望并能设法，则感激更无量矣。"⑤

抵达北平后，柳亚子在新政权中拥有了更多的社会资源，有更为便利的条件照拂死友遗属，主要是为南社旧友的遗孀、子女谋职。为此，他利用自己广泛的人脉作荐，主要在其任职的中央文史馆以及能发生影响的苏沪一带的文史机构安插这批南社社友的遗孀、后裔。吴江沈长公、沈次公兄弟，以乡谊兼南社社友，均是柳亚子30年以上的旧交。长公早逝，次公与柳亚子的交谊达半个世纪。次公死后，其女沈九兰请柳亚子帮忙调动工作，

---

① 柳亚子：《致林钟镕》，上海图书馆编：《书信辑录》，上海人民出版社1985年版，第270—271页。
② 同上书，第271页。
③ 同上书，第273页。
④ 同上书，第327页。
⑤ 同上书，第330页。

柳亚子求助于教育部副部长钱俊瑞。① 何亚希为社友高旭（天梅）的遗孀，陆灵素（守民、繁霜）是社友刘三（季平）的遗孀。柳亚子设法将她们向上海的文史机构安插。柳亚子与友人书信往还，屡屡谈及何、陆工作的事情。1950年11月14日，柳亚子致信社友毛啸岑："何亚希、陆繁霜文管会特约顾问，到底发表了吗？请告我！如尚未发表，乞尽力向前途催促为感！"② 1951年1月12日，柳亚子致信毛啸岑："梅达君闻已返沪，何亚希、陆繁霜事，仍盼兄向渠一催，千万拜托之至！弟已另托黄任老向梅公说项，希望齐头并进，促其实现。"③ 1951年1月13日，柳亚子致信社友姚鹓雏："亚希、繁霜任沪文管会特约顾问事，据云要梅达君作主，而其人在京，久延不决。顷闻渠已返沪，弟又函托黄任老，嘱其代促，任老亦表同意，但言与亚希不熟，仍须弟出信催促，而渠从旁加助。弟已作信与梅，请任老转去矣。繁霜晤面否？如见，请以弟意告之。"④

（三）至性至真

柳亚子的慕义率真，还表现在他的至性至真。柳亚子属于性情中人，率性天真。郑逸梅云："亚子为人不解世故，是很率直且复天真成性的。"⑤ 与朋友往还，不管是细故失欢，还是笃于旧谊，柳亚子全出于一片赤诚。"谈到柳亚子为人，有正义感，明辨是非，嫉恶如仇，性又率直天真，不懂得什么人情世故。凡看不顺眼的，或听不入耳的，便任性发些脾气，过后自己省察，觉得对的，就坚持到底，不对的，向人道歉，也就解释了彼此间的芥蒂。"⑥

就柳亚子而言，出于传统道德，"我不杀伯仁，伯仁由我而死"的情结一直萦绕于胸，并吞噬着他的心灵。由于自己的原因，或与自己有一点关系，甚至与自己无关，致使朋友身亡，或置身险境，柳亚子都要为此真

---

① 柳亚子：《致沈哂之》，上海图书馆编：《书信辑录》，上海人民出版社1985年版，第383页。

② 柳亚子：《致毛啸岑》，中国革命博物馆、上海人民出版社编：《磨剑室文录》下，上海人民出版社1993年版，第1748页。

③ 同上书，第1750页。

④ 柳亚子：《致姚鹓雏》，上海图书馆编：《书信辑录》，上海人民出版社1985年版，第410页。

⑤ 郑逸梅：《南社丛谈》，中华书局2006年版，第8页。

⑥ 同上书，第36页。

诚地忏悔。这种自谴源于一种中国式的道德自觉。① 因之，柳亚子的"伯仁由我"，是一种负责任的行为。具体来说，有以下几种情形：其一，友人的不幸与他有一点关系，但谈不上有什么责任。张应春、苏曼殊侄女绍琼之死，均属此类。关于张应春之死，柳亚子的自责，包含着追悔失节的成分在里面："顾君委身党国，余实劝驾。君猛勇精进，弗顾夷险，终戕厥身。而余退缩苟全，不获与君同殉。律以春秋之谳，则余实杀君，复何辞哉！"② 所谓的"顾君委身党国，余实劝驾"，其理由是相当勉强的，是思念、愧疚、悔恨交织所进行的道德主义归因。而苏绍琼之死，③ 柳亚子的自责，则更多的是类似于阮籍对兵家之女骤然凋谢的伤逝。一个鲜活的生命悄然消逝了，柳亚子深表痛心："歌德的《少年维特》出版后，青年男女自杀成为风气；我编印《曼殊全集》，想不到也有这种意外的结果。在此地，我应该向绍琼女士深深地忏悔呢！"④ 其二，友人的不幸，与他基本上没有太大的关系。瞿秋白之死，即是此类。瞿秋白于1936年就义于长汀，在其被捕期间，柳亚子接到了杨之华的求救信。当时，柳亚子爱莫能助而拒绝了。为此，柳亚子多次深表忏悔。北上途中，柳亚子与阔别多年的杨之华意外相逢。二人谈及瞿秋白以及江苏党部旧人，柳亚子慨然赋诗："太息王丞相，无由救伯仁。"下注云："秋白就逮江西，之华在沪，书来嘱余谒孙夫人营救，余以神经衰弱病大发，且惩孙夫人救邓择生（邓演达——引者注）失败事，遂未果行，引为终身遗憾之一，甚愧他日无以见秋白于地下也。"⑤ 抵达北平后，柳诗有"无力回天吾应磔"之句，后注云："八年后烈士被逮，之

---

① 中国传统道德是以伦理为本位，强调朋友之间的道义之交，落井下石、卖友求荣之举，会受清议的抨弹而为士林所不齿。这与西方道德有所不同，考之以培根之与埃塞克斯前事可知。培根通过出卖有恩于自己的朋友埃塞克斯公爵而获显要爵位，并没有受到中国这样的严厉指责。

② 柳亚子：《秋石女士传》，中国革命博物馆、上海人民出版社编：《磨剑室文录》下，上海人民出版社1993年版，第1070页。

③ 苏绍琼是苏曼殊异母兄煦亭之女。自日本回来，柳亚子致力于苏曼殊研究。他从田桐那里获知关于苏曼殊身世的新的信息，就顺藤摸瓜，深入下去。由于冯自由的指示，柳亚子联系上了苏曼殊的从弟维碚，又通过维碚与苏曼殊的异母兄煦亭及其子绍贤联系上了。在向他们了解苏曼殊身世的同时，寄去《曼殊全集》一部。苏煦亭之女苏绍琼对苏曼殊作品爱不释手，产生同病相怜之感，最后，只有十六岁、豆蔻年华的她，竟随苏曼殊而去。

④ 柳无忌编：《苏曼殊研究》，上海人民出版社1987年版，第369页。

⑤ 柳亚子：《三月十八日，车中与之华谈秋白逸史，兼及侯绍裘、张应春、宛希俨、李一谔、刘重民、黄竞西诸人殉国事，黯然有作》，中国革命博物馆编：《磨剑室诗词集》下，上海人民出版社1985年版，第1530页。

华尚在沪上,以密书抵余,命余走谒孙夫人及子民、鲁迅两先生,共商营救方略,并言倘弗能免死,则请于死前勿虐待,语极悲愤。余得书涕泣,顾时患脑疾正严重,杜门谢客,屏弃万端,且惩择生往事,知蒋逆方非心于异己者,戴传贤辈更助桀为虐,殉国闻矣!我虽不杀伯仁,伯仁由我而死,每念东晋王茂弘之言,未尝不痛哭流涕,虑他日无以见烈士于地下也。"①

其三,友人的不幸,与他有一定的关系,李少石之死即属此类。重庆八路军办事处秘书李少石,是廖仲恺、何香凝夫妇的女婿,也是柳亚子的诗友。1945年10月8日,李少石送柳亚子从红岩村回津南村住地,返回途中,被国民党宪兵误伤,不治而亡。柳亚子深为自责:"'我虽不杀伯仁,伯仁由我而死',是古今历史上最痛心的事情。想到这里,仙霏(李少石的妻子,廖仲恺、何香凝之女廖梦醒——引者注),我亲爱的仙霏,为了减轻我的罪孽起见,我真想请你去找一枝手枪来,把我打死,使我瞑目在九泉之下吧。"② "假令少石不嗜余诗,余必不挟少石登车,即少石必不死。少石之死,死于余,亦死于余之诗。"③

柳亚子的至性至真,还表现在他的率性而发。在与朋友的交往中,柳亚子性天真,不谙世故,往往一任性情发作,但过后又深以为悔。有人亦指出:"亚子先生的个性倔强,脾气暴躁,他与朋友往往因为三言两语就吵闹起来。如果你有使他看不顺眼的事,他当场就会拍桌怒责。不过,只要一刹那过后,他感觉了自己的过失,立刻便要向对方道歉和认错,不管你接受与否,并且他忏悔的情绪会异常苦恼他自己。"④社友汪旭初也谈及柳亚子的这一特点:"安如(即亚子)为费敏农甥,敏农,韦斋从兄也。……性率直无城府,喜怒毁誉,皆由中发。"⑤

---

① 柳亚子:《超弟书来,言秋白烈士忌辰将届,之华同志索诗于余,为赋二首,四一、四二用毛主席惠赠诗韵》,中国革命博物馆编:《磨剑室诗词集》下,上海人民出版社1985年版,第1601页。

② 柳亚子:《致廖梦醒》,上海图书馆编:《书信辑录》,上海人民出版社1985年版,第320页。

③ 柳亚子:《诗翁行,哭李少石,二十叠九字韵,十月九日作》,中国革命博物馆编:《磨剑室诗词集》下,上海人民出版社1985年版,第1343—1344页。

④ 林北丽:《柳亚子先生的为人比他的诗文更值得珍贵的一面》,中国国民党革命委员会中央委员会、中国革命博物馆编:《柳亚子纪念文集》,中国文史出版社1987年版,第231页。

⑤ 郑逸梅:《郑逸梅笔下的艺坛逸事》,上海书画出版社2002年版,第6页。

对于柳亚子的这种个性,很多人就领教过。1915年,南社第十二次雅集之后,柳亚子、高燮、姚石子三人一起游杭州。杭州归来,三人合资将游杭州期间所得诗印行,定名为《三子游草》,并且每人各分取一部分。由于事先没有说好是卖品或非卖品,高燮将自己分得的一部分登广告出售。柳亚子以为,《三子游草》的版权归三人共有,高燮就不能不经另外两人同意擅自出售。二人始而信函往复,继而破口大骂,最后索性登报绝交。柳亚子与高燮大战三百回合,虽然逞一时之快,但时过境迁,深表愧疚。"到现在,我是由衷地想对高先生道歉的。"① 南社诗论启衅,柳亚子一任意气发作,将朱鸳雏、成舍我驱逐出社。不久,朱鸳雏抑郁而死。为此,柳亚子追悔不已,认为当日驱逐朱鸳雏出社之举"是我平生所很追悔而苦于忏赎无从的事情",他还表示,希望与尚存的"对手""开一次谈判","凑一些钱出来,把鸳雏的遗骨葬之公墓"②。

柳亚子有时因细故与朋友断交,甚至一反"君子动口不动手"之箴,以棍棒相加,但事后又和好如初。柳亚子曾经有两次与社友林庚白因为一点小事闹翻,不久,又重修旧好。郑逸梅在《南社丛谈》中载其事:

> 某次柳亚子做生日,在家宴客,林庚白是座客之一。酒半酣,庚白忽地问亚子道:"当年南社为什么不拉张一麐、黄炎培、章士钊、金鹤望、胡汉民、钮永建、王秋湄等参加?"亚子答以:"曾经直接或间接征请过,但他们都婉辞谦谢,不肯入社。"庚白接口说:"那时恐怕你的文学地位还不够高,不能号召他们吧!"亚子认为庚白有意挖苦,故提此问。从此和庚白不相往来,有绝交的意思。后经徐蔚南调解,才言归于好。③

另一次,因细故失和,柳亚子棒逐林庚白。柳亚子曾回忆与林庚白的往还:"订交在开国之春,民十七以还,过从最密。中间曾以细故失欢,余操杖逐之于客座中,庚白逡巡走避,亦未以为大忤。厥后寄余诗有:'故

---

① 柳无忌编:《南社纪略》,上海人民出版社1983年版,第147页。
② 同上书,第149—154页。
③ 郑逸梅:《南社丛谈》,中华书局2006年版,第46页。

人五十尚童心,善怒能狂直到今'之句,盖不能无微辞。余独深喜之,谓入木三分骂亦佳,胜于搔痒不着也。"①

柳亚子的至性至真,还表现在他的珍重旧谊。他是一个非常念旧的人,昔日往还的朋友,除非沦为大憝巨奸,他始终念念不忘。这种情谊始终萦绕在他的心头,一旦想起,如春江潮水、海上明月一般涌上心头。

"最难风雨故人来",经历了时代的离合之后,故人的讯息令柳亚子感到温馨与亲切。20世纪初年,柳亚子与陈去病、高旭一道发起南社。后来,由于政见的分歧、踪迹的疏阔、人事的纠葛,昔日那种置酒高谈、指天画地、意气风发的岁月已成陈迹,但对于这段经历,柳亚子始终没有忘怀。社友徐蔚南谈及1936年南社纪念会第二次聚餐时柳亚子祝酒的情形:"'南社的发起人是高天梅、陈巢南、柳亚子三人。高天梅死了。陈巢南死了。我柳亚子没有死,敬祝诸位一杯!'……他说完话,立刻举起酒杯来,一饮而尽。听了他的说话,看着他的举动,在座的会员没有一个不为之感动的。"②冯葆真女士是柳亚子早年朋友冯沼清的侄女。早在1904年,柳亚子应冯沼清之邀到苏州去玩,与冯家姐妹度过了一段难忘的日子。③抵达北平后,柳亚子听说冯葆真也在北平,多次邀请她来所居的颐和园叙旧、游园、品茗,以示不忘故友。1949年5月4日,柳亚子在颐和园接待冯葆真等来访:"超弟先来,振汉、书香偕冯葆真女士来,冯为沼清之侄女,不见面已四十五年矣。下午,偕心清、佩妹、葆真、超弟、振汉、书香七人游园,先至智慧海,后至万寿山饭店品茗,遂乘舟环昆明湖一周,至龙王庙及金牛岭诸处而返。又至谐趣园,晤赵范及程之平,偕至益寿堂。葆真、振汉、书香先返,偕超弟送之。"④

柳亚子的珍重旧谊还表现在,他对朋友的思念,诉诸冥冥中的心灵感

---

① 柳亚子:《更生斋随笔》,中国革命博物馆、上海人民出版社编:《磨剑室文录》下,上海人民出版社1993年版,第1383—1384页。

② 徐蔚南:《南社在中国文学上的地位》,《南社诗集》第一册,转引自杨天石《南社史长编》,中国人民大学出版社1995年版,第636—637页。

③ 柳无忌、柳无非编:《五十七年》,《自传·年谱·日记》,上海人民出版社1986年版,第188—191页。

④ 同上书,第363页。

应。柳亚子是一个无神论者,不信命运鬼神。① 笃于友谊的他,对友人极度的思念,多次以梦幻作为张应春成仁之谶。柳亚子以逃兵自谴,沉重的负罪感加上对张应春蹈死不顾气节的崇敬,使他对张应春挂怀不已。东渡避祸期间,柳亚子梦见张应春,并与现实相验应:"五月十五日,余亡命东渡。六月十日夜,卧东京神田区日华学会,忽梦见君,颜色如平生,手牵余衣,告以党祸已迫,速自为计。余惊愕而寤。迟明得女弟均权书,则以君噩耗闻矣。"② 甚至与张应春毫不相干的活动,柳亚子也会发生联想:"垢儿(柳亚子的次女无垢——引者注)以玫瑰乞题,偶得五律一章,谛视之,乃大类为秋石(张应春——引者注)而作,亦一奇也。"③ 其实,梦也好,诗也罢,这些似乎现代科学也无法解释的心灵感应现象,其与张应春成仁暗合,根本就不是他所说的不可究诘的"奇""绝"之状,无非是柳亚子对张应春难以释怀心结的一种折射而已:由于笃于友谊以及沉重的道德自谴,柳亚子希望诉诸梦幻,招回死去的故人。如其所谓:"梦寐之情,基于积想,有偶与事实巧合者,不足凭也"④;"文人狡狯,用心亦复可怜"⑤。

此外,柳亚子笃于友情,加之性情急,往往在未经查证的情况下,就误信朋友死难,闹出很多海外东坡的故事来。社友冯平(心侠)与柳亚子交情甚笃。民元之前,柳亚子悼之以诗,并以为他"纵酒自戕"。⑥ 此外,柳亚子还为冯平作家传。后来证实,此讯不确。柳亚子喜极赋诗:"生死何须强分别,明朝且罚汝千杯。"⑦ 杨之华是柳亚子20年代办党时期的同

---

① 1924年,柳亚子在《空言》中云:"孔佛耶回付一嗤,空言淑世总非宜。能持主义融科学,独拜弥天马克思!"参见中国革命博物馆编《磨剑室诗词集》下,上海人民出版社1985年版,第531页。1930年,柳亚子在给长女无非的信中云:"我是不相信命运的,虽然在玩意儿讲着算命。好好的一个人,为什么要听支配于命运呢?假使真有命运,还是应该去反抗之,何况世界上根本没有命运的一回事,而祸福全仗着自己的创造呢?"参见上海图书馆编《书信辑录》,上海人民出版社1985年版,第112页。
② 柳亚子:《礼蓉招桂龛缀语》,中国革命博物馆、上海人民出版社编:《磨剑室文录》下,上海人民出版社1993年版,第1124页。
③ 同上书,第1128页。
④ 同上书,第1124页。
⑤ 同上书,第1123页。
⑥ 同上书,第113页。
⑦ 柳亚子:《心侠未死,握手宵中几疑梦寐,爰成此作,七用韵》,中国革命博物馆编:《磨剑室诗词集》上,上海人民出版社1985年版,第114页。

事。抗战胜利前夕,旅居重庆时,柳亚子听说杨之华从莫斯科回国取道新疆,被军阀盛世才所杀,以诗哭之。"去岁自莫斯科归国,道出迪化,为夫己氏所杀,同殉者一百五十余人,吁嗟惨已。"①结果,又是一个谣传。1949年3月17日,柳亚子在天津见到了杨之华,激动不已,赋诗感怀。"久传东坡海外之谣,握手宵中,几疑梦寐,诗以赠之。"②秦德君是柳亚子老朋友郭春涛的夫人。上海解放之初,柳亚子听说她的死讯后,"几乎哭出来",并"做了一首诗还盼她不确"③。结果,又是海外东坡之谣。"德君居然未死,令人喜极欲涕。"④

---

① 柳亚子:《哭杨之华女士一首,九月二十二日作》诗前序,中国革命博物馆编:《磨剑室诗词集》下,上海人民出版社1985年版,第1321页。
② 柳亚子:《赠杨之华》,中国革命博物馆编:《磨剑室诗词集》下,上海人民出版社1985年版,第1529页。
③ 柳亚子:《致沈华昇》,中国革命博物馆、上海人民出版社编:《磨剑室文录》下,上海人民出版社1993年版,第1731—1732页。
④ 柳亚子:《致毛啸岑、沈华昇》,中国革命博物馆、上海人民出版社编:《磨剑室文录》下,上海人民出版社1993年版,第1735页。

第三章　柳亚子文化人格的现代新质

如果说作为柳亚子文化人格结构底色的传统文化是笃古的话，那么，作为柳亚子文化人格纹彩的现代新质则是趋新。柳亚子在传统文化中濡染既深且久。因此，传统文化对柳亚子的价值观念、行为方式等起了规范作用，从而形成其"基本人格"或"众趋人格"的人格范型。进一步言之，如果不是置身激烈的社会变迁，柳亚子就是一个典型的前现代人物——江南名士，过着富足而惬意的诗酒流连生活。但不幸的是，历史的发展，并不以人的意志为转移。近代中国被强行卷入世界范围的现代化浪潮之中，农耕文明田园诗一般的静谧清梦逐渐被现代工业文明的喧嚣所惊扰、打破。并且，一度作为中国最富庶、农业经济最发达的江南，首当其冲，成为西方思想文化、生产方式的登陆点之一。一方面，面对这一高势能的西方文化，旧消新长，人心丕变，没有人能外自于此。曾如柳亚子在20世纪之初所指出的："今者弥勒约翰、斯宾塞尔之学说，方渡太平洋而来。西方空气，不自觉而将渗入珠帘秀阁之中。"[①] 另一方面，作为人杰，柳亚子奉进化论为圭臬，趋新求变，努力追随时代潮流。如柳亚子所谓，"夫世界万事万物莫不日趋于新，新也者，进化之准的，而人类生生不绝之枢机也"[②]。趋新求变，赋予了柳亚子文化人格以现代新质。因之，无论是在政治、道德、文化、法律等方面，这一层现代色彩粲然可观。

[①] 柳亚子:《驳〈革命驳议〉》，郭长海、金贞菊编:《柳亚子文集补编》，社会科学文献出版社2004年版，第6页。
[②] 柳亚子:《〈梦飞说集〉叙》，中国革命博物馆、上海人民出版社编:《磨剑室文录》上，上海人民出版社1993年版，第693页。

第一节　政治趋新

传统文化赋予柳亚子强烈的政治情结，尤其是在这一内忧外患空前的大变局之下，他和同时代的其他知识分子一样，抱持着救亡图存的历史使命，不能不深切关注并积极参与现实政治。如余英时指出的，"中国近代史上一连串的'明道救世'的大运动都是以知识分子为领导主体的。无论是戊戌政变、辛亥革命、五四运动、国民革命，其领导人物主要来自知识阶层"[①]。柳亚子虽非政治领导人物，但是，无论是就其政治抱负，还是实际政治参与，柳亚子都有极为明确的政治意识。[②] 在柳亚子的政治思想、政治参与中，都可见其鲜明的趋新色彩。

一　不断追逐时代社会思潮

柳亚子生活的时代，是中国社会文化思潮急剧变动的时代。进化论、维新变法、民族主义、无政府主义、马克思主义等社会思潮，纷至沓来，令人眼花缭乱，有"路多歧而亡羊"的感觉。作为一个活跃的社会活动家，柳亚子难能可贵之处在于，努力追随时代步伐前进，不断吸纳各种进步社会思想，为我所用，作为政治参与的思想资源。他深知，如果固步自封，以不变应万变，势必为时代所淘汰。如其所谓："社会不断的进化，人们的思想，至少要跟着社会不断的进化，尤其是主持党派和主持言论的人，应该站在社会的前线上，引导着人们去走进化的路；不然，知识一落伍，就要在进化的轨道上开倒车了。二十年前的革命健者，到今日有一大半变成反革命派，就是这个道理。"[③]

（一）进化论

鸦片战争以降，中华帝国屡败于西方列强；尤其是甲午一役，再败于

[①] 余英时：《中国知识人之史的考察》，广西师范大学出版社2004年版，第157页。

[②] 1947年，柳亚子撰文指出："我是中国第一流的政治家，毛先生也不见得比我高明多少，何况其他？"参见柳亚子《从中国国民党民主派谈起》，中国革命博物馆、上海人民出版社编《磨剑室文录》下，上海人民出版社1993年版，第1542页。

[③] 柳亚子：《祝〈新周庄〉复刊》，中国革命博物馆、上海人民出版社编：《磨剑室文录》上，上海人民出版社1993年版，第878页。

蕞尔小邦的东邻日本。在深重的民族危机的刺激下，先进的中国人进一步探索救亡富强之道。他们在向西方学习的道路上走得更远，不再局限于洋务派的"中体西用"范围。严复从西方引入进化论，并根据现实需要进行了中国式的改造，经过康有为、梁启超、谭嗣同等人的阐扬，开始"由器入道，成为新的世界观"[1]。严复译介的《天演论》，对开启民智当时的国人、中国社会产生了深远的影响。它不仅成为康、梁等人进行维新变法的理论武器，而且颠覆了传统的天理观而获得神圣性，从而扮演着"为国人提供一种新的改造中国、'自强保种'、走向富强之路的世界观、人生观和方法论的角色"[2]。严复的"天演"进化论之所以能风靡全国，不仅由于启蒙思想家苦心孤诣的理论建构，而且在于他们的卓越实践，尤其是作为启蒙思想宣传家的梁启超提倡"群力"进化论，并"以饱带感情之笔，写流利畅达之文"。"物竞天择，适者生存"的进化思想影响了几代人。当然，这一时期的进化论，总体上属于渐进的改良主义进化论。如严复指出的，"其演进也，有迟速之异，而无超跃之时。故公例曰：万化有渐而无顿。凡浅演社会之所有者，皆深演社会所旧经者也"[3]。柳亚子终身服膺进化论，以此作为应对纷纭时事的定海神针。如其所谓，"对于一切的一切，我是主张进化论的"[4]。

民元之前，梁启超及其《新民丛报》是柳亚子接受进化论的一个重要渠道。在16岁时，柳亚子"大看其《新民丛报》，崇拜梁任公（启超），主张以维新变法，打破一切旧的东西"[5]。并且，他还以"赞成康、梁"的"新党"自居。[6]柳亚子还盛赞梁启超的思想启蒙之功。"不过，他（梁启超——引者注）壬寅年的论调，平心而论，实在是相当高明的。他虽然没有敢昌

---

[1] 陈卫平：《道器升替：中国近代进化论的历程》，《学术界》1997年第1期。
[2] 余建军：《从进化论到唯物史观——中国马克思主义哲学史研究》，博士学位论文，南开大学，2014年，第48页。
[3] 严复：《严复集》第5册，王栻主编，中华书局1986年版，第1265页。
[4] 柳亚子：《关于妇女问题的我见》，中国革命博物馆、上海人民出版社编：《磨剑室文录》下，上海人民出版社1993年版，第1172页。
[5] 柳无忌、柳无非编：《五十七年》，《自传·年谱·日记》，上海人民出版社1986年版，第108页。
[6] 同上书，第110页。

言种族革命,不过字里行间,引起青年们的反感,实在十二分激烈。"①

柳亚子早期进化思想带有梁启超的影子。梁启超主张通过新民以"尚力",认为只有提倡竞争的新道德,具有尚武精神,才能适应弱肉强食的竞争形势。"立国者苟无尚武之国民,铁血之主义,则虽有文明,虽有智识,虽有众民,虽有广土,必无以自立于竞争剧烈之舞台。"②在《中国第一女杰女军人家花木兰传》中,柳亚子基于进化原则掘发新道德对于民族革命,对于拯救中国的意义:"今日之世界,强权之世界也。……环球逐逐,强国十数,方群以其最跋扈、最恐怖之强权与帝国主义,集矢于我中国。我中国而拱手受成,面缚出降也,则奴隶牛马,万劫不复,从此始矣。非然者,则必不可不求所以抵御之策。夫尚武精神、军国民资格者,制造强权之要素。而民族主义者,又帝国主义之母也。"③

柳亚子还以进化论为武器,主张女权,提倡女子放足。他在《黎里不缠足会缘起》中指出,缠足是野蛮的行为,违背了进化原则,为文明社会所不取。"生理学者有言曰:人类者兽类之进化也,进化愈早者,足愈大而愈强。今我同胞之嗜好,乃反是焉,而崇拜此蹄迹时代之旧影,诚不可思议之怪现象矣。""野蛮人有自去其板齿,而呼有齿为犬类者,我同胞其狂耶?"④应该说进化论显示出了巨大的威力。

此后,柳亚子开始倾向于革命民主主义进化论。戊戌变法以及此后的晚清新政的失败后,在急迫的历史情势的推动下,国人意识到渐进的进化论不足恃。因之,激进的进化论代兴,革命成为这一时期的主调。以革命手段达致富强民主的激进进化论,又可谓之革命民主主义进化论。此后,辛亥革命的胜利,更从实践上强化了这一理论的有效性。这一时期的激进进化论的代表人物有孙中山、章太炎、邹容、陈天华等革命者。其中孙中山提出"突驾论",强调人的主观能动性,不可纯任自然进化。"夫人类

---

① 柳无忌、柳无非编:《五十七年》,《自传·年谱·日记》,上海人民出版社1986年版,第145页。

② 梁启超:《饮冰室合集》专集之四,中华书局1989年版,第108页。

③ 柳亚子:《中国第一女杰女军人家花木兰传》,郭长海、金贞菊编:《柳亚子文集补编》,社会科学文献出版社2004年版,第10页。

④ 柳亚子:《黎里不缠足会缘起》,中国革命博物馆、上海人民出版社编:《磨剑室文录》上,上海人民出版社1993年版,第89页。

之进化，当然踵事增华，变本加厉，而后来居上也。"[1]邹容更是将革命上升为公理。"革命者，天演之公例也。革命者，世界之公理也。革命者，去腐败而存善良者也。革命者，由野蛮而进文明者。革命者，除奴隶而为主人者。……呜呼！革命革命！得之则生，不得则死！"[2]此外，形成于20世纪之初的民族主义，也是激进进化论的重要内容。[3]章太炎指出，"夫排满即排强种矣，排清主即排王权矣"[4]。这一时期，柳亚子就读爱国学社而与章太炎、邹容发生交集。因师友往还，柳亚子受到章、邹革命思想的影响。柳亚子回忆道："《苏报》的社论，以锋厉出名，记得我也曾写过小半篇，题目是《驳革命驳议》。原来这时候上海的老牌报纸《新闻报》，是反对革命的，发表了一篇《革命驳议》。太炎先生见了，主张还敬他们一下。于是他老先生起了一个头，叫我和蔡姑丈接下去，最后的收梢却是蔚丹（邹容的字——引者注）的。"[5]

柳亚子摒弃了此前的改良进化论思想。"故吾民今日对于政府有破坏而已，无改良之可言。彼益改良，则所以箝制束缚我者益甚，而吾民之祸亦益烈，则安望其改良为也？"[6]他强调革命的正当性、至上性，甚至是拯救中国危亡的万能药方。"夫革命二字，实世界上最爽快、最雄壮、最激烈、最名誉之一名词也。实天经地义，国民所一日不可无之道德也；实布帛菽麦，人类所一日不可缺之生活也。彼欧洲列国政治之所以平等者在此；法律之所以自由者在此；学术之所以进步者在此；风俗之所以改良者在此；一切有名无名之事务所以能增长发达者在此。"[7]

---

[1] 孙中山：《孙中山选集》上卷，人民出版社1956年版，第145页。

[2] 邹容：《革命军》，张枬、王忍之编：《辛亥革命前十年间时论选集》第1卷下册，生活·读书·新知三联书店1977年版，第651—653页。

[3] 郑大华指出，"推动这一时期中国近代民族主义形成的主要有两种力量，即以孙中山为代表的资产阶级革命派和以梁启超为代表的资产阶级立宪派"。参见郑大华《论中国近代民族主义的思想来源及形成》，《浙江学刊》2007年第1期。

[4] 章太炎：《定复仇之是非》，张楠、王忍之编：《辛亥革命前十年间时论选集》第2卷下册，生活·读书·新知三联书店1977年版，第771页。

[5] 柳无忌、柳无非编：《五十七年》，《自传·年谱·日记》，上海人民出版社1986年版，第154页。

[6] 柳亚子：《〈中华日报〉之狱》，中国革命博物馆、上海人民出版社编：《磨剑室文录》上，上海人民出版社1993年版，第176页。

[7] 柳亚子：《中国革命家第一人陈涉传》，中国革命博物馆、上海人民出版社编：《磨剑室文录》上，上海人民出版社1993年版，第92页。

20世纪初年，君主立宪喧嚣一时。柳亚子坚决反对君主立宪，主张排满革命。首先，柳亚子高举进化大旗。"自近世西哲创物竞天择之学说，而后知万事万物莫不有进化之理存焉，循此轨道，莫能逾越。"[①]进化论开启民智，势必由君主立宪进到革命。"民智不开，则无所谓立宪；民智既开，立宪又非所愿矣。"[②]何以然者？"有完全之国家，然后有美满之宪法，未有无国之民而能享立宪之幸福者。我中国之国家何在乎？外族入主，中夏无君，赤县神州，鞠为茂草，炎黄华胄，沦于舆台二百六十年矣。皮之不存，毛将安傅？国既亡矣，何有于宪？"[③]为此，柳亚子还抨击当时从提倡革命到主张立宪的退化之潮。"欧风东渐，古学复兴，一线光明，大千普照，壬、癸、甲、乙之间，排满自立之说，遍国中矣，五尺之童羞称曾左，即海上伶伦为中国习惯视为不足重轻者，亦能洗涤旧染，咸与维新，争知提倡革命，鼓吹爱国，演二十世纪大舞台，几疑福禄特尔复生，罗情不死矣。乃不数年，而方针一变，面目全非，向之演《玫瑰花》《桃花扇》《镂金箱》诸剧，激昂悲恻，使人悠然生故国之思者，今亦别抱琵琶，颂扬立宪矣。夫此曹何足深责，我独悲举世滔滔，群趋于退化之潮流者，其见识皆登场傀儡，其宗旨皆优孟衣冠也，则余欲无言。"[④]

20世纪20年代初，柳亚子以《新黎里》为主要阵地，提倡科学民主，宣传马克思主义。这一时期，他将西方的进化论与传统的"新民"思想结合起来。"从前种种，譬如昨日死；以后种种，譬如今日生，此日新又新之说也。潮流澎湃，一日千里；吞荞吐炭，舍故取新。苟非力自振拔，猛勇精进，欲不为时代落伍者，乌可得哉。""以言民主，则共和联治其名，而方镇割据其实。以言民生，则劳农、劳工诸无产阶级，犹束缚于军阀、财阀两重专制之下，哀号宛转，以坐受其刲割。去所谓共治、共有、共享

[①] 柳亚子：《庆贺立宪之丑态》，中国革命博物馆、上海人民出版社编：《磨剑室文录》上，上海人民出版社1993年版，第172页。
[②] 柳亚子：《中国立宪问题》，中国革命博物馆、上海人民出版社编：《磨剑室文录》上，上海人民出版社1993年版，第74页。
[③] 柳亚子：《庆贺立宪之丑态》，中国革命博物馆、上海人民出版社编：《磨剑室文录》上，上海人民出版社1993年版，第171页。
[④] 柳亚子：《庆贺立宪之丑态》，中国革命博物馆、上海人民出版社编：《磨剑室文录》上，上海人民出版社1993年版，第172页。

之新中国，实不知其几千万里。以如此之民，处今日之世界，能不为天时人事所淘汰耶？"① "夫世界万事万物莫不日趋于新，新也者，进化之准的，而人类生生不绝之枢机也。"②

基于进化论，柳亚子主张思想、道德、文化都要趋新求变。就思想而言，柳亚子强调，思想不趋新，就会开倒车。"社会不断的进化，人们的思想，至少要跟着社会不断的进化，尤其是主持党派和主持言论的人，应该站在社会的前线上，引导着人们去走进化的路；不然，知识一落伍，就要在进化轨道上开倒车了。二十年前的革命健者，今日有一大半变成反革命派，就是这个道理。"③ 道德也是如此。厚古薄今，回望三代，那是没有前途的。"世界原是进化的，在一时代有一时代的道德，那十八世纪式的遗老遗少，尽管想在时间轨道上开倒车，还到唐虞三代之世去，可是真理不许他这样，他们总是朝着失败的路上走，戴最后战胜的月桂冠者终究是我们新人物，我们又何所惮而气馁呢？"④ 至于文化，也要与时代一道前进。就历法而言，柳亚子主张阳历，摒弃阴历。"原来太阴历占据中华民国四千年历法上的位置，也同专制君主占据中国四千年政体上的位置一般，如今专制变为共和，阴历也变为阳历，把历史划一条鸿沟的界限，不是天造地设的凑巧事情吗？"⑤ 柳亚子甚至断言，汉字汉语也会遵循进化之势而归于消亡。"注音字母，足通汉字之穷，即代以罗马数字，亦何尝不可。" "仆近皈依社会主义，以为世界各国，终当成一大联邦，世界各民族，终当混合为一大民族。但能乘时猛进，不为时代之落伍者，断无亡国灭种之忧。至于汉文汉语，又决无永久保存之理。他日世界语盛行，当与英俄德法诸文，同归

---

① 柳亚子：《〈新黎里〉半月刊发刊词》，中国革命博物馆、上海人民出版社编：《磨剑室文录》上，上海人民出版社1993年版，第658页。
② 柳亚子：《〈梦飞说集〉叙》，中国革命博物馆、上海人民出版社编：《磨剑室文录》上，上海人民出版社1993年版，第693页。
③ 柳亚子：《祝〈新周庄〉复刊》，中国革命博物馆、上海人民出版社编：《磨剑室文录》上，上海人民出版社1993年版，第878页。
④ 柳亚子：《〈梦飞说集〉叙》，中国革命博物馆、上海人民出版社编：《磨剑室文录》上，上海人民出版社1993年版，第693页。
⑤ 柳亚子：《〈新黎里〉周年纪念宣言》，中国革命博物馆、上海人民出版社编：《磨剑室文录》上，上海人民出版社1993年版，第788—789页。

淘汰。唯考古学者为最少数之研究耳。趋势如此，不可强也。"①

　　从戊戌前后到五四前后，一度作为中国思想界骄子的进化论开始从巅峰走向尾声。陈卫平指出，在新文化运动期间，进化论"很快被其它的'主义'取代"，其中唯物史观以其更高的科学实证品格，"在继承和发展进化论的同时取而代之，并在新文化运动中和以后不久，便迅速被人们特别是青年一代所欢迎"②。柳亚子在接受马克思主义后，仍然信奉进化论，因为二者都具有科学品格。1924年，柳亚子作《空言》一首，对马克思主义高度评价，其中有句"能持主义融科学，独拜弥天马克思"③。为此，柳亚子"力主大同进化之论"④，相信"万事万物归进化"⑤，并将马克思主义、三民主义、大同理想三者勾连起来。"可以说《公羊》的据乱世，就是孙先生的民族主义阶段，也就是近代西方学者所称为封建制度社会的一阶段。《公羊》的升平世，《礼运》的小康世，就是孙先生的民权主义阶段，也就是西方学者所称为资本主义社会的一阶段。《公羊》的太平世，《礼运》的大同世，就是孙先生的民生主义阶段，也就是西方学者所称为社会主义社会的一阶段。"⑥

　　终其一生，进化论是柳亚子应对纷纭时势的定海神针。在20世纪30年代的新生活运动中，柳亚子以进化论为理论武器，反对"新女德"提倡的"贤母良妻主义"。"内言不出，外言不入；嫁鸡随鸡，嫁狗随狗，当然是封建制度的社会了。组织小家庭，参预生产事业，脱离了封建的桎梏，却又从金钱制度下面讨生活，出卖劳动力不足，继之以出卖性器官，这是资本主义社会所不能避免的。以后各尽所能，各取所需，打破婚姻制度，

---

① 柳亚子：《南社丛选叙》，中国革命博物馆、上海人民出版社编：《磨剑室文录》上，上海人民出版社1993年版，第757页。
② 陈卫平：《"五四"新文化运动中的进化论》，《哲学研究》1996年第4期。
③ 柳亚子：《空言》，中国革命博物馆编：《磨剑室诗词集》上，上海人民出版社1985年版，第531页。
④ 柳亚子：《羿楼日札》，中国革命博物馆、上海人民出版社编：《磨剑室文录》下，上海人民出版社1993年版，第1278页。
⑤ 柳亚子：《十二日晨起成长歌一首，补呈步陶、苣楼双粲》，中国革命博物馆编：《磨剑室诗词集》下，上海人民出版社1985年版，第1277页。
⑥ 柳亚子：《关于妇女问题的我见》，中国革命博物馆、上海人民出版社编：《磨剑室文录》下，上海人民出版社1993年版，第1172—1173页。

提倡自由恋爱，便非达到社会主义的社会不兴了。"①在儿童教育上，柳亚子反对祖先崇拜，认为下一代要超过上一代，这是符合进化原则的。"按照进化论讲起来，子女的一代，无论如何，应该比父母的一代高明些"，"中国人喜欢崇拜祖先，追怀古昔，而不想做一个跨灶的儿孙。倘然照这种人的办法搅下去，一定非由人类退化为猿猴，再由猿猴退化为下等动物不止"②。柳亚子还认为，孙中山之所以伟大，就在于他能遵循进化原则不断前进。"人类是前进的，照马恩列斯的哲学来讲。个人的思想也应该是前进的，只要这个人能稳步前进，而不是一个落伍的分子。照前者来讲，从猿到人便是一个好例子。照后者来讲，我们总理的伟大，到今天还是值得我们的崇拜，其原因也就此地了。""我坚决相信，总理的思想，一直是发展着的，假如他不死，最后必然发展到共产主义。"③

（二）无政府主义

在革命民主主义进化论兴起稍后，无政府主义继起，一度成为20世纪早期到五四前后最有影响力的一股社会思潮。西方著名的无政府主义者主要有法国人蒲鲁东、俄国人巴枯宁、克鲁泡特金等人。无政府主义系统传入中国，主要是通过一批留法生、留日生等革命知识分子以及反清流亡者，其中包括以刘师培、张继为代表的天义派，以吴稚辉、李石曾为代表的新世纪派，以刘师复为代表的民声派。无政府主义反对一切政府，主张暗杀，追求绝对平等的社会理想以及个人的绝对自由。李石曾对社会主义的理解，就极具代表性："社会主义者，无自私自利，专凭公道真理，以图社会之进化。无国界，无种界，无人我界，以冀大同；无贫富，无尊卑，无贵贱，以冀平等；无政府，无法律，无纲常，以冀自由。其求幸福也，全世界人类之幸福，而非限于一国一种族也。故社会主义者，无自私

---

① 柳亚子：《关于妇女问题的我见》，中国革命博物馆、上海人民出版社编：《磨剑室文录》下，上海人民出版社1993年版，第1178页。
② 柳亚子：《我的儿童教育观》，中国革命博物馆、上海人民出版社编：《磨剑室文录》下，上海人民出版社1993年版，第1393页。
③ 柳亚子：《孙总理与毛主席》，中国革命博物馆、上海人民出版社编：《磨剑室文录》下，上海人民出版社1993年版，第1573，1575页。

自利也，吾敢断言曰：至公无私之主义也。"①

就柳亚子而言，他对无政府主义的接受，更多的是受天义派的影响为多。20世纪初年，柳亚子不仅一度与刘师培、何震夫妇过从甚密，而且曾以他们为榜样。柳亚子在20世纪30年代回忆："申叔名师培，一名光汉，字无畏；志剑名震，同为江苏仪征人。他俩是当时有名的革命夫妻，曾在日本发刊《天义杂志》，提倡无政府主义，表面上主干是志剑，实际却是申叔在揽。所以一九〇七年诗上说他俩是布鲁东和苏菲亚，而一九〇八年的诗上又说是法国大革命时代的罗兰先生和玛利侬夫人了。"②自然，柳亚子对无政府主义的接受，也就在情理之中。"丙午、丁未间，《民报》方风行一世。时太炎先生主笔政，盛创民族主义。其有异军崛起，以无政府主义为依归者，则巴黎之《新世纪》，江户之《天义报》是也。后者尤鼓吹巴枯宁、布鲁东之学说，对于欧美资本主义贫富之不均，财阀之恣肆，抨弹甚力。……巴、布诸家学说，偏于理想，正不容与革命圣人卡尔、伊里奇并论。要其摧陷廓清之功，或有不可没者欤？"③

从柳亚子早期思想来看，带有无政府主义的鲜明烙印。其一，主张暴力革命，颠覆一切强权。20世纪初年，柳亚子在《中国立宪问题》一文中指出，"吾敢正告我同胞曰：公等今日其勿言改革，唯言光复矣。公等今日其勿言温和，唯言破坏矣。夫岂不知光复与破坏之难也，然今日而不光复，不破坏，复将何为？虽知其难，将焉避之？不见夫脱突厥腥膻之羁绊，报千年之仇者，有希腊乎！不见夫拒奥地利亚虎狼之干涉，建半岛之雄图者，有伊大利乎！我愿我同胞学之，我愿我同胞学之。"④其二，推崇暗杀。柳亚子毫不掩饰地流露出对俄国虚无党人暗杀行为的赞美。"露民从此役以后，知对于政府之和平解决已为绝望，乃日以暗杀主义组织一杀

---

① 李石曾：《伸论民族、民权、社会三主义之异同再答来书论"新世纪"发刊之趣意》，张枬、王忍之编：《辛亥革命前十年间时论选集》第2卷下册，生活·读书·新知三联书店1977年版，第1008页。
② 柳无忌编：《南社纪略》，上海人民出版社1983年版，第4页。
③ 柳亚子：《羿楼日札》，中国革命博物馆、上海人民出版社编：《磨剑室文录》下，上海人民出版社1993年版，第1269页。
④ 柳亚子：《中国立宪问题》，中国革命博物馆、上海人民出版社编：《磨剑室文录》上，上海人民出版社1993年版，第75页。

人世界，以求恢复自由，故官吏之被害者，几于无日无之。"①1905年9月24日，革命者吴樾刺杀为预备立宪出洋考察的五大臣未遂殉难。柳亚子高度肯定吴樾的一击之功："京津一带，官府惶惶，侦骑四出，若有鹤唳风声，岌岌不可终日者。此宁非吴樾一死之影响耶！"并表达了对烈士的一瓣心香："刺客不出，如苍生何？吾愿招侠魂于昆仑，而归之于燕市也。第二之吴樾其兴也未？"②

（三）马克思主义

五四前后，作为形形色色的社会主义流派中的一支，马克思主义开始传入中国。五四新文化运动时期，是进化论如日中天的时代。此后，马克思主义逐渐代之日起。尽管进化论对于国人还有巨大的影响力，尤其是其"适者生存"的"天演"理论，已经为普罗大众接受，更不用说那些先进知识分子了；但是，潮涨潮落，究有定式。谈及马克思主义在中国的传播，留日、留法、留俄的留学生群体，功不可没。诚如蔡元培所说，"西洋的社会主义，二十年前，才输入中国。一方面是留日学生从日本间接输入的，译有《近世社会主义》等书。一方面是留法学生从法国直接输入的，载在《新世纪》周刊上。后来有《民声》周刊简单的介绍一点。俄国广义派（即布尔什维克）政府成立以后，介绍马克思学说的人多起来了，在日刊、月刊中常常看见这一类的题目"③。十月革命，尤其是五四运动后，马克思主义在中国的传播开始进入高潮，涌现出了一批马克思主义理论家和革命家，如陈独秀、李大钊、瞿秋白、李达等。他们主要以书籍、报刊等为阵地，以宣传阶级斗争和唯物史观为中心内容，从而使马克思主义经由革命知识分子传播给广大工农群众，最后在中国落地生根，蔚为洪流巨波。

就柳亚子而言，他对马克思主义的接受，既不自觉，也不系统，对马克思主义的理解也流于表面。何以如此？主要是其名士之性使然：一则巨大的传统惯性拖住了他，对新思潮的反应较迟。在新文化运动如火如荼之

---

① 柳亚子：《革命与女权》，中国革命博物馆、上海人民出版社编：《磨剑室文录》上，上海人民出版社1993年版，第162页。
② 柳亚子：《考察政治者还国矣》，中国革命博物馆、上海人民出版社编：《磨剑室文录》上，上海人民出版社1993年版，第159页。
③ 蔡元培：《蔡元培文集》，线装书局2009年版，第434—437页。

时，柳亚子正与一群名士沉醉于吴根越角的"乐国""迷楼"的游乐之中，在"豪情胜概"之余，以"群居终日，言不及义"自讼。①一则行动上不耐苦行，政治理论上不求甚解。如有的论者指出的，柳亚子"常以浪漫态度来对待政治、思想、文化上的理论问题，更不用说社会主义经济上的理论问题，往往是结论、口号接受得快，接受得多，而学理的探究却不求甚解，理论上的不清晰和混淆是常有的事，策略上和方法上的考虑就更少"②。但是，由于"天演"的外在压力和趋新求变的内在动力，柳亚子对马克思主义的接受，呈现出后来居上之势。

一是对马克思、列宁等革命领袖的崇敬。早在第二次护法运动时期，柳亚子将列宁与华盛顿列为并世伟人："白宫北美推华盛，赤帜西俄拥李宁。"③按，李宁即列宁。1922年，出于对列宁的崇敬，柳亚子以"李宁私淑弟子"自居，并以此刻成印章一枚。1923年，柳亚子宣称，"醉心于马克思之学说，布尔萨维克之主义"④。列宁去世后，柳亚子哀悼列宁称，这是"世界进化的不幸，人类的不幸"⑤。1924年，柳亚子作《空言》，并云"自谓组成余之代表作矣"⑥，其中有句："能持主义融科学，独拜弥天马克思。"⑦1925年，柳亚子在《纪念底五月》一文中指出："马克斯发明了剩余价值论，发明了唯物史观，使从前空想的社会主义，变成了科学的社会主义，他的私淑弟子列宁，应用了他的主义，他的方法，造成了无产阶级专政的苏维

---

① 柳亚子：《〈吴根越角集〉后序》，中国革命博物馆、上海人民出版社编：《磨剑室文录》上，上海人民出版社1993年版，第687页。

② 俞坚：《高天梅与民生主义》，马以君主编：《南社研究》第7辑，香港天马图书有限公司1999年版，第209页。

③ 柳亚子：《五月五日纪事》，中国革命博物馆编：《磨剑室诗词集》上，上海人民出版社1985年版，第385页。

④ 柳亚子：《〈吴根越角集〉后序》，中国革命博物馆、上海人民出版社编：《磨剑室文录》上，上海人民出版社1993年版，第686页。

⑤ 柳亚子：《哀悼列宁氏》，中国革命博物馆、上海人民出版社编：《磨剑室文录》上，上海人民出版社1993年版，第775页。

⑥ 柳亚子：《代表作》，中国革命博物馆、上海人民出版社编：《磨剑室文录》下，上海人民出版社1993年版，第1278页。

⑦ 柳亚子：《空言》，中国革命博物馆编：《磨剑室诗词集》上，上海人民出版社1985年版，第531页。

埃联邦，给帝国主义以重大的打击，给被压迫民族以重大的援助。"①

二是揭露资本主义的再生产不仅是物资资料的再生产，而且是生产关系的再生产。1924 年 3 月 10 日，上海祥经丝厂发生火灾事件后，柳亚子揭示资本主义的狰狞面目："世界上的国际资本主义，以中国为尾闾，机器工业，就像老虎一般，把手工业和农业都吞食了。除了最少数的资本家，能够苟延残喘，……其余中产阶级，就不免渐渐销磨，变做无产阶级，而无产阶级更不能不愈弄愈穷，一直投到黑暗地狱里的最下层去了。"②

三是基于民粹主义立场关注劳工劳农。在马克思主义传播史上，民粹主义不仅推动了马克思主义的中国化，而且曾经被很多马克思主义者所接受。当然，柳亚子也不例外。一方面，柳亚子高呼劳工劳农神圣。"倘使农人不种米出来给你吃，工人不织布出来给你穿，不造房屋出来给你住，商店学徒不给你们以交易的便利，你们还能够生活吗？生活都不能，还能够做智识阶级吗？"③另一方面，柳亚子又产生出一种罪恶感。"不过我仔细想一想，在田里踏车的农人们，在工厂里或屋顶上做工的工人们，在商店里受苦的学徒们，就觉着我的地位是天堂，他们的地位是地狱了。我也是一个人，他们也是一个人，天堂和地狱的位置，难道真真是前生注定，命里带来的吗？……这种重大的罪恶，我不应该努力的忏悔吗？"④

二 民主共和理想的坚定守望者

近代以来，先进的中国人，尤其是以孙中山为代表的资产阶级革命派主张向西方学习，使中国走上民主共和的道路，建立一个自由、民主的资产阶级共和国。辛亥革命是中国历史上的重大事件，推翻了两千多年的专制政体，建立第一个以英美为蓝本的资产阶级共和国。无数革命者为之欢欣鼓舞。但是，形势的发展并没有向人们呈现出他们所期待的绚丽图景。

---

① 柳亚子：《纪念底五月》，中国革命博物馆、上海人民出版社主编：《磨剑室文录》上，上海人民出版社 1993 年版，第 836 页。
② 柳亚子：《祥经丝厂底惨剧》，中国革命博物馆、上海人民出版社主编：《磨剑室文录》上，上海人民出版社 1993 年版，第 792—793 页。
③ 柳亚子：《报纸是给甚么人看的》，中国革命博物馆、上海人民出版社主编：《磨剑室文录》上，上海人民出版社 1993 年版，第 826 页。
④ 同上书，第 828 页。

由于不适宜的政治文化土壤、动荡不安的国内环境以及风云变幻的国际大气候，新生的共和国命运多舛，经历了袁世凯复辟、张勋复辟等一系列的纷扰之后，代之而起的是蒋介石独裁的南京国民政府。柳亚子始终秉持着辛亥革命的理想，反对开历史的倒车，希望民国政治沿着民主共和的轨道稳健运行。在辛亥革命的前夜，柳亚子宣传民族主义、民权主义，为辛亥革命进行舆论准备；辛亥革命之后，他为维护辛亥革命的果实，与袁世凯、北洋军阀进行了一系列的斗争。此后，柳亚子高举三民主义旗帜，与南京国民政府的独裁统治进行了坚决的斗争。

（一）欲凭文字播风潮

20世纪初年，庚子之役后，清廷在内外煎逼之下，不得不推行新政，寻求自救之方。这一"既不自觉又不自愿"[①]的变法，其要目之一即是改革政体，实行君主立宪。在革命成为历史主调的大背景下，柳亚子反对君主立宪，提倡民族革命，主张实行共和政体。他凭借着满腔的革命热忱，写下了大量诗文，决心在"大风折木、黄尘蔽天、毒雾妖云、漫漫长夜"[②]的晚清社会，振聋发聩，唤起排山倒海的革命风潮。

柳亚子倡导民族革命。这一时期，柳亚子还没有走出狭隘的民族主义的范围，他希望建立一个排斥满人的汉族单一民族国家。为此，他发掘汉民族英雄、英雌抗击异族的艰苦卓绝的事迹，以此作为民族革命的助力。在汉民族的英雄中，他找到了郑成功。柳亚子认为，"华盛顿、玛志尼、噶酥士、加里波的、加富儿、俾斯麦"等为"排异种之英雄"，"哥仑布、立温斯顿、伬顿曲、麦寨郎、克雷飞、哈士丁斯"等为"殖新地之英雄"，而郑成功则是"合并二途之才以凌欧驾美"的汉族英雄。[③]柳亚子极力讴歌"排异种与殖新地"之功："彼能使欧权鼻祖之和兰逡巡让步，彼能使满族徐奴之汉种发奋争先，是岂寻常贱丈夫所敢希冀哉。使天假之年，内驱异族还我河山之后，余力犹多，或尽取南洋诸岛，争霸于海上，辟属地于

[①] 杨国强：《晚清的士人与士相》，生活·读书·新知三联书店2008年版，第245页。
[②] 柳亚子：《中国革命家第一人陈涉传》，中国革命博物馆、上海人民出版社编：《磨剑室文录》上，上海人民出版社1993年版，第92页。
[③] 柳亚子：《郑成功传》，中国革命博物馆、上海人民出版社编：《磨剑室文录》上，上海人民出版社1993年版，第13页。

环球，以步英伦之后尘乎，未可知也。不然而使生于今日之世界乎，则所谓民族主义，民族帝国主义者，方将出现于皇汉之历史，又何至为欧人之专有物也。"①为此，柳亚子呼唤郑成功式的英雄再世，担负起民族革命的重任。"海云苍苍，海水茫茫，安得有郑成功其人者乎，以焕扬我祖国之光荣。"②柳亚子还找到了梁红玉、花木兰、无名女杰、红线、聂隐娘、杨娥等女英雄，她们或排击异族，或沙场建功，或身殉故国，或剪除强暴，显示出了忠贞不屈的爱国情怀，疾恶如仇的浩然正气，勇健善斗的尚武精神。见于"男子之不足道"，柳亚子"不得不深万一之希望于女子"③，找到了"中国民族主义女军人梁红玉"。"红玉与世忠蒿目时艰，热心祖国，不忍令数百兆同胞尽沦于辫发胡服。遂挺剑蹶起，一跃而投身民族战争之盘涡中。"④柳亚子不无踵事增华地再现了黄天荡一役中梁红玉英勇杀敌的飒爽英姿。"红玉乃自援鼓桴于马上击之，声浪既及军士之耳，慷慨激昂，精神百倍，争致命前敌，杀人如草，虏骑死伤且尽，汉将从天，胡儿褫胆。兀术翘首乞怜，求得归死黄龙。"⑤柳亚子表彰了梁红玉为民族立下的赫赫功绩，认为其与意大利女杰玛尼他比肩："吾梁红玉之丰功伟烈，乃正与玛尼他合节同符，无轩轾可言。夫孰谓吾汉种之女豪杰不急白皙人也。"并期待更多的女杰继梁红玉而后，献身民族革命。"我日日焚香缥笔，祝二万万女同胞有继梁红玉而起，以助我杀异种，保同种之遗志者。"⑥此外，柳亚子还将民族革命与倡女权、新民德联系起来。在《革命与女权》中，柳亚子盛赞俄国虚无党人暗杀风行，终结专制政体的壮举，并预言，"此非专制主义之末路，而女权时代之开幕欤？"⑦他寄望以女权唤醒女子的民

---

① 柳亚子：《郑成功传》，中国革命博物馆、上海人民出版社编：《磨剑室文录》上，上海人民出版社1993年版，第13—14页。
② 同上书，第14页。
③ 柳亚子：《中国民族主义女军人梁红玉传》，中国革命博物馆、上海人民出版社编：《磨剑室文录》上，上海人民出版社1993年版，第105页。
④ 同上。
⑤ 同上书，第108页。
⑥ 柳亚子：《中国民族主义女军人梁红玉传》，中国革命博物馆、上海人民出版社编：《磨剑室文录》上，上海人民出版社1993年版，第110页。
⑦ 柳亚子：《革命与女权》，中国革命博物馆、上海人民出版社编：《磨剑室文录》上，上海人民出版社1993年版，第162页。

族意识和革命精神。"彼露西亚文明之程度,非能高出我汉族也,而女子爱国如性命,牺牲弱质,以报同仇。虚无党中万人膜拜之圣徒苏菲、韦露皆弱女子耳,今继起有人矣。我汉族之女同胞,岂真命不犹人,长此寂寂耶!"[①]在《论道德》中,柳亚子提倡自由、平等、博爱的真道德,反对纲常、名教的伪道德。"有天然之道德,有人为之道德。天然之道德,根于心理,自由、平等、博爱是也。人为之道德,原于习惯,纲常名教是也。天然之道德,真道德也。人为之道德,伪道德也。"[②]柳亚子还进一步指出,道德决定了民族在世界竞争形势中的地位,"自今以往,不昌明自由、平等、博爱之真道德,则强者绗臂攘食,弱者摇尾而乞怜,世界亦不复成为世界"[③]。

针对喧嚣一时的立宪运动,柳亚子坚决表示反对。首先,他认为,宪法是以国家的存在为前提,而汉人的国家早已亡于清。"宪法者,国家之附属物也。有完全之国家,然后有美满之宪法,未有无国之民而能享立宪之幸福者。""皮之不存,毛将焉傅?国既亡矣,何有于宪?"[④]显然,这时柳亚子还未走出狭隘的民族主义。其次,他认为,立宪是清廷笼络、瓦解汉人的伎俩。"彼逆胡之枭桀者,知民族革命之潮流方汪洋于东大陆,而急图所以阻遏之,则借立宪之美名以为笼络人心之计,锄汉族萌芽之民气,使之奴劫千重,无复得见天日。"[⑤]再次,他认为,一旦立宪,国家权力势必会被清朝贵族所掌握,就会借立宪之名,行专制之实。"倘然我们今日立宪起来,下议院的势力万万及不来外国,上议院里这一班人,什么亲王咧,大臣咧,贝子、贝勒咧,恐怕比外国的公爵、伯爵倒要厉害过几百倍。那时候,下面的议员不过和《红楼梦》上晴雯说的'担误了虚名'这句话儿一样,实权却全在他们手里。他们便借着立宪的名词,实行专制的手段,横也是

---

① 柳亚子:《革命与女权》,中国革命博物馆、上海人民出版社编:《磨剑室文录》上,上海人民出版社1993年版,第163页。
② 柳亚子:《论道德》,中国革命博物馆、上海人民出版社编:《磨剑室文录》上,上海人民出版社1993年版,第35页。
③ 同上书,第41页。
④ 柳亚子:《庆贺立宪之丑态》,中国革命博物馆、上海人民出版社编:《磨剑室文录》上,上海人民出版社1993年版,第171页。
⑤ 柳亚子:《庆贺立宪之丑态》,中国革命博物馆、上海人民出版社编:《磨剑室文录》上,上海人民出版社1993年版,第171页。

宪法，竖也是宪法。你不识风头和他反对，他便说你破坏宪法，大逆不道。"①为此，柳亚子进一步主张，"扩张民权"，"辨清民族"，通过革命手段建立一个民主共和国。"如果不情愿受专制的压力，总要发挥民族思想，实行破坏主义，驱除异族，还我河山，重新建设一个中国人的中国来，然后可以定那堂堂皇皇的宪章，去做自由自立的国民，不要再向那肮脏政府底下来说什么立宪不立宪的梦话罢！"②

（二）铁血共和

辛亥南北议和，是事关民国政治走向的重大政治事件。柳亚子坚决反对南北议和，主张以铁血手段维护辛亥革命的成果。对于南北议和中的清帝退位、举袁世凯为大总统、优待清室条款等荦荦大端，柳亚子坚决反对。

关于清帝退位，柳亚子指出，这是扫荡专制、建立民国所必需的先决条件。"解除皇帝之权，此本应天经地义，无待赘言者。中华民国万不能容虚君共和之谬说，亦万不必有开会公决君主、民主之事。"③柳亚子还认为，清帝退位是无条件的。针对清帝退位与南京临时政府同时撤销之议，柳亚子力持不可，"曩传虏酋退位，即须南都临时政府同时销灭，此事理智最不可通者。临时政府本非长治久安之计，但既以十七省人民代表之公意组织而成，必待兵烽尽熄，秩序大宁，召集议会，制定宪法，然后建立中华民国正式之政府，而临时政府之效力于以告终，必不容以建夷大长僭窃垂亡之帝位，轻为首鼠之殉，而有同时取消之妄议也"④。柳亚子还主张，清帝盘踞不去，固当革命；即便清帝退位，也埋下革命的种子。"革命者铁血之革命，非陈请之革命。无论虏廷退位之举遥遥无期，且数月来屡下伪谕，命官任职，褒节旌忠，绝无仓皇亡国之气象。就使退位实行，目的终达，而要挟多端，不平已甚，甚或掩亡国之实，饰禅让之名，以吾人几十年牺牲之血肉，成就一私人篡夺之野心，则第二革命祸不旋踵，流血之惨将更

---

① 柳亚子：《立宪问题》，中国革命博物馆、上海人民出版社编；《磨剑室文录》上，上海人民出版社1993年版，第184页。
② 同上。
③ 柳亚子：《对清四端之析义》，郭长海、金贞菊编：《柳亚子文集补编》，社会科学文献出版社2004年版，第54页。
④ 柳亚子：《北方设立临时政府与优待虏廷之抗议》，中国革命博物馆、上海人民出版社编：《磨剑室文录》上，上海人民出版社1993年版，第270页。

酷于今日。"因此，他号召革命者血战到底，"但以血战为荣，勿闻退位而喜，全国一心，万矢一的"①。

柳亚子坚决反对清室优待条件。针对保持清帝名号之议，柳亚子认为，这既有悖于共和政体，又不符合人类文明进步的要求。"优待虏廷，原出于亡国之例外，岂容横生要挟。报章腾载有谓虏酋止退政权，仍留清帝之名，如衍圣公、罗马教皇者，斯则万万不可。共和国体之中华民国，岂有满洲君主回翔之余地。虚君共和本为保皇党人之莠言，名不正则言不顺，孰甚于此？……况共和国中人人平等，岂容有贵族之制，是则衍圣公且在废除之列，何论虏酋哉！至罗马教皇尤为欧西巨蠹，十字军之战，杀人如麻，流血成河，孰非教皇之厉阶？其后意人并吞其地，法人削夺其权，厥祸浸小，然庞然一物独存于信仰自由之世，终不免为文明之玷，吾中华民国何为而效之哉？"②并且，如果保留帝号，必然招致企图死灰复燃的中外势力的蠢蠢欲动，会给民国带来巨大的威胁。"我堂堂正正光复中华，而必留清帝之称号以与民国对抗，卧榻之旁，他人鼾睡，不知吾国民能高枕安卧否也。外兵上陆，此自虏廷所嗾使，闻那桐乞师海东为秦庭之泣，报章腾载，岂待讳言。若留虏酋之位，彼族狡谋终不得默尔而息，他日假勤王之名，出借兵之计，法兰西往事可为寒心。"③至于"虏廷俸给每年四百万元，列入预算，永无停止"以及"退位后仍居北京颐和园或热河避暑山庄，听其自行指定"之议，柳亚子更是表示"窒碍难行"："夫满虏盗国二百七十余年，吸我脂膏亦已净尽，所谓那拉氏遗帑，所谓伪亲贵私蓄，孰非我民汗血之代价？方今民国初建，百端待理，即举爱新觉罗氏盗窃之资，还诸我民，以报施论，不得为苛；岂又多糜巨款，豢养此蠹如鹿豕之徒。揆诸吾党提倡民生主义之初衷，果如是乎？至溥仪孺子，与其伯叔兄弟，果能袯除夙垢，列为民国之齐民，居处自由，政府原无干涉之理。若必标置位号，自别编户，吾人忠厚待人，不忍拒之已甚，则莫若仍其先秩，封以龙虎将军

---

① 柳亚子：《北方设立临时政府与优待虏廷之抗议》，中国革命博物馆、上海人民出版社编：《磨剑室文录》上，上海人民出版社1993年版，第274页。
② 同上书，第271—272页。
③ 柳亚子：《答某君书》，中国革命博物馆、上海人民出版社编：《磨剑室文录》上，上海人民出版社1993年版，第284—285页。

之号,畀以热河瓯脱之地,近支血系听其自居,唯无事不得他往。倘欲脱去房籍,比于编氓,则亦畀以自由,不加限制。此在吾人,亦已仁至义尽,无复他说矣。"① 在南北达成清室优待条件之后,柳亚子立主铁血抗争。"袁贼胁我,虚声恫吓,惟仗军队之势力,我忍今日亦宜以军队对付之。"一方面,柳亚子敦请南京临时政府正告清廷,热血将士"不愿以血肉之牺牲,换以腥膻之效果,坚不承认,力请推翻"。另一方面,主张武力北伐,"苟政府畏葸,议员附和,不能整旅北讨,唯有反戈南向"。如此,方能收功。"故优待条件一律取消,非外交之无信,实军情之难拂。袁贼见此,亦惟有俯首承认而已。"② 柳亚子甚至主张采取更激烈的手段,号召各省民军,不承认南京临时政府,率师北伐,再行公举大总统。"宜请黎都督首先创议,通电各省,不认议和辱国之中央政府,推翻优待房族条件,破裂和局,尅日北征,先解秦晋之危,继捣幽燕之窟,俟房社已屋,逆酋已诛,然后公推大总统,以此次最有功于北伐者当之。"③ 在清室优待条件正式公布之后,柳亚子主张取消优待条件,彻底革命,奠定民主共和的不拔之基。"私谓今日中国革命军兴,不特溥仪父子当悬首太白,满洲亲贵毒害天下,与保皇立宪党人传布邪说,把持政权,秽德昭彰,腥闻于天下者,亦在必诛之列,然后革命事业可以完全,共和基础亦得巩固。不然,恐第二次革命终不能免。"④ 他还表达了对革命不彻底的激愤之情。"宁使十八省尽成蒿里,毋令世界上成此非驴非马之共和国。"⑤

关于举袁世凯为大总统,柳亚子反对尤烈。在袁世凯被举之前,柳亚子力陈不可:首先,袁世凯是专制时代的人物,缺乏民主共和观念,不适宜为民国领袖。"冯观袁氏性质,亦许子将所谓治世之能臣,乱世之奸雄耳,

---

① 柳亚子:《北方设立临时政府与优待房廷之抗议》,中国革命博物馆、上海人民出版社编:《磨剑室文录》上,上海人民出版社1993年版,第272页。
② 柳亚子:《推翻优待房廷条件之上策》,中国革命博物馆、上海人民出版社编:《磨剑室文录》上,上海人民出版社1993年版,第278页。
③ 柳亚子:《取消临时政府问题》,中国革命博物馆、上海人民出版社编:《磨剑室文录》上,上海人民出版社1993年版,第282页。
④ 柳亚子:《答某君书》,中国革命博物馆、上海人民出版社编:《磨剑室文录》上,上海人民出版社1993年版,第285页。
⑤ 同上书,第289页。

断断不能适宜于共和之世界。"①"至袁之为人,专制锢毒,根于天性,与共和政体无相容之理。"②其次,举袁世凯为大总统,于法律无据,有悖民主共和的精神。"选举大总统出于国民自由公意,此后之参议院决无永握是权之理,可断言也。""共和国民以道德为元气,几见大总统而可以力征经营者?"③再次,以大总统相要挟,是出于袁世凯的权谋与野心。"彼(袁世凯——引者注)殆欲合曹孟德、拿破仑为一人,故一方面借民军势力逼胁虏廷,而一方面又挟虏廷名号劫持民军,俾使虏酋退位与南都临时政府取销同时并行,彼得坐收渔人之利,由大总统而进而为皇帝,此袁氏之夙愿,所谓司马昭之心,路人皆知者也。"④"在彼不过以纵横捭阖之术尝试民国,苟民国唯诺唯命,情见势绌,彼将从此为所欲为,无复顾忌。"⑤为此,他主张以大无畏的革命精神斗争到底,以绝袁世凯的进一步觊觎,进而避免"二次革命"。"革命者以铁血为代价,未有不战而可以成功者也。且兵力苟足,饷械苟充,直捣黄龙,擒渠馘丑,正男儿快心之事,何惮于战!如其退缩不前,畏敌如虎,则吾退一寸,彼进一尺。从袁氏所要求,彼狼子野心,岂肯以共和国元首自安,第二次革命之祸又焉能逃!凡取之愈坚,则守之愈固。与其法兰西三次革命,又何如美利坚七年之血战耶!"⑥南京临时参议院举袁世凯为大总统之后,柳亚子愤激不已。"乃临时政府不职,参议院无状,竟以大好江山断送于操、懿之手。复有不肖报馆,无耻文人,甘心为袁氏作机关,日肆莠言,以相煽惑。"⑦柳亚子为民国前途忧心不已,并断言袁世凯将成为破坏民主共和的祸首。"方今中山逊位,本初被举,国都地点

---

① 柳亚子:《答某君书》,中国革命博物馆、上海人民出版社编:《磨剑室文录》上,上海人民出版社1993年版,第287页。
② 柳亚子:《论袁世凯》,中国革命博物馆、上海人民出版社编:《磨剑室文录》上,上海人民出版社1993年版,第263页。
③ 柳亚子:《袁世凯休矣》,中国革命博物馆、上海人民出版社编:《磨剑室文录》上,上海人民出版社1993年版,第261页。
④ 柳亚子:《答某君书》,中国革命博物馆、上海人民出版社编:《磨剑室文录》上,上海人民出版社1993年版,第287页。
⑤ 同上书,第288页。
⑥ 柳亚子:《对清四端之析义》,郭长海、金贞菊编:《柳亚子文集补编》,社会科学文献出版社2004年版,第55页。
⑦ 柳亚子:《青兕宣言》,中国革命博物馆、上海人民出版社编:《磨剑室文录》上,上海人民出版社1993年版,第295页。

必在天津，既为袁氏势力范围之地，唐绍仪组织内阁，段祺瑞总长陆军，何一非袁氏私人。他日易总统而为皇帝，倒共和而复专制，一反手间耳。"①在"笔诛口伐既鲜补于时艰，开会发电亦徒滋夫口实"的情况下，柳亚子大声疾呼，"实行第二次革命"，"誓推翻袁氏之政府，消灭伪清之帝号，与夫疲软无力、顽钝无耻、骑墙反覆之伪革命党人，以赤血染成共和，庶炎黄遗族犹有自保之地"②。

（三）永不停息的脚步

历史的车轮滚滚向前，柳亚子追求民主自由的脚步始终没有停歇。北洋军阀统治时期，柳亚子以手中之笔、口中之舌，与践踏民主共和精神的北洋军阀进行了不屈的斗争。这一时期，柳亚子经过观察、思考后认定了三民主义，以此作为救国救民的武器。一直到新民主主义革命时期，柳亚子在三民主义旗帜下进行了不懈的奋斗，不仅坚定维护三民主义，而且在革命实践中使之不断得到发展。

孙中山让权石头城之后，中国进入了北洋军阀统治时期。不久，柳亚子预言的"二次革命"，也不幸被其言中。"二次革命"灰飞烟灭，无数革命志士惨死于袁世凯的屠刀之下。柳亚子写下了大量的诗文悼念死难者，谴责袁世凯的罪恶。这些革命者以宁太一为代表。1913年9月25日，革命者、社友宁太一被杀害于武昌。柳亚子悼之以诗，"当年专制犹开网，此日共和竟杀身"③。柳亚子长歌当哭，感情沉痛，思想深邃：追求民主共和的革命者没有死于专制时代，却死于共和时代！与辛亥首义元勋蔡济民的"无量金钱无量血，可怜购得假共和"，可谓同调。这是革命者在悲愤之余应该深长思之的。1915年5月9日，袁世凯与日本签订了臭名昭著的"二十一条"。柳亚子悲愤不已："这是光复以来第一次国耻，民气沸腾，达于极点。可怜我是手无寸铁的书生，只好抱着满腔孤愤，寄沉痛于逍遥。"④1915年底，柳亚子关于袁世凯要当皇帝的预言，又变成现实。柳亚子报之以诗：

---

① 柳亚子：《青兕宣言》，中国革命博物馆、上海人民出版社编：《磨剑室文录》上，上海人民出版社1993年版，第295页。
② 同上书，第295—296页。
③ 柳亚子：《闻宁太一恶耗，痛极有作》，中国革命博物馆编：《磨剑室诗词集》上，上海人民出版社1985年版，第198页。
④ 柳无忌编：《南社纪略》，上海人民出版社1983年版，第72页。

"冢中枯骨不须论，紫色蛙声敢自尊。"① 1916年6月6日，袁世凯在众叛亲离中死去。

袁世凯死后，黎元洪继任大总统。虽然恢复了共和政体，但武人跋扈，民国政治难上轨道。柳亚子在诗中表达了对时局的失望，"长蛇封豕唐藩镇，社鼠城狐汉宦官"②。此后，黎元洪、段祺瑞府院之争引发张勋复辟。柳亚子对复辟丑剧进行了无情的抨击，"渐台郿坞须臾事，传首行看辫发拖"③。段祺瑞借张勋驱逐黎元洪之后，发动讨逆之役，以"再造民国"的身份出任国务总理，冯国璋继任大总统。由于"段亦非能尽忠于宪法"④，柳亚子对其翻云覆雨的伎俩刺之以诗。"遮天一手称能事，负乘经年酿祸机。"⑤ 此后，中国出现军阀割据的局面，乱象丛生，"城头变幻大王旗"。在此情形下，民国徒具民主共和的外壳。如柳亚子在《国民党之对于中国》中所指出的，民国成立十多年以来，"左右不过是满清政府的余孽，袁世凯的徒子徒孙，在那里兴妖作怪罢了"⑥。

1915年，新文化运动兴起；1917年，十月革命发生；1919年，五四运动爆发。这三枚重磅炸弹对中国社会产生重大影响，直接推动了马克思主义在中国的传播、发展，中国近代史也从此掀开了新民主主义革命的新篇章。在激荡的时代大潮面前，柳亚子一度消极迷惘之后，以后来居上的姿态投身新文化运动。柳亚子创办《新黎里》报，并以此为阵地，提倡新文化，宣传社会主义和劳工、劳农问题。"照社会主义的学说讲起来，不劳动不得食，人人都有劳动的责任。所以劳动者是神圣，资本家便是盗

---

① 柳亚子：《阴霾》，中国革命博物馆编：《磨剑室诗词集》上，上海人民出版社1985年版，第236页。
② 柳亚子：《咏史四首》之四，中国革命博物馆编：《磨剑室诗词集》上，上海人民出版社1985年版，第211页。
③ 柳亚子：《感事四首》之二，中国革命博物馆编：《磨剑室诗词集》上，上海人民出版社1985年版，第269页。
④ 柳无忌、柳无非编：《自撰年谱》，《自传·年谱·日记》，上海人民出版社1986年版，第17页。
⑤ 柳亚子：《后感事四首》之二，中国革命博物馆编：《磨剑室诗词集》上，上海人民出版社1985年版，第271页。
⑥ 柳亚子：《国民党之对于中国》，中国革命博物馆、上海人民出版社编：《磨剑室文录》上，上海人民出版社1993年版，第899页。

贼。"①因《新黎里》的激进立场，柳亚子遭到地方豪绅的诬陷与打击。②柳亚子不为所屈，勇猛精进。他表示，"永远要在进化底轨道上向前进。就是要提倡三民主义，宣传新文化，反抗旧势力，不因摧残而有戒心，不因瞻徇而留情面"③。

这一时期，柳亚子在对民国政治进行长期观察、思考的基础上认定了孙中山及其三民主义。柳亚子与孙中山的交往，可以追溯到1906年。作为一个只有20岁的同盟会会员，柳亚子曾"谒孙中山先生于吴淞口外海舶中"④。柳亚子"忽见理想中之伟人，噤不能出一语"⑤。南京临时政府成立之时，柳亚子曾担任三天的临时大总统府秘书，也无由晤谈。此后，由于人生经历、政见离合等原因，柳亚子与"总理相见之缘止此矣"⑥。但在革命实践中，柳亚子逐渐成为孙中山三大政策、三民主义的坚定信仰者、维护者。

1921年5月5日，孙中山就任非常大总统。柳亚子在振奋之余慨然赋诗，并将孙中山与华盛顿、列宁并列为世界伟人，"率土自应尊国父，斯人不出奈苍生。白宫北美推华盛，赤帜西俄拥李宁"⑦。1923年，柳亚子以同盟会会员身份加入中国国民党。1924年1月，中国国民党一大确定了联俄、联共、扶助农工三大政策，重新解释了三民主义。国民党一大后，柳亚子开始"献身党国"⑧，受命组建地方组织。列宁去世后，柳亚子称孙中山为"列宁第二"，并指出，"我们中国有孙先生这样伟大的人物，倘然不能

---

① 柳亚子：《新黎里报劳动纪念特刊宣言》，中国革命博物馆、上海人民出版社编：《磨剑室文录》上，上海人民出版社1993年版，第663页。
② 参见张明观《柳亚子传》，社会科学出版社1997年版，第253—255页；张明观《柳亚子史料札记》，上海人民出版社2008年版，第82—87页。
③ 柳亚子：《对于本报复活周年底感想》，中国革命博物馆、上海人民出版社编：《磨剑室文录》上，上海人民出版社1993年版，第822页。
④ 柳无忌、柳无非编：《自撰年谱》，《自传·年谱·日记》，上海人民出版社1986年版，第10页。
⑤ 柳亚子：《书烈亚同志所藏中山先生遗墨后》注文，中国革命博物馆编：《磨剑室诗词集》下，上海人民出版社1985年版，第1836页。
⑥ 同上。
⑦ 柳亚子：《五月五日纪事》，中国革命博物馆编：《磨剑室诗词集》上，上海人民出版社1985年版，第385页。
⑧ 柳无忌、柳无非编：《自撰年谱》，《自传·年谱·日记》，上海人民出版社1986年版，第21页。

够合全国人民的力量去拥护他，那真是国民的羞耻，民族的羞耻了！"①柳亚子以《新黎里》为阵地，积极宣传三民主义，"那三民主义就是我们中华民国起死回生的无上灵药"，并号召民众为实现三民主义理想而奋斗，"孙先生是我们的导师，中国国民党三十万党员都是我们的好友，我们快快起来跟着导师和着好友一同合作吧！"②孙中山逝世后，国民党内的右派势力兴风作浪。坚定的国民党左派廖仲恺被刺后，西山会议派更是公然反对三大政策。柳亚子同右派分子进行了坚决斗争。一方面，柳亚子主持的江苏省党部概不承认西山会议派的中央党部的一切决定。另一方面，柳亚子对三大政策进行阐发，批驳西山会议派的无耻谰言。柳亚子在《告国民党同志书》中指出："对于总理联俄的重要政策，公然要发表反对，这真真是总理的叛徒了"；"拒绝工农阶级而要实行国民革命，无异于缘木求鱼；容纳工农阶级而要排斥共产分子，更无异于痴人说梦"；"排斥共产分子，就是断送了本党新生命，就是阻挠国民革命的成功，老老实实说，就是总理的罪人，也就是本党的公敌"③。

　　1926年4月底，柳亚子赴广州参加国民党二届二中全会。此时的红都广州，暗潮汹涌，革命阵营内部潜伏着巨大的危机。蒋介石的反革命面目初现端倪。在制造中山舰事件后，蒋介石阴谋在二届二中全会上排斥共产党和国民党左派，攫取更大的权力。会议召开前夕，柳亚子曾面责蒋介石"到底是总理的信徒，还是总理的叛徒？如果是总理的信徒，就应当切实地执行三大政策"。他还驳斥了蒋介石的狡辩，使得其"面红耳赤，默不作声"，然后拂袖而去。柳亚子断定，"蒋介石一定要做陈炯明第二，而且乱子一定闹得被陈炯明更大"。为此，他向中共领导人恽代英建议，"要找一个仓海君把蒋介石一枪打死"。结果，未被采纳。④在随后的国民党二届二中

---

　　① 柳亚子：《拜孙悼李楼随笔·列宁和孙先生》，中国革命博物馆、上海人民出版社编：《磨剑室文录》上，上海人民出版社1993年版，第778页。
　　② 柳亚子：《三民主义》，中国革命博物馆、上海人民出版社编：《磨剑室文录》上，上海人民出版社1993年版，第783、787页。
　　③ 柳亚子：《告国民党同志书》，中国革命博物馆、上海人民出版社编：《磨剑室文录》上，上海人民出版社1993年版，第904—906页。
　　④ 柳亚子：《在毛主席的旗帜之下奋勇前进》，中国革命博物馆、上海人民出版社编：《磨剑室文录》下，上海人民出版社1993年版，第1584—1586页。

全会上，通过了"整理党务案"。会上表决时，柳亚子与彭泽民、何香凝当场抗议。柳亚子回忆："记得一九二六年五月，我去广州出现二中全会。有人提出'整理党务案'，破坏三大政策，在会场中却为恶势力居然通过了。廖夫人起来反对，当然无效。她慷慨激昂地讲了许多话，连顿其足。我是义愤填膺，几乎刺激到失去知觉的程度，半个字也讲不出来，只有连连拍掌，赞成廖夫人的讲话，以出我心头之气。彭先生呢，他当场也气得手足发抖，不能发言，到散会以后，对着总理的遗像，伤心地大哭起来。这样一来，廖夫人顿足，柳亚子拍掌，彭泽民痛哭，传为二中全会的痛史。"① 对此，毛泽东也极为钦佩柳亚子等人的硬骨头精神。邓颖超撰文指出："当会议上举手表决时，何香凝和柳亚子先生未举手，有勇气进行反对这一决议案。对这件事，毛泽东同志后来常常提起他们两位坚决的革命性，是真正忠于孙中山先生的国民党左派，硬骨头。"② 未待闭会，柳亚子便拂袖而去。

随着北伐的节节胜利，蒋介石的反革命行迹暴露无遗。在发动"四·一二"政变之后，蒋介石成立南京国民政府，与武汉国民政府分庭抗礼，大肆屠杀革命志士。柳亚子遭到指名缉捕，匿身复壁，得以幸免，遂连夜逃往上海。在白色恐怖无法立足的情况下，柳亚子只好改名换姓远走日本。1928年1月，柳亚子从日本回国。因国民党宁粤派系之争，本不是三届中央委员的柳亚子被推为四届中央委员。对此，柳亚子每每自责，称自己是"临阵脱逃的渺小者"③。"十年以来，我不满于国民党，但不能不用国民党的钱来养活一家，……我真是应该惭愧死呢。"④ 但实际上，柳亚子并没有放弃三民主义立场。

1941年5月，柳亚子因不能赴重庆参加国民党五届七中全会，便以中央监察委员身份致信国民党上海敌后工作统一委员会书记长吴开先，"方今大计无逾于抗战建国，欲达抗战必胜，建国必成之目的，弟以为当以实

---

① 柳无忌、柳无非编：《八年回忆》，《自传·年谱·日记》，上海人民出版社1986年版，第226—227页。
② 邓颖超：《缅怀柳亚子先生》，《人民日报》1987年5月28日第4版。
③ 柳亚子：《致姜长林》，上海图书馆编：《书信辑录》，上海人民出版社1985年版，第133页。
④ 柳亚子：《致柳非杞》，上海图书馆编：《书信辑录》，上海人民出版社1985年版，第180页。

行国父三大政策为第一义谛"。他还进一步指出:"三民主义之本质,乃前进的而非复古的,乃创造的而非沿袭的,乃科学的而非玄学的。国父遗教,千头万绪,博大精深,而三大政策则其晚年定论,尤与三民主义之精粹相印证。盖惟实行联苏,乃足保障民族之生存;惟实行联共,乃足保障民权之发展;亦惟实行拥护农工,乃足保障民生之幸福。斯盖国父积四十年革命之经验而得之者,与遗嘱所称必须唤起民众及联合世界上以平等待我之民族共同奋斗云云,信无纤毫之歧异也。"① 1941年1月,国民党制造了震惊中外的皖南事变。事变已经发生,但消息尚未被封锁之际,柳亚子与宋庆龄、何香凝、彭泽民等联名发表宣言,要求国民党当局停止反共,共同抗日。"遵守总理遗训,力行吾党国策,撤消剿共部署,解决联共方案,发展各种抗日实力,保障各种抗日党派。"② 鉴于国民党顽固的反共、独裁立场,柳亚子拒绝参加五届八中全会。他给国民党中央发去了一封措辞严厉的电文,要求国民党严惩皖南事变的祸首,撤销反共部署,"公开大政,团结友党";否则,"不愿意向小朝廷求活"③。结果,因触怒国民党当局,柳亚子被开除党籍。

抗战胜利后,蒋介石在美国支持下坚持反共反人民的内战,维护国民党一党专政的独裁统治。中国处于两种前途的十字路口。柳亚子反对内战,主张走和平民主的道路,成立联合政府。他在《代东北老百姓讲话》一文中指出:"我们反对用战争来解决政治,我们主张用政治来解决政治。我们赞成双方立刻停止内战,由各党各派的领袖和无派的领袖,组成战地调查团,来作老百姓救命星君的和平使者,这是治标的办法。关于治本的方法,我们要主张,立刻召开政治协商会议,彻底改组国民政府成为一个包含各党各派和无党无派领袖们所联合组织的国民政府。"④ 为此柳亚子先后参加

---

① 柳亚子:《致吴开先》,上海图书馆编:《书信辑录》,上海人民出版社1985年版,第192、194页。
② 柳亚子:《撤销"剿共"部署,解决联共方案,发展抗日实力》,中国革命博物馆、上海人民出版社:《磨剑室文录》下,上海人民出版社1993年版,第1266页。
③ 柳亚子:《为皖南事变发往重庆的亲笔代电》,中国革命博物馆、上海人民出版社编:《磨剑室文录》下,上海人民出版社1993年版,第1267页。
④ 柳亚子:《代东北老百姓讲话》,中国革命博物馆、上海人民出版社编:《磨剑室文录》下,上海人民出版社1993年版,第1496页。

或发起组织中国民主同盟、三民主义同志联合会、中国国民党革命委员会等民主党派，表明了他一以贯之追求民主的奋斗精神。对此，柳亚子不无自豪地声称，"二十岁入中国革命同盟会，五十九岁入中国民主同盟，总算四十年没有变，这一点我颇自骄"①。内战全面爆发后，柳亚子于1947年10月赴香港参加国民党民主派联合组织的筹建工作。1947年12月，柳亚子在《答中国民主促进会南方执行部秘书处的公开信》中主张，推翻蒋介石独裁政府，由中国国民党民主派、中国共产党和各民主党派、无党派民主人士共同成立"合议制"的民主联合政府，建立一个"民族平等、民权自由、民生康乐的三民主义新中国"。②此外，柳亚子在《从中国国民党民主派谈起》中指出，"对于本党积极的使命是在实行总理的三民主义和三大政策，沟通苏、美，避免第三次世界大战，保障和平，以进行总理'天下为公'之目的；消极的使命是不搅军队，使一般官僚、军阀、政痞，都无从施其手段"③。

1948年，在人民解放战争胜利在望之际，中共中央发布《纪念"五一"劳动节口号》，提议召开新政协会议，成立民主联合政府。柳亚子等在港民主人士125人联名响应。1949年2月，柳亚子等应邀北上，参加新中国的成立与建设。柳亚子难能可贵之处在于，随着时代的前进，他对孙中山及其三民主义、三大政策的认识不断发展。1950年，柳亚子在《孙总理与毛主席》一文中指出，要理性地对待孙中山及其三民主义、三大政策，不能盲目崇拜孙中山，也不能机械地教条地理解三民主义和三大政策。"我们不能盲从盲信，说总理一切的一切，都是对的。倘然如此，又是犯了大错误"；"总理的思想既然是发展的，那末，在他发展中每一阶段的思想，不一定都是对的。也不因为他的某些不对，有损于他的伟大"；正确的态度应该是批判与扬弃："我们熟读总理的遗教，要能够做到批判和扬弃的地位，所谓'弃其糟粕而存其精华'者是也"；"总理的遗教，也有不妥当的，

---

① 柳亚子：《致陈迩冬》，上海图书馆编：《书信辑录》，上海人民出版社1985年版，第322页。

② 柳亚子：《答中国民主促进会南方执行部秘书处的公开信》，中国革命博物馆、上海人民出版社编：《磨剑室文录》下，上海人民出版社1993年版，第1539—1540页。

③ 柳亚子：《从中国国民党民主派谈起》，中国革命博物馆、上海人民出版社编：《磨剑室文录》下，上海人民出版社1993年版，第1550页。

不合于时代的，我们应该批判和扬弃它，把好的留下，坏的删掉，才是总理真正忠实的信徒"①。

第二节 道德趋新

传统文化赋予柳亚子深重的道德主义印痕，在重视气节、不负死友、表彰节孝等传统道德方面，都有鲜明的表现。传统道德构成柳亚子文化人格的一个方面，纯粹以此衡之，柳亚子就是一个18世纪的人物。但是，经历了时代风潮的洗礼，柳亚子不断趋新，其道德呈现出鲜活的现代色彩，构成其文化人格的另一个方面。经历了时代浪潮的洗礼，柳亚子接受并提倡自由、平等、博爱、民主的新道德，反对两千多年被奉为大经大法的纲常名教的旧道德，认为其"惑世诬民"，"直甚于洪水猛兽"②。正是这一特质，使得柳亚子走出传统社会而成为现代公民。尽管这种新道德在他身上不那么协调自然，甚至是一知半解的理解和生吞活剥地接受，但对于他这样深受传统道德濡染的人来说，尤其难得。

一 平等观念

平等观念作为思想家构建理想社会的基本原则和价值取向，无论中西，都有着源远流长的传统。近代西方的平等观滥觞于契约论。大致说来，以洛克、霍布斯和卢梭为代表的契约论者强调，人生而平等，通过订立和遵守契约来确保自己的安全、自由和平等。中国传统宗法社会等级森严，严格说来，缺乏现代意义上的平等观念。如有的论者指出的，"西方的平等思想观念，大多将平等与权利、正义、自由、民主、法治联系在一起"。就中国而言，"朴素的平等观念往往被皇权主义、封建等级制、特权观念所代替，根本不会将平等与自由、平等与民主、平等与法治、平等与正义等联系起来，更不

---

① 柳亚子：《孙总理与毛主席》，中国革命博物馆、上海人民出版社编：《磨剑室文录》下，上海人民出版社1993年版，第1573—1578页。
② 柳亚子：《论道德》，郭长海、金贞菊编：《柳亚子文集补编》，社会科学文献出版社2004年版，第40页。

会将民主、自由吸纳、融会在平等思想观念之中"[①]。近代意义的平等观是在鸦片战争之后，在西学东渐的背景下通过传教士、资产阶级改良派、资产阶级革命派将西方契约论平等思想传入中国。就柳亚子而言，他的平等观，更多的是受到以梁启超为代表的资产阶级改良派和以邹容、刘师培为代表的资产阶级革命派的影响。梁启超曾以《清议报》《新民丛报》为阵地介绍了霍布斯、卢梭、洛克等人生平及思想，尤其是对卢梭的宣介，对柳亚子影响颇巨。柳亚子回忆，"到了我十六岁那年，已是《新民丛报》风行一世的时代了。从它那儿，看到了法国大文豪的天赋人权学说，否认君主专制，我深为高兴。这是我服膺政治革命的起源。我以亚洲的卢梭自命，提倡天赋人权，反对君主，便自己改名'人权'，号为'亚卢'。卢梭也有译作'庐梭'的，所以我的亚卢，也有人写作'亚庐'"。此外，邹容在《革命军》中贯穿了卢梭的天赋人权、生而平等的思想。柳亚子在爱国学社时与章太炎、邹容过从甚密。自然，邹容也是柳亚子接受卢梭平等思想的一个重要途径。柳亚子回忆，在爱国学社时，曾醵金印行章太炎的《驳康有为政见书》和邹容的《革命军》。"《驳康书》文章古奥，议论深厚渊懿，利于承学文士；《革命军》则痛快犀利，而宗旨非常正大，便于通俗。于是我们想把这两部书同时印行出来，宣扬革命。我和亚魂，还有蔡姑丈，每人捐了几十块钱，就在一家大同书局出版了。"[②]柳亚子基于"天赋人权"的自然权利，宣扬人人平等思想。"天生蒸民，万类平等。由真道德而论，非有尊卑之分也。"[③]他的平等观念表现在以下方面。

（一）反对君主专制

近代中国的社会变革，将斗争的矛头直指两千多年的专制制度。而纲常伦理是维护专制制度的基石，是代表着以尊卑等级为基础的伦理专制主义，尤其是作为三纲之首的君臣关系。专制主义中央集权建立之后，尤其是明清以降，君权扩张到了无以复加的地步。在近代民主革命的语境下，

---

① 郑慧：《中西平等思想的历史演进与差异》，《武汉大学学报》2004年第5期。
② 柳无忌、柳无非编：《五十七年》，《自传·年谱·日记》，上海人民出版社1986年版，第154页。
③ 柳亚子：《论道德》，郭长海、金贞菊编：《柳亚子文集补编》，社会科学文献出版社2004年版，第37页。

专制、独裁与平等、自由相对立，追求自由、平等、民主，就不能不打倒君主专制制度。资产阶级改良派、革命派宣传基于契约论的"生而平等"的思想，成为反对专制制度的有力武器，尤其是在革命派思想的影响下，掀起了更为彻底的革命行动。20世纪初，柳亚子正是在此背景下反对君主专制制度。柳亚子在《论道德》一文中主张，君主臣民没有等级之别，所谓尊君之说，是出于统治者的一己之私，是人为的伪道德，并非植根于天性的真道德。"原人时代，酋长政体未建立，无君民之分。大同时代，无政府学说实行，亦无有君民之分。原始要终，既如是矣，则君主之为物，不过数千年历史上无为之赘疣耳。既俨然以一人肆于民上，自念威福，权力皆由强取豪夺而来，常惴惴有汲汲顾影之心。斯不得不创尊君亲上之谬说，以巩固其大宝。"他还批判了以韩愈为代表的尊君论者，谬种流传，遗毒千古。"夫以愈（韩愈——引者注）之所言，悍戾无伦，等于狂吠"；"愈之言适合于古人相传之习惯，而非徒一家之私议矣。滔滔狂流，往而不复。虽以异种殊族，临制吾土；黄屋左纛，就假不返。亦得以君民之分，箝制华夏之民。而民亦若崩，厥角稽首，罔有携贰。生民之祸，于斯为极"①。如果说这一则讨伐君主专制的檄文，属典雅渊懿之类；而他在《民权主义！民族主义！》一文中对君主专制之毒的声讨，则更为平白晓畅。柳亚子追溯了专制制度的起源，"一个部落里面，没有什么皇帝，没有什么官长，人人都是百姓。后来因为事体多，或者内部的争执，或者外部的劫掠，没有一个总机关，一定和乱丝一般，无从下手，所以从百姓中间公举几个有德行有才干的人出来，教他代全体办事"。并且，根据百姓公意订立了"民约"，规定彼此的权利义务，相互遵守。后来，"办事人弄起权来"，尚力不尚德，不要"百姓"公举，世代相传，公天下成了私天下。这样就造就了专制之害，"那时候的百姓，要他东就东，要他西就西，没有一点自由权。还有一般迂儒来拍皇帝的马屁，立出种种荒谬绝伦的邪说，说什么'普天之下莫非王土，率土之滨莫非王臣'。又说什么'君使臣死，不得不死'。任他把浑身剁成肉酱，不敢喊一声冤，任他把

---

① 柳亚子：《论道德》，郭长海、金贞菊编：《柳亚子文集补编》，社会科学文献出版社2004年版，第35—36页。

你妻女抢夺，还要三跪九叩的谢恩"。因此，柳亚子主张扩张民权，推翻君主专制制度。"如今的民权主义，是说百姓应该有组织和破坏政府的权利，不能让暴君污吏一味去乱闹了。""须晓得中国是中国人公共的中国，不是独夫民贼的中国，更不是蛮夷戎狄的中国。诸君诸君，认定宗旨，整刷精神，除暴君驱异族，破坏逆胡专制的政府，建设皇汉共和的国家，那就是诸君的责任了。"[①] 辛亥革命爆发后，柳亚子坚决反对清室优待条件，尤其是针对清帝的优待条件，不惮断断相争。"共和国体之中华民国，岂有满洲君主回翔之余地。"[②] "共和国中不容有君主之存在。"[③] 辛亥革命推翻了君主专制制度，但并不意味着专制思想已经彻底肃清。袁世凯、张勋等复辟帝制，嘘已死之灰，适足表明，专制思想还有相当的市场。民国建立之后，辜鸿铭脑后还拖着辫子出现在北大讲台上。面对学生的讪笑，辜鸿铭自我解嘲："我是头上有辫子，你们这些剪了辫子的，难道心里就没有辫子了？"柳亚子不仅剪掉了头上的辫子，而且剪掉了心里的辫子。抗战前夕，柳亚子曾对自己和陈去病、高旭等三位南社领袖进行评价。柳亚子以三民主义者自居，他认为陈去病是一民主义者，专制思想尚存。"陈先生鼓吹民族主义是很激烈的，但他对于民权，比较冷淡。他自然也反对帝制，但他只是反清反袁。但讲一句笑话，倘然孙先生肯做朱洪武，他是奉命不遑的吧。"[④] 1945年，重庆谈判期间，毛泽东那首著名的《沁园春·雪》受到国民党顽固派及其御用文人的围攻。针对有人攻击毛泽东有"帝王思想"的谰言，柳亚子在《答客难》中进行了驳斥。"人家看见他（毛泽东——引者注）引了秦皇汉武和唐宗宋祖，还有成吉思汗，便以为他有帝皇思想，这完全是狗屁不通的话。中国人脑筋中间所孕育着的只有奴才思想，奴才哲学，一听见皇帝的名字，就都吓昏了，便以为帝皇是讲也讲不得的。一提到帝皇，便是他自己在想做皇帝了。他们又哪儿知道

---

① 柳亚子：《民权主义！民族主义！》，中国革命博物馆、上海人民出版社编：《磨剑室文录》上，上海人民出版社1993年版，第186、188页。
② 柳亚子：《北方设立临时政府与优待虏廷之抗议》，中国革命博物馆、上海人民出版社编：《磨剑室文录》上，上海人民出版社1993年版，第271页。
③ 柳亚子：《答某君书》，中国革命博物馆、上海人民出版社编：《磨剑室文录》上，上海人民出版社1993年版，第284页。
④ 柳无忌编：《南社纪略》，上海人民出版社1983年版，第157页。

二十世纪是人民的世纪,只有人民的领袖,没有反动的帝皇。""他是人民的领袖,他要生在十九世纪,做一个皇帝也未始不可,其如时代已非帝皇的时代,他哪里再会有落伍的思想呢?蟾蜍掷粪,不啻若自其口出。污蔑毛润之的人,只是表示他自己脑中的不干不净罢了。"①

(二)男女平权

近代中国男女平权思想的形成,也是源于资产阶级改良派、资产阶级革命对"天赋人权"思想的接受、传播。有的研究者指出,19世纪末,康有为、梁启超等人"吸收了'天赋人权'观,并以此来观察和分析中国妇女问题,产生了近代中国初具理性色彩的男女平等的思想"②。就柳亚子而言,除了受到梁启超影响外③,还受到近代诗人、学者金一的影响。④柳亚子的男女平权思想表现在以下几个方面。

1. 女子享有与男子平等受教育的权利

传统专制社会强调"女子无才便是德",剥夺了女子受教育的权利。20世纪之初,女学勃兴。柳亚子以西方为参照,批判了中国女学的消沉。"夫欧西法制,男女不读书,则罪其父母","中国则不然,女学沦丧殆有二千年。萌蘖初生,颛蒙未化。顽固之家庭,往往执无才是德之谬说,守足不逾阈之邪训,以压抑其聪慧之子女,使灵苗智种,憔悴于黄茅白苇之间。未由扩其智识,养其灵魂,其状至酷"。为此,他主张,"女子既及学龄,宜有入学之权"⑤。柳亚子还认为,女学之兴不仅关乎女权之昌,还关乎国家的强盛。"昔以女权之亡,而女学遂湮。今日欲复女权,又曰女学不兴,不能有权,则女界其终无自由独立之一日矣。欲光复中国于已

---

① 柳亚子:《答客难》,中国革命博物馆、上海人民出版社编:《磨剑室文录》下,上海人民出版社1993年版,第1520—1521页。

② 何黎萍:《论中国女权思想的形成》,《中国人民大学学报》1997年第3期。

③ 梁启超女权思想对柳亚子的影响,主要是通过《清议报》《新民丛报》。参见柳无忌、柳无非编《自传·年谱·日记》,上海人民出版社1986年版,第144—146页。

④ 金一又名金天翮,为柳亚子同里自治学社的老师,著《女界钟》,颇有影响力,柳亚子曾为之作跋,"金君此钟,乃应时而响。不十年后,吾知若安、玛利侬、苏菲亚、韦拉之徒,必接踵于中国,无可疑也。"参见柳亚子《〈女界钟〉后叙》,郭长海、金贞菊编《柳亚子文集补编》,社会科学文献出版社2004年版,第6页。

⑤ 柳亚子:《女子家庭革命论》,郭长海、金贞菊编:《柳亚子文集补编》,社会科学文献出版社2004年版,第21页。

亡以后，不能不言女学，而女权不昌，则种种压制，种种束缚，必不能达其求学之目的。"①

2. 女子享有与男子平等的婚姻自由权

"父母之命，媒妁之言"，造成婚姻的不自由，是专制社会的重灾区，无论男女，概莫能外。就此而言，可谓男女平等。但细而论之，这种平等难以掩盖男女之间的不平等。换言之，传统社会婚姻不自由的不幸，更多的是由女性来承受。对此，柳亚子指出，"阳当扶而阴当抑，男当尊而女当卑，则不平等之毒，压制之毒，顺风扬波，必将以女界为尾闾矣"②。在《论女子对于男子伪道德之流毒》一文中，柳亚子还就婚姻关系指出当时社会男女之间存在着严重不平等的几种现象："（1）男子娶妾，女子无面首之奉。此婚配之不平等也；（2）男子既娶而后，室庐靡改；女子出嫁，必弃己家，而为他人之家为家。若无籍之民，归化于大国者，此居处之不平等也；（3）男子志在四方，太邱道广，王公斯养，皆在交游之列。即狎妓宿娼，亦自诩风流，不为恶德；女子以不出闺门为知礼；放诞飞扬，即遭诟病。嫌疑形似之地，身可死而谤不可消，此交际之不平等也；（4）男子丧妻，制服仅亦期年，等于父母之丧子女。女子丧夫乃有三年之服，等于子女之丧父母，且有终身不释者，此服制之不平等也；（5）男子杀妻，罪不至死；女子杀夫，则有凌迟之刑。男子停妻再娶，不过笞杖；女子背夫改嫁，罪至缳首，此刑律之不平等也。"他进一步指出，男女不平等，乃是扶阳抑阴、尊男卑女之制使然。"男女之不平等，莫中国若矣。推原祸始，由于扶阳抑阴。"③

3. 女子享有与男子平等的财产权

在传统宗法社会，个人没有独立的财产权。"中国古代个人的身份是完全不独立的，财产关系上也必然实行家内共财的宗法制原则，无所谓个

---

① 柳亚子：《哀女界》，中国革命博物馆、上海人民出版社编：《磨剑室文录》上，上海人民出版社1993年版，第116页。
② 柳亚子：《哀女界》，中国革命博物馆、上海人民出版社编：《磨剑室文录》上，上海人民出版社1993年版，第113页。
③ 柳亚子：《论女子对于男子伪道德之流毒》，郭长海、金贞菊编：《柳亚子文集补编》，社会科学文献出版社2004年版，第27页。

人的财产。"①就女子而言，更是如此。女子未嫁从父，既嫁从夫，夫死从子，作为男性的附属物，根本没有财产权。诚如有的论者指出的，"中国封建社会的女性无论她们出身于或嫁往何等富有的家庭，但在法律上她们都是一无所有的"②。受五四运动期间社会主义思潮的影响，柳亚子认为，打破遗产一定会实行；但在没有实行之前，女子有平等继承财产的权利。在《女子结婚后承受遗产问题》一文中，柳亚子指出："女子承受遗产的主张，和打破遗产的主张，自然承认遗产，是比较的不道德；然后把男子霸占遗产，和男女平分遗产讲起来，那男女平分遗产的话，却又是比较的道德了；打破遗产，一时还未能实行，那男女不平等的苦痛，却又急待解放，所以我承认女子承受遗产，是一个过渡时代的办法。"他进而指出，就理论上而言，女子应该继承父母的遗产，这是毫无疑问的。"男子是一个人，女子也是一个人。男子是父母生育出来的，女子也是父母生育出来的。所以倘然承认男子应该承受父母遗产的，就不能不同时承认女子应该承受父母遗产了。"就实际操作而言，未婚女子向兄弟分取，尚不成问题；而已婚女子，尤其是为人母、为人祖母的人，向侄儿、侄孙分取财产，就有些窒碍难行。为此，他主张，"未婚的女子，应该承受父母的遗产；而已婚的女子，却应该承受夫家的遗产"。具体而言，"有丈夫的女子，就应该向丈夫要求分取遗产和未婚的女子应该向兄弟们要求分取遗产同时进行"。"至于未结婚的女子，现在已经分取父母的遗产，那么将来结婚的时候，自然用不着再分取夫家的遗产了。"③

4. 女子享有与男子人格平等的权利

法律意义上的人格，"即人的资格，凡是在法律上取得了完整人格的人，就可以同等地享受法定权利、承担法定义务"④。在中国传统社会，男权至上，女性处于依附地位，缺乏独立的人格。清末，近代西方人格平等思想

---

① 贾晖：《中国近代财产权法律保护研究》，博士学位论文，中国政法大学，2008年，第22页。
② 西同华：《中国妇女古今法律地位之比较》，《中华女子学院山东分院学报》2001年第3期。
③ 柳亚子：《女子结婚后承受遗产问题》，中国革命博物馆、上海人民出版社编：《磨剑室文录》上，上海人民出版社1993年版，第718、719页。
④ 柴荣：《近代中西人格平等思想之研究》，《历史教学（下半月刊）》2013年第12期。

开始传入中国。资产阶级改良派、革命派通过宣传西方平等思想来开启民智，其中人格平等思想是一个重要方面。梁启超提倡"新民"思想，倡导女学、女权，就是为了培养新国民，使传统依附型人格向现代独立型人格转变。柳亚子主张女性人格独立，主要表现在两个方面。

一是女子拥有独立的姓名权。传统社会，大多数女子有姓无名。女子姓氏问题，是男女不平等的重要表现。这种情况，在 20 世纪初年仍然存在。在《女子结婚后姓氏问题》一文中，柳亚子指出，女子婚后姓氏主要有两种情况：其一，已婚女子用夫家姓氏；其二，将男子的姓放在女子姓名之前，仿佛双姓。对于前者，柳亚子认为，无论是理论上还是实际上都不可取。"在理论上完全把女子做男子的附属品，蔑视人格到极点；在事实上夫妇姊妹，混淆莫辨，也有许多的不方便。"至于后者，柳亚子也"绝对不赞成"："男女平等，是天经地义。现在把男子的姓放在女子自己的姓名上面，不是表示女子应该服从男子吗？"无论是前者还是后者，都没有尊重女性独立的人格。为此，柳亚子强调，"我所以绝对主张，女子只有自己的姓名，不要再把男子的姓放在上面"[①]。

二是反对"贤母良妻"。19 世纪最后 10 年至 20 世纪初，中国现代意义女子教育真正起步。时人关于女子教育宗旨的众多论争，"贤母良妻"构成其中的一个重要议题。这一论争大致经历了三个阶段：第一阶段，清末民初（1898—1916），主要是要培养"贤母良妻"还是"女国民"两种教育宗旨的论争。第二阶段，五四前后，约在 1916—1927 年南京国民政府成立前夕，主要是"贤母良妻"主义与"男女平等"教育宗旨的论争。第三阶段，三四十年代，约自 1927 年南京国民政府成立至 1949 年新中国成立前夕。此段亦大致可以分为两个阶段，即 1927—1937 年抗战爆发，和 1937 年至新中国成立前。这一时期因为新的意识形态的需要，开始出现"母性主义教育"与"男女平等教育"的论争，且前者在制度层面因为国民政府当局的支持、提倡和发起而占据上风。在形式上，前期主要是讨论培养伟大的母性还是培养健全独立的人，后期主要表现为关于妇女回家还是离

[①] 柳亚子：《女子结婚后姓氏问题》，中国革命博物馆、上海人民出版社编：《磨剑室文录》上，上海人民出版社 1993 年版，第 716—717 页。

家的论争。①20世纪初年,柳亚子受梁启超、金一、蔡元培等人宣传"女国民"思想的影响,反对"贤母良妻"。柳亚子在《论女界之前途》中指出,"贤母良妻"的教育宗旨,虽女子也获得与男子平等受教育的权利,但不过是培养了有利于男子的高等奴隶而已。"夫男女平等之中,既仍有不平等之一境,则使遍中国二万万女子,而尽具贤母良妻之资格,其为男子计,内助有人,偎来无虑,固良得矣,而于我女界何利焉?呜呼!所谓女子教育者,固如是而已乎?夫复何言!"②政治与文化相表里。袁世凯复辟帝制之后,一度出现"贤母良妻"主义的大规模回潮。新文化运动兴起后,"贤母良妻"让位于"男女平等教育",甚至出现了胡适的"超于贤母良妻"主义。柳亚子以《新黎里》为阵地,宣扬新文化。在《婚姻制度改革谈》中,柳亚子基于男女平等的自然权利,反对"贤母良妻",主张实行儿童公育,使女子从抚儿育女中摆脱出来,为社会作贡献,不至为家庭所束缚。"女子的脑力,比男子还要精细。以体力而论,苟其锻炼得法,也决计不比男子为弱的。倘然以抚育儿女为女子责任的止境,不许女子做以外的事情,那末女子对于社会的贡献,不太少吗?女子天生的聪明才力,不过于辜负吗?我的意思,抚育儿女,是一部分女子的责任,不是全体女子的责任。所以,儿童公育,是赶紧要实行的。实行的办法,可以就把幼稚园扩充起来,延请专门研究儿童心理和喜欢抚育儿童的女子们,主持其事,凡人们的儿女,自哺乳期以外,都可以送到这公育的地方来。那末其余的女子,就可以保存原有的职业,不至为儿童所限制,困守在家庭里面了。"③南京国民政府建立后,倡导"母性主义",在30年代演化成强烈的"女子回家"论,并且与蒋介石提倡的"新生活运动"纠合在一起,由此形成新的"贤母良妻"论。对此,柳亚子坚决反对这种论调。在《关于妇女问题的两大营垒》一文中,柳亚子强调,女子也应该尽力服务社会,不能以"贤母良妻"为满足。"照同样的比例来讲,男子应该做贤父良夫,总也是无所逃于天地之间的大义

---

① 王晓慧:《近代中国女子教育议题论争研究:国家政权建设的视角》,博士学位论文,南京师范大学,2012年,第49页。

② 柳亚子:《论女界之前途》,中国革命博物馆、上海人民出版社编:《磨剑室文录》上,上海人民出版社1993年版,第150页。

③ 柳亚子:《婚姻制度改革谈》,中国革命博物馆、上海人民出版社编:《磨剑室文录》上,上海人民出版社1993年版,第714页。

吧。但是为什么不要提倡贤父良夫呢?可是男性对于父夫之外,还有他应尽的责任;那末,难道女性对于母妻之外,就没有她应尽的责任吗?"因此,他认为,就未来发展趋势而言,按照进化原则,父母妻子的名称都将不复存在,那就无所谓"贤母良妻"及"贤父良夫";就现阶段而言,按照男女平等原则,既然没有"贤父良夫"之说,那就不应该提倡"贤母良妻"。"我的主张,将来大同世界,自由恋爱,儿童公育,连父母妻子的名义都没有了,当然更无所谓贤良。在现在呢,父夫的义务是应该和母妻对立的。既然没有听见人家在提倡贤父良夫,那末提倡贤母良妻总也是多余的了。"①

(三)父母与子女人格平等

在父权社会,家庭关系以父子关系为轴心,母子关系、母女关系是父子关系的派生和补充。传统家庭伦理规范强调父慈子孝,但后来纲常伦理将这一规范极端化、片面化,弱化了父慈的一面,强化了子孝的一面。即所谓"父虽不慈,子不可以不孝;父要子亡,子不可以不亡"。在宗法制之下,形成一种不平等的人际关系,即戴震所说批判的"以理杀人":"长者以理责幼,贵者以理责贱,虽失,谓之顺;卑者、幼者、贱者以理争之,虽得,谓之逆。"②这种不平等关系在代际之间不断地得到复制,今日的幼者、卑者,明天就会成长者、尊者,也会继续重复这一不平等。传统的家庭伦理作为专制统治的上层建筑,在自给自足的自然经济社会无比强固。一方面,传统家庭伦理与自给自足的自然经济相适应,并为其服务;另一方面,自给自足的自然经济又为巩固传统家庭伦理提供经济支撑。但是,到了近代,与自给自足的自然经济契合无间的传统家庭伦理,遭受了来自西学的冲击。新学家积极接引西学,以"天赋人权"、自由、民主、平等等为思想武器,集中向纲常礼教进行猛烈攻击。他们以西方的价值体系为参照,发起"道德革命",旨在推动近代社会的伦理重建。大致而言,经历了戊戌变法时期、辛亥革命时期、五四新文化运动时期的三轮冲击波。而在"道德革命"中,"父为子纲"是革命的重要目标之一。谭嗣同则石破天惊地指出,父子是平等的,打掉了"父为子纲"的神圣光

---

① 柳亚子:《关于妇女问题的两大营垒》,中国革命博物馆、上海人民出版社编:《磨剑室文录》下,上海人民出版社1993年版,第1178页。
② 戴震:《孟子字义疏证》卷上,中华书局1982年版,第12页。

圈，否定这一宗法秩序的合理性。"至于父子之名，则真以为天之所合，卷舌而不敢议。不知天合者，泥于体魄之言也，不见魂者。子为天之子，父亦为天之子，父非人所得而袭取也，平等也。"① "只手打倒孔家店"的吴虞曾一针见血地指出，孝道是专制政治与宗法制度联结的枢纽。"儒家以孝悌二字为二千年来专制政治与家族制度联结之根干，而不可动摇。"他主张，要推翻君主专制制度，就不能不从孝道开刀。"孝之义不立，则忠之说无所附；家庭之专制既解，君主之压力亦散，如造穹窿然，去其主石，则主体坠地。"② 柳亚子早年受到梁启超、谭嗣同等维新思想家和刘师培等资产阶级革命派影响，后来受新文化运动的洗礼。因此，柳亚子反对传统的孝道，主张父母与子女人格平等。

1."废尽孝慈持一爱"

在如何处理与父母之间关系的问题上，柳亚子主张非孝。20世纪初，柳亚子赞同"道德革命"，进而倡"家庭革命"。在《女子家庭革命论》中，柳亚子指出专制孝道之害。"世之爱其子女者，宜莫父母若矣。然爱之而不得其道，则适足以害之。"父母对于子女的压制，以婚姻为甚；就男女而言，更以女子为甚。"此在男子，或尚有抵抗之权，虽势不敌，无可如何，而强者征于言，弱者亦怒于色。至于女子，则更不容置喙。一言甫出，且群叱为不贞，而大祸立至，则亦唯有俯首忍受而已。呜呼！一身尚不自主，遑论其他。"③ 在《论道德》一文中，柳亚子认为，家庭中的尊卑长幼之分，也属后天人为的伪道德，其不平之甚。"其在家庭，则有尊长卑幼之分。自子女对于父母，始充类至尽，以及其他。尊长有命，卑幼不敢违。罪尊长杀卑幼，亦不罪尊长以死也。"他进而指出，父母之于子女虽有养育之恩，但父母不得将子女视为自己的附属物，更不得剥夺其天赋的人身自由权利。"夫子女之当尽孝于父母者，以其有生我之恩也。然既生于世，则亦世界之公民矣。责以报恩则可，从而压制凌践之，使不得自比于人类，则不可，

---

① 蔡尚思、方行编：《仁学》37章，《谭嗣同全集（增订本）》，中华书局1981年版，第348页。
② 赵清、郑城编：《吴虞集》，四川大学出版社1985年版，第63、65页。
③ 柳亚子：《女子家庭革命论》，郭长海、金贞菊编：《柳亚子文集补编》，社会科学文献出版社2004年版，第22页。

况手刃之乎！"①受新文化运动的影响，柳亚子关于孝道的思想更为激进。在《婚姻制度改革谈》一文中，柳亚子强调婚姻绝对自由，把传统社会操之于父母的儿女婚姻决定权拿掉。"结婚是自己的事情，不是父母的事情。自己的事情，当然要自己解决。那末，古老相传种种的废话，什么娶媳妇，嫁女儿，父母之命，媒妁之言，在二十世纪的婚育史上，当然只有一笔勾销的价值了。"他还对传统生儿育女的观念进行了颠覆，可谓惊世骇俗之论。"父母为了满足性欲而生子女，是他们两的权利；生了子女出来，要抚养教育，是他们两的义务；等到子女长大了，受过完全的教育，有了相当的职业，能够自立做人，那父母的责任，就算完结了。"②1923年，柳亚子致信友人，提出"非孝"主张。他强调，维系人类社会的应该是爱，不是孝；爱源于天性，孝是人为。"我以为人类和人类的关系，只有一个爱字，是最洁净神圣，而且最能包括一切。亲子的关系，也只要讲一个爱字，就完了。子应该爱亲，亲也应该爱子，那是最平等的。若硬立了一个孝字，又硬把一个慈字去配他，便生出阶级来了；而且'父虽不慈，子不可以不孝'的邪说，也跟着来了。几千年家庭的惨史，恐怕就是孝字开端吧。所以我主张只要讲爱，不要讲孝，爱是天性的，孝是人为的。"柳亚子还对传统孝道进行检讨，虽然礼法社会对孝道的提倡"无微不至"，但上至君主，下至臣民，篡乱相寻。因此，他认为，"孝道是没有效力的，要防制人类残害他人，总要把残害的根株拔去才兴。那私有制度和金钱万能，便是残害的根株了"。此外，柳亚子强调孝是传统礼法的根基，只要打倒孝道，三纲五常的堡垒就会自然坍塌。儒家倡导的"种种荒谬的话，都是依附'孝'字做壁垒的。我们开一个大炮，把'孝'字轰倒了，那末，这种城狐社鼠的伦理，就可以马上失其权威，不致流毒宇内了"③。显然，这可谓是入室操戈之论。柳亚子是"非孝"的践行者。柳亚子对母亲费太夫人感情深笃。但是，他是发自真情，而不是拘守礼教的形式主义者。1940年底，柳亚子决心离开上海的"活埋庵"，

---

① 柳亚子：《论道德》，郭长海、金贞菊编：《柳亚子文集补编》，社会科学文献出版社2004年版，第37页。
② 柳亚子：《婚姻制度改革谈》，中国革命博物馆、上海人民出版社编：《磨剑室文录》上，上海人民出版社1993年版，第708页。
③ 柳亚子：《给朋友的一封信》，中国革命博物馆、上海人民出版社编：《磨剑室文录》上，上海人民出版社1993年版，第732页。

离开母亲去香港从事抗日救亡运动，不愿拘泥于所谓晨省昏定的孝道。如其所谓，"我宁愿做绝裾的温峤，不愿做奉母的徐庶"[①]。1943年9月，柳母费太夫人在苏州去世。此时，柳亚子旅居桂林。旅桂文化界友人举行了盛大的祭奠仪式。柳亚子以阮籍自效："温峤绝裾，终天抱恨，我正恨不能象阮步兵呕血三升，一摅积痛呢。"[②]柳亚子虽然很悲痛，但也只是"臂系墨纱，及岁除而辍"，丧期也没有装出一副"哀毁销骨"的孝子模样，而是照旧饮酒赋诗。1944年，柳亚子在《短丧二首，四月六日作》有句："雄文非孝记当时，短丧吾还重宰予"，认为三年之丧，"实既难行，徒有其表，则告朔饩羊，特自欺欺人，曲学媚世而已，余殊无取。去年九月二十八日痛凋萱荫，道途阻隔，闻丧较迟，臂系墨纱，及岁除而辍"[③]。此后，每逢母亲的忌日，柳亚子用题诗、祭奠等形式表达自己的哀思，没有一丝的做作。1945年9月28日，为纪念费太夫人去世两周年，柳亚子为其遗像题诗有句："绝裾一剑怜温峤，呕血三升愧嗣宗。"[④]1950年9月28日，柳亚子纪念费太夫人去世七周年。他在给儿子无忌的信中云："今天是祖母忌日，我们在她和祖父的遗像旁边供了两瓶鲜花，一盆葡萄，也算是纪念吧！"[⑤]

2."略分自应呼小友"

在如何处理父母与子女关系的问题上，柳亚子强调尊重子女的独立人格，把孩子当作朋友，跳出了传统压制型人伦关系的窠臼。关于儿童教育，在《我的儿童教育观》一文中，柳亚子强调，父子之间不应该是一个规范的强制灌输者与被动接受者之间的关系，否则，"责善则离"；并且，"不独父子之间，就是父女之间，母子之间，母女之间，又何尝不是如此呢？"柳亚子还主张，尊重子女的人格。柳亚子以鲁迅与周海婴父子为例：一次鲁迅请朋友在家吃饭。周海婴吃饭时，说一碗菜坏了，其他人都认为小孩乱

---

① 柳无忌、柳无非编：《八年回忆》，《自传·年谱·日记》，上海人民出版社1986年版，第224页。

② 同上书，第253页。

③ 柳亚子：《短丧二首，四月六日作》，中国革命博物馆编：《磨剑室诗词集》下，上海人民出版社1985年版，第1154页。

④ 柳亚子：《九月二十八日为慈亲费太君去世两周纪念，敬题遗像一首》，中国革命博物馆编：《磨剑室诗词集》下，上海人民出版社1985年版，第1326页。

⑤ 柳亚子：《致柳无忌、高薏鸿》，上海图书馆编：《书信辑录》，上海人民出版社1985年版，第379页。

讲而不理睬；鲁迅在尝过之后，也认为菜坏了。为此，柳亚子赞赏鲁迅不轻易抹杀孩子意见的态度。"除了鲁迅先生，谁还能有这种尊崇儿童爱护儿童的伟大呢？"此外，柳亚子反对"三年无改于父之道"的孝行，主张子女强爷胜祖，不能以父祖之矩镬为矩镬。"中国人喜欢崇拜祖先，追怀古昔，而不想做一个跨灶的儿孙。倘然照这种人的办法搅下去，一定非由人类退化为猿猴，再由猿猴退化为下等动物不止。"① 柳亚子还将自己当作孩子们的朋友，而不是威严的家长。他不干涉孩子的事情，只提供参考与建议。儿子无忌在上海圣约翰青年会读书时，关于是否加入童子军一事写信给柳亚子。柳亚子在回信中说："我的意思，如果中学里可以不入，你就现在不入也很好；如果中学里不能不入，你现在不入，恐怕将来反而吃亏。不知你的意思怎么样？你的事情，我是向来主张不干涉的，由你自己作主，但是你总要仔细想一下子才好。"② 柳亚子不仅让孩子们分享自己的喜怒哀乐，而且与他们一起探讨社会人生，甚至共同开展学术研究。在办党时期，柳亚子在繁忙的社会活动之余，也不忘和孩子们交流。1926年2月22日，柳亚子致信柳无忌："此地开了三天联席会议（各省各市县党部的联席会议），现在开寒假训练班，有趣得紧！""这几天，开会忙，听讲忙，谈话忙，甚至于看影戏忙，欠了好多信债，今夜一概开销，一共一十四封，（连此封在内）乖乖！了不得！不得了！"③ 柳无忌在清华读书时，柳亚子和他探讨《孽海花》，并云："赏菊北篱下，悠然见西山，你的'雅人深致'，倒也不错！"④ 柳亚子还是柳无忌进行苏曼殊研究的引路人和合作伙伴。柳无忌回忆，1926年暑假父子俩一起合作的情形："虽然我们有一间安静的书房可以工作，但父亲所藏的书籍与杂志，包括他保存的朋友给他的信件，都在前面一进冬天住的楼上房间内，大热天是一个火炕，开箱倒箧寻材料时汗流如雨，而且前后上下，转来转去，费时又费力。就是如此，我们仍以全力赴之。结果成绩

---

① 柳亚子：《我的儿童教育观》，中国革命博物馆、上海人民出版社编：《磨剑室文录》下，上海人民出版社1993年版，第1392—1393页。
② 上海图书馆历史文献中心、近代文献部编：《柳亚子家书》，岳麓书社1997年版，第35页。
③ 上海图书馆历史文献中心、近代文献部编：《柳亚子家书》，岳麓书社1997年版，第344页。
④ 《致柳无忌》，上海图书馆编：《书信辑录》，上海人民出版社1985年版，第57页。

斐然，在短时间编成一部《苏曼殊年谱及其他》。"①柳亚子不仅对儿子以友相待，而且对儿子的同学也是如此。1920年9月30日，柳亚子致信柳无忌："文照的病好了吗？恩培信上如何讲法？世勋、伯伦都有信来吗？望你告诉我。……我也很挂念他们的，因为你的好朋友，就和我的好朋友一样。"②柳亚子的平等作风，加之对儿女们的舐犊之情，以至于儿女们对他感情深挚。十二岁的次女无垢，甚至一度夜夜梦见他。③柳无忌不无感激地说："母亲是我的慈母，父亲并不是我的严父，是比我大20岁的老朋友。他有时性子很躁急，对我却从不发脾气。"④

二 国家精神

近代以来，在高势能的西方文化的冲击之下，一批先进的中国人勇于吸纳、传播西方各种思想，其民族意识、公民意识以及自由、主权、民主观念对中国社会产生深远影响，成为构建现代国民意识的核心元素。当然，现代国民意识的思想资源除了西方思想之外，还包括中国传统文化家国意识之一脉。现代国民意识的生发，既有时代的需求与契机，同时，也离不开近代教育与报刊的催生萌蘖之功。在晚清的危殆国势下，国家精神是现代国民意识中最重要的构成部分。国家精神是19世纪以降西方重要的学术概念。所谓国家精神，"乃主权国家所具有的国族信仰及其认同，标示国家内部团结、整合并具有凝聚力，体现为国民对国族即国家统一体及其国格与国性的高度自觉与忠诚，也体现为国家对其国民作为公民之权利及义务的自觉维护及其责任"⑤。这一概念一直被当作"民族精神"的同义语。在近代民族主义的语境下，不具有国家精神，就不配为国民。这种国家精神，虽受传统家国意识的濡染，但又不为其所限囿。对此，梁启超曾

---

① 柳无忌：《青少年时代愉快的回忆》，中国国民党革命委员会中央委员会、中国革命博物馆编：《柳亚子纪念文集》，中国文史出版社1987年版，第300页。
② 上海图书馆历史文献中心、近代文献部编：《柳亚子家书》，岳麓书社1997年版，第18页。
③ 1926年，柳亚子致信次女无垢："你夜夜梦我，我是非常感激的。"参见上海图书馆历史文献中心、近代文献部编《柳亚子家书》，岳麓书社1997年版，第352页。
④ 柳无忌：《青少年时代愉快的回忆》，中国国民党革命委员会中央委员会、中国革命博物馆编：《柳亚子纪念文集》，中国文史出版社1987年版，第297页。
⑤ 邹诗鹏：《民族国家构架下的国家精神》，《哲学研究》2014年第7期。

指出传统家国意识的现代偏狭。"一曰对于一身而知有国家,二曰对于朝廷而知有国家,三曰对于外族而知有国家,四曰对于世界而知有国家。"①柳亚子早期受梁启超的影响,接受了其新民思想;后来,他受章太炎民族主义思想和孙中山三民主义的影响。因此,他的国家思想中是现代国民意识与传统家国意识的融合。以此为主线,他的国家思想在各个历史时期有不同的呈现。

辛亥革命时期,柳亚子受资产阶级革命派的影响,主张排满兴汉,建立以汉族为主的资产阶级共和国。在《中国灭亡小史》中,柳亚子指出,中国已亡于清二百六十一年,这是一部民族痛史。"辱莫辱于奴隶,哀莫哀于亡国。亡者,不祥之名也,可痛之事也。"为此,他主张,"吾誓以亡国之观念,救我祖国"②。他还认为,国家的不独立,这是中国不能实行君主立宪的理由。"如今他们说宪法是万事的根本,那是不错的,只不晓得宪法前还有一个本根,这本根不是别样,就是国家了。所以一定要有了国家,然后好把宪法附丽上去。倘然国先没有,要宪法做甚么呢?"③为此,他大声疾呼:"发挥民族思想,实行破坏主义,驱逐异族,还我河山,重新建设一个中国人的中国来,然后可以定那堂堂皇皇的宪章,去做自由自立的国民,不要再向那肮脏政府底下来说什么立宪不立宪的梦话。"④

民国建立后,柳亚子坚决维护民主共和政体,维护辛亥革命的果实。辛亥南北议和,是事关民国命运前途的十字路口。柳亚子坚决反对南北议和。首先,他反对孙中山让大总统于袁世凯。"共和国民以道德为元气,几见大总统而可以力征经营者?"⑤"议会既开,宪法既布,大总统属于谁氏,自由人民之公意而定。共和国元首不过国民之公仆,得之何欣,失之何戚,又奚必挟兵力以争,破坏大局而不惜,使人疑其步拿翁之后尘,挟操莽之

---

① 梁启超:《论国家思想》,《饮冰室合集·文集》之四,中华书局1989年版,第16页。
② 柳亚子:《中国灭亡小史》,中国革命博物馆、上海人民出版社编:《磨剑室文录》上,上海人民出版社1993年版,第17、18页。
③ 柳亚子:《立宪问题》,中国革命博物馆、上海人民出版社编:《磨剑室文录》上,上海人民出版社1993年版,第183页。
④ 柳亚子:《立宪问题》,中国革命博物馆、上海人民出版社编:《磨剑室文录》上,上海人民出版社1993年版,第184—185页。
⑤ 柳亚子:《袁世凯休矣》,中国革命博物馆、上海人民出版社编:《磨剑室文录》上,上海人民出版社1993年版,第261页。

野心哉！"①其次，柳亚子反对优待清室条款，反对保留清帝名号。"夫满虏盗国二百七十余年，吸我脂膏亦已净尽，所谓那拉氏之遗帑，所谓伪亲贵私蓄，孰非我民血汗之代价？方今民国初建，百端待理，即举爱新觉罗氏盗窃之资还诸我民，以报施论，不得为苛；岂又多縻巨款，豢养此蠢如鹿豕之徒"；"仍留清帝之名，如衍圣公、罗马教皇者，斯则万万不可。共和国体之中华民国，岂有满洲君主回翔之余地"②。再次，柳亚子反对迁都北京。"北京为首恶之区，胡虏入据二百余年，腥膻气遍，文物道消。今日旧邦新建，首宜荡涤夷风，宏我汉室。"③

孙中山让权石头城之后，民国先后出现了"二次革命"，袁世凯复辟，张勋复辟，黎、段"府院之争"，直皖战争，直奉战争等一系列的纷扰。作为一介书生，柳亚子在口诛笔伐之余，深感文字无灵。因国事、社事的黯淡，柳亚子一度消极隐退，但他始终坚持民主共和，反对开历史的倒车。对此，柳亚子在文化上、政治上、思想上均有表现。在新文化运动蓬勃兴起的时代，柳亚子主持的南社也因"诗论起衅"而分裂。④柳亚子批驳为同光体张目的南社反对派。"若身为中华民国之人，而犹袭同光之体，日为之张目，岂以亡索虏之不足，复欲再亡我中国民国耶？"⑤南社内部的诗论之争，如有的论者指出的，"实质上却是新旧文化的较量和前进与倒退的政治斗争"⑥。第二次护法运动后，孙中山在广州就任非常大总统。中国出现了南北分裂——出现了两个国会、两个总统。柳亚子指出，应以广州非常国会为正宗。"那屹立在广州的非常国会，就是现在中华民国唯一的正统国

---

① 柳亚子：《北方设立临时政府与优待虏廷之抗议》，中国革命博物馆、上海人民出版社编：《磨剑室文录》上，上海人民出版社1993年版，第271页。
② 柳亚子：《北方设立临时政府与优待虏廷之抗议》，中国革命博物馆、上海人民出版社编：《磨剑室文录》上，上海人民出版社1993年版，第271、272页。
③ 柳亚子：《对清四端之析义》，郭长海、金贞菊编：《柳亚子文集补编》，社会科学文献出版社2004年版，第54页。
④ 柳亚子坚持唐音，反对宋诗，主要是针对当时弥漫诗坛的同光体诗人如陈三立、郑孝胥等人。陈、郑等人以遗老自居，反对革命，并参与过张勋复辟。柳亚子赋诗撰文进行批驳，遭到同为同光体张目的闻野鹤等人反击。盛怒之下，柳亚子将朱鸳雏、成舍我等驱逐出社，从而导致南社分崩离析。
⑤ 柳亚子：《斥朱鸳雏》，中国革命博物馆、上海人民出版社编：《磨剑室文录》上，上海人民出版社1993年版，第219页。
⑥ 张明观：《柳亚子传》，上海人民出版社1997年版，第222页。

会了";"现在韶关誓师北伐的孙大总统,便是我们中华民国唯一的总统"①。经过新文化运动的洗礼和对孙中山民族主义思想的接受,柳亚子不仅认同"中华民族"观,而且认为"三民主义就是我们中华民国起死回生的无上灵药了"②。

南京国民政府成立后,柳亚子一方面对其表示不满,但又对它所代表的国家表现出一定程度的认同。"十年以来,我不满于国民党,但不能不用国民党的钱来养活自己一家。抗战起来,我又一点不能尽责任。我真是应该惭愧死呢。"③受五四新文化运动的影响④,柳亚子一度反对国家主义,提倡世界主义。在《对于帝国主义的误解》中,柳亚子指出:"帝国主义就是国家主义的变相,而世界主义却是国家主义的仇敌,同时也是帝国主义的仇敌,所以提倡国粹和主张国性的人,结果一定是国家主义者,同时也可以成为帝国主义者;而世界主义者一定不会变成国家主义者,当然更不会变成帝国主义者了。"⑤一旦民族危机出现时,柳亚子身上的国家精神又勃然而兴。"九·一八"事变之后,柳亚子致信友人:"我是反对国家主义的,老实说,连民族主义也不大相信。我以为,只要世界大同,便一切问题都没有了。但自从东北事起后,我总觉浑身的不痛快,难道我又变成了爱国者吗?爱而不能救,其痛苦又何如?"⑥

抗战期间,柳亚子希望国民党当局在三民主义旗帜下联苏联共,完成抗战建国的任务。1940年5月,柳亚子未能赴重庆参加国民党五届七中全会,致信国民党上海敌后工作统一委员会书记长吴开先。"盖惟实行联苏,乃

---

① 柳亚子:《我之国会观》,中国革命博物馆、上海人民出版社编:《磨剑室文录》上,上海人民出版社1993年版,第638、639页。
② 柳亚子:《三民主义》,中国革命博物馆、上海人民出版社编:《磨剑室文录》上,上海人民出版社1993年版,第784页。
③ 柳亚子:《致柳非杞》,上海图书馆编:《书信辑录》,上海人民出版社1985年版,第180页。
④ 许纪霖指出,"'五四'不是简单的爱国运动,其背后有更宏大的理想支撑着爱国的信念,这就是当时最流行的世界主义"。参见许纪霖《"五四"的历史记忆:什么样的爱国主义?》,《读书》2009年第5期。
⑤ 柳亚子:《对于帝国主义的误解》,中国革命博物馆、上海人民出版社编:《磨剑室文录》上,上海人民出版社1993年版,第873页。
⑥ 柳亚子:《致姜长林》,上海图书馆编:《书信辑录》,上海人民出版社1985年版,第132页。

足保障民族之生存；惟实行联共，乃足保障民权之发展；亦惟实行拥护农工，乃足保障民生之幸福。"① 获悉皖南事变的真相后，柳亚子抨击了国民党顽固派倒行逆施的反动行径，并对国民党当局以"小朝廷"②目之。

抗战胜利后，柳亚子主张停止内战，建立联合政府，"立刻召开政治协商会议，彻底改组国民政府成为一个包含各党各派和无党无派领袖们所联合组织的国民政府"③。这一时期，柳亚子对国民党的正统地位发生动摇乃至倾斜。在《答客难》中，柳亚子质疑国民党政权的合法性。他认为："中国的政权应该属于中国的老百姓。"就国民党而言，从"北洋军阀手上收还了政权，就应该还给老百姓，至少应该还给能够代表老百姓利益的政党才行"。国民党及国民政府给民族带来的不是福祉，而是无穷的灾难。因此，"这种政党，这种政府，还能说是代表老百姓的利益吗？违反老百姓利益的政党非篡窃而何？"他还指出，共产党较之国民党更具有合法性。"至于把重庆来比延安，那更是拟于不伦。死气沉沉的重庆，和光明活泼的延安，能比拟吗？"④ 国民党拒绝和平民主，继续国民党一党专政，悍然撕毁停战协定，挑起内战。柳亚子明确主张推翻国民党反动统治，成立民主联合政府。柳亚子在代民革所作《成立宣言》中指出，"举凡全中国各民主政党民主团体及民主人士，本党切愿精诚团结，共同打到僭称国民党之蒋中正政权，召集新的政治协商会议，组织民主联合政府"⑤。

新中国成立后，柳亚子获得了新的政治信仰和国家认同。就前者而言，柳亚子指出，自己及民革应以毛泽东思想为指导思想，而不是三民主义。"我们应该是革命的三民主义，亦即第一次代表大会宣言和三大政策及其一面倒的主张底三民主义为准，发展到新民主主义革命时代，则与新民主

---

① 柳亚子：《致吴开先》，上海图书馆编：《书信辑录》，上海人民出版社1985年版，第194页。

② 柳亚子：《为皖南事变发往重庆的亲笔代电》，中国革命博物馆、上海人民出版社编：《磨剑室文录》下，上海人民出版社1993年版，第1267页。

③ 柳亚子：《代东北老百姓讲话》，中国革命博物馆、上海人民出版社编：《磨剑室文录》下，上海人民出版社1993年版，第1496页。

④ 柳亚子：《答客难》，中国革命博物馆、上海人民出版社编：《磨剑室文录》下，上海人民出版社1993年版，第1511、1514页。

⑤ 柳亚子：《中国国民党民主派联合代表大会宣言》，中国革命博物馆、上海人民出版社编：《磨剑室文录》下，上海人民出版社1993年版，第1561页。

主义汇流，而成为毛泽东思想了。今天民革的领导思想，是毛泽东思想的新民主主义，而不是革命的三民主义。"① 就后者而言，柳亚子在1950年民革举行的抗美援朝座谈会上信心满怀，以毛泽东为代表的中国共产党领导下的中华人民共和国，代表各民族人民的根本利益，得到全国各族人民的高度认同。"我们中华人民共和国的人民，都应该奋斗，都不应该退却。因为正义在我们的一边，最后的胜利也应该在我们的一边"；"我们有领导党的中国共产党，还有英明伟大天生救世主的毛主席，只要坚决拥护毛主席的一切决策，中国人民一定会取得最后的胜利的"②。

三 国民性改造思想

"国民性"一词经日本引入中国，出现在20世纪初。关于国民性，沙莲香指出，它是指"一个民族多数成员共有的反复出现的心理特质和性格特点的总和，是人格的综合体"③。近代以来，在民族危机的催逼下，先进的中国人为了实现民族复兴，提出了各种各样的思考与设计。他们意识到，国民性改造，是关系到民族复兴的重要关节。如有的论者指出的，"一些有识之士认识到中华民族命运与国民性状况密切相关，因而重视从国民性改造、心理建设、重铸国魂入手，谋求民族复兴之策，甚至视其为实现民族复兴的根本途径"④。国民性改造思想最早可以追溯至鸦片战争时期；在甲午中日战争之后正式形成；民国初年，国民性改造进入一个新的时期，而五四时期达到高潮；30年代一度衰落的国民性改造思潮因民族危机再度高涨。在近代国民性改造的历史进程中，柳亚子追随时代潮流，其国民性改造思想，在各个时期都有所表现，具体表现在以下方面。

（一）造就现代新女性

20世纪初年，由于国家意识、国民意识、人权及女权意识的觉醒，催生了"国民之母""女国民"两种形象。就前者而言，强调强国先强民，

---

① 柳亚子：《孙总理与毛主席》，中国革命博物馆、上海人民出版社编：《磨剑室文录》下，上海人民出版社1993年版，第1578页。
② 柳亚子：《在毛主席的旗帜下奋勇前进》，中国革命博物馆、上海人民出版社编：《磨剑室文录》下，上海人民出版社1993年版，第1597页。
③ 沙莲香主编：《中国民族性（二）》，中国人民大学出版社1990年版，第3页。
④ 俞祖华：《中华民族复兴论与国民性改造思潮》，《近代史研究》2014年第4期。

而"国民之母"则担负着诞育、培养新国民的责任，直接关系到国家的存亡。在《黎里不缠足会缘起》中，柳亚子针对女子缠足之陋习指出，此举不仅是对女子身、心两方面的摧残，而且不利于造就强健而富于竞争力的新国民。"夫既戕贼之，束缚之矣，则其体魄必孱弱，其灵魂必腐败。""呜呼！女子者国民之母也，今沦胥坠落，至于斯极，又安望其诞育佳儿，以光辉我历史哉？"[1]就后者而言，柳亚子强调女性作为国民的一分子，也应平等地承担对国家的责任与义务。在《中国第一女豪杰女军人花木兰传》中，柳亚子号召女同胞效法花木兰，保家卫国，承担国民的义务，"若木兰者，非以匹妇而仔肩国家之大事业者乎！我诸姑伯姊其不可不崇拜之，我诸姑伯姊其不可不崇拜之"[2]。

民国初年，新生的共和国经历了一系列的纷扰，难上政治正轨。无论是革命者还是启蒙思想家，都意识到国民性改造对于民族复兴的重要意义。其中新文化运动的领军人物高举科学、民主旗号，倡导新伦理、新道德以立人。对于新文化运动的接受，柳亚子显得有些迟滞。在新文化运动如火如荼的时候，他一度消极，但很快就迎头赶上。这一时期，柳亚子对束缚于旧式婚姻制度下的女子极为关切，主张改革婚姻制度，造就时代新女性。柳亚子并非泛泛而论，而是根据妇女的社会地位分而论之。就"中产阶级"和"智识阶级"而言，在《婚姻制度改革谈》中，柳亚子提出了"结婚绝对自由""学生时代不得结婚""组织小家庭""取消代办式的订婚""限制离婚""尊崇再嫁者的人格""推翻多妻主义""提倡生育节制""实行儿童公育"等主张。柳亚子强调女子的独立人格；而人格独立，首先需要经济上的独立。要达到经济上的独立，接受教育必不可少，因为"受过完全的教育"，并"有相当的职业"，"结婚时候组织小家庭的开办费，和以后生活的经常费，当然由结婚的夫妇共同担任，不能去倚赖父母"。正是基于此，柳亚子反对学生时代结婚，"没有在学校里毕业，就不能在社会上服务。自己没有职业，不能生利，衣食学费，还要靠父母供给，结

---

[1] 柳亚子：《黎里不缠足会缘起》，中国革命博物馆、上海人民出版社编：《磨剑室文录》上，上海人民出版社1993年版，第89页。

[2] 柳亚子：《中国第一女豪杰女军人花木兰传》，郭长海、金贞菊编：《柳亚子文集补编》，社会科学文献出版社2004年版，第11页。

婚后如何能组织小家庭呢？不能组织小家庭，仍旧要依赖父母，又如何能够享受自由的幸福呢？"柳亚子特别强调，女子结婚后要继续自己的职业，服务社会。"结婚后的男女，一定要继续他们固有的职业，那小家庭的生活费，是应该男女共同担任，那就轻而易举了。"为了防止女子为婚姻所累放弃职业，柳亚子主张实行儿童公育，"那末其余的女子，就可以保存那原有的职业，不至为儿童所限制，困守在家庭里面了"。柳亚子还提倡生育节制，其理由之一在于，"将近生育以前的几个月，就要牺牲职业"。柳亚子还强调女子婚姻自由。他主张婚姻以爱情为基础，反对由父母做主的代办式订婚。"婚姻以恋爱为本位的，没有恋爱，婚姻便无成立的价值了。"不仅订婚要自主，结婚更要自主。"结婚是自己的事情，不是父母的事情。自己的事情，当然要自己解决。"此外，柳亚子强调尊重女子的人格。为此，柳亚子反对置妾制度和纳妾行为，"左右是满足男子们的性欲，不把女子当人类看待罢了"。因此，他呼吁"有志气的女子，决计不能和多妻的男子结婚"。柳亚子还主张尊重再嫁女子的人格。柳亚子分析了女子再嫁的理由，"有许多人是不能不再嫁的，或者是青年丧偶，失却恋爱的伴侣，或者中年仳僻，受不住男子的虐待。这两种人，倘然不再嫁，把甚么来做后半生的安慰呢？"他进而指出，"男女是一样的，男子妻死或离婚后再娶，没有人看不起，为什么女子夫死或离婚后再嫁，就要被人看不起呢？……所以，我主张，社会上要绝对尊崇再嫁者的人格"①。

"九·一八"事变的民族危机，开启了30年代国民性改造运动。时人把国民心理、民族性格与民族复兴、国家兴亡盛衰联系起来。1934年的新生活运动即是如此。蒋介石谈及发起新生活运动的初衷："我们国家之所以贫弱，受人家的欺侮侵略，最主要的原因就是由于我们一般国民缺乏现代国民的精神和高尚的人格。"为此，他强调实行国家、民族的复兴，必须"转移社会风气，改造生活习惯，发扬民族精神，恢弘民族道德，养成国民的精神和人格，以达到人种改良目的"②。推动妇女运动，是新生活运

---

① 柳亚子：《婚姻制度改革谈》，中国革命博物馆、上海人民出版社编：《磨剑室文录》上，上海人民出版社1993年版，第708—714页。
② 蒋介石：《对目前时局的认识与应有努力》，秦孝仪主编：《"总统"蒋公思想言论总集》卷十七，中国国民党中央委员会党史委员会1984年版，第167、121页。

动的重要内容之一。新生活运动着眼于提高妇女的社会地位和改进生活方式。这一时期，一度在五四运动时期被唾弃的"贤母良妻主义"再度成为时人热议的论题，或赞成，或反对，或折中。对此，柳亚子反对"贤母良妻主义"。在《关于妇女问题的我见》一文中，柳亚子针对社会流行的女性出卖色相、甘以玩物自居的社会现象指出，基于进化原则这是社会制度使然。妇女从封建社会进至资本主义社会，妇女"从金钱制度下面讨生活，出卖劳动力不足，继之以出卖性器官，这是资本主义社会所不能避免的。以后，各尽所能，各取所需，打破婚姻制度，提倡自由恋爱，便非达到社会主义的社会不兴了"。为此，柳亚子强调，必须从社会制度的根本着手，"要解决妇女问题，便要解决整个的社会制度问题"。至于"新贤母良妻主义"者的论调，在柳亚子看来，只是治标之策，并未切中要害。"都市妇女却已走上了资本主义没落的道路上去了，海关进口化妆品的激增，女性甘以玩物商品自居，哪里是她们的罪恶，只是世纪末的病症，已溃烂到不可收拾的征象罢了。……所以提倡新女德，提倡新的贤母良妻主义，用心非不良苦，恐怕还是要不对症吧！"[①]

（二）"切实奉行国历"

在中国历史上，王朝建立之初，每每有改正朔、易服色之举。正朔总是与政治结合在一起，而改正朔是证明政权合法性和正统性的重要手段。如有的论者指出的，"它首先是一种制度，一种行为（客观事实），但它又的确包含有一种观念，一种意向（主观判断）。这样，正朔就由原来的制度而逐渐派生出一种观念，即'正统论'"[②]。进入近代社会，这一思维方式得以沿袭，革命者孙中山、毛泽东也概莫能外。柳亚子的奉行国历的立场，正是其对国民性改造的重要方面。如其所谓，"我的主张切实奉行国历，三十三年如一日"[③]。

在清末，柳亚子所奉之"国"，是已亡于清而革命者汲汲恢复的以汉

---

① 柳亚子：《关于妇女问题的我见》，中国革命博物馆、上海人民出版社编：《磨剑室文录》下，上海人民出版社1993年版，第1173页。
② 雷戈：《正朔、正统与正闰》，《史学月刊》2004年第6期。
③ 柳亚子：《纪念诗人节》，中国革命博物馆、上海人民出版社编：《磨剑室文录》下，上海人民出版社1993年版，第1429页。

民族为主导的国家。"异种横来,神州沦陷,铜驼荆棘,鬼哭磷飞。若是者,谓之亡国社会之惨状","吾誓以亡国之观念,救我祖国"①。而其所奉之"历",是黄帝纪年。革命党人以"驱除鞑虏,恢复中华"为己任,不奉清朝正朔,拒不承认清帝年号,表达了其民族认同与国家认同的诉求。他们或用阴历,或用"天运"纪年,但大多数革命者使用黄帝纪年。刘师培首先对黄帝纪年进行了阐发:"当汉族不绝如线之状,欲保汉族之生存,必以尊黄帝为急;黄帝者,汉族之黄帝也,以之纪年,可以发汉族民族之感觉。"②受章太炎、邹容、刘师培等革命者影响,柳亚子也采取当时革命者共同的运思策略。在《郑成功传》中,柳亚子指出,"以吾黄帝子孙四千年神明之胄,冠带之族,诗书礼乐之薰陶,山川文物之所钟应,而谓坐受异族之蹂躏"。关于郑成功所处的时代背景及历史活动,柳亚子均采用黄帝纪年。"黄帝纪元四千九十年以降至四千一百八十年一世纪之中,其汉种存亡绝续之大关系乎!"③他采用黄帝纪年,并不仅仅是出于发抒思古之幽情,而是为了激扬民族精神。"后生末学,口不读扬州、嘉定之记,耳不闻永明、延平之名,抑何怪其民族思想之销沉也?"④

南京临时政府成立后,为显示民国新气象,采取了一系列"改正朔"之举。孙中山就任临时大总统后,通电各省:"中华民国改用阳历,以黄帝纪元四千六百零九年十一月十三日为中华民国元年元旦。"1912年1月13日,孙中山发布《临时大总统关于颁布历书令》,令内务部编印新历书。柳亚子坚决捍卫辛亥革命果实,反对南北议和。针对南北议和中袁世凯于旧历元旦就职之说,柳亚子进行了驳斥。"且有旧历元旦即大总统即位之说,不知将置我中华民国纪元于何地?"⑤在北洋军阀统治时期,"在历法问题

---

① 柳亚子:《中国灭亡小史》,中国革命博物馆、上海人民出版社编:《磨剑室文录》上,上海人民出版社1993年版,第17、19页。
② 刘师培:《黄帝纪年论》,汪宇编《刘师培学术文化随笔》,中国青年出版社1999年版,第222页。
③ 柳亚子:《郑成功传》,中国革命博物馆、上海人民出版社编:《磨剑室文录》上,上海人民出版社1993年版,第6页。
④ 柳亚子:《中国灭亡小史》,中国革命博物馆、上海人民出版社编:《磨剑室文录》上,上海人民出版社1993年版,第19页。
⑤ 柳亚子:《取消临时政府问题》,中国革命博物馆、上海人民出版社编:《磨剑室文录》上,上海人民出版社1993年版,第282页。

上出现了阴阳历并行、社会上层与下层分立的'二元社会'格局"①。柳亚子在《国历和废历》中指出，奉民国正朔，不仅显示了堂堂正正的革命气象，而且是国民应尽的义务："改正朔，易服色，是革命的标帜。一朝有一朝的正朔，一国应该有一国的历法。我们中华民国人，一定要遵守中华民国的历法"；"凡是中华民国的国民，个个要尊奉国历，个个要取消废历，才不愧尽国民的义务。因为废历已经和满清政府同时推倒，一点也没有保存的价值了。"他还强调，奉行国历，正是基于进化论的世界眼光。"我们生于二十世纪，不但自认是国家的一个国民，还要自认是世界人类的一分子。因为交通一天便利一天，世界主义的学说，也一天昌明一天，那闭门家里坐的国民，决定不是这世纪所需要的了。所以历法和其他种种，都非集中于统一公共不可。"②

南京国民政府成立后，将阳历定为"国历"，将旧历视为"废历"，并"特制国民历颁行各省，凡属国民，均应遵守"③。1929年12月，国民政府颁行《民国十九年国民历》。此外，国民政府在废除旧历过程中，也采取了确定和增加国历纪念日、采用根据国历推定的民国纪念日来代替旧历岁时年节的办法。但是，由于旧历强大的历史文化惯性，国民政府只好采取折中的办法："保持旧历中的岁时节令，但不是按照国历来强行'移挪'，而是相应地将它换算成国历的月日，按国历月日过旧历岁时节日。"④柳亚子反对这种在民国正朔上的不彻底性。在《纪念诗人节》中，柳亚子主张应一切以国历为断。"理由很简单，生为中华民国的国民，当然应该尊重中华民国的正朔，这理由是颠扑不破的"；他还指出奉民国正朔的巨大意义，"中华民国废弃清历而用公历，我以为是辛亥革命的第二个成果，和第一个成

---

① 左玉河：《从"改正朔"到"废旧历"——阳历及其节日在民国时期的演变》，《民间文化论坛》2005年第2期。
② 柳亚子：《国历和废历》，中国革命博物馆、上海人民出版社编：《磨剑室文录》上，上海人民出版社1993年版，第768、769、772页。
③ 中国第二历史档案馆编：《中华民国史档案资料汇编》第5辑第1编《文化》，江苏古籍出版社1994年版，第425页。
④ 左玉河：《从"改正朔"到"废旧历"——阳历及其节日在民国时期的演变》，《民间文化论坛》2005年第2期。

果废君主专制而实行民主共和,其含义和影响实在都是非常广大的"[1]。客观地说,在历日改革的问题上,柳亚子对国情民意缺乏洞察。比如,他将历日改革不彻底归为南京国民政府,"那当然不是孙先生改革的错误,而实在继起无人,奉行不力,所发生的流弊罢了"[2]。但是,必须肯定,柳亚子希望通过"将中国时钟拧到世界时钟发条上"[3]的措施来启蒙民众的立场,是有其合理的成分的。

第三节 文化趋新

20世纪是一个文化趋新的时代。在高涨的民族主义旗帜下,时人"在列强的压迫与民族的危机之时放弃了几千年的文化传统,转而以西方文化为新文化,以西方文学为新文学的师法对象,从而开启了20世纪中国文化与文学趋新求新的传统"[4]。这一转变背后的动因,乃是基于亡国灭种之忧。为了寻求民族自强之途,最好的武器就是进化论。就柳亚子而言,他身上有沉重的传统文化的包袱,这使得他一度在新文化运动中徘徊观望,甚至在某些方面产生抵触情绪。但是,难能可贵之处在于,柳亚子没有被传统文化的惯性拖住,成为时代前进的绊脚石,而是以进化论为指南,很快就拨转航向,并呈现出后来居上之势。对此,柳亚子非常自豪。如其所谓:"旧派的人,一味的想复古不用说,连新派的人也有不少在开倒车。这样,我是值得自己骄傲的。因为我是一个进化论的信徒,无论是对文学,对社会,我都是觉得今胜于古,后胜于前。"[5]

---

[1] 柳亚子:《纪念诗人节》,中国革命博物馆、上海人民出版社编:《磨剑室文录》下,上海人民出版社1993年版,第1428页。

[2] 同上书,第1429页。

[3] 左玉河:《从"改正朔"到"废旧历"——阳历及其节日在民国时期的演变》,《民间文化论坛》2005年第2期。

[4] 高旭东:《对20世纪中国文学一味趋新之教训的反思》,《扬州大学学报》2012年第6期。

[5] 柳亚子:《〈诗学发凡〉代序》,郭长海、金贞菊编:《柳亚子文集补编》,社会科学文献出版社2004年版,第219—220页。

一 "文学是善于变化的东西"

20世纪中国文学的革命可以溯自晚清。这一"前革命"依循着先诗歌、散文而后小说、戏剧的次序发生,代表人物包括康有为、梁启超、黄遵宪、王国维等人。这其间,以梁启超为代表。梁启超倡导"诗界革命""文界革命""小说界革命" 揭地掀天,可谓20世纪中国文学革命首难之陈胜。五四时期的文学革命直承晚清而来。如有的论者指出的,"没有晚清的思想启蒙运动和白话文运动,还会出现五四新文化运动和文学革命的局面么?"[①]这一运动主要包括语言革命、美学革命和思想革命三项内容,代表人物有胡适、陈独秀、鲁迅等人。就柳亚子而言,早年以梁启超为"文字上的导师,思想上的私淑者"[②],对梁氏的"三界革命"热烈响应,并积极投身文学革命的实践。柳亚子有着良好的旧学训练,对旧体诗、文等文学形式非常熟悉、熟练,因此,他对文学革命的参与定位在以旧形式表达新思想,"弟谓文学革命,所革当在理想,不在形式。形式宜旧,理想宜新,两言尽之矣"[③]。而新文化的领军人物如胡适较之晚清文学革命论者走得更远,更彻底,不仅主张革其内容,更要革其形式,甚至认为形式更为重要。"文学的生命全靠能用一个时代的活的工具来表现一个时代的情感与思想。工具僵化了,必须另换新的,活的,这就是'文学革命'。"[④]在《尝试集自序》中,胡适对以柳亚子为代表的南社文学革命主张提出批评,"甚至于南社的柳亚子也要高谈文学革命,但是他们的文学革命论,只提出一种空空荡荡的目的,不能有一种具体的计画。他们都说文学革命不是形式上的革命,绝不是文言白话的问题。等到人问他们所主张的革命'大道'是什么,他们可回答不出来了。这种没有设想计画的革命——无论是政治的是文学的——绝不会发生什么效果"。因之,柳亚子对文学革命一度有抵触情绪,

---

[①] 胡全章:《白话文运动:没有晚清何来五四》,《贵州社会科学》2012年第1期。
[②] 柳无忌、柳无非编:《五十七年》,《自传·年谱·日记》,上海人民出版社1986年版,第147页。
[③] 柳亚子:《与杨杏佛论文学书》,中国革命博物馆、上海人民出版社编:《磨剑室文录》上,上海人民出版社1993年版,第450页。
[④] 胡适:《中国新文学运动小史》,《胡适文集》第1卷,北京大学出版社1998年版,第146页。

但后来涣然冰释，并积极投身新文化运动。"对于这一运动，我原是同情的。反对封建礼教，提倡男女平权，以至打倒孔家老店，在我都是很早的主张。欢迎德先生（民治）和赛姑娘（科学）来主持中国，我当然也举双手赞成；剩下来的，只有打倒旧文学这一点，因为习惯的关系，最初觉得不能接受，到后来也就涣然冰解了。"①

（一）语言革命

语言与文学之间的关系，是一种文化关系："从书面语言的角度来看，不仅文化通过文学的语言书写而得到形象性显现，语言因而成为文学表达的一种文化选择，具有语言运用中的文学工具性，故而有所谓文学语言之称而且文化也在语言书写的文学中得到存留，语言因而成为文化的一部分，具有语言运用中的文化实存性。"②20世纪的语言革命，可以追溯至晚清。在晚清的政治危机下，先进的中国人认识到思想文化的变革刻不容缓，而作为思想文化载体的文字首当其冲。黄遵宪、李石曾、吴稚辉等人基于进化论，强调遵循文字进化的"公理"，或主张简化汉字，甚至创造拼音文字以取代汉字。如李石曾主张，"象形表意之字，必代以合声之字，此之谓文字革命"③。五四时期的文字革命，不仅继续了晚清基于进化论的思路，而且强调汉字与文化之间的关联。如钱玄同指出，"必以废孔学，灭道教为根本之解决，而废记载孔门学说及道教妖言之汉文，尤为根本解决之根本解决"④。而胡适主张，文学革命必须从改革语言工具着手，进而将白话文学定于一尊。他在《建设的文学革命论》中指出："我的'建设新文学论'的唯一宗旨只有十个大字：'国语的文学，文学的国语。'我们所提倡的文学革命，只是要替中国创造一种国语的文学。"⑤

晚清时期，柳亚子效法梁启超，不仅写下了大量的新体评传，诸如《郑

---

① 柳无忌编：《南社纪略》，上海人民出版社1983年版，第90页。
② 郝明工：《中国现代文学思潮生成论》，博士学位论文，四川大学，2005年，第72页。
③ 真：《进化与革命》，张枬、王忍之编：《辛亥革命前十年间时论选集》第2卷下册，生活·读书·新知三联书店1963年版，第1042页。
④ 钱玄同：《中国今后之文字问题》，胡适主编：《中国新文学大系建设理论集》，上海良友图书印刷公司1935年版，第144页。
⑤ 胡适：《中国新文学运动小史》，《胡适文集》第1卷，北京大学出版社1998年版，第146页。

成功传》《中国革命家第一人陈涉传》《花木兰传》等篇，而且写了大量的白话文，如《〈复报〉发刊词》《立宪问题》《民权主义！民族主义！》等篇，抒发反帝爱国、反清革命思想。这一时期，柳亚子"欲凭文字播风潮"。他更多的是强调新其理想，至于形式，可新可旧，不拘一格。不过，柳亚子擅长旧体诗文，并以此在公共空间开展社会交往，获取资源。因此，当新文化运动兴起后，柳亚子对于以白话代替文言的新文化运动主张颇不以为然。"中国文学，含有一种美的性质，纵他日世界大同，通行'爱斯不难读'，中文、中语尽在淘汰之列，而文学犹必占有美术中一科，与希腊、罗马古文相颉颃。"①柳亚子关于文言白话的对立与迷惘经历了一个过程，"新文化运动发现之初，文言白话的争论，盛极一时。我最初抱着中国文学界传统的观念，对于白话文，也热烈的反对过；中间抱持放任主义，想置之不论不议之列；最后觉得做白话文的人，所怀抱的主张，都和我相合，而做文言文去攻击白话文的人，却和我主张太远了，于是我就渐渐地倾向到白话文一方面来。同时，我觉得用文言文发表新思想，很感困难，恍然于新工具的必要，我便完全加入了新文化运动了。"②柳亚子立场转变之快，确实令人咋舌。柳亚子发起新南社以参加新文化运动。在《答某君书》中，柳亚子开宗明义，指出新文学与旧文学的区别，就在于文言与白话的语言工具的使用上；就这一思想启蒙运动而言，使用白话的形式，不仅便于普及宣传，更重要的是强调新形式对新内容的促进作用。"承询旧文艺与新文艺之判，质言之，即文言文与语体文耳。仆为主张语体文之一人，良以文言文为数千年文妖乡愿所窟穴，纲常名教之邪说，深入于字里行间，不可救药，故必一举而摧其壁垒，庶免城狐社鼠之盘踞，以言普及，犹第二义也。即以普及言之，小学生徒，粗识之无，授以文言与语体，孰难孰易，判若天渊。"他反对无谓地耗费精力和时间研究文言，"夫人类之精神有限，世界之进化无穷，生今之世，不发愤钻研科学，而耗心血于无用之文言，不谓之冥顽不灵得乎"。柳亚子对文言进行了否定。在他看来，文言是没有前途的，不仅保守文言者人格卑下，而且与印度等国文字一样，是必在

---

① 柳亚子：《与杨杏佛论文学书》，中国革命博物馆、上海人民出版社编：《磨剑室文录》上，上海人民出版社1993年版，第450页。
② 柳无忌编：《南社纪略》，上海人民出版社1983年版，第101—102页。

天演淘汰之列的亡国文字。"仆谓主张语体者，非不务高深；而保守文言者，乃以聱牙佶屈之辞，掩其沟犹迂腐之见，实所谓艰深文浅陋耳。希腊罗马，今虽独立，然希腊罗马之文字，何尝旁及他国。印度文字缜密，为世界之冠，无补于亡国。可见文字与国家，实无密切之关系。注音字母，足通汉字之穷，即代以罗马数字，亦何尝不可。"他进而指出，文言必将代之以世界语，这是其必然归趋。"至于汉文汉语，又决无保存之理。他日世界语盛行，当与英俄德法诸文，同归淘汰。"①

（二）旧诗革命

关于 20 世纪的诗界革命，一般认为是主张"我手写我口，古岂能拘牵"的黄遵宪首开其端。此后，梁启超在《夏威夷游记》中正式提出"诗界革命"的口号。"欲为诗界之哥仑布、玛赛郎，不可不备三长：第一要新意境，第二要新语句，而又须以古人之风格入之，然后成其为诗。"②因之，"以旧风格含新意境"成为"诗界革命"的核心理念。1903 年前后，涌现出了高旭、陈去病、柳亚子、马君武、秋瑾等一批后来大多成为南社成员的革命诗人。他们以民主意识、民族精神、反清革命等为主题，在诗坛形成了革命新诗潮，成为诗界革命运动的新阶段。③新文化运动时期，胡适以白话文学定为正宗，不仅强调写白话文，而且写白话诗。为此，胡适提出"诗体大解放"，打破形式上的束缚，不拘格律，进而表现新的内容与精神。"诗体大解放就是把从前一切束缚自由的枷锁镣铐，一起打破，有什么话，说什么话；话怎么说，就怎么说。这样方才可有真正的白话诗，方才可以有表现白话的文学可能性。"④

就柳亚子而言，其早期创作实践基本上可以见到梁启超的影子，即"以旧风格含新意境"。因此，他以"革命""民主""共和""独立""人权""意大里"等新名词入诗随处可见。"脑球遍树平权帜，耳界恍闻独

---

① 柳亚子：《答某君书》，中国革命博物馆、上海人民出版社编：《磨剑室文录》上，上海人民出版社 1993 年版，第 760—761 页。
② 梁启超：《夏威夷游记》，《饮冰室合集·专集》之二十二，中华书局 1989 年版，第 40 页。
③ 张炯等主编：《中华文学通史·第五卷·近现代文学编》，华艺出版社 1997 年版，第 358 页。
④ 胡适：《尝试集》，人民文学出版社 1984 年版，第 185 页。

立钟。"①"共和民政标新谛,专制君威扫旧骄。"②"嫁夫嫁得英吉利,娶妇娶得意大里。"③"献身应作苏菲亚,夺取民权与自由。"④对于胡适的文学革命主张,柳亚子大体是赞同的。柳亚子主张理想宜新,这与胡适倡导新文化、新思想的主张是一致的;至于其"形式宜新"的主张与胡适文学革命的分歧,主要体现在诗歌方面。在文学革命内容和形式方面,胡适虽然强调内容的重要性,但他更强调文学革命是以形式为开端。"文学革命的运动,不论古今中外,大概都是从'文的形式'一方面下手,大概都是先要求语言文字文体等方面的大解放。欧洲三百年前各国国语的文学起来代替拉丁文学时,是语言文字的大解放。"⑤这一点,无疑是胡适的卓见。但柳亚子显然未能理解这一点。尽管如此,柳亚子也不是全然反对新形式。比如,他赞同白话文。"白话文便于说理论事,殆不可少。第亦宜简洁,毋伤支离。"⑥但是,他对白话诗持反对态度。"若白话诗则断断不能通。"他指责胡适的白话诗主张是:"画虎不成反类犬,宁足道哉!宁足道哉!"⑦并对胡适的白话诗嗤之以鼻,"胡适自命是新人,……所作白话诗,直是笑话"⑧。对此,胡适进行了驳斥。"理想宜新,是也;形式宜旧,则不成理论。若果如此说,则南社诸君何为作《清庙》、《生民》之诗,而乃作'近体'之诗与更'近体'之词乎?"⑨柳亚子之所以是人杰,就在于他趋新求变,不断追随时代潮流前进。经过五四运动,柳亚子开始认同胡适的文学革命主张,并成为新诗的拥护者。1924年,柳亚子致信友

---

① 柳亚子:《岁暮述怀》,中国革命博物馆编:《磨剑室诗词集》下,上海人民出版社1985年版,第1823页。
② 同上书,第1823页。
③ 柳亚子:《读史界兔尘录感赋》,中国革命博物馆编:《磨剑室诗词集》下,上海人民出版社1985年版,第1821页。
④ 柳亚子:《读山阴何孟厂得韩平卿女士为义女诗,和其原韵》,中国革命博物馆编:《磨剑室诗词集》上,上海人民出版社1985年版,第24页。
⑤ 胡适:《谈新诗》,《胡适全集》第1卷,安徽教育出版社2007年版,第159页。
⑥ 柳亚子:《与杨杏佛论文学书》,中国革命博物馆、上海人民出版社编:《磨剑室文录》上,上海人民出版社1993年版,第450—451页。
⑦ 同上书,第451页。
⑧ 柳亚子:《与杨杏佛论文学书》,中国革命博物馆、上海人民出版社编:《磨剑室文录》上,上海人民出版社1993年版,第450页。
⑨ 胡适:《胡适留学日记》(四),台湾远流出版公司1984年版,第47页。

人吕天民,"你攻讦新诗的论调,老实说,我是绝对反对的"。吕天民以新诗多"单相思病"一类的立意而加以攻讦。柳亚子针锋相对地指出,这类题材,无论是新诗还是旧诗,都不能避免,不能以此苛责新诗。"在旧诗里面可以受人恭维,而一移植到新诗里面来,就当然要受人攻讦吗?我以为太不公平了。"他进而指出,"时下的新诗,也许有浅薄无聊的作品,总不能归罪于新诗的本身呀!"柳亚子还指出,新诗的发展,遵循了进化原则,是不以人的意志为转移。"文学是善于变化的东西,由四言变而为五七言,由五七言的古体变而律诗,变而为词,再变而为曲。那么现在的由有韵诗变为无韵诗,也是自然变化的原则,少数人的反对是没有效力的。"其实,这是对胡适反驳的一个回应。最后,柳亚子心平气和地告诫友人,应以宽容的心态对待新生事物。"我以为我们自己喜欢做旧诗,尽做也不妨(我自己就是只会做旧诗而不会做新诗的一个人)。至于因为自己喜欢做旧诗,或者是擅长于旧体诗,而就反对新诗,那未免太专制了";"我有一句忠告的话,二十年前,我们骂人家老顽固,二十年后,我们不要做新顽固才好"[1]。

柳亚子赞同白话诗,还表现在他对旧诗以及自己所作旧诗进行了否定。1932年5月,柳亚子致信女作家谢冰莹,谈及对旧诗的评价并及于自己的旧诗。"经过了五四运动,我简直就更看不起旧文学";"讲起我的旧文学和旧诗,我觉得可笑得很";"我不晓得自己怎样学会旧诗,更绝对的不会教人家做旧诗"[2]。1942年,柳亚子在为儿子柳无忌《抛砖集》代序中断言,旧诗的灭亡是必然的趋势:"平仄是旧诗的生命线,但据语文学上的趋势看起来,平仄是非废不可的。那末,五十年以后,平仄已没有人懂,难道再有人来做旧诗吗?"他还指出,虽然有人喜欢写旧诗,并且还写得不错,但并不能阻挡这一趋势。"对于旧诗,只是一种回光返照,是无法延长它底生命的。"至于他自己,一方面对旧诗宣判死刑,另一面又照作不误,完全是积习使然。"虽然认定新诗一定要代替旧诗,但对于新诗,简直不

---

[1] 柳亚子:《致吕天民》,上海图书馆编:《书信辑录》,上海人民出版社1985年版,第50—52页。
[2] 柳亚子:《致谢冰莹信》之二,郭长海、金贞菊编:《柳亚子文集补编》,社会科学文献出版社2004年版,第203页。

敢去学，而还是做我的旧诗，这完全是结习太深不易割舍的缘故，是不可为训的。"因此，他奉劝青年朋友不要学文言文和旧诗，"因为自费精神，太冤枉了。除非是闲着没有事情做，把它来当消遣品"。至于新诗，"我是完全外行，非但不会做，连欣赏的能力也很薄弱的。不过，我总希望这新鲜的园地，能够培植出葱茏的树木和明艳的花卉来"[①]。作为一个擅长旧体诗的诗人，柳亚子敢于清算旧诗，进行自我解剖，并热切瞩望正在成长中的新诗，这需要清醒的理性、巨大的勇气和宽广的胸怀。

柳亚子不仅成为白话诗的护法，而且还从事白话诗写作。从20世纪30年代到50年代，柳亚子总共创作了6首白话诗。1930年8月，柳亚子为长女无非留学美国作了第一首白话诗《送长女无非留学美国》。1932年10月，柳亚子作了第二首白话诗《会宾楼的一夕》。针对社会无聊记者对该诗的蔑视，柳亚子进行了驳斥："我的这首《会宾楼的一夕》，是生平做语体诗的处女作，很自矜贵，你怎样好轻蔑她是一首游戏诗呢？是不是文言诗是正经，而语体诗便是游戏？先生，我觉得你的头脑太可怜了。"[②] 按：这不是其处女作，应为柳亚子记忆有误。1941年，柳亚子作《〈北京人〉礼赞》。这首诗应为看了曹禺的《北京人》剧本或演出之后所作。1949年2月28日，柳亚子乘"华中轮"离港北上参加新政协会议时作《拟民谣二首》。1950年11月7日，应邀参加十月革命33周年纪念之后，柳亚子满怀激情地写下了第六首白话诗——《抗美援朝之歌》。对于这首诗，柳亚子感觉非常之好。在第二天民革召开的第二次抗美援朝座谈会上，"朗诵是歌，掌声如雷鸣"[③]。

（三）戏剧改良

开始于晚清的戏剧改良运动，不仅是文学革命的一个重要内容，而且很大程度上影响了20世纪戏剧的走向。就改良理论而言，"以实用主义戏

[①] 柳亚子：《新诗和旧诗——柳无忌〈抛砖集〉自序》，中国革命博物馆、上海人民出版社编：《磨剑室文录》下，上海人民出版社1993年版，第1346—1347页。

[②] 柳亚子：《给〈南京晚报〉报屁股记者的信》，中国革命博物馆、上海人民出版社编：《磨剑室文录》下，上海人民出版社1993年版，第1104页。

[③] 柳亚子：《跋自撰书抗美援朝歌赠李世璋手卷后》，中国革命博物馆、上海人民出版社编：《磨剑室文录》下，上海人民出版社1993年版，第1579页。

曲价值观为基础，民族主义为核心，西方戏剧为榜样"①。戏曲改良运动虽然涉及形式（如唱腔、做工等）、剧场改造和演出体制等方面，但其发生、发展以灌输文明、开启民智、改良政治、宣传革命为旨趣，因而以内容的变革为主，形式的变革居于次要地位。②在启蒙语境下，梁启超提出了"曲界革命"的口号，赋予了戏剧以"新民"的历史使命。1902年，梁启超在《新小说》创刊号发表了《论小说与群治之关系》一文，强调要革新旧戏剧，并用新的小说戏曲去刷新道德、宗教、政治、人心。同年，他连续发表《劫灰梦》《新罗马》《侠情记》等戏本，开启了戏剧改良运动实践的序幕。此后，陈去病、柳亚子等人热烈响应，创办《二十世纪戏剧大舞台》，倡导戏剧改良，强调戏剧的社会教育功能。此后，涌现出了一批杰出的作家和剧本。前者有周祥骏、陈去病、欧阳淦、汪笑侬、夏月珊等，后者有《哭祖庙》《受禅台》《党人碑》《瓜种兰因》等。随着辛亥革命高潮的结束，近代戏曲改良运动也随之走向低潮。新文化运动时，新青年派主张废除旧剧代之以西洋话剧，传统戏曲则退居边缘成为落后文化的代表。尽管如此，戏剧改良运动并没有曲终人散。20世纪20年代，余上沅、赵太侔、闻一多、熊佛西、张嘉铸等人发起国剧运动，强调戏剧艺术本身的主体性，并且在五四时期反传统的浪潮下，开始对传统戏曲重新评价。30年代，关于戏曲改良与发展的理论呈现多元化趋向。一方面，废除旧戏的声音趋于微弱；另一方面，以戏曲干预社会教育的工具论倾向有所抬头。

关于近代戏剧改良运动，柳亚子是不可略过的。1904年，柳亚子为《二十世纪大舞台》撰写了《发刊词》。他指出，作为民间喜闻乐见的艺术形式，戏曲具有移风易俗的作用。"父老杂坐，乡里剧谈，某也贤，某也不肖，一一如数家珍。秋风五丈，悲蜀相之陨星；十二金牌，痛岳王之流血，其感化何一不受之于优伶社会哉？"基于此，他主张利用戏曲来唤醒民族精神，起而推翻清朝。"以《霓裳羽衣》之曲，演玉树铜驼之史，凡扬州十日之屠，嘉定万家之惨，以及虏酋丑类之慆淫，烈士遗民之忠荩，皆绘声写影，倾

---

① 杨惠玲、赵春宁：《民族主义、实用主义和"欧化主义"——晚清戏曲改良理论的三个关键词》，《中国戏曲学院学报》2010年第3期。
② 赵得昌：《清末民初戏曲改良与西方戏剧文化的影响》（上），《戏曲艺术》2001年第3期。

筐倒篋而处之，华夷之辨既明，报复之谋斯起，其影响捷矣。"此外，戏剧还可以向懵懂于欧西政治社会的民众宣传民主共和思想，建立汉族主导的共和国。"吾侪崇拜共和，欢迎改革，往往倾心于卢梭、孟德斯鸠、华盛顿、玛志尼之徒，欲使我同胞效之。而彼方以吾为邹衍谈天，张骞凿空，又安能以济？今当捉碧眼紫髯儿，被以优孟衣冠，而谱其历史，则法兰西之革命，美利坚之独立，意大利、希腊恢复之光荣，印度、波兰灭亡之惨酷，尽印于国民之脑膜，必有欢然兴者。此皆戏剧改良所有事，而为此《二十世纪大舞台》发起之精神。"并且，柳亚子强调，戏曲具有切实的宣传效果，是其他革命宣传不可替代的。"热心之士无所凭借，而徒以高文典册，讽诏世俗，则权不我操；而阳春白雪，曲高和寡，崇论闳议，终淹殁而未行者，有之矣。今兹《二十世纪大舞台》，乃为优伶社会之机关，而实行改良之政策，非徒以空言自见，此则报界之特色，而足以优胜者欤？"[①]

柳亚子还进行了戏剧评论。辛亥革命后，柳亚子因醉心于新剧，得以先后结识新剧名伶冯春航、陆子美。冯春航主演的《血泪碑》，最为柳亚子所激赏。柳亚子常与一帮南社社友为冯春航捧场，并以主持的《太平洋报》文艺专栏揄扬冯氏。柳亚子还编印《春航集》，辑录自己及沪上各报发表的与冯春航有关的文字。在《春航集》中，柳亚子评价冯氏唱腔"别开生面"，如乳燕雏莺，似飞珠溅玉，极尽妍丽婉转。"苏音清脆而微嫌佻侻，梨园子弟饰女郎者，多习用之。亦已司空见惯，闻而生厌矣。沪音纯朴，未离纤宏合度。顾不善学者，易失之于伧。春航别开生面，娇喉婉度。乳燕雏莺，无此婀娜。定公诗云：'小语精微沥耳圆，况聆珠玉泻如泉。一番心上温馨过，明镜明朝定少年。'可为春航咏矣。"[②] 陆子美也是梨园子弟中的风云人物，但在柳亚子看来，较之冯春航，陆子美似逊一筹。同样基于捧角的心理，柳亚子也印行了《子美集》。在该集所辑《评〈血泪碑〉全本》中，柳亚子对同样饰演《血泪碑》女主角梁如珍的陆子美进行了评点："纵观全局，子美以冷静胜，无嚣张之习，无猥亵之状。淡而弥永，耐人思味。"并且

[①] 柳亚子：《〈二十世纪大舞台〉发刊词》，中国革命博物馆、上海人民出版社编：《磨剑室文录》上，上海人民出版社1993年版，第126—127页。
[②] 柳亚子：《箫心剑态楼顾曲谭》，郭长海、金贞菊编：《柳亚子文集补编》，社会科学文献出版社2004年版，第121页。

将其与冯春航进行比较。梁如珍法场就刑一幕,"子美赭衣被体,三木婴身,掩面呼天,曼声饮泣,亦能将胸中冤愤,曲曲传出,不可谓非哀情之杰构也"。而冯春航同演此幕时,"同跪地上,星眸半启,皓颈低垂,哀艳无伦,传神阿堵,自非余子所及"①。当然,这种以捧角为前提的评论,带有极强的主观色彩,但也有可取之处,对于戏剧改良运动具有推动之功。

柳亚子不仅有着富于远见的戏剧理论,而且进行过戏剧创作实践。1904年,柳亚子作《松陵新女儿传奇》。他借女主人公谢平权之口,呼唤男女平权,追求自由民主,呼唤民族、民主革命。活埋庵期间,柳亚子积极支持阿英的南明史剧创作。他对阿英所作《碧血花》《海国英雄》《杨娥传》提出了很多意见,并自称戏剧"门外汉",所提意见"也有能用的,也有不能用的"②。柳亚子还与青年剧作家张恭朗合作编撰南明史剧。原定十二部,事实上仅写出三部——《江左少年》《吴日生》《翠湖曲》,均由柳亚子造意,张恭朗执笔。此外,柳亚子对友人郭沫若创作的历史剧《南冠草》的情节设置提出自己的看法。柳亚子认为,剧中用较大篇幅渲染夏完淳与表妹盛蕴贞的恋情,"稍嫌附会"③。

二 "复古等于不通"

论及20世纪的趋新传统,其理论资源来自两个方面,一是西方的进化论,一是传统文化的变易思想。在这个充满紧张与冲突的时代,新旧中西始终纠结在一起,如影随形。"新旧总是隐喻着中西,而中西也常被转换为新旧。"并且,在进化的坐标轴上,新旧中西也包含着价值判断。在这一价值导向之下,去就取舍立判:就新旧而言,"整体上新压倒旧";就中西而言,"以西的步步进逼和中的一再退让为大趋势"④。就柳亚子

---

① 柳亚子:《评〈血泪碑〉全本》,中国革命博物馆、上海人民出版社编:《磨剑室文录》上,上海人民出版社1993年版,第357页。
② 柳亚子:《怀念阿英先生》,中国革命博物馆、上海人民出版社编:《磨剑室文录》下,上海人民出版社1993年版,第1333页。
③ 柳亚子:《艺术馆途中值恭朗,兼识醴陵汪士楷,喜赋二首》之一"未信谈诗添绮想"下注,中国革命博物馆编:《磨剑室诗词集》下,上海人民出版社1985年版,第1200页。
④ 罗志田:《守旧的趋新者:梁漱溟与民初新旧东西的缠结》,《学术月刊》2016年第12期。

而言，在救亡图存的大背景下，服膺于进化论，并在进化论的映照之下挖掘了传统文化中的进化因子，以应对时代危机。如其所谓，"对于一切的一切，我是主张进化论的。但我的进化论，却并不是完全来路货，而包含着道地国货的成份在内"。他所谓的国货，就是指《礼运》《大同》《公羊》中的进化思想。"对于《礼运》、《大同》、《公羊》三世之说，我是极端赞成的。"①此外，还有《大学》中的变易思想，"从前种种，譬如昨日死；以后种种，譬如今日生。此日新又新之说也"②。因之，柳亚子奉进化论为圭臬，趋新趋西，反对复古倒退。"改革社会，当然要从'新'的路上走，不能从'旧'的路上走。因为世界是进化的，是信心不已的，若讲复古，便是违悖进化的公理，非徒无益，而又害之了。"③

（一）理性对待中国文化

柳亚子浸染于传统文化中既深且久。这固然一定程度上成为他前进的阻力，但是，难能可贵之处在于，柳亚子能以理性的态度对待中国文化。在新文化运动如火如荼的时候，出现完全否定中国文化的极端思想和主张。比如，吴稚晖主张将线装书扔到厕所里去；陈独秀反对整理国故，认为这种做法是从牛粪里寻香水。柳亚子一度退守，热衷于整理国故，狂胪乡邦文献，以新文化运动中的另类姿态出现。"革新与崇旧实有息息相通者在，整理国故，延纳新潮，咸当世承学者之责，讵云背道而驰？"④但是，柳亚子很快就拨转了航向。"整理国学之说，创于胡适之辈。陈独秀先生则以为求香水于牛粪，徒劳而靡所获。仆近日瓣香，颇宗独秀。"⑤

柳亚子强调文化的统一性，认为包括中国文化在内的世界各地区、各民族的文化之间的差别将渐趋消除。在《从文化讲到复古》一文中，柳亚子指出，地域、民族文化的多样性在一定时间范围内存在，但最终将被统

---

① 柳亚子：《关于妇女问题的我见》，中国革命博物馆、上海人民出版社编：《磨剑室文录》下，上海人民出版社 1993 年版，第 1172 页。

② 柳亚子：《〈新黎里〉半月刊发刊词》，中国革命博物馆、上海人民出版社编：《磨剑室文录》上，上海人民出版社 1993 年版，第 658 页。

③ 柳亚子：《给朋友的一封信》，中国革命博物馆、上海人民出版社编：《磨剑室文录》上，上海人民出版社 1993 年版，第 732 页。

④ 柳亚子：《〈古芬山馆诗〉叙》，中国革命博物馆、上海人民出版社编：《磨剑室文录》上，上海人民出版社 1993 年版，第 657 页。

⑤ 柳亚子：《答某君书》，中国革命博物馆、上海人民出版社编：《磨剑室文录》上，上海人民出版社 1993 年版，第 759 页。

一性所取代。"我以为地域的区别是有的,不过并不是一成不变,尤其是在闭关自守的时代,地域区别的影响很大,等到世界交通极度发达以后,地域区别的影响就小了。"这种文化"大同是通过文化交流与传播实现的"。"如果世界大同,各民族婚姻相通起来,试问百年以后,还能有种族文化区别的存在吗?"而这种融合的前提是,世界各民族有着共同的文化心理,"虽然有东海和西海长距离,却还是心同理同,那里还曾有地域和种族绝对不能融合的区别呢?"因而,在多样性与统一性之间,他更多的强调后者,"只要时代和制度一转变,文化也会跟着转变的。这样讲起来,还不是一般性超过于特殊性吗?"他进而在此基础上反对以中国文化的特殊性而行复古之道。"借口于中国有特殊的文化,而大创其复古的口号和理论的,简直是荒谬绝伦,毫无道理。"[①]应该说,在对待世界文化的问题上,柳亚子摒弃了文化中心论的立场,以一种开放的、平等的眼光看待世界各民族的文化,无疑具有可取之处。但是,也存在一些不足之处:一是他的进化观带有西方中心论色彩,以欧洲文化作为世界文化进化的归趋;二是片面强调文化发展的单一性和直线性,忽略了各民族文化发展的多样性,没有认识到世界文化是多样性与统一性的辩证统一。

柳亚子还强调文化自信,但反对虚骄自大。20世纪30年代,在《我们对于文化运动的意见》一文中,柳亚子指出,中华民族要取得民族独立与国家富强,必须树立民族自信。"中国民族必须有自信心,信赖我们的自立的能力;我们不愿作帝国主义的奴隶,我们要从现在的次殖民地的政治局面挣扎出来,我们要完成民族解放的功业。"而民族自信,绝不能靠沉湎于辉煌的历史。"但这一切,并不是憧憬于过去的光荣就可以成功的。一切破落户捧着废址上的残砖碎瓦,以为这就可以重建楼台,谁都知道只是一个愚妄的梦想!"因此,要着眼于世界,着眼于未来,吸收世界其他民族的先进文化,不能故步自封。"凡伟大的民族差不多都吸收外来的文化。罗马帝国是全盘的承受了希腊文明的。中国的文化到底有几分之几十纯粹的'国粹',也大是疑问。""我们以为民族的自救,除了向'维新'

---

① 柳亚子:《从文化讲到复古》,郭长海、金贞菊编:《柳亚子文集补编》,社会科学文献出版社2004年版,第251—252页。

的路上走去,再没有别的办法了。"①柳亚子还强调,对于中国文化,既不能自高自大,又不能妄自菲薄。"从前的中国人,夜郎自大,老是看不起外国人,自己夸张自己的东方文明,这果然是顽钝无耻。现在呢?又倒转来自己看不起自己中国人了,这种奴隶根性,我是深恶而痛绝的。"②

此外,柳亚子强调对中国文化的自我批判。柳亚子认为,中国文化的确创造了辉煌的文明;但是,也有糟粕,如果沉醉于历史辉煌,丧失了自我批判的精神,那将是很危险的。在《关于南明忠烈传》中,柳亚子指出,对待中国文化的问题上有两种不正确的态度:一是强调中国文化劣根性的宿命论。"主张历史轮回之说,证明中国民族的劣败由于先天,那好似说这个病人是应该死的,不必去医治他,当然是荒谬。"二是无视中国文化弊端的美化论。"但讳疾忌医,硬把奄奄一息的病人,当他完全健康,不去延医诊治,让他疾病日深一日,以至于寿终正寝,怕也不是正当的办法吧。"因此,正确的态度应该是自我批判,拯焚救溺。"除了这两者以外,那末自我批判,找出中国积弱的根源,大声疾呼,唤起民众,要大家起来救护他,这才是真正爱国爱种的伟大者。"并且,他还指出,其他国家以中国文化的缺点攻击中国并不可怕,可怕的是刻意美化中国文化的缺点以麻醉中国人民,这才是最危险的。"野心国家极力掘发中国各种劣点,我们以为并不可怕。所可怕的,还是他也想替中国保存国粹,实际上是保存着国渣和国滓,借美名以麻醉中国国民,使之万劫不复。近来倭寇的提倡尊孔,宣传王道,不就是这一套把戏么?那真比掘发劣点的办法,要毒辣得多,可怕得多了。这才真正是'攻心'的妙计呢!"③柳亚子对中国文化的清醒认识,应该说不乏真知灼见。

(二)反对尊孔读经

以孔子为代表的儒家学说是传统专制社会的官方意识形态,其以经学为核心内容,一直高居庙堂。在儒学体系之中,尊孔与读经是二位一体的

---

① 柳亚子:《我们对于文化运动的意见》,中国革命博物馆、上海人民出版社编:《磨剑室文录》上,上海人民出版社1993年版,第1164—1165页。

② 柳亚子:《给〈南京晚报〉报屁股记者的信》,中国革命博物馆、上海人民出版社编:《磨剑室文录》下,上海人民出版社1993年版,第1104页。

③ 柳亚子:《关于南明忠烈传》,中国革命博物馆、上海人民出版社编:《磨剑室文录》上,上海人民出版社1993年版,第1398页。

关系：尊孔是读经的自然生发；读经是尊孔的津梁。民国时期，出现了三次关于读经的论争：第一次发生在民国初年，围绕袁世凯、康有为等复古尊孔与以陈独秀为代表的新文化运动健将反复古斗争之间展开；第二次是20世纪20年代在东西文化反思过程中出现的，以1925年章士钊"读经救国"论和鲁迅的批判为标志；第三次发生在20世纪30年代抗战前夕，高潮为《教育杂志》1935年"读经专号"中关于读经的大讨论。① 对于这三次论争，柳亚子都有参与，但他并没有自觉的派别意识，对论争的背景、意旨等并不十分了然。并且，以进化论为枕中鸿宝，柳亚子对尊孔读经的态度并非一成不变。他从最初的坚决反对尊孔读经，到并非一般反对尊孔读经。这种变化，既是时代潮流裹挟前进的结果，也是他在传统文化映照下伴随人生阅历的智慧累积。

民国初年，以康有为、陈焕章为代表的孔教会借助袁世凯的政治势力，大搞尊孔读经，企图定孔教为国教。民初的国教运动分为两个阶段：1913年至1914年，主要围绕着"天坛宪法草案"的制定而展开；从1917至1918年，主要围绕着重开国会之后第一届国会制宪为中心而展开。一度甚嚣尘上的国教运动，也遭到了强烈的反对。新文化运动高举"民主""科学"大旗，斗争锋芒直指"孔家店"。陈独秀风头健劲，在《新青年》上发表了《宪法与孔教》《孔子之道与现代生活》等雄文，深受时人瞩目。在这一点上，柳亚子可谓新文化运动健将的同道，坚决反对国教运动。1916年底，南社社友徐梦鸥拉柳亚子在国教请愿运动中签名，遭到了柳亚子的峻拒。"国教请愿事，弟绝对反对，因弟为主张倒孔之一人也。贱名万勿假借，否则当提起诉讼，至要至要。"他还奉劝徐梦鸥，"勿为无益之举，《新青年》杂志中陈独秀君巨著宜写万本读万遍也"②。1917年3月，柳亚子致信吴虞，表明了他与新文化运动声气相求。"曩于《新青年》杂志中，得读先生与陈独秀书，甚为倾倒。独秀亦旧相识，第未入

---

① 洪明：《读经论争的百年回眸》，《教育学报》2012年第1期。
② 柳亚子：《致徐梦鸥》，上海图书馆编：《书信辑录》，上海人民出版社1985年版，第16页。

社，其驳孔教论篇，可谓绝作。"①同年，在《斥朱鸳雏》中，柳亚子高度称许吴氏，"吴又陵先生，西蜀大儒，博通古今中外之学。其言非孔，自王充、李卓吾以来，一人而已"②。

　　由于在文学革命的主张上与以胡适为代表的新文化运动的领军人物有一定的分歧，柳亚子在一度对立与迷惘之后以勇猛精进的姿态投身新文化运动。五四运动之后，柳亚子反对尊孔读经。因之，他的主张可以视为新文化运动"迟到的启蒙"。柳亚子在《新盛泽》上撰文，反对尊孔读经。"孔丘和孟轲，他们的学问，无论怎样有价值，但对于二十世纪的中华民国，总是绝对不适用的。……至于把来教授儿童，自然更是大荒其谬了。"他还号召青年起来抵制尊孔读经运动："孔孟之教，和共和国体根本上不能并立，那是一定的道理——震泽不少热血的青年，难道就不想取缔他们的法子吗？"③

　　20世纪30年代，国民政府由反对尊孔读经到变相支持尊孔读经，一些地方实力派也作桴鼓之应。这一时期，关于读经的论争，以《教育杂志》为例，具有以下特点：第一，完全支持读经与完全反对读经者居少，相对支持（反对）读经者居多。第二，对经的价值总体反对者居少，总体肯定者居多。第三，支持中小学读全本者居少，支持读节本者居多。第四，主张死记硬背读经者居少，切近生活者居多。第五，支持设置读经科的不多，支持分散读经者居多。④由于时代进步的启迪以及岁月的历练，柳亚子反对读经。但是，他不是一般的反读经。在《我们对于文化运动的意见》中，柳亚子反对读经以救国的庸妄。"我们相信救国不必读经，读经和救国没有关系。这不是说'经'书绝对的不可读；如果在大学里，研究古文史而读《书经》《春秋》，研究诗歌而读《诗经》，那是没有人反对的。可是把读经作为'救国'的一种方术，那就浅妄得可笑。"他进而指出："我们相信复古运动

---

　　① 柳亚子：《再与吴虞书》，郭长海、金贞菊编：《柳亚子文集补编》，社会科学文献出版社2004年版，第166页。
　　② 柳亚子：《斥朱鸳雏》，中国革命博物馆、上海人民出版社编：《磨剑室文录》上，上海人民出版社1993年版，第475页。
　　③ 柳亚子：《读了〈震泽通讯〉以后》，中国革命博物馆、上海人民出版社编：《磨剑室文录》下，上海人民出版社1993年版，第726、727页。
　　④ 洪明：《读经论争的百年回眸》，《教育学报》2012年第1期。

是不会有前途的。假如读经可以救国，那末，'戊戌维新''辛亥革命'全是多事了。假如'中学为体西学为用'的主张可以救国，那末，李鸿章和张之洞已成了大功了。"他还从道德进化的立场出发指出，从经书里抽绎的道德已经不周世用。"假如以为从群'经'里可以取得许多道德的教训，作为立身处世的标准，那也只是妄想。二千多年前的道德教训能够范围现代的人么？而且，道德教训之类果能改造一个人的人生观么？"他尤其反对学生读经。"所谓经史以及诸子百家都只该让专门家去研究，而不是一般学生所必读的。"[1]

20世纪40年代，作为《教育杂志》关于读经问题讨论的参与者，柳亚子针对读经遗毒尚未肃清的现实，以追穷寇的姿态继续反对小学生读经。"这种佶屈聱牙、断烂朝报，昔人穷毕生精力，到头发白了还不能弄通的东西，却要叫黄口小儿去读它，废时伤脑，简直是对中国下一代国民开玩笑。"柳亚子主张，经学有其学术价值，应该由专家研究，而不是强调其作为道德内蕴的圣神性而加诸普罗大众。因此，他既反对五四时期对经学价值一概否定的激进主张，又反对提倡小学生读经。"在五四时代，有人主张把线装书丢下毛坑。……在我，倒是很喜欢弄线装书的，以为丢下毛坑太可惜了。应该拣出来放在图书馆内，让少数的专家去研究它。""丢下毛坑，和捧上课堂叫小学生苦读，怕是同一样的笑话吧。"至于孔子，"不管他在传说里边，怎么样神圣，怎么样伟大，充其量总是一个封建时代的人物罢了"[2]。在《我的儿童教育观》中，一方面，柳亚子反对儒家学说，"我以为儒家学说是代表封建时代的统治阶级说话的，那中间无论如何，不免有些毒素。在现时代去提倡它，当然是开倒车，更要做青年的绊脚石了"。另一方面，他认识到经学里的积极因素，可以有针对性地进行读经。"我倒并不主张把线装书一起丢在毛坑里去，觉得这议论不太合理了。并且，我以为凡是在五六十岁左右的党国要人，他们倒是应该多读一下中国底旧书的；不但经应该读，而且史也应该读。……柔日读经，刚日读史。"至

---

[1] 柳亚子：《我们对于文化运动的意见》，中国革命博物馆、上海人民出版社编：《磨剑室文录》下，上海人民出版社1993年版，第1164—1167页。

[2] 柳亚子：《关于读经问题及其他》，中国革命博物馆、上海人民出版社编：《磨剑室文录》下，上海人民出版社1993年版，第1373—1374页。

于"要在小学校中提倡读经,以妨害中华民族下一代国民的理想,那我又要效法鲁迅先生,大喊'救救孩子'了"①。

第四节 法律趋新

中国法制的近代化肇始于鸦片战争。如有的论者指出的,"鸦片战争是近代中西法文化冲突的原点"。此后一系列的不平等条约的签订,"客观上也刺激了中国传统法律制度的变革,促成了近代欧美国际法输入中国,带来了中国法制现代化的启蒙,使中国传统法律向现代化的方向靠拢"②。在近代中国法制现代化进程中,西方法律文化的传播以及晚清新政法律改革的深入,共同助推了法制现代化的思想解放潮流。正是这种背景下,柳亚子接受西方法律文化。柳亚子的法律趋新,表现在以下方面。

一 对现代西方法律知识的一知半解

柳亚子没有新式政法学堂的知识背景,加之不求甚解的传统名士气质,这使得他对严谨枯燥的法律条文有一种本能排拒。但是,作为一个努力追逐时代潮流的人,柳亚子对现代西方法律知识一知半解,并以此作为参与社会活动的重要工具。虽然它远不如他烂熟的旧体诗文,但毕竟是一个重要的辅助性工具。因此,这就决定了他对西方法律文化的接受,只能停留在浅层次。

20世纪初,宪政思想只为极少数知识分子和开明士绅所接受。后来,随着晚清新政的推行,宪政思想才为越来越多的知识分子接受。这一时期,柳亚子接受了宪政思想,可以算得上得风气之先者。柳亚子以其接受的宪政思想发表政见。晚清新政,推行预备立宪,一时间,国人奉立宪为帝天。柳亚子则坚决反对君主立宪。"立宪两个字本来是我所热心崇拜的,只是民主立宪是完全的政体,君主立宪便不是完全的政体了,并且各国的君主立宪也

---

① 柳亚子:《关于读经问题及其他》,中国革命博物馆、上海人民出版社编:《磨剑室文录》下,上海人民出版社1993年版,第1393—1394页。
② 侯强:《晚清外交和约与近代中国法制现代化的启蒙》,《云南社会科学》2005年第3期。

还可以，倘然中国要君主立宪起来，却越弄越糟了。"[1]何以如此？柳亚子认为，实行宪政，必须以国家和民族的独立为前提。"宪法者，国家之附属物也。有完全之国家，然后有美满之宪法，未有无国之民而能享立宪之幸福者。"[2]"我中国之国家何在乎？外族入主，中夏无君，赤县神州，鞠为茂草，炎黄华胄，沦于舆台二百六十年矣。皮之不存，毛将安傅？国既亡矣，何有于宪？"[3]至于亡国之民族，自然不能通过宪法来维护族众的权利。"非我族类，其心必异。乃欲以变法让权之大典，责诸不同利害、不同感情、不同历史、不同风俗之殊族，是岂非必不可得之数耶！"[4]据此，柳亚子认为，预备立宪不过是"借立宪之美名以为笼络人心之计"。他参照以西洋各国的立宪政体，反对中国立宪。满族亲贵势必控制上议院，架空包括主要由汉族组成的下议院。他还断言，立法闹剧必无佳果。"他们便借着宪法的名词，实行专制的手段，横也是宪法，竖也是宪法。你不识风头和他反对，他便说你破坏宪法，大逆不道。"[5]为此，柳亚子主张反清革命，反对君主立宪。"我劝你们如果不情愿受专制的压力，总要发挥民族思想，实行破坏主义，驱除异族，还我河山，重新建设一个中国人的中国来，然后可以定那堂堂皇皇的宪章，去做自由自立的国民，不要再向那肮脏政府底下来说什么立宪不立宪的梦话罢！"[6]

柳亚子还认识到，租界不全是罪恶的渊薮，它的领事裁判权一定程度上使租界成为革命者的庇护所。租界具有相对独立的行政权、司法权、立法权，成为清政府鞭长莫及的独立王国，尤其其领事裁判权，成为革命者的"活动据点、宣传中心和逃避清廷迫害的避难所"[7]。柳亚子论及，在《苏报》案中，章太炎、邹容正得益于领事裁判权的庇护而免于清廷的迫害。

---

[1] 柳亚子：《立宪问题》，中国革命博物馆、上海人民出版社编：《磨剑室文录》上，上海人民出版社1993年版，第182—183页。
[2] 柳亚子：《庆贺立宪之丑态》，中国革命博物馆、上海人民出版社编：《磨剑室文录》上，上海人民出版社1993年版，第171页。
[3] 同上。
[4] 柳亚子：《中国立宪问题》，中国革命博物馆、上海人民出版社编：《磨剑室文录》上，上海人民出版社1993年版，第73页。
[5] 柳亚子：《立宪问题》，中国革命博物馆、上海人民出版社编：《磨剑室文录》上，上海人民出版社1993年版，第184页。
[6] 同上书，第184—185页。
[7] 熊月之：《论上海租界的双重影响》，《史林》1987年第3期。

"以堂堂满洲政府之权力,捕亡国民族之二三文墨书生,雷霆万钧何求不得?乃以领事裁判权之限,致阶前咫尺地如海外三山可望不可即。虽纡尊降贵控之会审公堂,犹不能得章、邹之毫发,矧其大好之头颅。还忆玄烨、弘历时代,以区区一诗一文之微株连大狱杀人如草者,能无今昔之感乎?"①

二 一定程度的法律维权意识

对现代西方法律知识的接受,柳亚子还表现出一定程度的法律维权意识。尽管距离伍廷芳、张君劢等有高远现代民主法制理想的人物还有相当差距,但是,柳亚子的这种法制意识还是难能可贵的,毕竟现代民主法制意识开始渗入以柳亚子为代表的传统文化根深蒂固的那群人的头脑中。这标示着现代西方文明的植入和不断扩展。

柳亚子主张通过法律手段来维护公民个人的权利。1924年,上海祥经丝厂火灾发生后,被害女工家属向地方检察厅起诉,女权运动会向护军使上书,均无结果。一些人持愤世嫉俗的论调:"法律本来是只晓得保护资本家的,官僚和军阀更靠不住,什么起诉和上诉请愿,都不过是一时的玩意儿罢了,谁认真去追求他的结果来?"对此,柳亚子不以为然。他主张,通过起诉治罪来维护女工权益,至少可以提高工人的地位,对资本家起震慑作用,防止类似事件再度发生。"被害家属,既经延请律师,正式起诉,那末地方检查厅对此,当然有正当的表示,为什么阴干大吉呢?……我以为照法律起诉,要求把厂主和办事人等治罪,无论做得到做不到,总可以挫折资本阶级的气焰,提高劳动阶级的人格,使人们晓得劳动阶级虽被人蹂躏,被人虐杀,至少也尚有一张可以呼呼伸冤的嘴,那不是应该做的事情吗?至于把保险费做赔偿,至少也可以使以后的资本家有一点儆戒,不致再蹈祥经覆辙,而祥经厂主,没有了这一笔淌来之物,也许可以从此洗手,不再把'陷人于死地之阱'继续开张,继续造孽,我想实在是彼此很有利益的。"②尽管柳亚子对其间某些法律事实不无误判之处,但总的来说,契

---

① 柳亚子:《中国灭亡小史》,中国革命博物馆、上海人民出版社编:《磨剑室文录》上,上海人民出版社1993年版,第67—68页。
② 柳亚子:《再论祥经厂底惨剧》,中国革命博物馆、上海人民出版社编:《磨剑室文录》上,上海人民出版社1993年版,第803—804页。

合了现代人的法律意识。

柳亚子还有着一定版权意识。1915年，柳亚子与高燮、姚石子同游杭州。离开杭州后，三人合资刊行《三子游草》。此书出版后，高燮将分得的部分书出售。柳亚子认为，高燮侵犯了自己的著作权。"而吹万的意思呢，以为他所分得的书，他有自由处置的主权，用不着我去干涉。在我，却认为《三子游草》的版权是公共的，至少我也有一份子。既然事前没有讲明作为卖品，他现在就不应该擅自出售，而并不征求我的同意。"[1]为此，柳亚子与高燮"大战三百回合"，"宣布和高吹万绝交"。[2]

柳亚子还有着一定姓名权意识。民国初年，"孔教会"试图使儒学在民国重获尊崇地位并形成制度化，便策划了一个重要举措，希望通过立法途径将孔教定为国教，从而在新的法律体制内为儒学寻求制度性保护。1913年7月，在国会讨论制定宪法的时候，陈焕章、梁启超、严复等人向参议院和众议院提交了《孔教会请愿书》。1916年8月1日，重开国会，陈焕章把几年前搁置的《孔教会请愿书》拿出来，再度提出相同要求。社友徐梦鸥拉柳亚子在国教请愿运动中签名。柳亚子坚决反对，并正告徐氏不得"假借"，否则，他将运用法律维护自己的权益。"国教请愿事，弟绝对的反对，因弟为主张倒孔之一人也。贱名万勿假借，否则当提起诉讼，至要至要。"[3]柳亚子对传统人治社会言出法随的法制文化烂熟于心。因此，他的这种姓名意识，的确难能可贵。

---

[1] 柳无忌编：《南社纪略》，上海人民出版社1983年版，第74页。
[2] 同上。
[3] 柳亚子：《致徐梦鸥》，上海图书馆编：《书信辑录》，上海人民出版社1985年版，第16页。

第四章　传统与现代张力的消解

柳亚子生活的时代，社会发生急剧变革。如曹聚仁所说，"近六十年的中国，社会、政治、文化，不知改变了多少场面"①。这一时期，新旧杂陈，给身处其中的人打上了深刻的烙印。就指向性而言，传统是向后的，现代是向前的。19世纪末20世纪初，进化论风靡一时，为知识分子所服膺，取得了至高无上的权威。按照时人对进化论的理解，传统与现代是处于同一时间坐标轴上不同的点；二者不仅时间上有先后，而且价值上有高下。严格说来，这两种价值是不能兼容的。按照许纪霖20世纪六代知识分子的分法，柳亚子应该属于晚清一代。②他没有像"五四"一代知识分子决绝地否弃传统，拥抱现代；反倒有些类似梁启超的情感与理智的两难。列文森曾评价梁启超："由于看到其他国度的价值，在理智上疏远了本国的文化传统；由于受历史制约，在感情上仍然与本国传统相联系。"③在传统与现代的挤压之下，柳亚子感到无能为力。他曾自道行藏："讲到我自己，说也可怜，本来是一个彻头彻尾矛盾的人，觉得沈雁冰兄应该把他的笔名让给我才对，虽然他的'矛'字上面还盖着一把草料的呢。"④柳亚子的诸多矛盾也好，不合时宜的言行也罢，都是传统与现代张力的呈现。柳亚子是如何消解传

---

① 李伟：《曹聚仁》，河南人民出版社2004年版，第211页。
② 许纪霖指出，20世纪中国知识分子以1949年为界，可以分为六代：晚清一代、"五四"一代、"后五四"一代、"十七年"一代、"文化大革命"一代和"后文化大革命"一代。参见许纪霖《中国知识分子十论》，复旦大学出版社2015年第2版，第82页。
③ ［美］列文森：《梁启超与中国近代思想》，刘伟译，四川人民出版社1986年版，第4页。
④ 柳亚子：《旧诗革命宣言书》，中国革命博物馆、上海人民出版社编：《磨剑室文录》下，上海人民出版社1993年版，第1422页。

统与现代之间的张力？一方面，基于进化论，柳亚子充分肯定现代的价值；另一方面，他又给传统容留了一定的空间。

第一节 传统与现代政治张力的消解

对中国知识分子而言，政治是他们绕不开的结。柳亚子虽然一生钟情于政治，但始终被现实政治边缘化。其中一个重要的原因在于，在传统政治向现代政治转型的大背景下，柳亚子谙熟传统政治，而对现代政治相当隔膜。柳亚子自幼接受了规范的科举教育。在科举废革的大背景下，柳亚子与同时代知识分子不得不到新式学堂回炉，从传统的士到现代知识分子。但是，柳亚子在新式学堂的学习既不系统，为时也短，加之浓郁的名士气质，使得他的转化并不彻底。如其所谓："余少时学书不成，学剑又不成。稍长，观乎当世之务，欲习旁行文字以自广，顾生抱周昌、邓艾之痼，事倍功半，复不克竟学。虽醉心于马克思之学说，布尔萨维克之主义，而道听涂说，终在若明若昧之间，研究尚不足，矧云鼓吹而实行之耶？"[1]为此，柳亚子承受了源自传统与现代的巨大张力：一方面，无论是知识结构，还是文化心理，柳亚子基本上停留在传统社会；另一方面，时代已进入现代社会，不仅传统的政治知识不敷使用，而且对现代政治产生一种无能为力的本能排拒。所以，柳亚子深感时代的错位与生不逢时："尝自憾不早生六十年，欧西文化未大入吾土，天下事犹简单而易治，或足与洪天王辈上下其议论功业。又不然，迟生二十年，多呼吸世界之新空气，倘得为中华劳农国之李宁，是未可知也。悠悠苍天，不自我先，不自我后，谓我何哉？"[2]柳亚子如何消解传统与现代政治的张力？具体表现在以下方面。

一 对现代政治的传统解读

传统士人与传统社会契合无间，应对传统政治或游刃有余，而一旦置身于现代社会，就陷入了现代政治知识、能力捉襟见肘的窘境。对此，柳亚子

---

[1] 柳亚子：《〈吴根越角集〉后序》，中国革命博物馆、上海人民出版社编：《磨剑室文录》上，上海人民出版社1993年版，第686页。

[2] 同上。

挖掘传统文中的思想资源，加上一知半解的现代政治知识，对现代政治进行解读。柳亚子本质上属于传统社会。因此，他对现代政治的理解，有相当程度的"误读"，借用王国维"隔"与"不隔"的话头，毕竟隔了一层。

面对纷纭复杂的现代政治，柳亚子熟稔地运用传统政治资源来应对。作为民革的创始人之一，柳亚子将其与传统的长老政治相比附。在他看来，民革中央主席李济深是大哥，孙中山才是父亲。"再讲大哥哥，那末，不论年龄，要讲权威和声望，除了小区区以外，不客气，任潮先生（李济深——引者注）自然是首屈一指的了。我们也应该尽量地尊敬他，拥护他，推他为大哥哥。不过倘然有些冲昏了头脑的人，要把大哥哥来代替父亲，这是比地球更大的笑话。大哥哥到底是大哥哥，怎么能越礼行辈，把他误认为父亲呢？这一点，我是绝对坚持的，倘然大家弄不清楚，再把从前捧袁世凯、捧蒋中正的老一套来捧这位大哥哥，那末，不但大哥哥个人会完蛋，连本党也从此打入十八层阿鼻地狱，永无超生之日了。"① 对于纵横捭阖的现代国际政治，柳亚子从传统政治资源中轻轻拈出"吊民伐罪"一词："'吊民伐罪'四个字，虽然在中国史书上不免有些夸张的意味，而到后来更是胡乱的滥用。不过，这四个字的本身，我以为是有很大的意义和很大的效能的。上一次欧战结果，对于罪魁祸首的该撒，轻轻放过，用于赔款上极巨大的数字，来压迫德意志民族，是最不合公理的，难怪希特勒会乘机揭竿起事了。要是当时英法列强，能够用公平的办法，来帮助德意志共和国，解除其束缚，安定其生活，又何至于有今日的局面呢？"②

虽然"东海西海，心理攸同；南学北学，道术未裂"，但传统政治与现代政治毕竟属于不同的话语系统。柳亚子借用传统政治的话语形式及价值标准来理解现代政治。法国大革命是世界史上重大的政治事件，对近代中国产生深远的影响。由于雅各宾派、吉伦特派、山岳派之间的争权夺利，最终拿破仑通过"雾月政变"攫取政权。在清末民初中国知识阶层对"法国大革命"进行建构与迎拒的背景下，柳亚子一方面指责山岳党为"不仁"；

---

① 柳亚子：《从中国国民党民主派谈起》，中国革命博物馆、上海人民出版社编：《磨剑室文录》下，上海人民出版社1993年版，第1545页。
② 柳亚子：《一九四三的期望》，中国革命博物馆、上海人民出版社编：《磨剑室文录》下，上海人民出版社1993年版，第1370—1371页。

第四章 传统与现代张力的消解

另一方面，肯定山岳党"反对废王，必欲置之死地"的激进立场。此时，正值辛亥南北议和告成，孙中山即将辞去临时大总统。柳亚子主张以铁血手段维护辛亥革命的成功；并告诫革命党人，派系内之争会导致革命政权旁落。柳亚子不仅以儒家的民本主义对法国大革命进行评价，还以中国传统的朋党政治来比附法国大革命后的政治形势。"法兰西革命史以山岳党仇杀及伦的党为最大之惨剧，论者每斥山岳党为不仁，是固然矣。然以路易十六之昏愚反复，任用权奸，又承路易十四积威之后，草芥寇仇，理无幸免。而山岳党诸君必欲维持而保护之，嘘不燃之灰，阻转厓之石，卒至祸起清流，碑刊党锢，玉石同焚，虫沙俱烬，罗兰夫妇又宁得辞其咎耶？至中国今日之现状，则又与法兰西异者。山岳党之反对废王，必欲置之死地；而吾人反对虏酋，不过拒绝其僭帝之要求，则彼攻击和议纠正会者，其智识又在及伦的党下矣。"[①]

正因为柳亚子对现代政治的隔膜，所以他对现代政治的解读往往失之简单与粗糙，凿枘不合之处，所在多有。20世纪初年，无政府主义传入中国。柳亚子通过刘师培等人接受无政府主义思想，尤其是普鲁东、巴枯宁等人的思想。但是，柳亚子既缺乏对政治理论有素的训练，又缺乏对政治理论探赜索隐的耐心与兴趣。因此，他对于现代政治的理解，实际处于模棱两可的状态。如其所谓："我又是没有受过科学洗礼的人，只会唱浪漫式的论调，所以在振聋发聩的立足点上，或者差有一日之长，讲到实质问题，就不免自惭枘腹了。"[②] 无政府主义虽从西方传入，但它与中国传统文化中的平均主义等思想相契合。因此，柳亚子娴熟地运用传统的政治思想资源对无政府主义进行了解读。"布鲁东、巴枯宁诸子者，欧西哲人也，悯社会疾苦由于贵贱贫富男女强弱之不平等，创为学说，思摈弃人治，玄同国界，绝货币，去兵革，太平大同之郅治，庶几旦暮遇之。"[③] "巴、布诸家学说，偏于理想，正不容与革命圣人卡尔、伊里奇并论。要其摧陷廓清之功，或

[①] 柳亚子：《山岳党》，中国革命博物馆、上海人民出版社编：《磨剑室文录》上，上海人民出版社1993年版，第283页。
[②] 柳亚子：《对于本报复活周年纪念底感想》，中国革命博物馆、上海人民出版社编：《磨剑室文录》上，上海人民出版社1993年版，第822页。
[③] 柳亚子：《冯君心侠家传》，中国革命博物馆、上海人民出版社编：《磨剑室文录》上，上海人民出版社1993年版，第225—226页。

有不可没者欤？"① 对于柳亚子而言，无政府主义并不是什么新东西，在中华原典中可以找到其"对应物"，诸如民本主义、无为而治、大同理想一类政治思想资源，俯拾即是。其实，这种对现代政治的简单比附与肤浅解读，不是建立在严谨的学理探究基础之上。因此，其扞格不通之处也在所难免。正如有人评价柳亚子："他是位热情的诗人，常以浪漫态度来对待政治、思想、文化上的理论问题，更不用说社会主义经济上的理论问题，往往是结论、口号接受得快，接受得多，而学理的探究却不求甚解，理论上的不清晰和混淆是常有的事，策略上和方法上的考虑就更少。"②

二 对现代政治的传统应对

以政治家自居的柳亚子虽有广泛的政治参与，但对现代政治较为隔膜。就政治实践层面而言，柳亚子因袭了传统政治的思维模式与行为方式，并以此来应对现代政治。在他身上，零星点缀的现代政治话语与知识，是浅显而易逝的，而传统政治的思维模式与行为方式却是深刻而恒久的。考察柳亚子的政治实践，局外人在获得刻舟求剑的观感的同时，更应体会局内人为传统政治与现代政治张力所迫的苦况，进而产生理解之同情。

在现代科层社会，为保证行政效率，需要专门化的技术官僚。在因应现代政治时，柳亚子继承了传统知识精英的文化心理，表现出非职业化甚至反职业化倾向。如列文森指出的："在官府中，除了那些被雇佣的幕僚外，占据高位的官僚们——统治阶级中的佼佼者——从来都不是某种专家。官员的声誉就建立在这一事实之上。学者的那种与为官的职责毫不相干却能帮他取得官位的纯文学修养，被认为是官员应具有的基本素质。它所要求的不是官员的行政效率，而是这种效率的文化点缀。"③ 辛亥革命后，柳亚子一度担任临时大总统府秘书。作为政府公职人员，应循着规制，按部就班。但是，柳亚子表现出明显的不适应，摆出一副名士做派。"我到了南京，

---

① 柳亚子：《羿楼日札》，中国革命博物馆、上海人民出版社编：《磨剑室文录》下，上海人民出版社1993年版，第1269页。
② 俞坚：《高天梅与民生主义》，马以君主编：《南社研究》第7辑，香港天马图书有限公司1999年版，第209页。
③ [美] 列文森：《儒教中国及其现代命运》，郑大华、任菁译，广西师范大学出版社2009年版，第14页。

西菜吃饱了，便去闲逛。……天天游山玩水，喝酒做诗。这样搅了三天，我的身子吃不消，忽然发起寒热起来，只好对不住铁厓，卷铺盖而出总统府，还到上海来当流氓了。"[1]20世纪20年代，在江苏省党部任职期间，柳亚子虽"一身兼领中央暨省部诸要职"，具体事务性的工作主要靠朱季恂、侯绍裘等人，"余拱手受成而已"。[2]由于身体的孱弱、行动的软弱、意志的薄弱，柳亚子无法胜任，也无意从事艰苦琐屑的革命工作。在江苏省党部群龙无首的情况下，柳亚子坚卧不起，并在致友人姜长林的信中坦承，"至于我，实在是不中用的。（绍裘批评我，说我在省部处于客人地位，此语最确切。我在省部的好处，不过你和应春、冰鉴可以热闹一点，或是请你们看看影戏而已。至于工作方面，实在是等于零，这也并不是我的不肯做，实在做不来，也是无可如何的。）"[3]

从古代的士阶层到知识分子，他们与政治有着不解之缘。由于传统文化的深重积习，柳亚子在应对现代政治时表现出传统政治的思维模式与行为方式。这样，使得柳亚子仿佛穿着古旧的衣装走进现代社会。

权威是政治学的核心范畴。所谓权威，"是一种被统治者所认同的、自愿服从的统治"，其表现形式"可以是权力、制度、宗教或道德的价值符号，也可以是一种人格化的象征"。[4]韦伯指出，权威具有三个"理想类型"：传统权威、卡理斯玛权威和法理权威。传统型权威是一种最古老的权威形式，来自习俗、惯例、经验、祖训等，其本质是顺从；魅力型权威可称之为超人权威或神授权威，它建立在非凡人格、英雄气概、创业奇迹的基础上，亦即源自于对领袖个人魅力的崇拜，其核心是个人崇拜；法理型权威亦可称之为法定权威，它是建立在相信规章制度和行为规则的合法性基础之上，其本质是理性。[5]

---

[1] 柳无忌编：《南社纪略》，上海人民出版社1983年版，第39页。
[2] 柳亚子：《秋石女士传》，中国革命博物馆、上海人民出版社编：《磨剑室文录》下，上海人民出版社1993年版，第1068页。
[3] 柳亚子：《致姜长林》，上海图书馆编：《书信辑录》，上海人民出版社1985年版，第86页。
[4] 许纪霖：《为何权力代替了权威——辛亥革命百年反思》，《天津社会科学》2011年第5期。
[5] 孙德元：《政治社会学导论》，人民出版社2001年版，第19—20页。

柳亚子服膺于传统权威，并有意识地建立自己的"土围子"，在自家的一亩三分地上树立自己的权威。在"诗论起衅"中，柳亚子对南社内部的反对派闻野鹤、朱鹓雏等大张挞伐。柳亚子以"南社代表"自居，宣称"辱仆即辱南社全体"①，结果招致"部落主义"②之讥。20世纪30年代，柳亚子一度出任上海通志馆馆长，在人事安排、业务指导等方面，基本上按照自己的意志行事，通志馆成了他的一亩三分地，导致最后出现了1934年的《上海市年鉴》风波。③旅桂其间，国民政府国史馆馆长张继招邀柳亚子赴重庆修史。柳亚子要求重庆方面在国史馆下设南明史编纂会，"能以此事相属，许弟自辟僚友，则最符私愿耳"④。"弟主张在国史馆范围内设一南明史编纂会，为半独立性质，款由国史馆筹拨，用人行政一切由会中自由支配。"⑤抵达北平后，柳亚子依然想营建他的独立王国。柳亚子是中央文史馆副馆长，兼下设的史料征集委员会主任及其下设的南明小组组长。他致信政务院副秘书长齐燕铭，要求政务院在人事、业务等方面能给他以"全权"："史委会如政院不设立，或设立而不照亚子主张付我全权，亚子即决不与文史馆发生关系，特此第四次郑重声明。"⑥

此外，柳亚子沿袭了以道德评骘政治人物的传统。传统政治是伦理型政治，伦理与政治合一。在道德与政治二者之中，道德被至于优先位置。韦政通指出："一个读书人，如果不出仕，不为公卿，丝毫无损于他自身

---

① 柳亚子：《南社第三次紧要布告》，中国革命博物馆、上海人民出版社编：《磨剑室文录》上，上海人民出版社1993年版，第485页。

② 柳亚子：《致叶楚伧》，中国革命博物馆、上海人民出版社编：《磨剑室文录》上，上海人民出版社1993年版，第512页。

③ 1934年，上海通志馆编《上海市年鉴》中的《上海名人录》，触犯了国民党当局的禁忌，因而禁止《年鉴》的发行，后以抽掉《名人录》以及将封面由红色换成蓝色为条件开禁。参见张明观《柳亚子史料札记》，上海人民出版社2008年版，第172—173页；胡道静《柳亚子在上海通志馆》，中国国民党革命委员会中央委员会、中国革命博物馆编《柳亚子纪念文集》，中国文史出版社1987年版，第146—149页。

④ 柳亚子：《致林钟崃》，上海图书馆编：《书信辑录》，上海人民出版社1985年版，第270页。

⑤ 同上书，第272—273页。

⑥ 柳亚子向政务院提交的中央文史馆史料征纂委员会三十六人名单中，南社、新南社、南社纪念会成员、姻娅戚友、旅桂旧人占十四五人，他们中的多数又兼有戚友、南社社友、苏沪地缘上的同乡等多重身份，故以"丰沛子弟"目之。参见柳亚子《与齐燕铭书》，中国革命博物馆、上海人民出版社编《磨剑室文录》下，上海人民出版社1993年版，第1604—1606页。

的独立价值,这独立的价值就在实践仁义忠信,培养道德人格,这方面的努力是不受穷达的机遇影响的。"[1] 按照儒家的圣王理想,内圣是外王的前提和基础,外王是内圣的延伸和结果;强调以道德教化政治,化政治为道德。在评骘政治人物时,柳亚子也是以道德为标尺。如其所谓:"一个私德荒谬绝伦,形同禽兽的人,而说他政治如何如何的好,无论如何,我是不能相信的。"[2]

柳亚子结识孙中山虽早,但交往不多,只有两次。民国建立后,出于对政治不上轨道的失望,柳亚子一度消极退隐。孙中山为维护辛亥革命的果实屡挫屡起,其艰苦卓绝的革命精神让柳亚子敬慕不已。柳亚子获悉孙中山在广州就任非常大总统的喜讯时赋诗感怀,尊之为"国父"。"率土自应尊国父,斯人不出奈苍生。"[3] 针对有人崇拜孙中山的人格,不满意他的成绩,柳亚子撰文指出,孙中山不计艰难险阻,愈挫愈奋,其最大的价值在于其革命精神,革命成就是其次:"孙先生处在恶劣的环境中间,造成现在的成绩,在实质上虽然不能十分满意,而精神上的感化,却已伟大得非常,又如何可以妄肆诽谤呢?"[4]

抵达北平后,柳亚子对政治人物的评价亦复如此。新中国成立前夕,中共为建立广泛的人民民主统一战线,邀请了大批民主人士参加新政协会议,共商国是,并给予了很高的礼遇。这些人中很多是原国民党军政人员,甚至在历史上不乏反共、反人民的政治污点。对此,柳亚子认为中共举枉措直。在"吾辈坚贞原不愧,笑他措大过大江"句下注:"则措大等于名士,名士等于鲫鱼,宜有过江之可能矣!若现在住北京饭店四百六十号之李俊龙,正其人也!"[5] 柳亚子对于民革中的同事李济深更是耿耿于怀。获悉李济深在新政协第一届全体会议上当选为中央人民政府副主席后,柳亚子在

---

[1] 韦政通:《中国思想传统的创造转化》,云南人民出版社2002年版,第88页。
[2] 柳亚子:《答客难》,中国革命博物馆、上海人民出版社编:《磨剑室文录》下,上海人民出版社1993年版,第1519页。
[3] 柳亚子:《五月五日纪事》,中国革命博物馆:《磨剑室诗词集》上,上海人民出版社1985年版,第285页。
[4] 柳亚子:《孙先生的主义和成绩》,中国革命博物馆、上海人民出版社编:《磨剑室文录》上,上海人民出版社1993年版,第850页。
[5] 柳亚子:《五月十八日,陈迩冬、钟敬文、边波过访,喜出望外,四八用毛主席韵》,中国革命博物馆编:《磨剑室诗词集》下,上海人民出版社1985年版,第1614页。

失落之余流露出归隐的念头。夏衍回忆新政协会议期间柳亚子夜访的情形："只有一天晚上，我正要上床，柳亚子敲门进来了，……过去，不论在香港，在重庆，即使在时局十分艰险的时候，他一直是爽朗、乐观的，可是在这举国欢腾的日子，他却显得有点心情抑郁，寒暄了几句之后，他就问我上海解放后有没有去过苏州，他说，假如那一带局面安定，他打算回吴江去当隐士了。这句话使我大吃一惊，'一唱雄鸡天下白'，为什么会有这种想法呢？他就坦率地说出了他对某些人事的不满，他用以责问的口吻说，李任潮怎么能当副主席，你们难道忘了他二十年代的历史？"[1] 柳亚子以道德评判人物，而政治家却是根据现实利益进行评判的。正如夏衍指出的："浪漫主义诗人和现实主义政治家之间，还是有一道鸿沟的，亚子先生实在也太天真了。"[2]

第二节　传统道德与现代道德张力的消解

受传统文化的影响，柳亚子是一个道德主义者。他真诚地相信，道德是拯救颓世的不二法门。"盖一国之存亡，皆不可无道德以弥纶之。一日无道德，即一日无求生色。法律、学术皆表阐乎道德者也。"[3] 柳亚子身上呈现出传统道德与现代道德的张力。一方面，柳亚子服膺于传统道德。在其诗文中，柳亚子写下了大量的寿序、家传、墓志铭，对传统道德的褒扬，可谓不遗余力。另一方面，在进化论的驱迫之下，柳亚子抨击"纲常、名教矫揉造作"之旧道德，提倡"自由、平等、博爱、真实无妄"之新道德。[4] 如何消解这一张力？柳亚子主张，新人新道德，旧人旧道德。

一　新人新道德

柳亚子生活的时代，新旧杂陈，人分新旧，道德亦如之。按照进化论，

---

[1] 夏衍：《懒寻旧梦录》（增订本），生活·读书·新知三联书店2000年版，第424页。
[2] 同上。
[3] 柳亚子：《论道德》，郭长海、金贞菊编：《柳亚子文集补编》，社会科学文献出版社2004年版，第42页。
[4] 同上书，第35页。

新人、新道德代表着时代前进方向,并有着远大的前途;旧人、旧道德与时代背道而驰,行将被淘汰。但是,在价值上处于对立的新人、旧人与新道德、旧道德,它们各自存在的依据何在?针对女子的纲常伦理而言,柳亚子在《〈慰志汇编〉叙》中明确提出,新人新道德,旧人旧道德。一方面,柳亚子按照进化原则从总体上肯定新人、新道德,否定旧人、旧道德。"居今日而言妇节,非愚则迂矣。"在女权运动兴起的背景下,对女子身心造成巨大戕害的纲常名教,遭到口诛笔伐,被视为现代文明社会的洪水猛兽。"自男权专制之局成,几乎尽剥其天赋之自由,奇冤殊酷,极数千年而未有已。此宜忧时愤俗之士,蹶然而起,撞钟伐鼓,为婴婴婉婉者鸣其不平,而班昭宋尚宫之绪言,遂无复一顾之价值也。"①另一方面,柳亚子又肯定其在传统社会语境中具有相当的价值,"然则曩之以节烈称者非欤?是又不然。昔鲁人猎较,仲尼亦猎较;泰伯适荆蛮,批发文身。彼习惯风俗,在其全盛之时,自具弥纶一世卢弁六合之权力,虽有贤者,畴能自外,亦唯勉自振拔蕲为时代之完人而已。要其赋秉之厚,情感之重,抱牺牲责任之心,艰苦卓绝,千百折而不回,吾人不能不加以相当之赞美也"。为此,柳亚子提出,新人与旧人各自的道德场域及价值标准。"尝谓昔之女子,其伦理主于对家庭,故以守成为重。今之女子,其伦理主于对社会,故以独立为先。"柳亚子还指出,新人与旧人,新道德与旧道德,二者并非绝对对立,而有汇通之处。"若夫人格之信条,所谓富贵不能淫,贫贱不能移,威武不能屈者,则固无间于新旧男女。"②需要指出的是,新文化运动提倡新道德,反对旧道德;而柳亚子提出此论,距离新文化运动的发起,已经七八年。因此,柳亚子这一道德新旧两分,不仅在逻辑上有不够周延之处,而且显得与时代潮流不那么合拍。如其所谓"初不期与群公之议论相符也"③。何以如此?柳亚子服膺进化论,不敢逆时代潮流而动,因之对旧道德总体上进行否定;但他身上传统的包袱过重,又给旧道德保留了一席之地。由此可见,在柳亚子对待新旧道德上逻辑不周延的背后,隐含着他调和新旧的一片苦心。

---

① 柳亚子:《〈慰志汇编〉叙》,中国革命博物馆、上海人民出版社编:《磨剑室文录》上,上海人民出版社1993年版,第644页。
② 同上。
③ 同上书,第645页。

柳亚子对于新人、新道德尽力加以提倡。早在20世纪初年，柳亚子大声疾呼自由、平等、博爱等新道德。"自今以往，不昌明自由、平等、博爱之真道德，则强者鬈臂而攫食，弱者摇尾而乞怜，世界亦不复成为世界。"①这一时期，受梁启超影响，柳亚子将新民德与张女权勾连起来，以民族主义为归依，提倡尚武精神、军国民主义。"今日之世界，强权之世界也。今日之时代，帝国主义时代也。……环球逐逐，强国十数，方群以其最跋扈、最恐怖之强权与帝国主义，集矢于我中国。我中国而拱手受成，面缚出降也，则奴隶牛马万劫不复，从此始矣。非然者，则必不可不求所以抵御之策。夫尚武精神、军国民资格者，制造强权之要素。而民族主义者，又帝国主义之母也。"②并且，柳亚子还以贞德、玛尼他等女杰为女界倡。"法兰西之拒英而独立也，贞德尸其功矣"；"意大利之排奥而革命也，玛尼他为之马前卒矣"。③此外，柳亚子将女权与革命勾连起来。柳亚子反对桎梏人身、人性的纲常名教，主张女子家庭革命，争取女子入学自由、婚姻自由；实行婚姻自由，免于丈夫的压制；婚后建立小家庭，免于公婆的压制。④家庭革命仅仅是一小步，还要进行政治革命。20世纪初，舆论界大量对虚无党人的介绍与宣传，鼓荡了国内的暗杀风潮。虚无党人暴烈的暗杀行动，让柳亚子"拍案叫绝"，并视为女权发达的征象："露国政府之横暴，为世界冠；露国民党之坚韧，亦为世界冠。……又有薛姆诺斯基军队司令官闵大将者，……在彼得霍夫火车站，为一女侠以枪向其背际连放四枪二毙云。呜呼！此非专制政体之末路，而女权时代之开幕欤？"柳亚子以此作为新女德的思想资源："彼露西亚文明之程度，非能高出我汉族也，而女子爱国如性命，牺牲弱质，以报同仇虚无党中万人膜拜之圣徒苏菲、韦露皆弱女子耳，今继起者又有人矣。我汉族之女同胞，岂真命不犹人，长此千年

---

① 柳亚子：《论道德》，郭长海、金贞菊编：《柳亚子文集补编》，社会科学文献出版社2004年版，第41页。
② 柳亚子：《中国第一女豪杰女军人家花木兰传》，郭长海、金贞菊编：《柳亚子文集补编》，社会科学文献出版社2004年版，第11页。
③ 同上书，第8页。
④ 同上书，第8—11页。

寂寂耶？"[1]

　　新文化运动高举"德先生"和"赛先生"的大旗，提倡新道德，反对旧道德。柳亚子以后来居上的姿态加入新文化运动，"对于新的，无论是主义上，文字上，都是尽力的介绍；对于旧的，无论是人，是制度，都要尽力的攻击"[2]。在婚姻问题上，柳亚子主张移风易俗、废除封建婚嫁陋习，提倡文明婚礼[3]。他还主张，结婚绝对自由，组织小家庭，取消代办式订婚，尊重再嫁者人格，反对多妻主义，尊重再嫁女子人格等。[4] 他反对女子婚后将夫家的姓氏加在前面，主张女子应该用自己的姓名。[5] 柳亚子主张"非孝"："只要讲爱，不要讲孝，爱是天性的，孝是人为的。"[6] 柳亚子还强调，基于爱情的婚姻才是道德的。"我以为两性问题，只要有纯洁的恋爱，不夹杂金钱肉欲的臭味，那婚姻就可以合于道德而成立，用不着什么法律的保障。倘然没有恋爱，随便你经过甚么手续，在法律上有不可解除的铁锁，然而在道德上终究是不成立的，当事人也实在没有承认这种婚姻的义务。"[7] 他甚至对传统的婚育观念进行了颠覆："父母为满足性欲而生子女，满足性欲，是他们两的权利；生了子女出来，要抚养教育，是他们两的义务；等到子女长大了，受过完全的教育，有了相当的职业，能够自立做人，那父母的责任，就算完结了。"[8] 柳亚子对传统社会早生贵子、多子多福的观念颇不以为然，主张女性节制生育，以更好地服务社会。柳亚子褒扬中国女权运动的先驱吴孟班女士为求学而堕胎："二十年前，浙江湖州有个有名的女

---

[1] 柳亚子：《革命与女权》，中国革命博物馆、上海人民出版社编：《磨剑室文录》上，上海人民出版社1993年版，第162—163页。

[2] 柳亚子：《〈新黎里〉周年纪念宣言》，中国革命博物馆、上海人民出版社编：《磨剑室文录》上，上海人民出版社1993年版，第790页。

[3] 柳亚子：《婚嫁改良浅说》，中国革命博物馆、上海人民出版社编：《磨剑室文录》上，上海人民出版社1993年版，第671—676页。

[4] 柳亚子：《婚姻制度改革谈》，中国革命博物馆、上海人民出版社编：《磨剑室文录》上，上海人民出版社1993年版，第708—715页。

[5] 柳亚子：《女子结婚后姓氏问题》，中国革命博物馆、上海人民出版社编：《磨剑室文录》上，上海人民出版社1993年版，第716—717页。

[6] 柳亚子：《给朋友的一封信》，中国革命博物馆、上海人民出版社编：《磨剑室文录》上，上海人民出版社1993年版，第731—732页。

[7] 柳亚子：《婚姻制度改革谈》，中国革命博物馆、上海人民出版社编：《磨剑室文录》上，上海人民出版社1993年版，第748页。

[8] 同上书，第708页。

志士叫做吴孟班,她的丈夫叫丘公恪,也是一个有志的青年,伉俪很相得的。有一次,孟班怀了孕,她(他)把来打掉了。公恪惊骇起来,问她甚么缘故?她说:'我生了儿女,要教育二十年,才能够成就一个人才,而我自己不免要重大的牺牲。现在奋志气血,主要五年,就可以成就一个人才了。'这句话我是很赞成的。"①

　　接受马克思主义之后,柳亚子倡导历史唯物主义道德观。受十月革命的影响,五四运动之后,劳农万岁、劳工万岁,成了响彻时代的口号:"我们要想在世界上当一个庶民,应该在世界上当一个工人。诸位啊!快去作工呵!"②甚至有人喊出:"我很惭愧,我现在还不是一个工人。"③柳亚子产生一种原罪意识,并高喊工农神圣。"不过我仔细一想,在田里踏车的农人们,在工厂里或是屋顶上做工的工人们,在商店里受苦的学徒们,就觉着我的地位是天堂,他们的地位是地狱了。我也是一个人,他们也是一个人,天堂和地狱的位置,难道真真是前生注定,命里带来的吗?这不过是幸与不幸罢了!也许是在无形中压迫着多数人到地狱里去才造成功我个人天堂的位置。这种重大的罪恶,我不应该努力的忏悔吗?"④重庆谈判期间,毛泽东写了那首著名的《沁园春·雪》,在国统区引起了轩然大波。⑤针对国民党御用文人攻击毛泽东有封建帝王思想的谰言,柳亚子进行了驳斥。"中国人脑筋中间所孕育着的只有奴才思想,奴才哲学,一听见帝皇的名字,就都吓昏了。……他们又哪儿知道二十世纪是人民的世纪,只有人民的领袖,没有反动的帝皇。……他是人民的领袖,他要生在十九世纪,做一个皇帝也未始不可,其如时代已非帝皇的时代,他哪里再会有落伍的思想呢?"⑥抵达北平后,在大规模的知识分子改造的背景下,柳亚子虽非被改造的对象,但他努力改造自己的世界观,宣传无产阶级的集体主义道

---

①　柳亚子:《对于啸岑、华昇结婚时茶话会上各人演说的批评》,中国革命博物馆、上海人民出版社编:《磨剑室文录》上,上海人民出版社1993年版,第748页。

②　李大钊:《庶民的胜利》,《李大钊选集》,人民出版社1978年版,第111页。

③　施存统:《复轶千》,《民国日报·觉悟副刊》1920年4月16日。

④　柳亚子:《报纸是给甚么人看的?》,中国革命博物馆、上海人民出版社编:《磨剑室文录》上,上海人民出版社1993年版,第828页。

⑤　怡青:《〈沁园春·雪〉与重庆谈判》,《光明日报》2011年6月23日第9版。

⑥　柳亚子:《答客难》,中国革命博物馆、上海人民出版社编:《磨剑室文录》下,上海人民出版社1993年版,第1521页。

德观。在《庆祝中华人民共和国成立二周年》中，柳亚子列举了共产党在土地改革、抗美援朝、治理淮河等政治、国防、经济、文化等方面取得的成就后指出，"各种奇迹产生在这新社会，绝不是偶然的。如果不是共产党，毛主席和人民政府的英明领导，如果不是劳动生产力的高度发展，如果不是大众的政治觉悟和工作情绪空前的提高，人民虽有潜在的智慧，是不能表现这样伟大奇迹的"。柳亚子还表彰了一个人民解放军医务工作模范、劳动英雄蒋维平，"为部队治病，曾经苦心试验，制成了代替舶来品的硫酸钠。又利用陕北土产动植矿物原料创制了药剂四十多种，全部试有成效。他主办农场，在公馀时间又种上了上万棵的果树，建筑草亭，把九龙泉荒凉的山地变为陕北的风景区"。为此，柳亚子决心"一定要虚心学习蒋维平老英雄为人民服务的精神，把实践和理论统一起来，努力完成我们文史研究的光荣任务"。①

二 旧人旧道德

对于旧人旧道德，柳亚子在从总体上给予否定的同时，保留一定的空间。20世纪初年，柳亚子以自由、平等、博爱等西方文明为参照，对纲常伦理进行死亡判决。"中国数千年相传之道德，皆人为之道德，非天然之道德也。皆原于习惯，纲常名教，矫揉造作之道德，非根于心理。"柳亚子将传统道德不仅视为旧道德，而且视为伪道德。"新道德不若称为真道德，旧道德不若称为伪道德。盖新旧不过判一时之好尚，而真伪足以定百世之是非也。"②与此同时，柳亚子流泻出对故家乔木、贞女节妇的一瓣馨香。柳亚子曾应社友孙时英之请为其母钱氏作传。"母姓钱氏，秀州之魏里人也。生而徇齐，事亲以孝闻。髫年就学，授烈女传，不烦指解，心领神会，以古贤哲自期。尤好谈明季节烈事，慷慨陈词，志义奋发，不自知其身之在异代也。……母上事尊章，下相夫子，旁及娣姒群从之属，无间然也。未几太翁弃养，母尤能得孀姑欢，盖十餘年如一日。……时英既少孤，赖

---

① 柳亚子：《庆祝中华人民共和国成立二周年》，中国革命博物馆、上海人民出版社编：《磨剑室文录》下，上海人民出版社1993年版，第1629页。
② 柳亚子：《论道德》，郭长海、金贞菊编：《柳亚子文集补编》，社会科学文献出版社2004年版，第35页。

母以敦品力学为教，终底有成。"①显然，无论是"传"的形式，还是表彰的内容，都属于旧道德的范畴。

新文化运动提倡新道德，反对旧道德，激烈批判"吃人"的礼教。在这一"蓬蓬勃勃掀天揭地"的时代，柳亚子虽然表示，"反对封建礼教，提倡男女平权，以至打倒孔家老店，在我都是很早的主张。欢迎德先生（民治）和赛姑娘（科学）来主持中国"②。但是，他对旧道德的表彰连篇累牍。柳亚子表彰的这些女子，忠贞不二，谨守孝道，知书识礼，都是封建礼教驯化的闺阁典范。如社友林力山之母许太夫人，"太君独身奉君姑留守，门以内井如也。会舅遭危疾，太君刺指血为表，吁天请代，已而果愈，人服其诚。……越十年，舅氏终养，太君哀毁骨立，见者以为尽礼。时有无籍之徒，负林氏债弗偿，欺翁长厚，又新失怙，则环而噪诸庐，欲尽索质剂之属焚之，势汹汹然弗能堪。太君从容出，折以单辞，诸无籍者咸愧赧去，盖其捍外侮定家难有胜于壮男子者矣"③。友人许豫曾、许观曾之母陈太夫人，"许母陈太君为邑前辈梦琴先生曾孙女，少善事父母。母疾，尝刲臂肉以进。及长，归许翁雄伸。越十三年，翁殁。太君抚遗孤三，教养备至"④。诸如割股疗亲、断指疗姑等多见诸史乘的所谓孝行，经新文化运动的扫荡后又出现在柳亚子笔下，确实令人深思。

当然，必须指出，柳亚子虽然对旧人、旧道德产生同情之理解，强调旧人的旧道德；但是，他同时不忘给这些旧人身上涂上一层新道德的文彩。比如，社友冯平之母陶太君深明民族大义，支持儿子革命。"太君少读书明大义，故教子有方。平生而跳荡，长益跅弛不羁。当清季时，持春秋内外之旨，鼓吹革命甚力，逮清吏名捕至再至三，咸跳而免。太君未尝阻之于事前，亦未责之于事后也。"⑤余母阮太夫人思想开通，支持女儿留学海外，

---

① 柳亚子：《魏里孙母传》，中国革命博物馆、上海人民出版社编：《磨剑室文录》上，上海人民出版社1993年版，第243页。
② 柳无忌编：《南社纪略》，上海人民出版社1983年版，第90页。
③ 柳亚子：《林母许太君传》，中国革命博物馆、上海人民出版社编：《磨剑室文录》上，上海人民出版社1993年版，第514页。
④ 柳亚子：《〈寿萱图〉记》，中国革命博物馆、上海人民出版社编：《磨剑室文录》上，上海人民出版社1993年版，第599页。
⑤ 柳亚子：《冯母陶太君传》，中国革命博物馆、上海人民出版社编：《磨剑室文录》上，上海人民出版社1993年版，第597—598页。

回国兴办新式教育。"太君吴之奉贤人,世为浦南望族。天性纯孝,幼禀庭训,通晓大义。……且又洞明世变,知教育之有裨于国家,人才之端资乎蒙养,爰资遣爱女义华浮海东渡,学成而归。遂创幼稚园暨女子美术学校于云间,挥巨金无难色。"①

柳亚子主张与时俱进,反对拘守旧道德,以复古为不通,"世界已进化到二十世纪四十年代,而他们偏要捐出二千年前封建时代的道德文化来衡量一切,这非不通而何"②?但是,正是基于阐幽发潜的心理,柳亚子对旧人、旧道德的表彰,是一以贯之的。如其所谓:"自古忠臣义士,名公巨卿,以及文苑之英,儒林之秀,苟其道德事功,文章气节,足以矜式后人,灌溉来祀,则虽万里之遥,百代之远,犹将馨香禋,慕义无穷,而况居其乡,式其庐,诵其诗书,习闻其姓氏者哉!"③即便是在柳亚子生命的最后十年,也不乏这类文字。1951年,柳亚子应故人之子秦鉴源之请,为其父秦毓鎏作家传,表彰秦母侯太夫人,"配侯太君,以待年女未婚守节,既抚先生为己子,饮食教诲如所生,世称贤母云"④。

第三节 传统文化与现代文化张力的消解

柳亚子为传统文化所化,并与本土社会和谐共生。而现代西方文化挟进化论之威,取得了至高无上的地位。因此,"脚踩两只船"的柳亚子踉跄奔走:一方面,为了避免淘汰命运,不得不在进化论的指引下奋力向前奔跑;另一方面,传统文化又把他向后强力拖拽。面对传统文化与现代西方文化之间的张力,柳亚子陷入情感与理智的两难境地。从情感上认同传统文化,而在理智上又不得不倾向于现代西方文化。这样一种"不协调",使得柳亚子

---

① 柳亚子:《余母阮太君六十寿序》,中国革命博物馆、上海人民出版社编:《磨剑室文录》上,上海人民出版社1993年版,第516页。
② 柳亚子:《砭俗篇》,中国革命博物馆、上海人民出版社编:《磨剑室文录》下,上海人民出版社1993年版,第1424页。
③ 柳亚子:《祭禊湖诸先哲文》,中国革命博物馆、上海人民出版社编:《磨剑室文录》上,上海人民出版社1993年版,第540页。
④ 柳亚子:《秦孝鲁先生家传》,中国革命博物馆、上海人民出版社编:《磨剑室文录》下,上海人民出版社1993年版,第1616页。

成了"一个彻头彻尾矛盾的人"[①]。为此,柳亚子努力消解这种张力。

一 "旧囊新酒"

新文化运动提倡新文化,反对旧文化;提倡白话文、白话诗,反对文言文、旧体诗。作为诗人、南社领袖,柳亚子凭借娴熟的旧体诗词活跃在社会舞台上,获取社会资源。对于新文化运动的主张,柳亚子"只有打倒旧文学一点,因为习惯的关系,最初觉得不能接受,到后来也就焕然冰解了"[②]。柳亚子以后来居上的姿态接受新文化运动。他在对待中国文化的激进态度上,直追新文化运动的领军人物。"整理国学之说,创于胡适之辈,陈独秀先生则以为求香水于牛粪,徒劳而靡所获。仆近日瓣香,颇宗独秀。曩时发起新南社,以整理国学列诸条文,犹不免为适之辈所误。然第曰整理,而不言保存,则国学之价值如何,自当付诸整理后之定论,然非目前即是潍坊神圣不可侵犯也。至于以语体文讲国学,适之诸人,实优为之,何必文言耶。"[③]柳亚子甚至主张,"至于汉文汉语,又决无保存之理。他日世界语盛行,当与英俄德法诸文,同归淘汰"[④]。柳亚子思想上的激进,正与行为上的保守适成反照。柳亚子主张"旧囊新酒",即以旧诗、文言文等旧的文学形式来表达新思想。如其所谓:"余自束发受书,即喜舞文弄墨。五四以还,深信新文学必能发展,旧文学必然没落;一度且主张以世界语代替汉文矣。顾于文言文及旧体诗,终以习染太深,未能绝缘。自嗤矛盾,则举旧囊盛新酒为解,欲以新思想熔铸入旧风格之中。且冀旧文学自我而尽,以后不再有人沉溺其间,致废时而失事。"[⑤]柳亚子在理智上认同新文化,而情感上对传统文化却恋恋不舍,如同瘾君子之于鸦片。"我从前打过譬喻,认为中国的旧文学,可以比它做鸦片烟,一上了瘾,便不易解脱。……所以,

---

[①] 柳亚子:《旧诗革命宣言书》,中国革命博物馆、上海人民出版社编:《磨剑室文录》下,上海人民出版社1993年版,第1422页。

[②] 柳无忌编:《南社纪略》,上海人民出版社1983年版,第90页。

[③] 柳亚子:《答某君书》,中国革命博物馆、上海人民出版社编:《磨剑室文录》上,上海人民出版社1993年版,第759页。

[④] 同上书,第760页。

[⑤] 柳亚子:《羿楼日札》,中国革命博物馆、上海人民出版社编:《磨剑室文录》下,上海人民出版社1993年版,第1276页。

虽然认定白话文一定要代替文言文，但有时候不免还要写文言文；虽然认定新诗一定要代替旧诗，但对于新诗，简直不敢去学，而还是做我的旧诗，这完全是结习太深，不易割舍的缘故，是不可为训的呢。"①

正是基于这种"不调和"的"矛盾"，柳亚子"主观上拥护新诗而客观上提倡旧诗"，并表示，"在这五十年以内，旧诗的功用还没有完全消灭的时候，我凭仗着我这一套熟练的工具，来发表我的理想和情感"。②在旧诗创作中，柳亚子强调，诗人要有气节和思想，并断言，"要做旧诗人，没有这两大条件，便谈也休谈"③。旅港期间，柳亚子《十二日晨起成长歌一首，补呈步陶、茝楼双粲》诗中有："诗歌新旧孰优劣，播新除旧吾非狂。万事万物归进化，筚路蓝缕成康庄""继往开来吾有愿，愿以吾诗旧囊新酒成津梁。旧诗会入博物馆，新诗好置飞机场""小康大同见《礼运》，据乱升平太平三世称《太平》"。④该诗集中地体现了其"旧囊新酒"的思想。对此，柳亚子颇为自信："此诗于文学政治均有所论列，力主大同进化之论。诗之工拙为另一问题，要之现代中国文人之为旧体诗而具有此等理想者，颇信其正复不多也。"⑤

二 对传统文化的扬弃

作为中国近代三大思潮之一，激进主义在对中西文化、新旧文化的选择上，"既有别于保守主义'复兴中国文化'的文化民族主义立场，又有别于自由主义基于民族主义的目的鼓吹现代化、西化而抹杀民族文化的矫枉过正态度，致力于建立既激进反传统又强调'民族特性''民族特点''中

---

① 柳亚子：《新诗和旧诗》，中国革命博物馆、上海人民出版社编：《磨剑室文录》下，上海人民出版社1993年版，第1346—1347页。
② 柳亚子：《旧诗革命宣言》，中国革命博物馆、上海人民出版社编：《磨剑室文录》下，上海人民出版社1993年版，第1422—1423页。
③ 同上书，第1422页。
④ 柳亚子：《十二日晨起成长歌一首，补呈步陶、茝楼双粲》，中国革命博物馆编：《磨剑室诗词集》下，上海人民出版社1985年版，第1277页。
⑤ 柳亚子：《羿楼日札》，中国革命博物馆、上海人民出版社编：《磨剑室文录》下，上海人民出版社1993年版，第1278页。

国作风、中国气派'的、中西会通基础上的民族新文化"①。柳亚子大致可以归为激进主义。新文化运动后，柳亚子接受马克思主义，以"李宁私淑弟子"②自居，并"独拜弥天马克思"③。因此，柳亚子以辩证唯物主义的态度对待传统文化。如其所谓"要能够做到批判和扬弃的地位，所谓'弃其糟粕而存其精华'者是也"④。

柳亚子深受儒家思想的影响，自命为"典型的士大夫"。如其所谓："我虽然反对儒家，而思想上所受儒家的影响，还是十分广泛的。换一句话，也可以说我是从儒家的壁垒中长大起来，所以反戈一击，是致儒家的死命吧。"柳亚子对儒家思想持扬弃的态度：一方面，他反对儒家的纲常伦理，"我反对的，是儒家君臣父子兄弟夫妇三纲五常的一套，是封建的，是反时代的，是吃人而不许抵抗的，实在要不得"。另一方面，又肯定儒家刚健的大丈夫精神以及高远的大同理想。"至于所谓'富贵不能淫，贫贱不能移，威武不能屈'的严气正性，以及'儒行'上面所讲的种种，我又何尝不拳拳服膺着呢。尤其重要的，是礼运大同，公羊三世的一番议论，不管他真的是孔二先生的微言大义，还是汉儒附会道家的托古改制，对我的影响总是很深刻的。"⑤

文化典籍是传统文化的载体，而一些线装书里包含着纲常名教等旧道德。新文化运动，五四运动提倡新文化，反对旧文化，提倡新道德，反对旧道德。在新文化运动矫枉过正的致思方式下，从反对纲常名教而及于文化典籍。当然，柳亚子也一度受此影响。"良以文言文为数千年文妖乡愿所窟穴，纲常名教之邪说，深入字里行间，不可救药，故必一举而摧其壁垒，

---

① 俞祖华、赵慧峰：《民族主义与近代中国三大思潮的双向互动》，《史学月刊》2007年第8期。

② 柳无忌、柳无非编：《自撰年谱》，《自传·年谱·日记》，上海人民出版社1986年版，第20页。

③ 柳亚子：《空言》，中国革命博物馆编：《磨剑室诗词集》上，上海人民出版社1985年版，第531页。

④ 柳亚子：《孙总理与毛主席》，中国革命博物馆、上海人民出版社编：《磨剑室文录》下，上海人民出版社1993年版，第1576页。

⑤ 柳亚子：《儒家思想对我的影响》，郭长海、金贞菊编：《柳亚子文集补编》，社会科学文献出版社2004年版，第270页。

庶免城狐社鼠之盘踞。"① 后来，柳亚子运用辩证唯物主义，对文化典籍持扬弃的态度。一方面，吸取其精华；另一方面，剔除其糟粕。"在五四时代，有人主张把线装书丢下毛坑。……在我，倒是很欢弄线装书的，以为丢下毛坑太可惜了。应该拣出来放在图书馆内，让少数的专家去研究它。经，也是线装书的一部分，……这一大堆史料，让专家去研究，倒还是很有用处的。丢下毛坑，和捧上课堂叫小学生苦读，怕是同一样的笑话吧。"② "我以为，线装书应该放进图书馆甚至于博物馆，将来让消过毒的人去研究它，把有毒素的成分淘汰了，没有毒素成分的保留着，这才是正办。"③

第四节 传统法律与现代法律张力的消解

人治与法治是人类历史上两种对立的治道。就人治而言，"认为治理国家主要靠个人，国家能否治理得好，个人的道德品质极为重要，故优秀的、有德性的治理者对国家的治理起到根本的作用"；至于法治，"认为治理社会和国家主要依靠法律规则，任何人的道德品质都是有缺点的，为了防止治理者滥用国家权力，需要严格限制公权，严格、规范、有效的法律规则是法治最基本的特点"。④ 关于人治与法治的思想及实践，并非中国或西方所专属，只不过畸轻畸重而已。就总体而言，中国传统社会尚人治；而法治往往与现代化或现代性相联系，为现代民主政治所不可或缺。就柳亚子而言，一方面，根深蒂固的传统文化赋予他强固的人治思维；另一方面，在启蒙运动对近代中国产生影响的背景下接受现代法治思想。这两者在他身上形成一种有形与无形的张力。如何消解这种张力？柳亚子将浅显的现代西方法律文化的外壳罩在深厚的传统法律文化的内核之上。换言之，

---

① 柳亚子：《答某君书》，中国革命博物馆、上海人民出版社编：《磨剑室文录》上，上海人民出版社1993年版，第759页。
② 柳亚子：《关于读经问题及其他》，中国革命博物馆、上海人民出版社编：《磨剑室文录》下，上海人民出版社1993年版，第1373页。
③ 柳亚子：《砭俗篇》，中国革命博物馆、上海人民出版社编：《磨剑室文录》下，上海人民出版社1993年版，第1425—1426页。
④ 蒋德海：《人治还是法治：传统儒学与法治理念相融性批判》，《社会科学辑刊》2011年第1期。

现代法治其表，传统人治其里。

一 法律审判其名，道德审判其实

中国传统社会是伦理型政治，道德伦理凌驾于政治法律之上。如戴震所说的，"人死于法，犹有怜之者；死于理，其谁怜之。呜呼，杂乎老、释之言以为言，其祸甚于申、韩如是也"[①]。而传统社会与现代社会的分野在于，从道德法律化或法律道德化过渡到道德与法律边界的厘清。梅因指出，"东方的和西方的法典……中间都混杂着宗教的、民事的以及仅仅是道德的各种命令……至于把法律从道德中分离出来，把宗教从法律中分离出来，则非常明显是属于智力发展的较后阶段的事"[②]。柳亚子处理道德与法律之间的关系时，往往撷拾若干现代法律名词术语，涂饰于道德之外，以法律审判之名行道德审判之实。

周、阮一案，是民国第一大案。[③]柳亚子深度参与此案，积极推动以沪军都督陈其美未代表的军方革命派为周阮二人伸张正义。在柳亚子看来，辛亥革命后建立起来的新生共和国，是革命者浴血奋斗的成果；革命具有至高无上的正义，革命者理应受到英雄般的礼敬。因此，就该案的性质而言，是反革命者对革命者的屠杀，是邪恶对正义的戕害；周阮二人站在道德的至高点，姚荣泽跪处于道德的下风。"要而言之，周、阮为革命党人，姚贼为满清走狗，孰曲孰直，无待赘言。"[④]"若姚贼之残杀不辜，戕贼志士，且剖心刲股，为世界人道所不容。民国明刑饬法，方惩之不暇，遑言保护者！……革命党有功于民国创造之局，民国国民皆当爱护而崇拜之，如周阮两烈士是也。其虐杀革命党人，反对革命事业者，即为满清走

[①] 戴震：《戴震全集·孟子字义疏证》，黄山书社1995年版，第160—161页。
[②] [英]梅因著，沈景一译：《古代法》，商务印书馆1958年版，第9—10页。
[③] 赵晓耕、何莉萍指出，此处第一的含义有三：一是时间上的最先，民国方兴就发生的残杀大案；二是案件的受关注度和所牵涉的人物，如大总统、司法总长、地方都督、社会名流；三是案件所反映的司法独立及文明审判方式在民初实施的效果。参见赵晓耕、何莉萍《法治理想与现实的反差——姚荣泽案的法学思考》，《河南社会科学》2006年第5期。
[④] 柳亚子：《姚荣泽之党羽听者》，郭长海、金贞菊编：《柳亚子文集补编》，社会科学文献出版社2004年版，第56页。

狗，不得厕于民国国民之列，且为共和时代之大敌，如姚荣泽是也。"①就审判形式而言，柳亚子认为，最好的办法就是"军法裁判"②，即对姚荣泽明正典刑，为革命志士伸张正义。"为大局计，非种必锄，害马必去。刑乱国，用重典，惩一警百可也。"③后来，由于司法总长伍廷芳的干预，"乃组织混合裁判法庭于沪军都督府内，用陪审制"④。在审判过程中，柳亚子对以伍廷芳为代表的法制派坚持的西方审判方式及程序极为不满，"裁判员陈昭范高坐，堂皇训诫。陪审员一番言语，终似满清官场上司告下属的口吻。文明制度固如是耶"！"陪审员叶惠钧要求发言，神情激越。……裁判官又中止其词，遂忿忿告退。陪审员倘无发言之权，裁判官不应许之。既许其发言，即不应中止。此举未免进退两意者。陪审制度，此次为破天荒，固不能无缺点欤！"⑤经过三次审讯，最后判处姚荣泽死刑。此时，恰逢南北议和告成，孙中山辞职，袁世凯就任临时大总统。在部分陪审员的请求下，姚荣泽被袁世凯特赦。对此，柳亚子耿耿于怀。"裁判的结果，是宣布姚荣泽的死刑。但，他们又立刻运动陪审员，去向袁世凯请求特赦。自然，袁皇帝看在老姚杀戮革命党的功劳上，当然是一笔照准。我们几个书呆子，又中什么用呢？"⑥

20年代初，柳亚子在《商报》上看到一个宁绍商轮公司招领逃婢和赃物的广告。对此，柳亚子认为，宁绍商轮公司扣留婢女，在道义上不可取。"婢女是世界上最可怜的人，二十五岁的婢女，尤其有说不出的苦衷；伊不顾前途的危险，毅然决然而出于一逃，想跳出奴隶的圈子，回复自由人的资格，何等的可敬！多大的宁绍公司，只知做资本家的走狗，不晓得人道主义，

---

① 柳亚子：《答皖南同乡会》，郭长海、金贞菊编：《柳亚子文集补编》，社会科学文献出版社2004年版，第57页。
② 柳无忌、柳无非编：《自撰年谱》，《自传·年谱·日记》，上海人民出版社1986年版，第13页。
③ 柳亚子：《讨山阳》，郭长海、金贞菊编：《柳亚子文集补编》，社会科学文献出版社2004年版，第53页。
④ 柳无忌、柳无非：《自撰年谱》，《自传·年谱·日记》，上海人民出版社1986年版，第13页。
⑤ 柳亚子：《上天下地》，郭长海、金贞菊编：《柳亚子文集补编》，社会科学文献出版社2004年版，第103页。
⑥ 柳无忌编：《南社纪略》，上海人民出版社1983年版，第41页。

何等的可恨呀!"针对有人根据该婢女携带的存折、金银饰物的归属判定是否有罪的说法,柳亚子仍然基于人道主义为其开脱。如果确系为赃物,不能以此定罪。"唉!万恶的社会,没有金钱,就不能生存,假定伊为生存而犯盗窃罪,也不能算是伊的罪恶呀!何况伊已在二十五岁以前,不知已做了多少年的婢女,我们不知伊的主人待伊如何?如果伊的主人待伊很刻薄,伊竟白给人家做了二十余年而毫无报酬,在这出走之时,取了一点东西做生存的费用,也不算什么。如果伊的主人待伊还不错,那么,存折或者是伊自己的私蓄也未可知。……至于金银饰物,更加是女子应有的东西了,难道定要诬栽伊做赃物才行吗?"为此,柳亚子主张,"存折和饰物倘然是伊自己的,应该为伊保存;倘然是主人家的,应该让失主来领取;但这可怜的女子,却千万不可交给主人,因为民国法律没有准许以人身为买卖品的,那女子当然是自由人呀!"①这就是典型的以道德审判代替法律审判。

二 法律弹性其名,传统人治其实

法律弹性是指法律规定中存在的给司法裁判者预留的自由裁量空间。正确运用法律弹性,可以保证司法公正,罪罚相当。但是,法律弹性也增加了人为的因素。而人治也具有极大的弹性空间。"读书不求甚解"②的柳亚子,对这种表面上的形似进行了有意无意的曲解,以法律弹性之名行其传统人治之实。

在南社诗论起衅中,柳亚子以南社主任名义宣布将朱鸳雏、成舍我驱逐出社,引发内讧。针对《南社条例》中主任并无驱逐社友之权的质问,柳亚子以"弹性的法律、伸缩的自由"进行了辩解,"若曰南社无此条约,则吾社本由志同道合者相结集而成,重道德情感,而不专恃法律。又宁逆料必有败类如若曹者而预为之防闲?故但付主任以总揽社务之全权,取概括而不取罗列。近世学者所称弹性的法律,可以伸缩自由,此类是也。宁

---

① 柳亚子:《社评》,中国革命博物馆、上海人民出版社编:《磨剑室文录》上,上海人民出版社1993年版,第761—763页。
② 柳亚子:《与某兄书》,郭长海、金贞菊编:《柳亚子文集补编》,社会科学文献出版社2004年版,第286页。

拘拘于规定哉"①？并且，柳亚子引府院之争相比附。《临时约法》中并无总统可以罢免国务总理的规定，"而黎元洪以段祺瑞之无状，不得不罢免之也"②。需要指出的是，柳亚子所说具有部分的事实。南社成立后的《南社条例》确实是对组织松散的文人群体没有进行制度上的约束，既无必要，也不可能。但是，作为经过三次修订的《南社条例》，毕竟是社友集体意志的体现；如果柳亚子可以对这一"规定"随意"伸缩"，那么南社势必成为一方独立王国，南社主任就会成为土皇帝。无怪乎社友讥诮柳亚子《南社紧急布告》中"特此布告天下，咸使闻知"之语，口气甚大，只是未加"钦此"二字。③柳亚子这一现代法制点缀下的人治思维，令人倒吸了一口冷气。假如柳亚子们当政，沿袭的依然是人治传统，民主与法制遥遥无期。由此可见，现代民主法制建设进程的曲折与艰难。

---

① 柳亚子：《磨剑室杂拉话》，中国革命博物馆、上海人民出版社编：《磨剑室文录》上，上海人民出版社1993年版，第500页。
② 同上书，第499页。
③ 同上书，第501页。

结　　语

　　历史的车轮已经行进到21世纪，20世纪已经成为了明日黄花。回望历史，20世纪是中国历史上的一个"值得大书特书的大时代"①。一个显著的特征是，随着科举停废，学堂代兴，传统士阶层向现代知识分子过渡。新式知识分子在专业学习、职业选择、价值取向等方面都有别于传统士人，但是两者之间并无此疆彼界的判划，而是可以沟通的——他们在精神气质上多有契合之处。也就是说，他们均为知识阶层这一谱系上的不同结点，在精神血脉上是前后相承的。鲁迅曾夫子自道式地指出，民国知识阶层身上的士大夫历史遗存："他们对于社会永不会满意的，所感受的永远是痛苦，所看到的永远是缺点；他们预备着将来的牺牲，社会也因为有了他们而热闹，不过他的本身—心身方面总是苦痛的；因为这也是旧式社会传下来的遗物。"②在这一个世纪里，顽强地坚持士人传统的人不在少数。这些置身现代场景中的"遗士"，成了"历史的中间物"。他们所处的时代有两套文化价值观，即传统文化与现代文化。这两者在他们身上形成巨大张力。如许纪霖指出的，"在这些大时代中，整个社会面临着巨大的转型，知识分子的思想和人格不仅与政治环境发生激烈的冲突，而且自身也面临着巨大的矛盾"③。柳亚子正是其中的典型人物。柳亚子坦承，"我的阶层问题和思想问题不能调和着"，"小地主出身的我，封建意识当然浓重，还不能脱掉才人名士的习气，事实如此，无可讳言。而思想方面，却又像孙猴

---

① 许纪霖：《中国知识分子十论》，复旦大学出版社2015年版，第81页。
② 鲁迅：《关于知识阶级》，《鲁迅全集》第8卷，人民文学出版社1981年版，第190页。
③ 许纪霖：《中国知识分子十论》，复旦大学出版社2015年版，第81页。

子一个斤斗云翻过十万八千里,已到了太平大同的世界了"。① 终其一生,柳亚子都背负着传统文化的包袱,艰难地行走在传统文化之路上,构成了一道奇异的文化景观。

关于柳亚子文化人格的基本判定,也即在其身上传统与现代的成分占比如何?虽然一如同时代的知识分子,柳亚子兼采传统与现代,两种文化共存于一身。但是,二者绝非势均力敌,不分轩轾。就柳亚子而言,传统文化其里,现代文化其表。在柳亚子生活的时代,社会转型太过艰难,"救亡压倒启蒙",民族危机如一柄达摩克利斯之剑高悬于国人的头顶。时人普遍产生一种急迫的情绪,将近代以来一系列的挫败归罪于传统。如有的论者指出的,"不论是第一次现代化运动失败,还是第一次世界大战前后中国思想界的忧虑,传统都成了替罪羔羊"②。服膺进化论的柳亚子趋新求变,对传统总体上进行了否定。柳亚子看似弃绝传统而热烈拥抱现代,但他的这种转变并不彻底。在新文化运动高歌猛进的时代,柳亚子一度持抵触情绪,并以传统名士姿态出现,沉迷于迷楼乐国之游;到了新文化运动后期,柳亚子才从沉醉中醒来,并以后来居上的姿态投身新文化运动。对于新文化运动主张的"德先生"和"赛先生",柳亚子未必有真切的理解,甚至是囫囵吞枣。在当时的形势下,进化论以裁量一切的真理出现。对于通达之士而言,理解固然要接受,不理解也要接受。可以说,他的激进反传统言行是逐渐被时代逼出来的。因此,柳亚子既趋新,又笃古:趋新,不过摭拾了现代的只言片语;笃古,才是淀入骨髓的。何以如此?趋新,是为了不致被淘汰而不得不变;笃古则是文化价值的坚守。因此,回归传统,才是柳亚子最为真实的人格呈现。

对于传统与现代,柳亚子虽也脚踩两只船,但较之同时代知识分子,其文化选择有着自己的特点。

一是柳亚子对传统与现代都表现出强烈的倾向性。不过,前者是以隐性形式出现,后者则以显性形式出现。因此,这就决定了二者对柳亚子文化人格结构产生不同影响。大致说来,前者深刻而持久,后者浅显而易逝。

---

① 柳亚子:《旧诗革命宣言》,中国革命博物馆、上海人民出版社编:《磨剑室文录》下,上海人民出版社1993年版,第1422页。
② 马勇:《从传统寻找现代》,《同舟共进》2017年第9期。

新中国成立之初，中共发动大规模的知识分子改造运动，用马克思主义对知识分子进行洗脑。柳亚子虽非改造对象，但在当时强大的行政命令和伦理氛围下，还是积极适应体制之下权力——知识格局中的话语规则。但是，他对马克思主义的接受，还只是停留在形式上的单词片语。"到底是甜还是辣？要从辩证法推详！"①"今日人民尽平等，大家努力建中华。"②诸如此类，触目皆是。但是，柳亚子更多的是回归传统。在父亲去世38周年，母亲去世17周年时，柳亚子面对父亲遗像"悯然有作"："父学薪传早有孙，艰危门户惜单丁。"③光大门祚，激扬家声，这才是柳亚子内心最真实情感的表露。

二是柳亚子对传统与现代的接受状态不同，前者是主动接受，后者是被动接受。就前者而言，是情感上的接受，而后者则是理智上的接受。柳亚子在现代社会表现出回归传统的强烈主观意向，即便进入现代社会之后，其传统名士人格基本上未被体制规约而以近乎原生态的形式呈现出来，并在名士谢幕之际淋漓尽致地上演了一幕幕名士风雅的活剧。因此，如果不是时代剧变，柳亚子与他的前辈毫无二致，做一个有钱的江南文人，征歌逐舞，诗酒流连。

三是"传统文化自我"与"现代文化自我"的对峙更为严重。20世纪初年，在科举停废、学堂代兴的大背景下，柳亚子与同时代人纷纷进入新式学堂"回炉"。他们接受了两种不同的文化，"他们在家时所受到的乃是传统文化的熏陶，外出求学接受的却是与传统文化截然不同的新文化教育"④。与其同时代人相比，柳亚子的人生境遇有同中之异：柳亚子自幼接受规范的传统教育，后虽然接受新式学堂教育，但为时很短，且不够系统，加之浓郁名士气质的排异性，使其向传统回归。这一特质对其文化

---

① 柳亚子：《十月七日夜，戏示孙男光辽两绝句》之一，中国革命博物馆编：《磨剑室诗词集》下，上海人民出版社1985年版，第1668页。

② 柳亚子：《酒楼杂赠八首》之一，中国革命博物馆编：《磨剑室诗词集》下，上海人民出版社1985年版，第1709页。

③ 柳亚子：《十二月十一日，晨坐鸥梦圆室，展礼先考钝斋府君遗像，悯然有作》，中国革命博物馆编：《磨剑室诗词集》下，上海人民出版社1985年版，第1701页。

④ 黎志敏：《论鲁迅的"自我文化对峙"：走出"传统—现代"的文化迷局》，《文史哲》2018年第2期。

人格结构中传统与现代的成分发生直接的作用和影响：其一，对传统文化的持守更为强固。如其在抗战时期自述，"我虽然没有发科发甲，但现在活到五十七岁，还未曾脱掉读书人的本身。我常常自命为典型的中国士大夫"①。其二，对现代新质的接受得更少。比如，柳亚子考中秀才后，进入由禊湖书院改名的养正学堂就读。学习英文二十六个字母时，因为口吃，"和'特勃尔鱼乎'（W）闹别扭，就此赖学完事"②。因此，柳亚子文化人格结构中"传统文化自我"与"现代文化自我"产生更为严重的对峙。

四是柳亚子的文化选择使其文化人格具有活体标本意义。传统文化赋予柳亚子浓郁的名士气质。由于社会制度、生活方式、教育体制、文化环境等方面发生了天翻地覆的变化，不可能再出现严格意义上的名士了。正如有的研究者所指出的，在清末民初的时局背景下出现的南社，并且以那种面貌与形态存在，实际上是中国士林传统与近代转型知识分子精神遇合的必然结果，随着新文化运动的发生与胜利，随着社会制度、文化环境、教育体制的根本改变，中国再也不会出现南社那样的知识分子群体。③就柳亚子而言，五十多年基本上以原生态呈现的名士做派，加之从新政权获得的一定程度、一定范围的豁免，在体制之网收紧之前，他在体制的罅隙里表演了一曲广陵散。因之，作为文化符号，柳亚子成了文化史上的绝版人物而具有活体标本意义。

柳亚子基于文化选择的文化人格未能实现文化自洽，始终存在着"传统自我"与"现代自我"的对峙与交锋。一方面，柳亚子真诚地信仰进化论，认为今胜于古、后胜于今。另一方面，他对传统又难以割舍。柳亚子的这种苦况，为当下探索中国传统文化的创造性转化和创新性发展的现实路径提供了有益的借鉴。

关于传统与现代，人们往往将二者对立起来。有人评价鲁迅，"他未能理解现代文化与传统文化的'人性'共性，未能理解传统文化和现代文

---

① 柳无忌、柳无非编：《五十七年》，《自传·年谱·日记》，上海人民出版社1986年版，第56页。
② 同上书，第148页。
③ 郑勇：《社会转型中的文人结社——以南社研究为中心》，硕士学位论文，北京大学，1996年。

化各自的构成逻辑与合理性所在,未能找到现代文化与传统文化之间的沟通路径,而将现代文化与传统文化绝对对立了起来"①。就柳亚子而言,他虽不似鲁迅那样将传统与现代绝对对立起来,但同样在对待传统与现代之间存在偏颇,同样没有找到现代文化与传统文化之间的沟通路径。比如,基于进化原则,柳亚子给旧体诗下达了死亡判决,"我是坚持'旧诗必亡、新诗必昌'底主张的,但认为旧诗也许还有五十年的寿命吧。我以为,平仄的消灭,极迟是五十年以内的事情;而方块汉字的消灭,也极迟是一百年以内的事情。那末,就算旧诗逃得过五千年内的第一劫,也终于不能再逃过一百年内的第二劫了。"②时间已经证明,方块汉字、旧体诗的命运并没有被柳亚子不幸言中,它们至今不仅没有被消灭,而且似乎还没有被消灭的迹象。如有人指出的,"然而60年后的现实使他(柳亚子)的预言落空了——传统诗词再次焕发出勃勃生机"③。

其实,将传统与现代的对立两分,赋予现代或现代性以"进步"等正面价值,而将传统视为现代化的阻力,这是有问题的。按照克罗齐的观点,"一切历史都是当代史"。因此,当代与传统之间是相互贯通的。"当代从来就不是一个与历史相对的概念,当代就是历史,而历史一定是曾经鲜活的当代,传统与当代之间的联结点是在代际不断传递的、或强或弱、或隐或显的文化主体性的普遍认同,以及文化间差异的自觉。"④传统与现代都是各自发展并有自身内在逻辑的文化体系。传统是现代化的基础和前提,现代化不可能建立在一张白纸上;没有传统,现代化就是无源之水、无本之木。"无论是哪种类型的现代化,关键都在于传统性和现代性的互动。"⑤因此,在现代化进程中,不是要不要传统的问题,而是如何实现传统的现代转化。正如胡适《先秦名学史》"导论"中所说:"如果对新文化的接

---

① 黎志敏:《论鲁迅的"自我文化对峙":走出"传统—现代"的文化迷局》,《文史哲》2018年第2期。
② 柳亚子:《旧诗革命宣言书》,中国革命博物馆、上海人民出版社编:《磨剑室文录》下,上海人民出版社1993年版,第1419页。
③ 张贺:《传统诗词缘何复兴》,《人民日报》2005年11月12日第6版。
④ 程乐松:《绵延的裂痕——文化省思中的传统与现代》,《特区实践与理论》2017年第4期。
⑤ [美]西里尔·E.布莱克:《比较现代化》,杨豫、陈祖洲译,上海译文出版社1996年版,第20页。

受不是有组织地吸收的形式，而是采取突然替换的形式，因而引起旧文化的消亡，这确实是全人类的一个重大损失。因此，真正的问题可以这样说：我们应怎样才能以最有效的方式吸收现代文化，使它能同我们的固有文化相一致、协调和继续发展？"[1]贺麟也指出："在思想和文化的范围里，现代决不可与古代脱节。任何一个现代的新思想，如果与过去的文化完全没有关系，便有如无源之水、无本之木，绝不能源远流长、根深蒂固。文化或历史虽然不免经外族的入侵和内部的分崩瓦解，但也总必有或应有其连续性。"[2]旧邦新命，返本开新，新儒家三致其意。要实现传统文化的现代转化，吸收西方工业革命以来的成果，必须从传统文化中寻找与西方文化对接的因子，融会贯通"古今中西"。"既必须在空间维度上打通'中西'，又必须在时间维度上对接'古今'，并最终实现从传统到现代的创造性转化和现代思想文化的创新。"[3]

---

[1] 胡适：《胡适学术文集·中国哲学史》，中华书局1991年版，第772页。
[2] 贺麟：《文化与人生》，商务印书馆1988年版，第12页。
[3] 朱晓鹏：《论从传统文化到现代文化的创造性转化》，《中共浙江省委党校学报》2017年第6期。

参考文献
（按出版时间排序）

一 文献
（一）关于柳亚子、南社研究方面的文献

胡适、徐蔚南等编：《民国丛书》第二编，上海书店1937年版。

柳亚子：《怀旧集》，上海书店1981年据耕耘出版社1946年版重印。

柳无非、柳无垢编：《柳亚子诗词选》，人民文学出版社1959年版。

徐文烈笺，刘斯翰注：《柳亚子诗选》，广东人民出版社1981年版。

柳无忌：《南社纪略》，上海人民出版社1983年版。

上海图书馆编：《书信辑录》，上海人民出版社1985年版。

中国革命博物馆编：《磨剑室诗词集》上下册，上海人民出版社1985年版。

柳无忌、柳无非：《自传·年谱·日记》，上海人民出版社1986年版。

柳无忌：《苏曼殊研究》，上海人民出版社1987年版。

王晶垚等编：《柳亚子选集》上下册，人民出版社1989年版。

柳无忌、柳无非、柳无垢：《我们的父亲柳亚子》，中国友谊出版公司1989年版。

中国革命博物馆、上海人民出版社编：《磨剑室文录》上下册，上海人民出版社1993年版。

柳无忌：《南明史纲·史料》，上海人民出版社1994年版。

杨天石、王学庄编：《南社史长编》，中国人民大学出版社1995年版。

柳亚子等编：《南社丛刻》1—22集，江苏广陵古籍刻印社1996年影印本。

上海图书馆历史文献中心近代文献部编：《柳亚子家书》，岳麓书社1997

年版。

胡朴安编：《南社丛选》，解放军文艺出版社2000年版。

郭长海、金菊贞编：《柳亚子文集补编》，社会科学文献出版社2004年版。

张明观：《柳亚子史料札记》，上海人民出版社2008年版。

张明观、黄振业编：《柳亚子集外诗文辑存》，上海人民出版社2011年版。

张明观：《柳亚子史料札记二集》，上海人民出版社2014年版。

张明观：《柳亚子史料札记三集》，上海人民出版社2017年版。

马以君主编：《南社研究》（1—7辑），中山大学出版社1991—1999年。

江苏省南社研究会编：《南讯》（1—17期），1995—2002年。

（二）方志与年谱

叶燮纂：《吴江县志》，康熙二十四年刻本。

柳无忌：《柳亚子年谱》，中国社会科学出版社1983年版。

中共吴江县委宣传部：《吴江人物志》，江苏人民出版社1986年版。

丁元正等修，沈彤等纂：乾隆《吴江县志》，《中国地方志集成》，江苏古籍出版社1990年版。

吴江地方志编纂委员会：《黎里镇志》，江苏教育出版社1991年版。

吴江地方志编纂委员会：《吴江县志》，江苏科学技术出版社1994年版。

夏仁虎撰，杨献文点校：《秦淮志》，南京出版社2006年版。

（三）其他相关文献

管仲：《管子》，商务印书馆1940年版。

顾炎武：《顾亭林诗文集》，中华书局1959年版。

杨伯峻译注：《孟子译注》，中华书局1960年版。

班固：《汉书》，中华书局1962年版。

赵翼：《廿二史札记》，中华书局1963年版。

范晔：《后汉书》，中华书局1965年版。

司马迁：《史记》，中华书局1973年版。

房玄龄等撰：《晋书》，中华书局1974年版。

张廷玉等撰：《明史》，中华书局1974年版。

杨伯峻译注：《论语译注》，中华书局1980年版。

刘义庆撰：《世说新语》，上海古籍出版社1982年版。

朱熹撰：《四书章句集注》，中华书局1983年版。

顾炎武著，黄汝成集释：《日知录集释》，上海古籍出版社1984年版。

郝经：《续后汉书》，中华书局1985年版。

列御寇：《列子》，中华书局1985年版。

朱熹撰：《朱子文集》，中华书局1985年版。

黎靖德编：《朱子语类》，中华书局1986年版。

王先谦撰，沈啸寰等点校：《荀子集解》，中华书局1988年版。

左丘明：《左传》，吉林文史出版社2009年版。

王文锦：《礼记详解》，中华书局2016年版。

二 著作

孙中山：《孙中山选集》上卷，人民出版社1956年版。

张枬、王忍之编：《辛亥革命前十年间时论选集》，生活·读书·新知三联书店1977年版。

汤志钧编：《章太炎年谱长编》上册，中华书局1979年版。

中国历史研究社编：《东林始末》，上海书店1982年根据神州国光社1951年版复印。

杨天石、刘彦成：《南社》，中华书局1980年版。

宗白华：《美学散步》，上海人民出版社1981年版。

蔡尚思、方行编：《谭嗣同全集》，中华书局1981年版。

叶圣陶：《日记三抄》，花城出版社1982年版。

徐懋庸：《徐懋庸回忆录》，人民文学出版社1982年版。

龙公：《江左十年目睹记》，文化艺术出版社1984年版。

柳无忌：《柳无忌散文选》，中国友谊出版公司1984年版。

吴似鸿：《浪迹文坛艺海间》，浙江文艺出版社1984年版。

胡适：《胡适留学日记》（四），台湾远流出版公司1984年版。

赵清、郑城编：《吴虞集》，四川大学出版社1985年版。

钱穆：《中国近三百年学术史》上下册，中华书局1986年版。

魏磊：《中国人的人格》，贵州人民出版社1986年版。

王栻主编：《严复集》第5册，中华书局1986年版。

江苏省吴江县政协编：《柳亚子先生诞辰一百周年纪念专辑》，1987年。

刘泽华：《中国传统政治思想反思》，生活·读书·新知三联书店1987年版。

余英时：《士与中国文化》，上海人民出版社1987年版。

中国国民党革命委员会中央委员会、中国革命博物馆：《柳亚子纪念文集》，中国文史出版社1987年版。

袁贵仁：《人的哲学》，工人出版社1988年版。

梁启超：《论国家思想》，《饮冰室合集》文集之四，中华书局1989年版。

余英时：《论中国文化的重建问题》，《中国思想文化传统的现代诠释》，江苏人民出版社1989年版。

朱学范：《我与民革四十年》，团结出版社1990年版。

江苏吴江县档案馆：《柳亚子早期活动纪实》，档案出版社1991年版。

卢善庆：《中国近代美学思想史》，华东师范大学出版社1991年版。

毛泽东：《毛泽东选集》第一至四卷，人民出版社1991年第2版。

杜维明：《儒家传统的现代转化》，中国广播电视大学出版社1992年版。

丁恒杰：《文化与人》，时事出版社1994年版。

李泽厚：《中国近代思想史论》，安徽文艺出版社1994年版。

邵迎武：《南社人物吟评》，社会科学文献出版社1994年版。

吴江市文化局、柳亚子纪念馆：《人中麟凤——柳亚子》，江苏大学出版社1994年版。

张晓春、龚建星编：《名士风流》，上海社会科学出版社1995年版。

冯友兰：《中国哲学简史》，北京大学出版社1996年版。

邵迎武：《柳亚子诗歌新探》，中国人民大学出版社1996年版。

阎步克：《士大夫政治演生史稿》，北京大学出版社1996年版。

何晓明：《百年忧患》，东方出版中心1997年版。

张明观：《柳亚子传》，社会科学文献出版社1997年版。

张炯等主编：《中华文学通史·第五卷·近现代文学编》，华艺出版社1997年版。

费孝通：《乡土中国》，北京大学出版社1998年版。

许倬云：《历史分光镜》，上海文艺出版社1998年版。

李海珉：《柳亚子》，江苏文史资料第122辑，《江苏文史资料》编辑部出版发行1999年版。

罗志田：《权势的转移：近代中国的思想、社会与学术》，湖北人民出版社1999年版。

周策纵：《五四运动：现代中国的思想革命》，江苏人民出版社1999年版。

周可真：《顾炎武哲学思想研究》，当代中国出版社1999年版。

赵园：《明清之际士大夫研究》，北京大学出版社1999年版。

汪宇编：《刘师培学术文化随笔》，中国青年出版社1999年版。

许纪霖：《许纪霖自选集》，广西师范大学出版社1999年版。

罗福惠：《辛亥时期的精英文化研究》，华中师范大学出版社2001年版。

于风政：《改造》，河南人民出版社2001年版。

陈平原等编：《晚明与晚清：历史传承与文化创新》，湖北教育出版社2002年版。

胡绳武：《清末民初历史与社会》，上海人民出版社2002年版。

黄希庭：《人格心理学》，浙江教育出版社2002年版。

刘承华：《文化与人格》，中国科学技术大学出版社2002年版。

柳无忌、殷安如：《南社人物传》，社会科学文献出版社2002年版。

韦政通：《中国思想传统的创造转化》，云南人民出版社2002年版。

周广秀：《箫剑诗魂——柳亚子评传》，中国社会科学出版社2002年版。

欧阳哲生：《致胡适》，《傅斯年全集》，湖南教育出版社2003年版。

毛泽东：《毛泽东书信选集》，中央文献出版社2003年版。

宁稼雨：《魏晋士人人格精神——〈世说新语〉的士人精神史研究》，南开大学出版社2003年版。

孙之梅：《南社研究》，人民文学出版社2003年版。

许纪霖：《中国知识分子十论》，复旦大学出版社2003年版。

徐强：《人格与社会》，南京师范大学出版社2004年版。

郑也夫：《知识分子研究》，中国青年出版社2004年版。

余英时：《中国知识人之史的考察》，广西师范大学出版社2004年版。

傅国涌：《中国知识分子的私人记录》，长江文艺出版社2005年版。

冯天瑜等：《中华文化史》，上海人民出版社 2005 年版。
郭太凤、廖大伟主编：《东南社会与中国近代化》，上海古籍出版社 2005 年版。
许纪霖：《20 世纪中国知识分子史论》，新星出版社 2005 年版。
夏衍：《懒寻旧梦录》（增订本），生活·读书·新知三联书店 2005 年版。
余世存编：《非常道：1840—1999 的中国话语》，社会科学文献出版社 2005 年版。
单正平：《晚清民族主义与文学转型》，人民出版社 2006 年版。
姜华：《大众文化理论的后现代转向》，人民出版社 2006 年版。
梁启超：《中国近三百年学术史》，上海三联书店 2006 年版。
栾健梅：《民间的文人雅集——南社研究》，东方出版中心 2006 年版。
徐林：《明代中晚期江南士人社会交往研究》，上海古籍出版社 2006 年版。
朱义禄：《儒家理想人格与中国文化》，复旦大学出版社 2006 年版。
郑逸梅：《南社丛谈》，中华书局 2006 年版。
李刚：《现代知识群体的话语转型（1949—1959）》，合肥工业大学出版社 2007 年版。
宁稼雨：《魏晋名士风流》，中华书局 2007 年版。
彭红卫：《屈原的文化人格研究》，华中师范大学出版社 2007 年版。
许纪霖：《公共空间中的知识分子》，江苏人民出版社 2007 年版。
杨天石：《哲人与文士》，中国人民大学出版社 2007 年版。
胡适：《谈新诗》，《胡适全集》，安徽教育出版社 2007 年版。
卢文芸：《中国近代文化变革与南社》，社会科学文献出版社 2008 年版。
秦燕春：《清末民初的晚明现象》，北京大学出版社 2008 年版。
王中江：《近代中国思维方式演变的趋势》，四川人民出版社 2008 年版。
杨光：《最后的名士》，黄山书社 2008 年版。
杨国强：《晚清的士人与士相》，生活·读书·新知三联书店 2008 年版。
蒋星煜：《中国隐士与中国文化》，上海人民出版社 2009 年版。
蔡元培：《蔡元培文集》，线装书局 2009 年版。
陈红：《人格与文化》，安徽教育出版社 2009 年版。
许纪霖：《中国知识分子十论》，复旦大学出版社 2015 年版。
雷颐：《孤寂百年：中国现代知识分子十二论》，广西师范大学出版社

2015年版。

外国著作

［美］R. M. 基辛：《文化·社会·个人》，甘华鸣等译，辽宁人民出版社1988年版。

［美］露丝·本尼迪克特：《文化模式》，王炜译，生活·读书·新知三联书店1988年版。

［美］V. 巴尔诺：《人格：文化的积淀》，周晓虹等译，辽宁人民出版社1989年版。

［美］L. A. 柏文：《人格科学》，周榕等译，华东师范大学出版社2001年版。

［美］高颜颐：《闺塾师》，江苏人民出版社2005年版。

［美］爱德华·萨义德：《知识分子论》，生活·读书·新知三联书店2007年版。

［美］拉尔夫·林顿：《人格的文化背景》，广西师范大学出版社2007年版。

［美］约瑟夫·列文森：《儒教中国及其现代命运》，广西师范大学出版社2009年版。

［英］弗兰克·富里迪：《知识分子都到哪里去了》，江苏人民出版社2005年版。

［德］埃里希·弗洛姆：《逃避自由》，陈学明译，工人出版社1987年版。

［德］米夏埃尔·兰德曼：《哲学人类学》，张乐天译，上海译文出版社1988年版。

三 论文

（一）期刊论文

黎澍：《关于中国资本主义萌芽问题的考察》，《历史研究》1956年第4期。

谢国桢：《爱国诗人柳亚子与南明史乘》，《历史教学问题》1981年第1期。

管林：《亚子先生今不朽，诗文湖海同长久——论柳亚子在中国文学史上的贡献》，《华南师大学报》1987年第3期。

王先明：《近代中国绅士阶层的分化》，《社会科学战线》1987年第3期。

蒙培元：《论中国传统思维方式的基本特征》，《哲学研究》1988年第7期。

肖群忠：《孔子后儒的道德至上论及其对后世的影响》,《兰州学刊》1988年第3期。

王国平：《柳亚子与南明史》,《苏州大学学报》1989年第1期。

王晶垚：《如何评价柳亚子》,《近代史研究》1989年第3期。

邵迎武：《柳亚子创作风格论》,《徐州师范学院学报》1991年第1期。

邵迎武：《柳亚子的审美取向》,《徐州师范学院学报》1992年第4期。

何向阳：《文学：人格的投影》,《文学评论》1993年第1期。

冯天瑜：《从元典的忧患意识到近代救亡思潮》,《历史研究》1994年第2期。

郭隽杰：《柳亚子的"牢骚"》,《中共党史研究》1994年第6期。

季羡林：《我的心是一面镜子》,《东方》1994年第5期。

侯焕赵：《柳亚子的一桩未了心愿》,《人物》1995年第5期。

余潇枫：《自我与人格》,《浙江大学学报》1995年第3期。

范金民：《明清江南重赋问题述论》,《中国经济史研究》1996年第3期。

韩东屏：《论道德评价的标准与技术》,《复印报刊资料》1996年第12期。

邵盈午：《论柳亚子诗歌的"明月"原型》,《上海师范大学学报》1996年第2期。

陈卫平：《道器升替：中国近代进化论的历程》,《学术界》1997年第1期。

何黎萍：《论中国女权思想的形成》,《中国人民大学学报》1997年第3期。

李建中：《试论西晋诗人的人格悲剧》,《社会科学战线》1998年第2期。

郑荣双等：《试论人格形成的选择机制》,《河南师范大学学报》1998年第2期。

罗志田：《近代中国社会权势的转移：知识分子的边缘化与边缘知识分子的兴起》,《开放时代》1999年第4期。

孙慧敏：《书写忠烈：明末夏允彝、夏完淳父子殉节故事的形成与流传》,《台大历史学报》第26期,2000年12月。

阎团结：《民国的幕僚》,《华夏文化》2000年第3期。

郭凤志：《人性：社会塑造与主体选择的统一》,《东北师大学报》2001年第6期。

管林：《40年来柳亚子研究述评》,《南京理工大学学报》2001年第1期。

梁淑安：《近代戏曲改良运动的先锋柳亚子与陈去病——兼谈南社社员在

剧本创作与舞台艺术方面的实践活动》,《南京理工大学学报》2001 年第 4 期。

西同华:《中国妇女古今法律地位之比较》,《中华女子学院山东分院学报》2001 年第 3 期。

陈平原:《文人的生计与幽韵》,《文史知识》2002 年第 2 期。

丁帆:《知识分子死了》,《黄河》2002 年第 5 期。

孟祥才:《中国资本主义萌芽问题断想》,《山东大学学报》2002 年第 3 期。

彭林:《吾观于乡,而知王道之易易:乡饮酒礼》,《文史知识》2002 年第 10 期。

程啸、姜继为:《知识分子参政模式的重塑——梁启超对民初知识分子参政影响管窥》,《安徽史学》2003 年第 1 期。

金建陵等:《柳亚子要求加入中国共产党——解读〈申报〉上的一则寻人启事》,《档案与建设》2003 年第 2 期。

郑慧:《中西平等思想的历史演进与差异》,《武汉大学学报》2004 年第 5 期。

邓晓芒:《当代知识分子的身份意识》,《读书》2004 年第 8 期。

李伯重:《八股之外:明清江南的教育及其对经济的影响》,《清史研究》2004 年第 1 期。

孙有光:《周恩来批评柳亚子牢骚太盛》,《炎黄春秋》2004 年第 6 期。

邵盈午:《编辑大家柳亚子》,《中国编辑》2004 年第 6 期。

叶群英等:《从〈明史〉儒林传、文苑传看明代文化传统的地域特色》,《文史知识》2004 年第 4 期。

雷戈:《正朔、正统与正闰》,《史学月刊》2004 年第 6 期。

颜德如:《卢梭与晚清革命话语》,《学海》2005 年第 1 期。

蒋京川:《文化与人格研究:历史、现状与未来趋向》,《国外社会科学》2005 年第 5 期。

左玉河:《从"改正朔"到"废旧历"——阳历及其节日在民国时期的演变》,《民间文化论坛》2005 年第 2 期。

李凯:《"六经注我":宋代理学的阐释学》,《中国哲学史》2006 年第 3 期。

杨秀莲:《文化与人格关系研究的若干问题》,《教育研究》2006 年第 12 期。

黄波:《寂寞一诗翁——重说柳亚子》,《书屋》2007 年第 3 期。

舒芜：《绍良书话小识》，《文汇读书周报》2007 年 5 月 25 日。

孙立新：《诗论尊唐抑宋诗作唐宋兼宗——南社柳亚子诗论与部分诗作背反现象简论》，《苏州大学学报》2008 年第 6 期。

张春田：《从娜拉出走到中国改造——兼及鲁迅与"启蒙"话语之关系》，《文艺理论与批评》2008 年第 2 期。

陈友乔：《柳亚子牢骚之解读》，《武汉科技大学学报》2009 年第 4 期。

许纪霖：《"五四"的历史记忆：什么样的爱国主义？》，《读书》2009 年第 5 期。

洪明：《读经论争的百年回眸》，《教育学报》2012 年第 1 期。

柴荣：《近代中西人格平等思想之研究》，《历史教学（下半月刊）》2013 年第 12 期。

胡全章：《白话文运动：没有晚清何来五四》，《贵州社会科学》2012年第1期。

高旭东：《对20世纪中国文学一味趋新之教训的反思》，《扬州大学学报》2012年第6期。

俞祖华：《中华民族复兴论与国民性改造思潮》，《近代史研究》2014年第4期。

何志明：《国民党中央监察委员会的来龙去脉》，《文史天地》2014 年第 4 期。

胡全章：《梁启超与 20 世纪初年新体传记的兴盛》，《广东社会科学》2014 年第 4 期。

邹诗鹏：《民族国家构架下的国家精神》，《哲学研究》2014 年第 7 期。

原祖杰：《东方与西方，还是传统与现代？》，《文史哲》2015 年第 6 期。

罗志田：《守旧的趋新者：梁漱溟与民初新旧东西的缠结》，《学术月刊》2016年第12期。

石任之：《重探柳亚子与胡适的新文化运动论争》，《文艺争鸣》2017年第3期。

朱晓鹏：《论从传统文化到现代文化的创造性转化》，《中共浙江省委党校学报》2017 年第 6 期。

马勇：《从传统寻找现代》，《同舟共进》2017 年第 9 期。

（二）硕、博士学位论文

张中：《柳亚子与南社》，硕士学位论文，中国社会科学院，1981年。

郑勇：《社会转型中的文人结社——以南社研究为中心》，硕士学位论文，北京大学，1996年。

林香伶：《清末民初文学转型期的标志——南社文学研究》，博士学位论文，台湾师范大学，2003年。

高俊林：《现代文人与"魏晋风度"——以章太炎与周氏兄弟为个案之研究》，博士学位论文，北京师范大学，2004年。

郝丽霞：《吴江沈氏文学世家研究》，博士学位论文，华东师范大学，2004年。

陈留生：《传统伦理与五四作家人格及其文学创作》，博士学位论文，南京师范大学，2005年。

赵思运：《何其芳精神人格演变解码》，博士学位论文，华东师范大学，2005年。

郝明工：《中国现代文学思潮生成论》，博士学位论文，四川大学，2005年。

刘同辉：《中体而西用，返本以开新——中西人格心理学思想之比较研究》，博士学位论文，华东师范大学，2006年。

李修建：《名士风流——魏晋士人形象研究》，博士学位论文，中国人民大学，2008年。

贾晖：《中国近代财产权法律保护研究》，博士学位论文，中国政法大学，2008年。

贺莹：《南社文学活动与新文学发生研究》，博士学位论文，河北大学，2010年。

赵霞：《陈去病研究》，博士学位论文，山东大学，2012年。

陆文龙：《中西之间：清末民初苏州地区士绅家庭教育转型研究》，硕士学位论文，上海师范大学，2017年。

唐善梅：《大学生现代文化人格养成研究》，博士学位论文，南京师范大学，2017年。

朱丽华：《黄庭坚的文化人格与佛禅思想》，博士学位论文，吉林大学，2017年。